日本近代史

日本近代史

초판 제 1쇄 발행 1983. 8. 25.
초판 제21쇄 발행 2020. 1. 30.

지은이 　피터 두으스
옮긴이 　김용덕
펴낸이 　김경희
펴낸곳 　(주)지식산업사
　　　　본사 ◉ 10881, 경기도 파주시 광인사길 53(문발동 520-12)
　　　　　　전화 (031) 955-4226~7 　팩스 (031) 955-4228
　　　　서울사무소 ◉ 03044, 서울시 종로구 자하문로6길 18-7(통의동 35-18)
　　　　　　전화 (02) 734-1978 　팩스 (02) 720-7900
　　　　누리집 　www.jisik.co.kr
　　　　전자우편 　jsp@jisik.co.kr
　　　　등록번호 1-363
　　　　등록날짜 1969. 5. 8.

값 10,000원

이 책에 대한 문의는
지식산업사 전자우편으로 해 주시기 바랍니다.

譯者의 말

역사를 이해하는 데 대부분 그러한 것이긴 하나 특히 다른 나라의 역사를 볼 때에는 자기와의 관련을 통하여 보기 때문에, 주관이 개입되는 것은 거의 불가피한 일이다. 근대사의 과정에서 일본이 우리나라에 끼친 피해 때문에 우리에게는 「反日」이라는 감정의 벽까지 생겨 日本史에 대한 이해의 폭은 더욱 좁아지고 객관성을 잃는 경우도 많다. 물론 역사적 사실로서 韓日관계의 철저한 인식은 강조되어야 하나 건전한 앞날의 발전을 위하여는 감정의 벽만을 고집하거나 우리와의 관련 부분만을 통하여 일본사를 볼 수는 없다. 오히려 日本史의 과정을 하나의 다른 나라의 역사로서 그 나라나름의 행동요인과 발전 계기를 냉철하게 파악하는 것이 바람직하다 하겠다. 이러한 日本史의 객관적 이해를 돕기 위하여 日本史를 전공하고 있는 역자는 우리나라 독자를 상대로 한 日本近代史를 써야 할 책임을 스스로 느끼고 있으며 주위로부터 많은 요청을 받고 있기도 하나 아직까지 학문적으로 성숙하지 못한 상태에서 직접 저술하는 것보다는 가장 잘 정리된 책을 번역하는 것이 낫겠다 생각되어 두으스 교수의 책을 택하였다. 두으스교수는 하버드대학교에서 박사학위를 받고 그곳에서 日本近代史를 가르치다가 현재는 스탠포드대학교 史學科의 교수로 있는 미국의 중진역사학자이다. 저서로는 *The Rise of Modern Japan* 외에 *Party Rivalry and Political Change in Taishō Japan*(Harvard University Press, 1968), *Feudalism in Japan*(Alfred A.Knopf, 1969) 등이 있으며, 日本帝國主義와 식민통치에 관한 책이 곧 출간될 예정이다.

역자가 두으스교수의 책을 택하게 된 동기는 일본근대사를 다룬 대개의 책들이 史實만을 나열하거나 지나치게 해석위주의 것들인 데 반하여 그의 책은 여러 설명방법을 객관적으로 종합하여 요약한 것이기 때문이다. 그러나 이보다도 더 중요한 이유는 일본근대사를 평가하는 두 방향 즉 美國學界의 전반적인 조류인 긍정적 입장과 日本學界의 부정적으로 보는 입장 어느 쪽에도 기울지 않고 자신의 태도를 지켜나갔다는 점이다. 그는 일본 근대사의 과정을 역사적 연결 속에서 파악하려 하기 때문에, 역사적 현실을 기준으로 할 때 근대 일본은 국가목표와 역사적 실제가 불균형상태를 이루어왔다고 보고 있다. 이 불균형을 극복하려는 데에서 모든 문제가 파생되었으며 그중에는 성공적으로 해결된 것도 있지만 실패와 파국으로 몰고 가기도 하였다는 것이다. 가치판단을 되도록 피하면서 조리있게 서술한 것이 이 책의 매력이라 하겠다.

이 책이 번역되어 나오기까지 도움을 주신 여러분들, 특히 번역을 허락해 주신 두으스교수, 이 책이 출판되기까지 역자를 보살펴주신 閔斗基교수, 나태해질 때마다 자극을 준 李成珪교수, 원고를 마지막으로 검토하여 준 白永瑞씨, 그리고 知識產業을 위해 애쓰시는 金京熙사장·崔夏林주간께 고마움을 드린다.

著 者 序

日本은 그 주변의 이른바 강대국들만큼 신문의 前面을 장식하지는 않으나 오늘의 세계에 있어서 분명 가장 발전한 나라이며 잠재적으로는 가장 강력한 나라 중의 하나이다. 일본의 공장에서 만들어내는 상품은 세계 곳곳으로 홍수처럼 흘러 들어가고 있으며, 사업가·외교관·학생·일반 시민에 이르기까지 그들은 이익과 지식, 즐거움을 찾아 끊임없이 세계의 여러 나라 대도시를 찾고 있다. 또한 일본의 문예와 과학기술은 수준 높은 여러 나라의 문화를 더욱 풍부하게 하고도 있다. 그러나 아직도 많은 외국인들에게 일본은 미지수이든가 어렴풋이밖에 인식되지 못하여 분명히 어떤 범주 속에 맞추기에는 어려운 나라로 남아 있다. 이렇게 일본이 덜 알려진 데에는 일본인 자신들의 책임도 있다. 40여 년 전 그들은 분수에 넘친 自信의 극단적 표현에 대하여 대가를 치르게 된 뒤 敗戰과 군사적 파멸의 기억 때문에 세계여론 앞에 자신있게 자기를 내세우기를 꺼려해 왔던 것이다. 그럼에도 불구하고 일본은 지난 세기 동안 점점 부각되어 왔으며 앞으로도 이는 계속될 것이 틀림없다.

이 책은 새롭게 일어나는 일본을 다시 한번 저자나름대로 역사적으로 살펴보려는 것이다. 지난 세기 동안에 世界列强으로 등장한 일본, 즉 의식적으로 西歐化한 아시아의 한 나라로서 출발해 주요한 帝國主義 세력이 되었다가 戰後에는 經濟大國으로 성장하는 과정을 말하려는 것이다. 물론 한 권의 책으로 100년이 넘는 역사적 경험을 압축해 본다는 것은 주제넘은 일이며, 이처럼 작은 책에 있어서는 더욱 그러하다. 따라서 저자가 할 수 있는 것이란 근대일본의 역사를 알아보려는 사람들에게 안내역을 제공하는 일이고, 더 좀 깊이 살피려는 독자들에게는 몇 개의 方向標識를 제시하는 것이다. 이 책은 주로 정치・경제・사회・외교의 면을 다루었다. 사상・문학의 발달이나 知的 생활에 관해서는 흥미가 별로 없다든가 덜 중요해서가 아니라 올바르게 서술할 만한 지면이 충분하지 않기 때문에 소략하게 다루었다. 내용상의 강조나 취급범위에 있어서 지금까지의 책들과 다른 점이 눈에 띄겠지만 그것은 이 책이 근대일본 연구에 대한 완결이 아니라 시발점이기 때문이다.

이 책을 집필하는 데에 많은 사람들의 도움을 받았다. 가장 중요한 조력자는 지난 10년간 저자의 일본근대사 이해를 명확하게 해준 학생들이었다. 이 점에 있어선 물론 同僚들의 도움도 컸다. 그러나 최대의 비판자는, 분명히 이해하여 이를 표현할 수 있을 때나 그렇지 못할 때, 환한 얼굴로 또는 지치고 찡그린 얼굴로 나타난 저자의 말없는 分身들이었다. 그밖의 직접적인 도움은 이 책의 草稿를 읽고 논평해 준 여러분들, 특히 라이샤워(Edwin O.Reischauer) 교수와 샤이너(Irwin Scheiner) 교수의 비평과 제언에서 많이 받았다. 협조해 주신 모든 분들께 감사를 드리는 바이다.

차   례

일 러 두 기

1. 이 책은 Peter Duus, *The Rise of Modern Japan* (Houghton Mifflin Co., Boston, 1976)을 번역한 것이다.

1. 저자와의 합의에 따라, 우리나라 독자의 이해를 돕기 위하여 역자가 보충설명을 한 곳이 있다. 그리고 마지막에 간단한 연표를 첨가하였다.

1. 原書의 오류는 수정하여 번역하였으며 보충·수정부분은 일일이 밝히지 않았다.

1. 人名·地名 등 고유발음은 처음 한번만 ( )안에 발음을 넣었다.

1. 1945년 이전의 인물들에는 生卒年을 표시하였다.

導論 : 日本近代史의 의미

　　1853년 7월 浦賀(우라가)에 내항한 페리(Matthew C. Perry) 제독은 미국은 일본의 평온을 흩뜨릴 의사가 없음을 확약한 미국 대통령의 **親書**를 휴대하였다. 그러나 開港을 유도하려 한 이 외교적 약속은 예상을 벗어날 수밖에 없었다. 페리의 내항이야말로 日本史의 방향을 심각하게 바꾸어 놓은 급격한 변화에 불을 붙여 놓았기 때문이다. 이후 한 세대 동안에 일본은 非西洋국가로서는 최초로 근대국가를 이루고 근대적 산업경제를 추진하였으며 예측하기 어려운 세계정치의 물결 속으로 뛰어들었던 것이다. 일본은 오랫동안 일본을 거의 주목하지 않았던 외부 세계에 눈부시게 꼬리를 끌며 갑자기 나타난 혜성과 같았다는 평을 받게 되었다.

　　페리 내항 이후 일본은 처음부터 미국인들의 큰 관심을 끌었다. 미국인들은 일본이 개항을 계기로 後進·未開의 나라에서 자유와 진보, 자유무역, 기독교가 보장된 전진적 문명국으로 바뀔 것이라고 전망했다. 1861년 미국에서 출판된 한 책은 「일본인은 몽고인종이기는 하나 다른 몽고인종 계통의 국민들보다 지식을 습득할 수 있는 지적 활동이나 능력에 있어 우월하다」고까지 표현한 적이 있다. 10년 뒤 다시 그 책에서는 일본은 「누구나가 경탄할 만큼 신속하게 개화하고 있는 나라」라고 이전의 표현을 더욱 강조하였다.[1] 그러나 서양문명의 日本流入이 전적으로 바람직한 것만

---

1) William L. Neumann, *America Encounters Japan: From Perry to MacArthur* (Harper and Row, New York, 1963), p. 66에서 인용.

은 아니라는 현상이 나타남에 따라 여기에 비판적인 입장이 나타났다. 평론가 라프카디오 헌(Lafcadio Hearn)은 「과거의 일본은 지고한 도덕적 이상의 성취라는 면에 있어서 우리의 선진적 사회가 수백년간에 걸쳐 기대할 수 있는 것보다 훨씬 앞서 있었다. 그렇지만 앞날의 일본은 경쟁에서 이겨나가기 위해 일본인의 투쟁적인 기질에 의존하지 않을 수 없으며 이를 강력히 발전시켜야 할 것」이라고 했다.[2] 1904년 러시아와 일본간에 전쟁이 발발하자 많은 미국인들은 일본의 개국이야말로 갇혀 있던 「투쟁적인 기질」을 풀어놓았으며 이제 일본은 태평양에서 미국과 대적할 두려운 경쟁자로 되어가고 있다는 것을 느끼게 되었다. 호머 리이(Homer Lea) 같은 時事評論家들은 일본이 언젠가는 미국의 태평양 연안을 정복할 수 있을 것이라고 예언하기도 하였으며[3] 신문에서도 계속하여 「黃禍」의 위험을 미국인들에게 경고하였다.

이러한 상반된 입장은 그후에도 변함이 없었다. 호의적인 미국 학자나 관리들은 일본인들에게 기업경영에서 자선단체의 조직에 이르기까지 서양인들이 가르쳐줄 수 있는 모든 것을 성심껏 전해 주었으며, 낭만적이거나 서양사회에 불만을 가진 사람들은 日本 전통예술의 섬세한 아름다움과 禪佛教의 고원한 진리에 매료되었다. 반면 기업가나 정치가들은 일본의 군사적 침략의 가능성은 더 이상 생각하지 않았어도 일본 상품이나 자본의 진출에는 분노와 불안을 감추지 않았다. 이러한 것은 예상할 수 있었던 것이다. 왜냐하면 지난 세기 특히 지난 세대 동안 일본의 변화는 1853년에는 상상도 할 수 없게 미국과 밀접하게 연결되어 왔기 때문이다. 그러나 미국인들은 일본을 그들의 利害 관계와 편견으로 보아왔을 뿐 일본이 경험한 근대적 변화의 참모습에는 별로 주의를 기울이지 않았다. 최초로 미국과 접촉함으로써 겪어야 했던 일본인들의 어려움이나 일본사회의 혼란·변질에 관심을 두기보다는 미국인들 자신의 선입관을 그대로 지켜오기만 하였다.

---

2) Lafcadio Hearn, *Japan: An Interpretation*(Charles E. Tuttle, Rutland, Vt. and Tokyo, 1955), pp. 461~462.
3) William L. Neumann, *America Encounters Japan*, pp. 128~129.

다른 이유에서 近代日本의 역사에 주목한 미국 학자들이 있다. 전혀 다른 문화전통의 나라인데도 일본은 지난 세기 동안 서양국가들이 18 세기 중엽 이후 경험했던 것과 유사한 변화를 거의 다 겪어왔기 때문에 여기에 「왜, 어떻게 ?」라는 흥미와 의문이 생긴 것이다. 처음 역사학자들은 일반적인 견해대로 일본은 중국·인도를 비롯한 다른 후진국가들 즉 근대로의 비약적 발전을 일본처럼 수행할 수 없는 나라들과 구별되는 특이한 경우로 간주하여, 다른 비서양국가들에서는 불가능했던 것을 가능하게 한 일본의 특성을 찾아보려고 하였다. 때로는 적절하지 못한 해답, 예컨대 일본인의 모방능력 같은 것도 제시되었다. 그러나 캐나다의 역사가인 노만 (E.H. Norman) 같은 사람은 이미 페리 내항 이전에 전통사회가 붕괴되기 시작하여 그후의 전반적 변화를 준비하였다고 예리하게 지적하였다.[4] 이렇게 급속한 근대화의 배후에 있는 특이한 사회적 상황을 중시하는 견해는 오늘에 있어서도 시사하는 바가 크다.

2 차대전 이후, 일본의 근대적 경험을 조금 다른 시각에서 보게 되었다. 전후 신생국들이 많이 나타남에 따라 일본은 특이한 경우로 파악되기보다는 비서양국가의 근대화라는 보다 일반적인 현상의 첫번째 예로 비추어졌다. 역사학자나 사회과학자들 중에는 일본을 근대사회 및 근대화의 방향에 대한 전반적인 이론의 시험장으로 이용하려는 노력이 나타났다. 많은 경우 그들은 일반 이론이 일본에는 적절하지 않다는 것을 알아냈지만, 실제 정책과 연관시켜 보는 학자들은 비서양국가들이 따라야 할 한 모범으로 일본을 내세운 것이 사실이다. 이러한 생각은 특히 2 차대전의 기억이 사라지면서 또한 일본이 공산독재에 대항하는 데 있어서 미국의 맹방이 되면서 더욱 두드러졌다. 자신이 스스로 근대화했을 뿐 아니라, 그것이 사회주의 이념을 갖지 않은 지도자들에 의해 자유경제의 틀 안에서 수행되었다는 하나의 예를 보여주는 것은 냉전시대의 이념투쟁에서 분명히 유리하였을

---

4) E. Herbert Norman, *Japan's Emergence as a Modern State*(Institute of Pacific Relations, New York, 1940). Norman 의 주요저작을 모은 것으로는 John W. Dower ed., *Origins of the Modern Japanese State: Selected Writings of E.H. Norman*(Pantheon Books, New York, 1975)이 있다.

것이다.

일본근대사에 대한 이러한 일반적 입장은 자연히 근대적 변화의 긍정적 측면을 강조하게 되어 지난 10여년간 일본근대사를 하나의 成功談으로 보려는 경향이 강하게 나타났다. 미국의 신문·잡지에는 세계 제3위의 공업국가로 성장한 일본의 경제적 기적에 관한 특집기사가 여기저기 실렸다. 물론 이러한 입장에는 그만한 이유가 있다. 오늘날의 일본인은 그들의 曾祖父世代나 또는 현재의 중국인·인도인이 느낄 수 없을 정도의 물질적 행복과 안정을 누리고 있을뿐더러 급속한 경제적 발전으로 일본의 생활수준이나 기술은 비서양세계보다는 발전된 서양수준과 비교해야 하게끔 되었다. 실제로 많은 사람들이 이제는 오히려 선진국들이 일본에서 배울 것이 있지나 않을까 하고 생각하기에 이르렀다.

반면 일본의 전후학자들은 근대일본의 어두운 면을 강조하는 경향이 있다. 일본이 경제적 발전을 이룩했다는 사실을 부정하지는 않지만, 그것과 함께 공존해 왔던 봉건적 생활태도, 권위주의적 정치체제, 해외팽창정책, 그리고 전쟁의 비극적 종말 등을 지적하였다. 그들은 오늘날의 경이적인 국민총생산고보다는, 원자폭탄에 의해 廣島(히로시마)와 長崎(나가사끼)를 폐허로 만들기까지의 역사적 모습에 눈을 돌렸다. 지난 10여년간 낙관적인 미국인들은 가까운 장래에 「日本의 世紀」가 올 것이라고 전망하였다. 그러나 이러한 낙관론에 비판적인 일본인들은 다른 나라뿐 아니라 일본에 있어서도 불행한 결과를 가져올지 모르는 새로운 형태의 日本帝國主義의 재등장을 두려워했다. 일본근대사에서 배워야 할 것은 근대화에 가려진 어두운 면이 그대로 존속되어 왔다는 사실과 그것이 어떻게 하여 근대화하지 못하였는가 하는 것이라고 그들은 강조하였다.

지난 세기 동안의 일본사의 행로를 보면 그 기준이야 어떻든간에 성공과 실패를 거듭하며 오늘에 이른 것은 분명하다. 실패를 단지 장기적 목표달성을 위해 불가피하게 치러야 할 대가로 취급해 버리는 것보다는, 목표달성을 위해 겪어야 했던 고난은 성공과 비교하여 지워질 수는 없는 것이라고 밝히는 것이 더 의미있는 일이다. 일본근대사의 의미에 대하여 결정적 판단을 내리기 위하여는, 무엇이 일어났었으며 왜 그러했는가를 이해하는 노력이 필요하다. 이러한 노력 없이는 찬양과 비난만의 비역사적 방법, 즉 자신들에게 인정되는 기준만으로 다른 나라와 국민의 역사를 판단하는 오류에 빠지게 된다. 인간의 역사는 인간의 삶과 마찬가지로 애매한 것이어서, 도덕적 평가를 내릴 때에는 그 의미가 보는 사람에 따라 각기 달라지는 것이다. 이 책은 일본근대사를 일반적 사회이론이나 미국의 대외정책과 관련시켜 평가하려는 것이 아니다. 또한 악인들 중에서 영웅을, 비참함 속에서 승리를 추출하려고 의도하지도 않았으며 사이비 객관성을 나타내려고도 하지 않았다. 단지 근대일본을 알아보려는 사람들에게 그 역사상의 중심테마와 사건을 소개하려고 하였다. 오늘날의 국제정치를 이해하기 위해서건, 아시아에서의 미국의 외교정책을 평가하기 위해서건 또는 근대사회가 발전하는 더 큰 과정을 추구하기 위해서건, 일본근대사의 의미에 대하여 최종적 판단을 내리는 것은 독자 자신에게 달려 있다. 우리는 모두 우리 자신들이 역사가여야 하는 것이다.

제 1 장   전통적 관념

근대일본은 서양세력이 들어오면서 단번에 성립되지는 않았다. 근대화 과정이 시작된 이후에도 끊임없이 그 발전에 영향을 주어온 이전의 역사적 배경과 문화적 전통으로부터 생성된 것이다. 물론 근대적 전환을 하는 데에는 전통적 제도·태도·문화형태 등에 대한 공격이 따르지만, 많은 전통적 유산은 그대로 지속되었고 때로는 부강한 나라를 이룩하는 데 도움이 되기도 하였다. 일본인들은 사실 서양문명에 매몰되지 않고 독립을 유지하여 문화의 본질을 지켜올 수 있었다는 것을 자랑스럽게 생각하였다. 1904년 미술평론가 岡倉天心 (오까꾸라 멘신;1862~1913)은 日本文化가 존속하는 것을 다음과 같이 표현하였다.

> 표면의 아래를 투시하는 눈을 가진 사람은 근대적 衣裝에도 불구하고 과거의 日本心이 아직도 뛰고 있는 것을 볼 수 있다. …… 우리의 특질은 끊임없는 외국 사상의 유입에도 불구하고 우리 자신에게 충실할 수 있었던 민족적 성격에 의해서, 서양사상의 강력한 물결 속으로 침몰되지 않고 버티어왔다. [1]

오늘의 일본이 1850년대의 일본인들에게는 거의 알아볼 수 없을 정도로 다르게 변했지만, 그 사회·문화의 형태나 느낌은 다른 근대국가들과는 확실히 구별된다. 오늘날의 일본이 근대적인 면과 동시에 일본적 특성을 잃

---

1) Okakura Kakuzō, *The Awakening of Japan*(The Century Co., New York, 1905), p. 187.

지 않고 있는 것은 과거가 남아 있기 때문이다. 근대일본에 대한 탐구는 근대적 변화 이전의 본질적인 민족적 특성이나 전통적 태도로부터——극복해야 할 특성일 뿐 아니라 새로운 일본을 이룬 資産이란 것을 또한 염두에 두면서——살펴보아야 할 것이다.

1. 位階秩序와 계층관념

선사시대로부터 일본문화는 位階秩序의 중요성을 강조하여 왔다. 3세기의 중국 史書에 일본인은 윗사람이 지나갈 때까지 길에 꿇어엎드려 존경을 표했다고 기록되어 있다. 이 면에 있어 일본인은 근대 이전의 서구인이나 산업사회로 바뀌기 전의 문화국민들과 차이는 없으나, 그러한 태도가 다른 곳에서보다도 오래 지속되어 왔다고 믿어진다. 丸山眞男(마루야마 마사오)의 표현에 따르면 일본은 미국과 같이 「하는 사람들의 사회」가 아니라 「있는 사람들의 사회」이다.[2] 즉 일본인들은 그 사람이 무엇을 하는가보다도 그 사람이 누구인가, 어디에서 일하는가, 지위가 무엇인가, 친척관계는 어떠한가를 중시한다는 것이다. 계층간의 사회적 격차도 (말에 있어서만이라도) 평민이 존중되는 미국과 같은 사회보다 훨씬 크다.

19세기초의 일본은 지위·성별·연령에 따른 본분을 강조하는 고도로 계층화된 사회였다. 기본적 구분은 이론상으로나 법적으로 크게 사무라이(侍)와 평민의 둘로 나뉘었는데, 사무라이란 특권과 의무에 있어서 평민과 구별되는 지배계층이었다. 사무라이와 평민 사이의 철저한 사회적 구분은 16세기말경 豊臣秀吉(도요또미 히데요시;1536～1598)이 지방의 무질서와 사회적 혼란을 종식시키기 위해 신분을 계층화하려던 것에서 연유했다. 평민들로부터는 武器가 회수되고 사무라이에게만 이를 휴대할 수 있도록 하였으며, 또한 대부분이 농민이었던 평민들은 토지를 떠나는 것이 군사적 목적에서 금지되었다. 豊臣秀吉의 뒤를 이어서 德川家康(도꾸가와 이에야스;1542～1616)이 세운 德川幕府 아래서는 이러한 규제들이 더욱 강화되고 다듬

---

2) 丸山眞男, 《日本の思想》(岩波書店, 東京, 1961), pp. 159～163.

어졌다. 사무라이들에게는 그 외형적 표시로 兩刀를 차는 것이 허용되었을 뿐 아니라 새로운 儉約令에서는 머리 모양에서 주택 규모에 이르기까지 일상생활의 모든 면에 걸쳐 사무라이와 평민을 세세하게 구분하였다. 형벌규정에 있어서까지 두 계급에게는 서로 다른 기준이 세워져 있었다. 평민의 무례한 행동에 대해 즉석에서 처형해도 사무라이는 벌을 받지 않았다. 그러한 반면 도박을 하다 적발된 평민들에게는 간단한 처벌밖에 내리지 않았으나 사무라이들에게는 그 계급의 품위를 손상시켰다 하여 심한 처벌을 내렸다.

德川時代의 위계질서는 당시 정치·사회사상의 주류를 이루었던 朱子學에 의해 정당화되었다. 대부분의 德川思想家들은 각각 다른 사회적 기능을 갖고 공헌을 하는 네 계급——士·農·工·商——으로 사회를 나누는 것이 만물의 질서에 걸맞는 것이라고 인정하였다. 17세기 후반의 한 사상가는 이를 설명하여, 「농민은 경작함으로써 백성을 먹여 살리고, 工人은 물품을 만들어 이를 이용케 하며, 상인은 필요한 사람에게 물자를 공급함으로써 생활을 편리하게 하고, 사무라이는 지배함으로써 혼란이 일어나지 않도록 한다. 각각 그들의 직분만을 행한다 해도 실은 서로 돕는 것이다」라고 하였다. 그러나 더 유용하다고 인정되는 사회적 기능에 따라, 그리고 사회에 대한 공헌도에 따라 네 계급의 순위는 정해졌다. 즉 사무라이는 전체의 이익을 위하여 제일 중요한 봉사를 하면서도 개인적인 이득에는 가장 무관하기 때문에 최상위에 놓였으며, 농민은 필수적인 식량을 생산하기 때문에 그 다음에 위치하게 되었고, 보다 덜 필요한 물품을 생산하는 수공업자, 그리고 아무것도 만들어내지 않는 상인이 차례로 그 아래에 놓이게 되었다. 자연히 도덕적인 면에서 책임이 덜 하다고 여겨진 하위계급은, 개인적 이득보다는 언제나 도덕기준에 따라 행동하는 사무라이 계급에 복종해야 했다.

신분은 관습상 세습적인 것이었다. 계층간의 이동이 전혀 없었던 것은 아니지만 1800년대 초반까지는 사무라이의 자손은 사무라이로, 평민의 자손은 평민으로만 이어졌다. 이 점은 신분이 능력이나 덕행과 어느 정도 연

결되었던 중국과 다르다. 그곳에서는 科擧를 거쳐 특권적인 官人層으로
들어갈 수 있었다. 일본의 儒學者들도 말로는 업적을 중시해야 한다고 하
였으나, 일본사회라는 것이 중국보다는 훨씬 폐쇄적이고 귀족적이며 사회
규율이 보다 엄격하여 지배층으로의 상승 가능성은 그만큼 제한되었다.[3]
그러나 이러한 사회적 조건은 어떠한 신분에 속하더라도 그 안에서 최선
을 다 하도록 하는 강한 자극을 모든 사람들에게 주었다. 보다 나은 신분
을 얻기 위해 계층을 뛰어넘을 수는 없어도 자기 계층내에서는 최소한 가
장 앞설 수 있었던 것이다.

자기 본분을 지켜야 하는 것은 가정에서부터——특히 사무라이층에 있어
서——강조되었다. 어릴 때부터 아이들은 세분된 지위·권한의 차이를 분간
하도록 교육받았다. 가정은 그 자체가 소규모의 계층적 피라밋 구조로서,
上位者를 존경하도록 되어 있었기 때문에 아우는 형을, 여자형제는 남자
형제를, 자식은 부모를 따라야 하였다. 아버지는 가장으로서 가정내의 모
든 것을 통괄하였다. 말도 존대말과 반말이 다르게 사용되었다. 아이들이
형이나 누나를 이름으로 부르지 못했을 뿐 아니라 어머니도 자식들에게와
는 달리 아버지에 대하여는 경어를 써야 했다. 태도 또한 말과 같은 의미
를 나타내었다. 즉, 남편에게서 말을 듣거나 부모로부터 꾸지람을 들을 때
부인이나 자식은 머리를 숙이고 눈을 내리떠야 하였다.

가족윤리도 儒家思想이 강하게 지배하여 《孝經》이 널리 읽혔다. 부모를
위하여 자신을 희생하는 극단적인 모범적 자식에 관한 이야기가 그 안에
많이 실려 있는 것은 잘 알려진 사실이다. 孝의 전형으로, 중년이 지난 자
식이 七旬父母 앞에서 재롱을 떠 부모님이 아직도 젊게 느끼도록 해드렸
다든가, 부모님 주무시는 데 모기를 쫓기 위해 흠뻑 술에 취한 다음 벌거
벗은 채 부모님 곁에서 밤을 지냈다든가 하는 이야기 등이 바로 그것이다.
자식들의 교육에 관하여 《和俗童子訓》을 쓴 貝原益軒(가이바라 엑껜;1630~
1714)은 부모들에게 다음과 같이 일렀다.

3) Thomas C. Smith, "Merit as Ideology in the Tokugawa Period," in *Aspects of Social Change in Modern Japan*, ed. R. P. Dore(Princeton University Press, Princeton, 1967), pp. 71~90.

인간의 도리는 孝와 복종의 미덕을 지키는 데 있는바, 삶의 모든 행복은 이 두 가지 덕목에서 나온다는 것을 자식들에게 가르쳐야 한다. ……자식들이 남을 희롱하는 것을 부모가 보고 이를 재롱으로 즐긴다면 자식들은 선악의 구별을 못하게 될 것이며 성장해서까지도 그러한 버릇을 버리지 못할 것이다.[4]

즉 모범적 행위란 복종을 의미하는 것이었다.

미국과 같은 보편주의 사회에서는 당연한 것이었던 인간의 평등관념이 위계질서가 강조되는 일본에서는 아무런 자극도 되지 못하였고 사람들은 단지 사회내에서의 신분에 따라 남을 대하는 태도를 구분하는 데 정신을 썼다. 그 결과, 福澤諭吉(후꾸자와 유끼찌;1835~1901)의 지적처럼, 그때그때의 상황에 맞춘 권위주의적 윤리가 지배적이었다. 「일본인은 윗사람과 아랫사람에 대한 윤리기준을 명확히 구분하며 권리와 의무에 있어서도 그 기준을 따른다. 그리하여 (일본인은) 능력이 미치지 못하는 범위에서는 억압의 희생자이나 그 반대 경우에서는 억압자로 된다.」[5] 개인의 자유나 권리에 대한 여유가 없는 이러한 권위주의적 신분구조는 사실 미국인들에게는 잔혹하게 느껴지겠지만, 그렇다고 19세기초의 일본을 무제한으로 사회적 횡포가 자행되는 사회로 규정하는 것은 잘못이다. 예를 들어 친구와 같은 인간관계에서는 위계가 그리 중요하지 않았다. 그러나 이보다도, 하위자에 비해 상위자는 권리가 컸지만, 권리가 큰 만큼 의무를 지켜야 한다는 관념도 강하여, 이것이 무책임한 권위행사를 규제하였다. 儒家思想에서는 기본적으로 사람은 그 사회적 역할에 대한 윤리적 책임을 다 할 때에만 그에 합당한 존경과 권위가 인정되었다. 따라서 용기없는 領主나 잔인한 아버지는 비난받아 마땅하였다. 그러나 실제적으로 물론 의무를 게을리한 상위자에게 시정을 요구하여 뜻을 이룬다는 것은 어려웠다. 아랫계급의 사람이 상위자를 소송할 경우 재판은 상위자의 동의가 있어야만 가능했기 때문에 실효를 얻기는 매우 어려웠다. 그러나 하위자에 대한 책임관념이 신분의 불가침성에 대한 신념과 함께 사람들에게 깊이 인식됨에 따

---

4) 松田道雄編, 《貝原益軒》, 日本の名著 14(中央公論社, 東京, 1969), pp. 211~214.
5) 福澤諭吉, 《文明論の槪略》 제 5 권.

라, 儒家理念은 아랫사람을 억압하는 데 도움이 되기도 했지만 한편으로는 어질게 행동해야 한다는 자극을 주기도 했다. 권위주의는 권리에 의해 규제되지 않고, 서로 얽혀 있는 사회적 의무관계에 의해서 완화되었던 것이다.

또한 기억해야 할 것은, 졸병보다 장교가 세세한 계급구분에 더욱 신경을 쓰듯이 신분윤리가 특히 까다로왔던 것은 사무라이나 부유한 평민들에서였다. 오히려 아랫계급의 사람들은 사무라이와 권력자에게 복종은 해도, 그들에게는 사회적 계급보다 능력있는 사람을 더 평가하는 경향이 있었다는 것을 무시할 수 없다. 17세기의 상인생활을 그린 《日本永代藏》에서 井原西鶴(이하라 사이까구;1642〜1693)은 「출생과 가계는 무의미하다. 돈이 곧 상인들에게는 집안을 나타내는 것이다. 가장 높은 藤原(후지와라)家의 후예라 해도 가게의 점원들과 섞여 가난하게 살고 있다면 떠돌아다니는 원숭이 곡예사보다도 나을 것이 없다」라고까지 하였다. 농촌에서의 인간관계 또한 사무라이 계급에서보다는 훨씬 친근하고 제한을 느끼지 않았으며 평등했다고 하겠다. 농민이 이웃으로부터 존경을 받는 것도 부모의 혈통 때문이 아니라 그의 성실성에 의한 경우가 많았다. 요컨대 출생과 신분에 의한 공식적 위계질서와 함께 능력과 업적을 중시하는 평민 내부의 위계질서도 존재하였던 것이다.

2. 공동체와 사회적 조화

德川시대 후기의 위계질서에 대한 일본인의 관념이 평등주의 사회에서 자라난 사람들에게 특이하게 느껴진다면, 집단이익을 위하여 개인이익을 희생하는 일본인의 성향에 대해서도 같은 느낌을 받을 것이다. 불굴의 개인주의 같은 것은 19세기 전반까지의 일본에서는 그리 존중되지 않았으며, 오히려 자신의 이익에 집착하거나 양심의 소리에 따르는 독립적인 개인의 경우 문화를 주도하는 영웅이라기보다는 범죄자나 반역자로 보는 경향이 있었다. 그리하여 그들에게는 모든 사회적 제재가 따랐다. 「삐져나온 못은 때려넣어야 한다」는 속담까지 있었다. 이상적인 개인이란 사회학자 도어(R. P. Dore)가 말하는 「집단 윤리」, 곧 자기 자신보다는 가족·마을·藩(德川時代의 封建領)과 같은 공동체의 목표를 우선하는 기준에 따랐다.[6] 집단의 요구를 무시하고 개인의 욕망을 추구한다는 뜻의 개인주의는 당시 일본인에게는 아주 이질적인 개념이어서 그에 맞는 단어조차 없었다. 개념이 있었다면 그것은 개인적 이기심과 같은 것이었다.

가장 분명하고 극단적인 형태의 「집단 윤리」는 藩과 主君에 개인적 충성의 유대를 맺고 있던 사무라이 계층에서 나타났다. 젊은 사무라이들은 인간의 가치란 그 독립성에 의해서가 아니라 主君의 요구에 따라 자기를 기꺼이 희생하는 것에 의해 평가된다고 배웠다. 그들이 읽었던 軍談이나 倫理書에서는 주군에게 봉사하기 위해 주저없이 목숨을 바치는 중세 무사들을 영웅으로 추앙하였다. 18세기초 억울하게 처형당한 젊은 주군의 복수를 하기 위하여 목숨을 버린 赤穗(아꼬오)藩의 47인의 사무라이에 관한 이야기는 가장 인기있는 드라마였다. 충성이란 이름 아래 자기를 희생시킨 이야기들은 수많은 史劇으로 끊임없이 표현되었다. 그러나 19세기 초반에 이르면 목숨 바쳐 희생하라는 요구는 거의 없어졌고 사무라이들은 영주를 개인적인 주군으로보다는 藩의 지배자로 보게 되었다. 그래도 「주군에 대한 의무」의 관념은 아직도 사무라이 생활관의 중심이었으며 강력한 도덕적 명령으로 남아 있었다.

사무라이의 「집단 윤리」는 신분에 따른 位階觀念과 결합되어 권위주의적 색채가 농후하였으나, 촌락에서는 이러한 색채의 「집단 윤리」는 비교적 약하였다. 촌락은 봉건적 주종관계가 아닌 공동의 경제적 이익, 즉 일상생활의 여러 면에서 협조해야 할 필요성과 오랜 세월 동안 같이 생활해 온 공동의식으로 뭉쳐진 공동체였기 때문이었다. 공동체의 요구에 개개인이 따르는 촌락생활의 전통은, 일본 인구의 대부분이 농민이었다는 점을 감안할 때, 사무라이의 충성과 같은 「위대한 전통」에 못지 않은 중요

---

6) R.P. Dore and Tsutomu Ouchi, "Rural Origins of Japanese Fascism" in *Dilemmas of Growth in Modern Japan,* ed. James W. Morley(Princeton University Press, Princeton, 1971), pp. 181~209.

성을 가졌다고 보겠다.

촌락공동체 안에서의 단합은 여러 면으로 나타났다. 이웃끼리는 한 그룹을 지어 서로 도와가며 지붕을 고친다든가, 喪을 당한 집안을 보살핀다든가, 또는 서로 돈을 모아 촌의 대표를 먼 곳에 있는 神社나 寺院에 참배케 한다든가 하였다. 촌락에서는 또한 봄에 같이 모를 심어 가을에 수확을 거둬들이며 제사드릴 때까지 연중 계절행사를 항상 공동으로 하였으며 한 마을의 신—氏神(우지가미)—을 같이 섬기는 것이 보통이었다. 이러한 모든 활동이 공동의 목적의식과 강한 공동체의식을 북돋아주었다.

촌락공동체에의 소속관념은 사회 경제적 요인에 의해서 또한 강화되었다. 농촌인구의 이동은 미미하여 대부분의 가족들은 오랜 세월 동안 한마을에 살아왔고, 그렇기 때문에 한마을 사람이 된다는 것은 태어나면서부터 정해졌다. 오랜 인구의 안정은 언제라도 쉽게 직장과 집을 옮기는 유동적인 미국사회에서는 짐작하기 어려운 지역관념을 일으켰다. 水稻作 또한 촌락민 사이의 경제적 상호의존을 요구했다. 한정된 水源을 나눠 써야 할 필요 때문에도 마을의 협조는 불가결한 것이었다. 자기 논에 물이 알맞게 공급되느냐 하는 것은 농민들에게는 풍흉이 걸린 절실한 문제였다. 물이 너무 적으면 추수가 안되는 것은 물론이거니와 남보다 많은 물을 끌면 이웃의 생활에 직접 피해를 주기 때문이었다. 따라서 마을에서는 적절한 물의 공급과 함께 다른 논을 희생시키지 않도록 하는 규정을 엄격하게 실시하였다.

이러한 조건 아래 공동체의 결속과 마을 여론에 따라야 한다는 압력은 대단히 강하여 위반자를 용서하지 않았을 뿐 아니라 외부사람에 대하여는 항상 의심을 감추지 않았다. 공동체로서의 마을의 이해 관계가 걸린 결정은 모든 사람들의 합의를 얻어야 했고 일단 결정되었으면 누구나 따라야 하는 것으로 마을사람들은 받아들였다. 그러므로 결정된 것을 따르지 않는 사람들에 대한 제재는 혹독하였다. 예컨대 村八分(무라하찌부)이라 하여 村規約을 어긴 집이나 개인에 대하여는 한마을에 살면서도 모든 접촉을 끊어버리는 사회적 추방 같은 것이 있었다.

마을의 관습이나 합의는 때로는 일상생활의 세세한 면, 혼례에 마셔야 하는 술잔의 수자로부터 밭 한 조각을 논으로 바꾸는 결정에 이르기까지, 간여하기도 하였다. 서로 모르고 지냄으로써 비교적 자유스러웠던 도시 생활에 비할 때 촌락생활의 답답함이 어떠한 것이었던가는 德富蘆花(도꾸 또미 로까; 1868∼1927)의 소설에 잘 나타나 있다.

> 시골은 감옥만큼이나 자유가 없는 곳이라오. 사발 속에 조약돌 하나 떨어뜨 리면 큰 파도를 일으켰다고 할 정도니까. 팔을 뻗으면 「다고베이」네 앞문에 닿 고 다리를 뻗으면 「곤스께」네 뒷문에 부딪칠 것이오. 이런 정도니 당신 딸이 옷끈을 바꿔 매었다면 온 마을의 얘깃거리가 될 게 틀림없소. 도시에선 아무도 간섭하지 않으므로 隱者가 도시 한가운데에서도 살 수 있지만, 시골에선 남이 무어라 할까를 생각하지 않고는 코 한번 풀 수 없는 것이오.[7]

협조·단합·합의의 필요를 누구나 받아들였다 해도 德川사회에서 경쟁 과 갈등이 없었던 것은 아니었다. 경작지를 확보하기 위한 농민들간의 경쟁이나 신분을 둘러싼 갈등, 특히 신흥 부농이 몰락하는 상층농과 마을 의 직책을 놓고 다투는 것은 어디에서나 볼 수 있는 현상이었다. 드물기는 하지만 중요한 것으로는 불만이 쌓인 농민들이 사무라이의 권위에 반발하 거나 富農의 창고를 습격 약탈하는 민란이 발생했었다는 사실이다. 그러 나 대체로 경쟁과 갈등은 대항적 관계를 인정하는 서양사회에서처럼 생산 적인 것으로 받아들여지지 않고 해롭고 파괴적인 것으로 받아들여졌다. 바 람직한 사회란 화목해야 하며, 갈등이 존재하는 것은 조화롭게 세상이 움 직이지 않는다는 것으로 인식하였기 때문에 법이나 재판에 의존하지 않고 갈등을 해소하는 방향으로——실제로는 다른 방향으로 갈등이 지속되지만 ——모든 노력을 기울였다. 따라서 직접 교섭이 아니면 중개인을 통해 조 정하는 것이 일반적이었다. 지방관의 불공평한 처사에 불만을 품은 농민 들은 때로는 불법이긴 하지만 직접 藩의 영주에게 청원하였으며, 부채 관계로 분쟁이 생긴 상인들은 제삼자를 통해 적당하게 타결을 보려고 하

---

7) Kenjirō Tokutomi, *Footsteps in the Snow*, tr. Kenneth Strong (George Allen and Unwin, London, 1970).

였다. 불만이 전혀 시정되지 않거나 서로간의 차이에 해결을 볼 수 없을 때에 한하여 폭력적 행동이 나타났지만 거기에는 대개 엄중한 처벌이 뒤 따랐다.

3. 일·업적

근면·검소·성취의 가치를 높이 평가하는 것은 어느 계층에 있어서건 중요한 것이었다. 농민 사상가인 二宮尊德(니노미야 손또꾸; 1787~1856)의 「많이 일해 많이 벌되 적게 써라」 하는 말이 이를 단적으로 나타내었다. 일반농민들에게 이러한 충고는 고된 일상생활의 필요에서 나온 것이었다. 즉 水稻作농업도 인간의 집약적 노력을 필요로 하는 것이기 때문에 畜力이나 기계를 주로 이용하는 서양의 농민들과는 달리 일본의 농민들은 그들의 힘에 많이 의존해야만 했다. 논농사에 있어서 노동절약적인 방법을 도입하기는 어려워 봄에 모를 심어 가을에 거두기까지 사람의 손으로 모든 작업을 해냈던 것이다. 열심히 일하면 잘살 수 있고 게으르면 몰락할 수밖에 없었다. 그러나 아무리 힘들다 해도 땅에서 나오는 소득은 한정된 것이었으므로 절약이 또한 중요하였다. 따라서 사치와 방종은 나태한 것과 마찬가지로 반드시 피해야 할 태도였다.

물론 이러한 노동윤리는 농업사회에 있어서는 공통적인 것이었지만, 일본의 경우 그것은 사무라이나 상인들에게도 통하는 것이었다. 사회학자 벨라(Robert Bellah)가 지적했듯이, 모든 계층에 있어서 노동과 절약의 윤리는 개인이 아닌 집단의 성공과 안녕이라는 관념과 결부되었다. 집단의 번영을 약속해 줌과 동시에 근면절약은 조상·부모·주군에게 보은하는 길로서도 강조되었다. 二宮尊德은, 「우리 부모들이 잘살았다 하면 그것은 조상이 부지런했기 때문이고 우리가 잘사는 것은 부모들의 善行이 쌓인 덕이며 우리 후손들의 번영은 우리가 얼마나 성실하게 일하는가에 달렸다」고 하였다. [8] 이러한 관념이 상인들의 家訓이나 사무라이 道德論者들의 책에서

---

8) Robert C. Armstrong, *Just Before the Dawn, The Life and Works of Ninomiya*

는 열심히 일하며 절약하는 것이 주군에 대한 봉사와 충성을 나타내는 길이라고 표현되었다.

개인의 성과는 집단의 성과와 동일시되어 이에 포함되었다. 즉 성공한 상인은 그 자신이 힘들여 이룬 것이 아니라 집안의——과거로부터 미래에 이어지는——富를 잘 지킨 관리자였기 때문에 칭찬할 만하였다. 농지를 넓히는 부유한 농민도 자신의 물질적 행복을 위해서가 아니라 후손을 위해 그랬던 것이다. 열심히 일하는 사무라이 관원 또한 고위직에 오르거나 높은 봉록을 받게 된다 해도 자신은 주군을 위해 그렇게 봉사하는 것으로 생각하였다. 이러한 모든 것은 개인적 이득을 전혀 배제한 것이었다고 할 수 없지만, 사회적으로 개인적 이익추구는 자기 의무의 수행이라는 옷 속에 가리워졌을 때에만 인정되었다.

한편, 신분은 세습되었기 때문에 개인적 업적이 미국사회에서처럼 사회적 신분상승에 그렇게 연결되지는 않았다. 계층이동에 대한 엄격한 법적 관습적 제약 아래에서 바랄 수 있는 것은 자기 생활에 최선을 다하는 것이었다. 木手는 사무라이가 될 수는 없어도 누구에게나 인정받는 都木手를 꿈꿀 수는 있었다. 일본인들이 자랑스럽게 느꼈던 것은 이러한 성공이었다. 「아무리 가난하더라도 다른 직업을 넘보아서는 안된다. 변치 않고 성심성의껏 기술을 닦는다면 언젠가 번영하게 될 날이 올 것이다」라고 工人을 훈계한 것은 이의 단적인 표현이었다.[9] 모든 사람은 사회에서, 儒家에서 이르는 자기의 職分이 있으며 그 직분에 최선을 다하는 것이 요망되었던 것이다. 직분에는 수행해야 할 의무 및 기능이 있어서 이를 얼마나 잘 성취하는가로써 인간의 가치를 평가하였다.

성취에 대한 보상은 곧 현실적인 혜택으로 판단되었다. 오랜 불교의 영향에도 불구하고 일본인들은 대부분 현세적이었기 때문에 근면한 노동의 대가를 내세의 보고 속에 쌓아두는 것이 아니라 그것이 동료들의 칭송이나 구체적인 물질적 보상으로 나타나는 것을 기대하였다. 물론 어느 사회에서

Sontoku (Macmillan, New York, 1912), p. 130.
9) Charles J. Dunn, *Everyday Life in Traditional Japan*(B.T. Batsford, London, 1969), p. 92.

나 마찬가지로 세속적 욕망을 억제하려는 금욕주의자나 경건파는 있었다. 禪僧들이 보통사람들의 소원보다는 한 차원 위의 大悟得道를 추구한 것이라든가 순수한 儒者들이 私利 추구를 비하한 것은 대표적인 것이었다. 그러나 대개는 눈앞의 일상적인 것에 관심을 가지고 있었다. 즉 촌락에서의 토속종교는 풍작을 기원하거나 神들의 은혜에 감사드리는 것이 주된 일이었다. 사람들을 끄는 것은 내세의 영광보다 질병과 기아 등의 고통에서 헤어나는 것이었다.

그러나 19세기 전반의 일본은 엄격하게 일에만 매달린 사람들의 사회라고 단정할 수는 없다. 노동윤리라는 것이 결코 오락을 즐긴다든가 일상적 의무로부터의 해방 같은 것을 용납할 수 없는 것은 아니어서, 근면절약을 강조하는 德川사회에서도 자유분방하게 즐길 수 있는 기회는 많았다. 촌락의 축제는 언제나 자유롭고 제약없는 행사로서 모두들 술에 취할 뿐 아니라 때로는 남녀간의 이탈행위도 묵인되었다. 도시의 상인과 사무라이들도 술과 여인 그리고 음악이 있는 유곽을 거리낌없이 드나들곤 하였다. 근면해야 하기 때문에 곧 자신을 절제해야 한다는 것은 아니었다. 노동과 그 성과에 대한 미국인들의 관념처럼 향락은 억제해야 하는 것이 아니라 향락 그 자체의 역할을 인정하였다. 남녀간의 또는 어떠한 다른 향락이건 그것은 자연스럽고 필연적인 것으로 보았다. 단 거기에 빠져서 근면·절약을 돌아보지 않는 것만은 용서받을 수 없었다. 브레진스키 (Zbigniew Brzezinski)의 표현대로, 「일본인은 낮에는 열심히 일하는 프로테스탄트 밤에는 즐겁게 노는 地中海人, 곧 바람직한 문화적 조화」를 이룰 수 있었다.[10]

4. 섬나라의 특성 및 지역중심 관념

다른 문명사회에서는 찾아보기 어려울 정도로 일본은 외부와의 접촉을

---

10) Zbigniew Brzezinski, *The Fragile Blossom: Crisis and Change in Japan*(Harper and Row, New York, 1972), p. 5.

끊고 있었다. 엄격한 해상의 벽으로 조선이나 중국과도 쉽게 접촉할 수 없었다. 한반도와 北九州를 가르는 해협의 거리는 영국·프랑스간 해협의 다섯 배 가량 되는 115마일이며, 한반도 자체가 또한 중국 즉 東아시아 전통문화의 중심지와 일본 사이의 육지의 벽이었다. 해상의 벽은 商船들이 넘어갈 수 없을 정도는 아니었으나 외침으로부터 일본을 보호하기에는 충분하였다. 역사상 13세기 말엽의 실패로 끝난 두 차례의 몽고 침입을 제외하고는 일본 영토를 복속시키려 한 시도는 없었다. 영국을 노르만족 (Normans)의 왕이, 또는 중국을 몽고족이나 만주족 황제가 지배했던 것 같은 경우가 일본에는 없었던 것이다. 또한 5, 6, 7세기에 걸쳐 韓人과 중국인들이 도래한 것 외에는 외래인들이 일본에 집단적으로 이주한 적도 없었다. 일본내의 다른 종족이라고는 선사시대에 시베리아에서 건너갔으리라고 추측되는 코카서스系(Caucasoid)의 아이누족――일본에서는 蝦夷(에조)라고 불렀음――뿐이다. 그러나 이들도 19세기초에는 중심지역에서 떨어져, 추운 北邊의 北海道(홋까이도)에서 살았다.

1800년 이전 거의 천년이 넘게 외부로부터의 침략이나 집단이주가 없었던 것은 그만큼 일본이 다른 나라에 비해 종교·언어·종족의 차이로 인한 어려움을 겪지 않을 수 있었다는 것을 말한다. 잘 알려진 대로 일본인은 같은 종족적 전통을 공유하고, 같은 말을 쓰며, 같은 神들을 섬겼기 때문에, 인도에서처럼 힌두와 이슬람 등 두 종교간의 갈등이라든가 인도네시아 列島에서의 혼합종족 또는 중국에서의 廣東語·官話 사이의 엄청난 차이 같은 것은 없었다. 다양한 지방적 전통을 가진 복합문화의 사회에 비하면 일본은 같은 종족으로 구성된 인구 및 문화적 특성이 전국적으로 상당히 전파되었다는 면에서 단일문화였다. 자연적 국경 또한 해안선으로 분명히 구분되어, 위의 문화적 동질성과 함께 일본인을 다른 사람들과 쉽게 구별할 수 있게 하였다.

德川의 철저한 쇄국정책은 섬나라로서의 고립성을 더욱 강화시켰다. 이는 17세기 초엽 德川幕府가 외국의 영향으로부터 일본을 격리시킬 의도에서 취한 정책으로, 특히 1540년대 일본에 내항하기 시작한 유럽인들이 그

대상이었다. 처음에는 유럽인 즉 南蠻人을 저항없이 받아들였으며 그중에
서도 서부의 大名(다이묘오;봉건영주)들은 그들이 원하는 銃과 무역상의 이
익을 주는 포르투갈 및 스페인 선박과의 접촉에 오히려 힘을 기울였다.
大名들 중에는 무역을 독점하기 위해 기독교를 받아들이는 사람도 나왔다.
그러나 남만인들, 특히 백성들을 개종시키려는 열정적인 선교사들이 많이
來到함에 따라 불신과 불안이 싹트기 시작하였다. 더우기 16세기말, 17세
기초에 온 新敎徒 영국인·네덜란드인들은 德川 초기의 지배자들에게 스
페인이 필리핀을 정복한 것은 곧 舊敎國의 의도를 나타낸 것이라고 귀띔
해 주었다. 이로부터 서서히 德川幕府에서는 유럽인과의 접촉을 끊기 시작
하여, 선교사들을 추방하고 일본인 개종자들을 탄압하였으며 결국은 스페
인·포르투갈 선박이 입항하는 것까지 금지하게 되었다.

　1637년 九州(규우슈우) 서쪽에서 일어난 島原(시마바라)의 亂 이후 극단적
인 鎖國策은 1630년대말에 완성되었다. 원래 농민소요로 시작된 島原의
난은 그 지방 기독교에 개종한 大名의 후원을 받은 데다가 또한 유럽인들
이 지원한다는 소문까지 돌았다. 그 결과, 난을 진압한 德川幕府에서는 외
국무역량을 제한하고, 관리들은 외국상인들을 엄격하게 감시하였다. 무역
이 허락된 나라는 중국·조선·네덜란드뿐이었으며, 동시에 일본인들이
외국에 나가「나쁜 영향」을 받아올 것을 두려워하여 일본인들의 海外渡航
또한 금지되었다. 아무도 官의 허가 없이는 외국에 나갈 수 없었으며 무단
히 나간 사람은 사형에 처하도록 하였다. 1800년대초에도 쇄국책의 근
본의도는 그대로 생생하게 살아 있어, 외국무역이란 쓸모없는 사치 때문
에 나라의 富가 유출되는 것이므로 막아야 한다는 주장들이었다.「幕府의
祖法」으로서의 쇄국방침에 대하여는 극소수의 일본인 학자나 외국인을 제
외하고는 누구도 의문을 제기하지 않았다.

　그러나 이러한 고립에도 불구하고 일본인들 중에는 서양문명, 특히 공
업기술의 효용성을 인식하는 사람들이 나타났다. 18세기초 非宗敎書籍의
수입이 허가되면서부터, 長崎를 거쳐 들어온 네덜란드책을 통하여 서양의
천문학·의학·수학·생물학 등 실용과학을 공부하는「蘭學者」라고 불리

는 소수의 학자들이 등장하였다. 이들의 연구는 대부분 당시 학문의 주류와는 거리가 먼 것으로, 마치 미국에서 이집트학이나 佛敎學 연구자들이 차지하는 위치처럼 사회적 영향력은 미미한 소규모 同人集團의 탐구노력에 불과하였다. 그들은 서양의 정치·사회제도나 가치를 중시하지는 않았다. 그것들은 「蘭學者」들에게도 괴이하고 배타적이며 상식과 윤리에 위배되는 것으로 보였다. 다른 일본의 지식인들과 마찬가지로 그들도 서양을 도덕과 문화 범위 밖의 야만세계로, 따라서 일본문화가 서양보다는 우수한 것으로 보았다.

일본문화의 우월성은 일본에서 중국을 바라볼 때에는 쉽게 주장할 수가 없었다. 일본문화의 대부분이 중국에서 발원한 것은 문자를 비롯한 여러 물질문화 그리고 발상은 인도이지만 중국에서 변형되어 일본으로 건너온 佛敎 등을 보아도 쉽게 알 수 있다. 일본인의 사회·도덕관념에 지배적인 영향을 준 儒家思想은 더 말할 필요도 없다. 유가 경전에 대한 일본인들의 注釋도 漢字로 쓰어졌으며, 그 비교의 대상도 중국 史實에서 찾든가, 堯·舜 같은 신화적 인물에서 찾는 것이 보통이었다. 孔子·孟子 그리고 그 사상의 해석자들인 朱熹·王陽明 등의 영향이 일본에 지대하였던 것은 물론이다.

일본 지식인들의 유가사상에서는 강한 유교 문화내의 일체감을 찾아볼 수 있다. 일본의 儒者들 중에는 중국적 세계의 전개를 그대로 받아들인 경우가 많아 儒敎전통 속의 지식·도덕이야말로 최상의 문화이며 다른 세계는 이 중국적 전통 속으로 들어와야 할 야만적인 것이라고 보기도 하였다. 17세기, 朱子學을 德川의 敎學으로 확립시키는 데 중심역할을 한 林羅山(하야시 라잔;1583~1657)은 周王室의 피난민들이 일본을 세웠다고 주장하였으며 오히려 非正統的이라고 할 荻生徂徠(오규우 소라이;1666~1728)까지도 「우둔한 東夷」로 그 자신을 표했다. 그러나 이러한 정통적인 유가사상은 18세기 후반에 이르러는 소수의 편벽된 관념이 되었다. 오히려 중국 및 유교에의 뿌리깊은 의존에도 불구하고 일본문화의 도덕적 우월성을 강조하는 것이 더 유행하게 되었다. 이에 따라 유가사상을 지리적인 중국에서 떼어내려는 사람들이 있었는가 하면 극단적인 경우에는 유교 및 중국 문화를 전적으로 배격하기까지 하였다.

孔子의 道에 대한 탐구와 일본의 道에 대한 믿음을 결합한 절충주의적 사상은 17 세기 山崎闇齋(야마자끼 안사이 ; 1618〜1682)에게서 나왔다. 그의 제자들이 스승에게 「만약 중국에서 孔子를 隊長으로 孟子를 副長으로 하여 일본을 공격한다면 어떻게 할 것인가」를 물었을 때, 山崎는 주저하지 않고 대답하기를 「나는 갑옷을 입고 창을 들어 일본을 위해 두 성인을 잡겠다」고 하였다. 그것이 곧 孔子의 가르침이라고 그는 주장하였다. [11] 그 본의는, 유교의 진리란 나라에 따라 독립적임과 동시에 보편적이기 때문에 중국인에게와 마찬가지로 일본인에게도 적용된다는 것이었다. 松平定信(마쓰다이라 사다노부 ; 1758〜1829) 같은 학자는 더 나아가 유가사상은 중국보다도 일본에 더욱 적합하다고까지 하였다. 朱子學 이외에는 모두 異學이라 하여 금지시켰던 그는 말하기를, 「堯・舜이나 夏・殷・周 三代라 해도 그 정치의 조화로움과 어진 면에 있어 일본에 비하기는 어려울 것이다」라고 하였다. [12] 松平定信 같은 정통적 유자가 이렇게 공언할 수 있었던 데서 바로 일본의 도덕적 우월성에 대한 관념이 깊고 강했던 것을 엿볼 수 있다.

문화적 지역중심 관념의 극단적 표현은 18 세기에 성행하기 시작한 國學에서 나타났다. 이들은 중국사상의 깊은 영향에 대한 반동으로 중국의 사상・제도가 들어오기 전에 존재했던 「순수하고도 우월한 일본의 道」를 찾으려 하였다. 7 세기 중국문화의 영향을 처음 받기 전의 일본에 관한 기록인 《古事記》(고지끼)나 《日本書紀》(니혼쇼끼) 같은 책에 나타난 신화나 전설, 또는 설화적 역사에서 그 증거를 끌어내었던 것이다. 대표적인 國學者 本居宣長(모또오리 노리나가 ; 1730〜1801) 등은 儒家의 엄격하고 이성적인 도덕주의에 대하여 일본의 자발적・감정적・미학적인 감각을 강조하였다.

本居 등의 국학자들은 또한 일본인은 선택된 사람들로서 天照大神(아마

11) 原善 編, 《先哲叢談》, pp. 124〜125.
12) 松平定信, 《退閑雜記》, 日本隨筆全集(國民圖書株式會社, 1927), p. 302.

데라스 오오미까미)이 세운 나라 안에서 神들의 보호와 축복을 받으며 살
아왔다고 주장하였다. 王朝가 자주 바뀌는 중국에 비하여 일본은 開創 후
「萬世一系」의 天皇家에 의해 지배되어 왔다는 것을 그는 특히 지적하였다.
이것이 바로 日本道의 우수성을 뚜렷이 증명한다는 것이었다. 國學思想은
平田篤胤(히라따 아쓰따네;1776~1843)에 이르러 더욱 극렬해져서 그는 「우
리나라는 神들의 특별한 혜택의 증거로 만들어졌고, 그렇기 때문에 다른
나라들과는 상대적으로 비교할 수 없는 커다란 차이를 지닌다」고 외쳤다.

섬나라로서의 일본이라는 성격과 외국에 대한 비우호적 태도는, 독특하
고도 신성한 일본이라는 인식과 결부되어 일본 지식인들에게 외부세계에
대한 강한 지역중심 관념을 갖게 했다. 명확하게 규정된 문화적 주체관념
을 갖게 한 것이었다. 그러나 역설적으로 이러한 지역중심 관념이 결과적
으로 무엇이나 다 흡수할 수 있다는 중국인의 세계관보다 오히려 큰 자산
이 되었다. 중국인들은 오랜 시간이 지나서야 그들의 문화가 생각했던 것
처럼 보편적 유효성을 갖고 있지 않다는 것을 인식하였던 반면 일본인들
은 日本精神의 우수성은 믿었지만 외부세계에도 또한 때로는 그들보다도
강력한 민족과 문화가 있다는 것을 알 수 있었던 것이다. 사면이 바다로
둘러싸여 있기 때문에 그들은 외국으로부터의 위협을 피하기 위해 중국
처럼 방대한 내륙 속으로 들어갈 수 없다는 것도 충분히 인식하였다. 일
본인들의 문화적 주체성과 도덕적 우월성에 관한 관념은 언제나 그들의 취
약성에 대한 심각한 인식과 연결되어 자라난 것이었다.

제 2 장 정치적 유산

명확히 구분된 천연적 경계, 그리고 그 안의 동질화된 문화 등 여러 면에서 일본은 하나의 「自然 國家」라 하겠다. 그러나 근대국가는 영웅처럼 만들어지는 것이지 스스로 나타나는 것이 아니다. 그 하나하나는 일찌기 존재하지 않았던 강력한 정치적 공동체를 이룩하려는 의식적인 노력의 산물이다. 근대 국민국가에 있어서 국민들이 충성을 바치는 것은 단지 그들이 같은 말과 전통을 공유한다는 것뿐에서가 아니고, 더 나아가 국가가 안정과 복지를 지켜준다고 믿기 때문이다. 1800년경의 일본인들은 문화적 일체감은 갖고 있었을지 몰라도 한 국가로서의 공동이익이나 국가 안에서의 상호의존에 대한 의식은 거의 없었다. 권위와 충성은 분산되어 있어서 전국적으로 공적인 질서를 보장할 만한 보편적인 정치력은 없었으며 통합된 정치적 충성을 끌어들일 만한 중심적 존재도 미미하였다. 당시의 일본은 정치적인 의미보다는 지역적 의미를 나타낸 것이라고 보는 것이 적절할 것이며, 그러한 의미에서 근대적인 국가라고 할 수는 없을 것이다.

1. 天皇과 將軍

정치적 충성이 분산된 것은 德川시대 정치의 특유한 성격이었다. 최상층에서는 두 개의 권위가 국민들의 충성을 서로 독점하지 않은 상징적 관계로 연결되어 있었다. 하나는 京都에 고립되어 살고 있는 半神性的인 文의 지배자 天皇(덴노오)이었고, 다른 하나는 江戶(에도)——오늘날의 東京——에 근거를 둔 武의 지배자 將軍(쇼오군)이었다. 將軍은 전국을 나누어 지배하는 250 이상의 大名들에 대하여 봉건적인 종주권을 갖고 있었다.

황실은 오랫동안 사실상 통치력을 행사하지 못해 왔다. 처음에는 유력한 朝廷公卿側에 이용되다가 후에는 강력한 武將에게 조종되었던 것이다. 1800년대 초반까지 天皇은 주로 상징적인 종교적 기능을 맡고 있었다. 일본을 개국했다고 하는 天照大神의 직계후예로 또한 司祭로서, 天皇은 神界와 인간계를 연결해 주었다. 뚜렷한 정치적 역할로는 일본 최고의 봉건영주인 동시에 실제통치를 맡은 將軍에게 그 권력을 정당화시켜 주는 것이었다. 이론상 將軍은 오랫동안 天皇이 행사해 오지 못한 실권을 장악하고 있는 天皇의 대리역이었다. 한편 德川家는 17세기초 天皇家에 토지를 바쳐 궁핍하지 않게 해주고 皇室의 公卿을 유지할 수 있도록 해주었다. 누구나 天皇의 의무는 정치적 지배와는 무관한 것으로 알았다. 天皇制를 일본만의 특성이 체현된 것이라고 열렬하게 받들던 국학자들까지도 將軍의 권위를 그대로 인정한 것은 봉건권력 즉 將軍 및 大名이 질서유지와 법령의 제정, 사회통제의 힘을 갖고 있다는 것을 인식했기 때문이었다. 대부분의 사람들에게 天皇이란 문학·연극을 통해서 주로 알고 있는 먼 존재였지 결코 생활에 직접 영향을 주는 정치적 존재는 아니었다.

그러나 將軍은 뚜렷한 법적 권위에도 불구하고 실제 전국적 정치력의 구심점으로서는 제약이 있었다. 天皇이 將軍에게 권한을 위임하듯 將軍은 또한 지방 大名들에게 기본적 통치기능을 맡겼다. 세금징수·법령공포·징병·재판 등의 권한이 유럽에서 왕이나 의회에 속해 있었던 것과는 달리 大名들에게 분산되었던 것이다. 將軍은 근대 초기 유럽의 군주들과는 달리 국가권력을 독점하지는 않았다.

이는 德川 권력이 형성되는 과정에서 그 연유를 찾을 수 있다. 거의 두 세기에 걸친 혼란과 분쟁 뒤, 德川家康은 大名들의 연합세력을 구축하여 1600년 關ヶ原(세끼가하라) 전투에서 반대세력을 제압하였다. 군사적 성공

의 결과 3년 후 德川家康은, 12세기말 이래 전국을 제패한 무장에게 天皇
이 수여했던 將軍職에 취임하였다. 따라서 德川家康은 大名들을 정치적으로
통제할 수 있는 권한을 위임받았으나 그의 군사적 정치적 승리가 大名권
력의 완전한 파괴를 의미하지는 않았다. 大名들에게 봉사했던 수많은 사
무라이들을 정리했지만 무장해제는 시키지 않았다. 더우기 關ヶ原전투에
서 끝까지 저항한 일부세력을 제외한 모든 大名들은 이전의 戰國시기에 확
보한 영지 지배권을 그대로 유지할 수 있었다. 물론 개별적인 大名은 일본
전국의 4분의 1을 장악한 德川家康의 압도적 권력에 비하면 미약했으나
집단으로서는 무시할 수 없는 세력이었다. 幕府의 권력을 강화해 나가는
과정에 있어서 德川家康 및 그 후계자들은 더 이상의 중앙집권화 방침을 택
하지 않고 오히려 大名의 개별적 혹은 집단적인 반항의 가능성을 최소한
으로 줄여가는 데 치중하였다. 1800년대 초반까지 이 근간을 그대로 지
켜온 德川幕府는 지방의 봉건영지를 다치지 않고 될 수 있는 한 大名권
력을 견제 약화시키는 부정적 소극적 방침으로 임했다. 그 결과 분산된
봉건세력과 통일자로서의 중앙정권과는 불안한 타협 위에서 정치질서를
유지하였다.

전국을 지배하려는 德川幕府의 기대에도 불구하고 일반백성들의 충성은
중앙의 권위보다는 그들이 소속된 藩이나 촌락으로 향해 있었다. 일본 전
체는 통상적으로 「我國」「天下」「神州」 같은 추상적인 칭호로 불려왔지만,
그들의 사회적 경제적 생활은 궁극적으로 「國」(구니) 즉 藩에 의존해야 하
는 것으로 알았다. 강력한 서양의 위협에 직면해서야 그들은 將軍이나 天
皇이 외세침입을 막을 수 있는 보루이며 국권유지를 위한 보호자가 될 수
있다고 생각하게 되었다.

2. 幕藩體制

德川정치체제는, 보통 將軍의 정부인 幕府와 大名의 영지인 藩을 아울러
서 幕藩體制라 부른다. 이는 德川家康이 戰國大名으로 있을 때의 家臣統

禦방식을 전국적으로 확대 적용하여 그의 권력을 확립한 데에서 나온 봉건적 성격을 나타내는 것이다. 德川시대를 통해 將軍은 大名에 대하여 封建的 宗主權을 행사하였으며 모든 大名들은 그 크기나 家系에 관계없이 將軍의 개인적 家臣으로 將軍이 바뀔 때마다 새롭게 개인적 충성을 서약해야 했다. 大名이 바뀔 때에도 마찬가지로 將軍 앞에서 叙任儀式을 거쳐야 했다. 그들의 조상들이 옛적에 이룩한 것이라 해도, 大名은 충성을 약속해야만 형식상 將軍으로부터 다시 봉건영지를 받아 藩을 지배할 수 있었다. 물론 실제에 있어 將軍과 大名간의 계약이란 大名家에서 청원한 계승자를 합법적 후계자로 인정하였기 때문에 형식적인 것에 불과하였다. 그러나 어떻든 將軍은 이러한 봉건적 유대의 결과, 大名에 대한 법적 권한을 분명히 보유하였다.

또한 大名은 여러 가지 제한 즉 將軍의 권한을 약화시킬 가능성이 있는 大名권력의 확대는 물론 將軍의 이익에 반대되는 어떠한 시도도 할 수 없도록 고안된 각종 규정에 복종해야 했다. 예를 들면 서로간의 藩을 감시하도록 한 것, 일정한 수의 사무라이 家臣만을 보유해야 할 것, 城을 개축한다든가 다른 大名家와 혼인할 때에는 반드시 幕府의 허락을 받아야 할 것 등등이었다. 이러한 모든 규정은 將軍側의 잠재적인 의구심을 반영하는 것이었다. 규정을 위반했을 경우 중앙권력으로서의 將軍은 大藩의 大名을 小藩으로 轉封한다든가 그 藩의 규모를 감축하였으며, 또는 藩영지를 몰수하는 처벌을 내리기도 하였다. 德川 幕府의 후반기 동안에는 보복적인 轉封이나 영지 몰수는 초기의 반세기에 비하면 아주 드물었지만, 이것은 將軍權의 약화라기보다는 大名들의 정치적 순종이나 피동성을 반영하는 것이었다고 하겠다.

大名들의 정치적 순종은 시대가 흐름에 따라 옛날의 적대감이 사라진 데에서 그 이유를 찾을 수가 있으나, 1600년대초에 확립된 參勤交代(산낀고오따이)제도도 큰 역할을 하였다. 처음 관습적으로 행해지던 參勤交代는 차차 제도화되어 모든 大名은 가족과 일정한 수의 관리, 가신, 경호병을 江戶에 상주시켜 놓고 大名 자신은 江戶에 반, 자기의 藩에서 반석——대개는 일년씩 교대──머물러야 하는 것이었다. 이는 戰國시대 大名들이 강력한 복종세력들을 견제하기 위해 취한 人質政策에서 나온 것이라 하겠으나, 어떻든 將軍의 封臣인 大名은 그에게 參禮해야 한다는 관념이 또한 이 제도를 지탱해 나갔다. 결국 參勤交代制는 大名을 다루기 힘든 지방군벌의 위치로부터 낭비적인 將軍의 朝臣으로, 藩의 행정에는 사실상 무관심하면서 江戶에서의 儀典 · 遊樂에나 몰두하는 존재로 바꿔놓는 역할을 하였다.

參勤交代制는 藩財政의 많은 부분을 비군사적인 용도로 지출케 한 데에도 의미가 있다. 江戶의 저택을 유지해야 할 필요에서, 그리고 隔年으로 사치스럽게 江戶를 왕복하는 데 드는 엄청난 비용뿐 아니라 대도시에서의 생활에 자극받은 大名들의 사치 경향 때문에 그들은 항상 적자에 시달려야만 했다.

大名은 결코 하나의 단일한 집단은 아니었다. 藩의 크기가 서로 달랐던 것은 물론 幕府에 대한 정치적 이해나 영향력도 달랐다. 17세기 이래 大名들은 세 그룹──譜代(후다이), 親藩(신빤), 外樣(도자마)으로 나뉘어졌다. 이러한 구분은 大名의 富나 권력, 품격에 의한 것이 아니고 幕府 입장에서의 정치적 신뢰도에 따른 것이었다. 譜代大名은 將軍의 이해와 가장 밀접하게 연결된 그룹으로서 幕府 수립 이전의 德川家臣 중에서 승격되었거나 또는 德川家康 및 그의 후계자들이 大名으로 봉한 가문들이었다. 그들의 영지는 많은 경우 幕府 직할령에 인접하여 이를 군사적으로 방어하여 주었으며 幕府의 최고위 관직 또한 譜代大名들에게 맡겨졌다. 자기 藩에 대한 집착은 갖고 있으면서도 譜代大名은 幕府에 가장 충실하였다. 실제로 그들은 將軍家보다도 더 德川的이었다.

이에 비해 外樣大名은 幕府와 거리를 두고 있었다. 外樣大名의 대부분은 德川家康의 直臣이 되기엔 너무 강력했던 동맹세력이었거나 關ヶ原 전투 이후에야 德川의 宗主權을 인정했던 大名들이었다. 그들은 譜代大名보다 상대적으로 넓은 영지를 장악하고 있었다. 예를 들면 1867년의 경우 각 外樣藩의 연평균 생산고는 8만 7천 石(고꾸)으로서 譜代藩의 4만 2천 石

에 비해 곱절이 넘었다. 그들은 크고 강했을 뿐 아니라, 德川家에서 세워 준 것도 아니었기 때문에 幕府의 행정에 직접 참여하거나 고위직을 맡지 못하도록 하였다. 우호적인 外樣大名이 전략적 요충지나 幕府直轄領과의 緩衝地에 봉해진 경우도 없지는 않으나 대개는 江戶에서 멀리 멀어져 幕府를 공격하기에 쉽지 않은 邊地에 머물게 하였다.

親藩大名은 정치적 영향력의 면에서 譜代와 外樣의 중간에 위치하였다. 모든 親藩大名은 德川의 宗家 즉 將軍家가 그 支家에 대해 설치해 준 것으로서 宗家의 후사가 끊어졌을 때 이를 잇기 위하여 또는 초기 將軍의 자손 가운데 將軍位에 오르지 못하는 자들을 위무하기 위하여 다른 大名의 영지를 몰수하여 세운 것이었다. 공식적으로 親藩大名은 幕府 관직에 취임할 수 없었지만 將軍과의 혈연적 유대 때문에 비공식적인 영향력을 행사하는 경우는 많았다. 특히 水戶(미또), 紀伊(기이), 一橋(히도쓰바시)와 같은 권위 있는 가문의 親藩大名들의 의견은 幕府정책 결정에 큰 비중을 차지하였다.

대체로 행정권이 將軍과 大名으로 분리되어 있었다는 사실은, 서로 다른 이해관계를 갖고 있는 大名들의 존재와 함께, 그만큼 幕藩體制란 것이 조화된 방침을 수행하는 데에는 효율적이 아니었다는 것을 의미한다. 전체보다는 부분의 속성이 강하였다. 또한 많은 藩에서, 특히 큰 外樣藩의 경우, 德川家에 대한 묵은 증오심과 원한은 쉽게 사라지지 않았다. 그것이 얼마나 광범위하게 남아 있었는가는 확실치 않아도, 大名이나 藩의 관원들의 행동에 있어서 藩의 이해가 때때로 전국적인 것보다 더욱 강한 요인이었던 것만은 분명하다. 행정 및 심리면에서의 지방주의는 끊임없이 德川政治의 한 요소로서 작용하였다.

3. 통치조직

이러한 지역통치의 복잡성으로 德川 후기의 일본정치는 말할 수 없는 혼란상태에 빠졌으리라고 생각하기 쉬우나, 역설적으로 정치적 분화가 통치

능력을 약화시키지는 않았다. 오히려 다른 前近代사회에서보다 정치적 권위가 백성들에게 더 깊이, 그들의 일상생활에 더 가깝게 파고들 수 있었다. 표면상으로는 봉건체제였어도 일본은 여러 면에서 모범적 관료국가였으며 이것이 근대화를 시작해 나갈 때 큰 도움이 되었다. 각각의 藩은 그 안의 어느 부락이건 藩의 도읍 즉 城下町(죠오까마찌)으로부터 2, 3일내의 생활권내에 들어와 있을 정도로 작았으며 領地내의 모든 것에 대한 철저한 파악은 德川直轄領에서도 마찬가지였다. 관청에는 언제나 檢地文書에서 戶籍에 이르기까지 모든 종류의 문서들이 다 보관되어 있었다(말을 많이 키우는 南部藩에는 말의 懷姙과 死亡에 관한 기록까지 있을 정도였다). 중요한 도로에는 왕래하는 여행자를 검색하기 위한 關所(세끼쇼)가 설치되었으며 농민들이 먼 곳에 있는 절이나 神社에 참배하러 갈 때에도 여행증명서를 휴대해야 했다. 홀(John W. Hall)은 이를 평하여 「전근대사회에 있어 일본에서처럼 그렇게 심한 官의 제한과 감시 아래에서 산 사람들은 거의 없었다. 德川時代 일본인들은 끊임없이 상급자에게 굴종하는 생활을 해나갔던 것이다」라고 하였다.[1]

행정제도는 전국에 걸쳐 유사하였고 藩은 대체로 幕府 조직의 축소판이었다고 할 수 있다. 이는 각 藩이나 중앙의 幕府나 대개 비슷한 기원에서 나왔던 데에서 한 원인을 찾을 수 있을 것이다. 또한 幕府에서는 그 관행을 따르도록 藩에 요구하였던 결과이기도 하다. 정치적 지배층에 있어서도 유사하였다. 대부분 그 지배의 성격은 개인적이거나 카리스마적이라기보다 합의적, 소수 지배적인 것이어서 大名이나 將軍은 중대한 정책결정을 직접하지 않고 諮問官격인 소그룹에 맡겼으며 그들이 결정한 정책을 인정해 합법화시켜 주는 것이 보통이었다. 幕府에서는 중간 수준의 譜代大名으로 구성된 老中(로오쮸우)들이──老中主席 또는 首座가 사실상 통할──이를 담당하였으며 藩에서는 大名의 최상층 家臣 중에서 뽑힌 家老들이 적은 수의 핵심그룹을 형성하였다. 이러한 합의에 의한 지배형태는 약하고

1) John W. Hall, "The Nature of Traditional Society," in *Political Modernization in Japan and Turkey*, eds. Robert E. Ward and Dankwart A. Rustow (Princeton University Press, Princeton, 1964), p. 27.

무능한 將軍(大名의 경우에도 물론)들이 德川幕府의 창립 후 백여 년이 지나면서부터 자주 나타났음에도 불구하고 幕府를 지켜주었다고 하겠다.

藩에서도 마찬가지였지만 幕府의 정치는 붕당적인 막후정치 형태로서 개인의 영향력과 설득력이 무엇보다 중요한 宮廷政治의 형태를 취하였다. 예컨대 幕府 안에서의 老中, 특히 老中主席은 재정을 관장하고 하위관리의 인사권을 갖고 있었으며 중요한 정책의 결정권을 장악하고 있었기 때문에 그것이 곧 親疎・上下・結婚關係에 따른 개인적 파당을 만들 수 있었다. 파당정치에 뛰어난 지도자는 주위에 능력있고 믿을 만한 추종자들을 모으고 동시에 譜代・親藩 나아가서는 將軍家 내부에서까지 지원세력을 조성하여 그 영향력을 확고히 하였다. 이러한 정치방식은 매우 비민주적인 것이긴 해도, 老中회의를 장악하기 위한 파쟁은 오히려 지도권의 교체를 가능케 하여 幕府政治에 융통성과 변화에 대한 적응력을 주었다. 파쟁이 일반적이었던 藩의 정치에 있어서도 물론 마찬가지였다고 하겠다.

일상적인 행정업무는, 幕府에 있어서는 將軍의 중하급 가신 즉 旗本(하따모또)이나 御家人(고께닌), 藩의 경우에는 大名의 가신 가운데에서 뽑힌 관리들이 담당하였다. 貢租의 징수와 재정관리 그리고 訴訟處理와 刑律의 시행 및 상공업활동에 대한 관할, 도로정비, 군비유지 등의 업무가 그들에게 맡겨졌었다.

제일 중요한 기능은 貢租 징수였다. 거두어들인 공조로 大名은 그들의 귀족적 생활을 지탱하고 가신들의 생활을 보장해 줄 수 있었다. 주된 공조는 원칙적으로 쌀로 걷는 地租였다. 쌀은 농민에게는 주곡이었을 뿐 아니라 富의 기본요소였으며 지배층에게 있어서는 지위 평가의 단위이기도 했다. 즉 藩의 크기, 가신들의 위계, 관리의 봉록 모두가 쌀 몇 石으로 표시되었던 것이다. 공조를 걷는 것은 작은 단위를 기본으로 하여 효과적이고 경제적인 방법을 취하였다. 將軍이나 大名은 농민 개개인 또는 농가당 공조를 매기지 않고, 일정량의 貢米를 마을에 책정해 주면 한 마을의 농민들이 스스로 분담량을 결정하여 代官(다이깐 ; 地方官)에게 바치는 형식이었다. 책정량이 모두 걷히는 한 江戸나 城下町의 관아에서는 어떻게 모아진 것인가에는 관심을 두지 않았다. 代官은 하급 사무라이들을 胥吏·書官·경비원 등으로 고용하여 업무를 수행하였다. 이렇게 함으로써 중국이나 인도 등의 아시아 국가들에서 보편적이었던 징세청부, 즉 관원이 아닌 청부계약자가 농민으로부터 될 수 있는 한 많은 세금을 거둬 정부에는 계약된 최소액만을 바침으로써 私利를 채우는 것과 같은 조세징수에 있어서의 폐해를 일본에서는 피하였다. 얼마 안되는 징세운영비를 제하고는 대부분의 공조가 幕府나 藩의 公庫에 들어갈 수 있었던 것이다. 그 결과 행정상으로 상당한 수준의 성실과 정확을 기할 수 있었을 뿐 아니라 擔稅率을 극히 효과적으로——1800년대초까지는 연수확의 25 내지 30퍼센트——유지할 수 있었다.

다음으로 군사조직을 보면, 幕府와 藩 모두 군사력에서는 사무라이 家臣團에 의존하고 있었다. 將軍에게는 旗本과 御家人으로 구성된 호위병력이 있었으며 大名들도 그들대로 군사와 무기를 보유할 수 있었다. 將軍은 비상시에는 수십만의 병력을 전국적인 封建關係에 의해 징집할 수 있었으나 실제로 1800년대 초반까지는 200여년간 큰 전쟁이 없었기 때문에 이 병력은 경찰기능을 담당하였을 뿐이었다. 幕府의 사무라이 군사들은 將軍의 성을 지킨다든가 전략적 요지에 수비대로 파견되었으며, 大譜代大名·親藩大名의 병력은 국내반란에 대비하여 幕府直轄領의 외곽지역을 명목상 호위하였다. 그러나 반란군의 공격 같은 것은 없었기 때문에 1800년경에 이르면 방위군사란 무예나 용맹성과는 거의 관계없는 전통적 권위를 유지하는 존재가 되었다. 1850년대 초반 영국 公使였던 올콕(Rutherford Alcock)의 말처럼 江戸에 있는 경비소들은 「거의가 소년이나 노인들로 차 있어 온종일 쭈그리고 앉아 졸거나 무료하게 담배를 피고 있었다.」[2]

전반적으로 통치방법은 전통과 관습에 강하게 매여 있었다. 철저하고도 효율적인 행정이었다고 해도, 권위·의례·특전 같은 것이 幕府와 藩의 고관들에게는 항상 관심거리였으며 또한 그들은 자신을 幕府 창업 이후 이

---

2) Sir Rutherford Alcock, *The Capital of the Tycoon: A Narrative of a Three Years Residence in Japan.* 2 vols(Macmillan, New York, 1863).

어오는 오랜 전통의 담당자로 생각하였다. 이를 반영하듯 18세기의 한 大名은 관리들에게 명령하기를 「행정이란 전대의 법과 그 시행과정을 존숭하여 따르는 데 있다」고 하였다.[3] 정치는 변하고 舊習은 더 이상 맞지 않을지 모르나, 그래도 본래의 법과 중요한 관례는 무시되지 않도록 각별히 노력해야 한다는 것이었다. 이러한 분위기 아래서 대부분의 관리들은 중대한 변화에 대응한 방법의 추구보다도 보수적으로 安存하려 하였고 변화가 필요한 때에는 전통의 이름으로 이를 분식하려 하였다.

4. 사무라이

大名 아래에는 사무라이가 德川사회의 지배층을 이루어 모든 군사·관리의 임무를 맡았다. 中世의 사무라이는 封土에 의존해 생활하면서 전시에 영주의 명을 받드는 封建戰士들이었으나 1800년대초에 이르면 영주들이 전쟁을 치른 將帥가 아니었던 것처럼 사무라이도 이제는 용맹한 무사는 아니었다. 모든 사무라이가 농촌으로부터 유리되어 城下町에 모여 살게 된 16세기말 이후에는 사실상 본래의 봉건적 의미는 사라졌다. 영주에게서 직접 받은 토지에서 나오는 수익으로 사는 것이 아니라 연봉을 받아 생활하게 된 것이었다. 연봉액이 사무라이들의 계급을 나타낸 것은 물론이다. 전쟁의 불꽃이 꺼지면서 大名은 사무라이 가신들이 전사로서는 더 이상 필요하지 않게 되었으나 가신들을 보유하고 살게 해 주어야 할 의무가 있는 大名은 그들을 다른 일 즉 행정관리로 돌려 쓰게 되었다.

일반백성들과는 달리 출생신분과 법에 의해 특권을 받은 층이긴 해도 사무라이는 하급귀족이거나 지주신사층은 아니었다. 필요 이상으로 수가 많은 세습적 관리층이었다. 가족까지 포함시키면 사무라이층은 전체 인구의 약 6퍼센트에 이르러 인구비율로는 유럽의 귀족계급은 물론이거니와 중국의 문인관리층보다도 많았다. 사무라이 내부의 富와 권위의 차이는 엄청난 것이어서 將軍 또는 유력 大名의 최고위 가신들은 군소 大名의 石

---

3) John W. Hall, "The Nature of Traditional Society," p. 34.

高에 못지 않은 수입을 누리는 경우도 있었던 반면 시골에 사는 郷土(고오시)나 步兵 下士格인 足輕(아시가루)은 그 가족을 먹여 살리기에도 부족하였다. 藩에 따라서는 상급 사무라이家 자체로도 家臣이나 陪臣을 보유하여 사무라이 계층의 성격을 더욱 복잡하게 만들었다. 상층과 하층 사무라이간의 사회적 격차는 하층 사무라이와 평민간의 격차만큼이나 컸다. 한 예로, 中津(나까쯔)藩에서는 足輕이 상급 가신을 만날 때 땅에 엎드려 부복해야 했으며 하층 사무라이家의 아이들은 상층가의 아이들이 쓰는 말과는 다른 어법을 사용하기조차 하였다.

位階와 수입으로 사무라이의 상·중·하급을 구분하는 구체적 방법에 대하여는 학자들간에 견해가 서로 다르다. 그러나 중요한 것은 사무라이들이 그러한 구분을 인식하였고 그 구분에 따라 富와 정치적 영향력에 있어 엄청난 차이가 나타나며 관직의 取得이나 교육기회 및 긍지에 있어서도 차별이 있다는 것을 깨닫고 있었다는 것이다. 상급 사무라이들이란 대부분의 藩에 있어 몇 안되는 가문으로 구성된 극소수의 그룹으로서, 藩의 家老職을 대대로 맡았다. 城下町 중심부의 화려한 저택에서 산 것은 그들이었으며 大名 자손과의 결혼관계도 그들만이 맺고 있었다. 반면 절대다수인 하급 사무라이들은 大名과는 거의 접촉 없이 사무라이 주거지역에서도 변두리에 밀집해서 살았으며 군졸이나 종자·연락원·서기 등의 일을 맡아 했다. 상·하급 사무라이의 중간에 위치한 중급 사무라이는 領主를 만날 수 있는 자격을 지녔으며 직책으로는 大名 호위대의 지휘관(番方;반가따)이나 중심지역의 행정관 또는 변두리 지방관리의 책임을 맡았다.

사무라이의 등급은 세습적인 것이긴 했으나 그 내부에서는 변동의 기회가 없지도 않았다. 원칙적으로 직책은 사무라이 등급에 따라, 고위직은 중상급 사무라이에게 돌아가는 것이었으나 이러한 틀 안에서도 경쟁의 기회나 유능한 자의 발탁은 가능하였다. 일반적으로 특정한 등급에 있는 사무라이의 수자는 그들이 맡아야 할 직책의 수보다 많았기 때문에 어느 정도의 선발은 불가피했으며, 더 나아가 특별히 유능한 사무라이가 있으면 그가 맡아야 할 직책보다 한두 등급 위의 일을 할 수도 있었다. 이러한 승급에는 직책에 맞게 연봉이 별도로 추가되기 때문에 (足高 ; 다시다까) 수입의 증대도 따랐다. 그러나 이러한 승급은 사무라이의 집안을 대상으로 한 것이 아니라 능력 있는 사무라이 한 사람만을 위한 것이었기 때문에 임시방편에 불과한 것이었다. 어떻든, 사무라이에게는 중국의 文人官吏나 근대 관료처럼 능력본위주의가 적용되지는 않았지만, 특별한 기술이나 능력을 가진 자들이 사회적으로 상승할 수 있는 기회는 있었다.

武士道 또는 士道라고 불리는 사무라이의 정신을 보면 그들의 양면성이 잘 나타나 있다. 우선 전사로서의 사무라이라고 하는 원래의 관념, 즉 주군을 위해 항상 전장에서 죽음을 각오해야 한다는 생각은 德川시대에도 이어져 내려왔다. 무사도의 이러한 면이 중세 사무라이들에게 요구되었던 모든 미덕 곧 기백과 육체적 용맹, 부하에 대한 관용, 상관을 위해 기꺼이 목숨까지 바치는 자기희생 등을 찬양하였다. 《葉隱》(하가꾸레) 같은 사무라이의 수양서에서 가르치는 것은 「죽기 위하여 자신을 갈고 닦으라」는 것이었다. 이러한 오래된 관념과 함께 儒家的 君子로서의 사무라이라는 관념이 결합되고, 때로는 양자가 경쟁적으로 존재하였다. 君子는 그 도덕성으로 인해 사회에서 탁월한 위치를 인정받을 수 있다는 다른 한쪽의 입장에서는 평화의 덕목이라 할 학식·근면·극기·검약·자제 등을 강조하였다. 이는 관리로서의 역할을 수행해야 하는 대부분의 사무라이들이 지녀야 할 것들이었다. 사무라이에게는 단순한 군사적 봉사보다는 행정관리로서의 봉사가 더 강조된 것은 물론, 백성들에 대한 윤리적 모범이 또한 되어야 했다. 功業을 강조하는 새로운 이념이 무력을 강조하는 옛 관념과 결합된 것이었다.

사무라이 논리가 19세기 중엽의 일본에 있어 커다란 자산이었다고 많이들 지적하는 것은 일본의 지배계층이 무력적 위협에 극히 민감할 수 있었을 뿐 아니라 행정관리로서도 책임을 깊게 인식하고 있었기 때문이다. 그러나 여기에는 의문의 여지가 없지 않다. 모든 사무라이가 철저하게 전사였다든가 백성들의 도덕적 모범이었다고 할 수는 없으며, 사무라이에게 그들이 배운 대로 전장에서 죽음의 미덕을 발휘할 것이 요구된 적도 거의 없었다. 궁술·검술 같은 무술도 전투에서 이기기 위한 것이었다기보다는 신체단련의 운동 내지는 훈련을 통해 얻는 재능이었다고 하겠다. 토마스 스미드의 지적처럼 많은 사무라이들은 大名을 호위하여 江戸에 여행할 때에나 호화스러운 공식의례 때를 빼고는「뚜렷한 목표 없이 일상적인 生活」을 영위했을 뿐이었다. 城下町에서의 평온하고 일상적인 생활을 사무라이 본래임무와는 멀어진 퇴폐적 현상이라고 본 사무라이들에게는 이는 결코 바람직한 것이 아니었다. 18세기 말엽의 한 학자의 표현을 빌면,「대부분의 사무라이들은 이미 진정한 무인정신을 상실했으며 오히려 위기에 당하면 십중칠팔은 부녀자처럼 약했고 풍기는 商人처럼 범속」했다.[4]

사무라이는 덕을 갖췄기 때문에 사회에서 응분의 위치를 차지해야 한다는 관념도 사회현실과는 맞지 않았던 것으로 보인다. 사실상 권위있는 최고위직은 덕과 능력 있는 사람이 아닌 출신 배경이 좋은 사람에게 돌아갔던 것이 분명하였기 때문이다. 藩의 家老나 大名 또는 將軍 중에는 별다른 덕과 능력을 갖추지 못했던 사람들이 많아, 1800년대초에 이르면 많은 사무라이 학자들에게서 이들 최고위자들이야말로 우둔하고 오만무지하며 허세만 부릴 뿐 아니라 방종과 사치에 또한 빠져 있다고 불평하는 소리가 높아졌다. 사무라이가 감투정신을 잃었다고 한탄하는 것과 마찬가지로 가장 능력 있고 덕 있는 사람이 당연히 맡아야 할 일을 맡지 못하는 것에 대하여 불만을 느꼈던 것이다. 세습적인 지배의 정당성에 대한 신뢰가 무너진 것은 德川사회의 중대한 약점, 곧 사무라이의 이상과 실제 조건과의 괴리에 대한 불안을 반영한 것이었다.

그러나 德川사회체제에 대한 불만은 일부에서 주장하는 것처럼 사무라이들을 혁명으로까지 이끌기에는 충분하지 않았다. 결국 대부분의 사무라이는 그들의 수입과 지위 때문에 幕藩體制 및 그 지도자들에게 의존하지 않을 수 없다는 것을 알고 있었다. 17세기 영국의 혁명적 鄕紳層과는 달리 그들은 토지로부터 유리되어 있었으며, 18세기 프랑스의 반항적 부르즈와지와도 달리 그들은 세습적 권위를 가진 기성계층이었다. 하루투니안

---

4) 杉田玄白의 표현은 《搖らぐ封建制》(讀賣新聞社, 東京, 1963), p. 165에서 인용.

(Harry D.Harootunian)의 표현처럼 일부 사무라이들은 불만을 「혁명적 열기」[5]로까지 몰고갔을지 모르나, 대부분은 가문·지위·권위 등에 의해 어느 정도 위안받을 수 있는 사무라이 신분의 현상을 받아들였다. 비판적인 사무라이들조차도 幕藩體制의 타도를 바라기보다는 그 체제가 갖고 있는 이념에 따르려고 하였다. 그들은 미래지향적인 과격파가 아니라 복고적인 정·통적 이상주의자들이었다.

5) Harry D. Harootunian, *Toward Restoration: The Growth of Political Consciousness in Tokugawa Japan* (University of California Press, Berkelely, 1970).

제 3 장   사회경제적 변화

　근대적 기준으로 보면 德川 후기의 일본 경제는 산업화 이전의 어느 나라에서와 마찬가지로 후진적 저개발 상태에 있었으나, 당시 기준으로는 상당히 번영한 편이었다. 이미 세계의 이곳저곳을 둘러보고 長崎의 네덜란드 商館에 의사로 왔던 스웨덴인 툰베리(K.P. Thunberg)는 1776년 당시 일본의 상황에 깊은 인상을 받아 「지구상의 모든 나라 가운데 일본인은 제 1급으로서 유럽인과 비교할 만하다」[1]고 하였다. 여기에는 많은 경제사가들도 동의하고 있다. 산업화 이전단계의 상업혁명이 일본에서는 이미 달성되어, 근대적 기술과 공장제도가 들어오자 곧 근대경제를 이룩할 수 있는 제도 및 관습이 마련되어 있었다고 경제사가들은 본다. 1800년대초의 일본 경제는 밖으로부터의 자극만 있으면 근대적 경제발전의 꽃을 피울 만한 성숙단계 내지는 잠재적 변화의 상태에 있었다. 동시에 德川 후반의 경제적 변화 때문에 생긴 사회체제의 혼란으로 경제개혁과 산업화를 담당, 헌신할 수 있는 새로운 정치세력이 등장할 수 있었다.

1. 상업혁명

　德川의 관리들은 경제통계를 모으는 데 그렇게 힘쓰지 않았기 때문에 실

---

1) K.P. Thunberg, *Travels in Europe, Africa, and Asia*(F.and C. Rivington, London, 1795) IV.

제로 어느 정도 德川시대의 경제가 발전했었는가를 정확히 측정하기는 어렵다. 그러나 현존하는 호적·토지대장·징세기록 등을 보면, 전근대경제에 있어 발전의 2대지표라 할 인구와 농업생산이 1600년에서 1800년 사이 상당히 증가한 것을 알 수 있다. 통계적 추정에 의하면 인구는 1590년의 1천 8백만 가량에서 1804년에는 약 2천 5백만으로 늘었고 경작지는 1600년대초의 1,635,000정보에서 1800년대초에는 3,050,000정보로 증가하였다. 또 하나 주목할 것은 오늘의 기준으로도 대도시라 할 만한 江戶와 大阪 등 대규모 도시의 성장이었다. 江戶의 경우 1590년 德川家康이 처음 왔을 때에는 조그마한 城下町 겸 어촌이었던 것이 1780년대에는 130만 인구를 가진 당시 세계에서는 가장 큰 도시로 발전하였다. 경제와 인구·도시는 꾸준하게 점진적으로 커진 것은 아니었다. 17세기 동안 급증하던 것이 1720년대부터는, 간헐적 변동은 있었어도, 대체로 둔화 내지는 정체 상태에 있었다. 18세기초의 둔화를 곧 정체의 시작으로 보는 사람도 있으나 농업 및 다른 생산업에 있어서는 이전보다 더디긴 했지만 성장은 계속되었다.

1600년 이후 정치조건과 제도의 변화가 경제발전을 자극한 것은 분명하다. 즉 德川幕府 성립 후의 평화와 안정은 인명과 재산피해를 가져왔던 전쟁을 종식시켰으며, 따라서 17세기 동안에 크게 경제성장을 한 것은 이전시대의 전쟁상태로부터 회복한 것을 나타낸 것이다. 통일은 또한 이전의 地方大名들이 그들 영내를 거쳐가는 물품에 통행세를 걷기 위해 간선도로에 세운 교역상의 장애물을 제거하였다. 幕府는 이와 동시에 전국적 시장의 발전을 위한 제도적 조치를 취하였다. 지방마다 다른 도량형 및 화폐를 전국 어디에서나 통용될 수 있도록 통일하였으며 멀리 멀어진 섬에서 江戶까지 연결되는 주요 교통로의 건설을 추진하였다. 정치적 통일은 잘 행해지지 않았어도 이러한 경제적 통일화에 의해 상인은 훨씬 안전하게, 전에 없이 통일된 조건 아래에서 지방간의 교역을 할 수 있었다. 제도적 변화가 국가경제의 망을 이루어주었고 경제성장에 대한 자극 또한 마련하였던 것이다.

상업발전에 가장 적극적인 자극을 준 것은 사무라이의 도시 集住였을 것이다. 그들이 城下町으로 이주함에 따라 새로운 경제적 수요가 나타났다. 토지를 분여받은 封臣의 신분도 아닌 데다가 향촌에 머물 수도 없게 되자 사무라이 소비자는 이전 자기의 토지와 농민에게서 나왔던 식량·의복 기타 물품을 밖으로부터 공급받아야 했다. 新興 城下町에서는 농촌으로부터 잉여생산품을 공급받아야 했는데, 여기에는 또한 물품을 城下町까지 들여와야 할 도로정비와 시장구조의 개선이 불가피하였다.

전국적으로도 藩內에서 행해지는 과정과 유사한 과정이 參勤交代를 통해 확대되었다. 江戶에 저택과 많은 가신들을 두고 있어야 하는 大名들은 이를 위해 비용을 늘이지 않을 수 없었으며, 또한 미곡으로 거둬들인 年貢을 江戶에서의 비용에 충당하기 위해 화폐로 바꿔야 했다. 이 두 가지 요인은 江戶와 大阪을 중심으로 萌芽的 全國經濟가 발전하는 데 자극을 주었다.

전국 경제의 중심은 쌀시장으로서 거래량이나 거래액에 있어 쌀은 1800년대초까지는 상업경제의 가장 중요한 단일품목이었다고 하겠다. 藩內에서는 남는 쌀에 대한 수요도 없고 이를 사들일 만한 자본가도 없어 대부분의 大名은 年貢米를 貨幣化하기 위해 藩의 밖에서 이를 교환해야 했다. 1620년대 이후 서부 일본의 藩에서는 大阪 쌀시장으로, 동부의 藩에서는 江戶로 쌀을 보내고 있었다. 처음에는 上級家臣들이 이 매매를 담당하다가 점차로 상인들의 손에 맡겨져, 쌀 매매에 관계하는 商人家는 德川시대의 豪商으로 등장하였다. 쌀 매매를 통해 축적한 재산을 그들은 다른 곳에——주로 금융계통——투자하였는데 가장 안전하다고는 할 수 없지만 그래도 제일 이윤이 많은 것은 大名이나 幕府에 돈을 꾸어주는 것이었다. 大名이나 幕府에서는 연공미를 받아서 갚기로 하고 미리 꾸어 쓰는 것이 상례였으나 장기 차금의 경우 수년 동안의 年貢米額에까지 달하기도 하였다. 이자율이 보통 년 15퍼센트 내지 20퍼센트였기 때문에 이득은 막대하였다. 江戶에서는 규모가 적었지만, 大阪의 많은 豪商들은 또한 쌀시장에서 통용되는 銀貨를 江戶에서의 공적 거래에 쓰이는 金貨로 바꾸는 환전상의 역할도 하였다. 더 나아가 어음을 이용한 장거리 신용거래에도 관계하고 재산 있는 사람들의 돈을 맡아주기도 하였다.

쌀 이외에도 지역간의 물품거래는 전국에 걸쳐 있었다. 직접 생산을 하지 않는 막대한 인구를 포함하고 있는 江戶와 大阪은 여러 종류의 물품을 필요로 하는 시장으로서, 대개의 물자는 도시 외곽지역에서 공급되었으나 많은 물품이 또한 먼 지역으로부터도 들어왔다. 식료품에서 陶器・鐵物에 이르기까지 모든 소비물자가 江戶와 大阪으로 엄청나게 들어온 것은 葛飾北齋(가쓰시까 호구사이 ; 1760∼1849)나 安藤廣重(안도오 히로시게 ; 1797∼1858)이 木版畵(浮世繪〔우끼요에〕)로 그린 日本橋(니혼바시)의 어시장・越後屋(에찌고야) 포목점 풍경에 잘 나타나 있다. 이러한 지역간 거래는 보통 도매상인이나 橘・藥材・布木 등의 단일품목만 취급하는 전문상들이 담당하였다. 이러한 도매상 중에는 생산에도 투자하는 사람들이 나타나기 시작하였다. 즉 많은 포목 및 의복 도매상들이 견직물 생산의 본거지인 京都에 그 생산품을 買占하기 위한 구매소를 두고 경우에 따라서는 생산자본과 원료를 미리 공급하여 주기까지 하였다. 가장 성공했다고 할 수 있는 三井家에서는 직물생산으로부터 ──江戶의 도매상을 통한── 분배에까지 전과정을 장악하였다.

거대한 거래량과 전국적 시장망 그리고 복잡하게 정비된 상업구조 등은 19세기초의 일본 경제의 특징이라고 하겠다. 그러나 상업혁명으로 이러한 발전이 이루어졌다고 해도 전통적인 생산양식을 바꾸기까지는 못했다. 도기・칠기 같은 사치품은 물론 일상소비품까지도 대개는 작은 작업장에서 생산하고 있었던 것이다. 근대적 의미에 있어서의 공장은 아직 없었고 1840년대에 足利(아시까가)市에는 한 건물 안에 100여 명의 직공이 일하는 공장이 나타났으나 이는 예외적인 것이었다. 대개는 소규모 작업장이 생산단위였고 그보다도 못한 경우는 기술자의 집에 있는 방 하나에서 徒弟나 助手를 데리고 만들어내든가 가족들의 노동력에 의존하여 물건을 만들었다. 많은 수의 노동자를 모으는 것이 필요치 않았던 것은 모든 물건을 수공업적 도구나 사람의 힘으로 움직이는 단순기계로 만들었지 물・증기 또는 다른 물리적 에너지를 쓰는 기계는 사용 안했기 때문이었다. 작물 같은 물품은 또한 농가에서 농한기에 생산하였다. 생산과정이 복잡할 때에는 이곳저곳으로 생산단계를 나누기도 하였다. 예컨대 原綿이 포목 도매상의 창고에 들어가면 정리된 原綿은 어느 농가에서 면사로 가공되어 이를 다른 농가에서 옷감으로 짠 다음 세번째 단계의 집에서 염색하여 끝내는 것이었다. 연쇄적인 소규모 작업장들이 근대적 공장에서 하는 것과 같은 일관작업을 대신하였다. 직물상으로 자본을 모은 기업가가 생산과정을 주관하였다고 해도 그것은 산업화 이전의 어느 경제에서나 마찬가지로 가내공업의 형태를 벗어나지는 못했다.

18세기 중엽에 이르면 大阪과 江戶의 손꼽히는 商家, 유력한 金融貸金業者 및 대규모 도매상들은 탄탄하게 자리잡은 商界의 핵심이 되었으나, 그들은 다 같이 변혁보다는 안전한 이윤추구에 관심을 기울였다. 그들 대부분은 정치적 보호와 독점특혜를 누려 다른 경쟁자들에 비해 유리한 입장이었다. 이를테면, 1720년대 이래 몇몇 도매상 그룹은 株仲間(가부나까마) 즉 江戶내에서 특정교역에 종사할 수 있는 배타적 권리를 가진 商人組合을 설립·운영할 특권을 幕府로부터 보장받았다. 그러나 이들 조합은 유럽에서 발달했던 합자회사처럼 새로운 기업투자를 위한 자금통합을 추진하지는 않았다. 단지 안정된 이윤확보를 위해 가격결정·품질유지·공정거래 등을 공동관리했으며 때로는 조합원에게 운영자본을 꾸어주기도 했다. 이것이 조합원으로 하여금 독립된 기업가로 발전할 수 있는 길을 제약했음은 물론이다. 그러나 독점적인 株仲間의 특혜 때문에 18세기 말엽부터는 조합원 자격이나 세습 가능한 株(가부)를 팔고 사는 시장이 나타나기도 하였다.

기반을 가진 豪商들은 조심스럽게 처신하려 하였다. 商家의 長은 그 사업을 개인의 기업이 아닌 가문의 사업으로 보아 자신을 기업가라기보다는 가문재산의 관리역으로 생각하였다. 관습으로 내려오는 조상에 대한 의무감 때문에 그들은 물려받은 재산을 잃거나 위태롭게 하려 하지 않았던 것이다. 따라서 상인가의 家訓이나 井原西鶴 같은 사람이 쓴 상인관계 소설에서는 근면과 검약이 상인윤리로서 강조되었고, 더욱 중요하게는 가문의 전통을 따라야 하는 것이 최상의 것으로 표현되었다. 三井家訓에 나타난,

「前代에 하지 않았던 어떠한 일에도 손을 대지 말라」[2]는 훈계에서 그 경향을 분명히 알 수 있다. 결국 德川의 豪商들은 산업화에 필요한 개혁적인 기업의욕을 갖기에는 심리적으로도 준비되어 있지 않았다(실제로 근대에 들어와 산업화가 시작되면서 舊豪商들의 중요성은 보수적 제약에 덜 얽매인 과감하고도 모험적인 신흥 기업가에 비해 급격히 떨어졌다).

德川時代 일본은 또한 당시의 유럽보다 기술적으로 후진국이었다. 18세기 영국에서 경험했던 것처럼 획기적인 기술혁신을 겪지 못했기 때문에 인간의 힘을 대체할 증기·수력 같은 에너지를 개발하여 이를 기계화 생산과정에 이용할 수 없었다. 이러한 약점이 경제를 일정수준에 계속적으로 묶어놓았다. 기술혁신은 1800년대초에 있어서도 몇몇 蘭學者의 업적을 제외하고는 거의 나타나지 않았다. 이러한 기술혁신이 없이는 德川經濟는 19세기초 유럽세계를 변화시켰던 것 같은 산업혁명의 자생적 기반을 가질 수 없었다.

2. 농촌에의 영향

산업혁명으로 이어지지는 못했다 해도 상업혁명은 농촌사회를 변화시키는 힘을 갖고 있었다. 德川시대 초기에는 농민이란 단지 「年貢을 만들어 내는 기계」로서 남는 곡물은 모두 권력자에게 바쳐야 하는 존재 정도로 인식되어 있었다. 농민에게는 생존에 필요한 만큼만 남기고 수확의 나머지는 전부 거둬가는 것이 곧 貢租였다. 德川家康의 近臣 가운데에는 이를 「농민은 너무 많게도 너무 적게도 가질 수 없도록 하는 것이 마땅하다」는 사람까지 있었다. 만일 농민이 자본축적을 위해 얼마간의 생산물을 남겨 두면서 그 생활을 개선하려고 했다면 사회적 균형은 깨어지고 지배자의 수입원은 고갈되었을 것이며 이에 따른 농촌의 빈부차이는 분쟁과 혼란을 야기시켰을 것이다. 이러한 가능성을 막기 위하여 幕府에서는 농민이 땅

---

2) Johannes Hirschmeier, *The Origins of Entrepreneurship in Meiji Japan*(Harvard University Press, Cambridge, 1964), p. 23에서 인용.

을 사고 파는 것을 금지하였으며 공조는 높게 부과하였다.

그러나 19세기초에 이르면 이러한 농민의 像은 농촌의 실상에는 맞지
않았다. 貢租 부담율이 농업생산이 늘어가는 데 따라 그렇게 변하지는 않
았으며 官에서 새로운 토지검사 및 평가를 하려고 할 때에는 부담이 늘어
날 것을 두려워한 농민들이 폭력저항까지 하려 하였다. 스미드의 분석에
따르면 19세기 중엽의 공조는 많은 지역에서 150여 년 전의 부과기준을
따르고 있었던 반면 농업생산력과 경지면적은 그동안 엄청나게 증대되었
었다.[3] 농촌인구가 비교적 고정되었거나 지역에 따라선 감소되기도 했던
것을 감안하면 1800년대초에 있어서의 많은 농민들은 생존을 위한 수준
에 머물러 있었다고는 볼 수 없으며 오히려 그들은 공조를 바치고도 먹고
살 수 있는 수준 이상의 것을 생산하였다고 보인다.

이러한 발전은 상업화가 고도로 진전되었던 지역 곧 江戶・大阪 주변지,
주요 간선도로 부근과, 해상수송이 활발한 瀬戶內海(세도나이까이 ; 本州・四
國・九州에 둘러싸인 좁고 긴 내해) 연안 등지에서 뚜렷하였다. 상업경제는
생산과 소비 양면에 있어서 이 지역의 농민들 속으로 더욱 더 침투하여 갔
다. 우선, 대도시시장의 형성으로 주변지역의 농민들은 상품작물을 재
배할 기회가 많아져 그들은 쌀과 함께 채소・면화・약초・藍 등 도회지시
장에서 팔게 될 작물을 경작하게 되었다. 최저한의 생계유지나 할 수 있
을 정도로 가난한 농촌이라 하더라도 도회지시장에 내놓을 만한 특산품이
있는 곳은 그것으로 발전할 수 있었다. 한편 상업혁명으로 선진지역에서
는 자급자족경제가 약화되어 그곳의 농민들은 스스로 만들려 하지 않는 물
품은 밖으로부터 구입하였다. 작은 마을에도 상점에서는 향・벼루를 비롯해
소금・간장에 이르기까지 각종 물품을 진열하여 팔았고, 왕래가 어려운 부
락에는 행상들이 순회하며 물건을 팔았다. 이처럼 지역간 교역의 성장으
로 농촌은 점점 그 영향 아래에 들어가 의욕적인 농민은 새로운 貨幣收入
의 기회를 갖게 되었을 뿐 아니라 어느 농민이라고 해도 돈이 필요하지 않

---

3) Thomas C. Smith, "The Land Tax in the Tokugawa Period," *Journal of Asian Studies* 18, No 1(November 1958).

을 수 없게 되었다.

농산물의 잉여가 늘어나는 것과 함께 농촌경제가 상업화되어 가는 것은 바로 德川체제를 수립한 사람들이 두려워했던 현상, 곧 농촌에서의 빈부격차의 심화를 가져왔다. 비슷한 경지면적을 가진 가족들로 촌락을 형성하려 했던 德川 초기에 비해 1800년대초에는 농민 내부에 빈부의 차이가 분명해졌다. 적극적이고 기업가적 의욕을 가진 사람들이 발달된 농경기술을 써서 소출을 높여간 것은 18세기초에 이미 품종개량 및 경지의 집약적 이용에 관한 책들이 광범위하게 배포되었던 것을 봐도 짐작할 수 있다. 대부분 農事를 어떻게 하면 간단한 개량으로 一毛作에서 二毛作으로 바꾸는가에 관한 것들로서, 거기에 나오는 방법들이란 주로 비료의 개량, 논밭에 물을 대기 위한 水車의 이용, 겨울 동안 자랄 수 있는 벼나 다른 품종을 심는 것, 겨울 시간을 더 얻기 위한 효율적인 탈곡법 등등이었다.

토지 또한 필수품을 공급하는 수단으로서뿐만 아니라 이윤을 얻을 수 있는 유리한 것으로 점차 인식되어, 의욕적인 농민들은 소출 증대에 따른 이익을 土地集積에 사용하기 시작하였다. 토지를 늘려가는 데 있어서 그들은 주위의 무능하고 불운한 농민들의 땅을 취득하는 방법 외에도 새로운 논밭을 개간하든가 높은 지대의 땅을 계단식으로 이용하기도 하였다. 법적으로는 토지매매가 금지되었어도 사실상의 매매를 가능케 하는 여러 가지 편법이 나왔다. 예를 들면 눈치 있고 야심적인 농민은 어느 정도 돈을 모아 필요한 인근사람에게 꾸어주고 (利率이 높을 때는 20퍼센트까지도 되었다) 대신 그 토지를 담보로 삼든지 일정기간 동안 수확의 일부를 팔아 갚을 것을 약속받았다. 그러나 빌린 사람이 그 돈을 갚을 수 없을 때 즉 흉작이나 쌀값의 하락 또는 가족의 질병·사망 등으로 갚을 돈이 없을 때 빌려준 사람은 빚 대신에 땅을 차지하고 빈 사람을 그 땅의 소작인으로 삼는 경우가 많았다. 이러한 형태의 실제적 토지매매과정을 통해 여러 농촌에서는 몇몇 농가의 손 아래로 토지가 점점 몰린 반면 소작인·계약노동자·소규모 토지보유자의 수자는 늘어갔다. 이러한 경향으로 여러 곳에서 몇 안되는 부농들은 자신이 경작할 능력 이상의 토지를 보유했는가 하면 토지에 매달려서만은 살아갈 수 없는 빈농들이 상대적으로 많아졌으며 德川 초기에는 보편적이었던 중간층은 점점 줄어들었다.

농촌이 상업화되고 번영하는 데 따라 이익을 얻은 부농들은 농촌에 있어서의 소규모 기업가로까지 성장하기도 하였다. 그들은 貸金業 · 典當業 외에 양주장이나 기름공장에 투자하였는가 하면 직조기를 사서 다른 농가에 맡겨 비단을 짜도록 하는 일종의 前貸資本으로 그 돈을 활용하기도 하였다. 이러한 소규모 제조업은 城下町에까지 물건을 보낼 때도 있으나 대개는 근방에 있는 몇 개의 농촌을 대상으로 하는 정도였다. 그러나 야심적인 농촌 기업가들 중에는 더 나아가 자기 마을에서 짠 면직물을 근처의 다른 藩이나 전국적 시장이 있는 江戸 · 大阪에까지 보내 지역적인 벽을 넘어서는 경우도 나타났다. 교역의 형태는 점점 복잡해져 갔다. 이웃해 있는 藩들 사이에는 전국적 집산지를 거치지 않은 직접교역이 점점 성해감과 동시에 농촌 기업가들로부터는 官의 비호를 받는 株仲間의 도회지시장 독점에 대한 불만이 나오기 시작하였다. 농촌의 신흥 地主企業家들은 江戸 · 大阪의 특권상인들에 대하여 경제적으로 도전하였을 뿐 아니라 나아가 株仲間의 불공평한 독점관행을 둘러싸고 당국에 항의하기도 하였다.

부농의 등장으로 다른 면에 있어서도 사회적 질서는 붕괴되어 갔다. 그들은 사무라이와 같은 생활양식을 따르기 시작해 자제에게는 높은 교육을 시키고 書畵 등의 고급 취미를 갖게 되었으며 蓄妾을 하고 도회지 유람을 즐기기도 하였다. 「오늘날 농민들에게서 제일 걱정스러운 폐해는 넉넉해진 자들이 그들의 신분을 잊고 도시의 귀족들처럼 사치스럽게 사는 것이다」[4]라는 지적에서 보이듯이 많은 사무라이들이 이 현상을 개탄하였다. 정통 사무라이들은 사무라이와 부농 사이의 엄격한 구분이 흐려져가는 현상이나 농민들의 희생 위에 부농이 잘 살고 있는 것에 충격을 받았다.

지주기업가들은 신분적인 上向欲을 갖고 있었기 때문에 마을 안에서의 관례나 예절을 둘러싸고 전통적인 마을 지도자들과 충돌을 일으켜 다루기 힘든 존재가 된 때도 많았다. 소농이나 소작인들의 부농에 대한 원한은 폭

---

4) 武陽隱士, 《世事見聞錄》, 近世社會經濟叢書 Ⅰ(東京, 1927), pp. 48～49.

력적인 농촌내의 분규를 야기시키기도 하였다. 德川 초기의 농촌분규나 민란은 대개 부패한 관리들의 수탈이나 大名의 과도한 요구에서 비롯되었기 때문에 한 마을 전체가 단합하여 저항했던 것에 비해, 18세기말에는 특히 흉작·기근 때 민란이 자주 발생했을 뿐더러 그 저항의 대상이 官보다는 농촌내의 부농일 때가 많았다. 中小農이나 빈농에 이끌려 반항을 일으킨 농민들은 地主·貸金業者들의 집과 창고를 불지르고 약탈함으로써 그들의 적개심을 분출하였다. 이러한 사회불안의 징조는 기근이 극심했던 1780년 대와 1830년대에 특히 유행하였다. 그러나 幕府에서는 부농의 등장을 견제하려는 움직임을 거의 보이지 않았고, 오히려 幕府와 藩의 당국자들은 부농들에게 칼을 차고 姓氏를 쓸 수 있는 특권을 판다든가 御用金(고요오 낀:強制借金)을 부담시킴으로써 부족한 돈을 거두어들이는 데에 부농의 존재가 유용하다고도 보았다. 이에 따라 이미 상업혁명으로 심각하게 와해되어 갔던 계급의 붕괴현상은 더욱 가속화되었으며 많은 부농들의 기대와 욕망은 더욱 증대되어 갔다.

3. 정부의 대처

정권 담당자들에게 있어서 상업의 발전은 전례없는 충격적 현상이었고 이에 대하여 어떻게 대처할까 갈피를 잡지도 못하였다. 사상적으로 儒家的 훈련을 받은 그들이 생산·교역의 거대한 팽창에 잘 대처하기에는 부족하였다. 물론 질서 잡힌 사회에 있어서는 물질적 번영이 重要하다는 것이 널리 알려져 있었지만——경제가 원래 經世濟民의 뜻이었듯이——儒家 입장에서 보는 물질적 번영에는 경제발전에 대한 인식이 약하였을 뿐 아니라 反商人的 태도 또한 뿌리 깊었다. 국가의 富란 기본적으로 고정된 것으로서 이상적인 정부 곧 어진 정부의 역할은 富를 백성들에게 골고루 나누어주어야 하는 것이 유가적 관념이었다. 다시 말하면 좋은 지배자는 국가의 富를 늘이는 것보다는 균형있게 생산과 소비를 맞추도록 경제를 운영해야 하는 것이었다. 경제정책의 목표는 전통적 관념으로 볼 때 생산은

어디까지나 장려 하는 한편, 땅에서 나오는 것에는 한도가 있으므로 소비
는 줄이도록 하는 것이었다.

幕府와 藩의 당국자들에게 있어서 시장경제는 이미 유가적 경제론으로
는 처리하기에 너무나 복잡한 실제문제를 안고 있었기 때문에 정통적 유
가이념은 상업혁명이 진전됨에 따라 사실상 힘을 발휘하기가 어려웠다. 첫
째는 歲入이 불안정하였다. 大阪·江戶의 시장사정에 따라 쌀값이 해마
다 변하였기 때문에 總貢租米의 양은 거의 일정했어도 그 값은 그렇지
못했으며 따라서 大名의 수입이 한 해는 넉넉할 수 있어도 그 다음해는
부족한 경우가 허다하였다. 둘째, 세입은 고정된 채로 지속되어 온 데 비
하여 大名家에서 쓰는 비용은 參勤交代 등으로 점점 사치스럽게 늘어갔
다. 幕府 재정에 있어서도 형편은 마찬가지여서 토트만(Conrad Totman)의
지적처럼 「어느 정도로 한정된 수입과 사실상 한도 없는 소비력과의 사이
에 빠져 있었다.」[5] 세째, 수입과 지출의 격차로 인해 幕府와 大名측에서는
江戶·大阪의 商人 금융업자에게서 돈을 꾸어 이를 메워갈 수밖에 없는 경
우가 많았다. 그러나 이자까지 지불해야 할 필요 때문에 그들의 재원에는
더 큰 부담이 안겨졌고 이에 재정문제는 더욱 어렵게 되었다. 마지막으로
將軍과 大名의 재정적 곤란은 자연 가신들에게까지 미치게 되었다. 藩豫
算에서 지출해야 할 주된 항목에는 參勤交代에 드는 비용 외에 사무라이
들의 俸祿 지급이 있었는데, 재정궁핍에 빠진 大名 중에는 사무라이 가신
들의 봉록을 삭감하여 가며 곤경을 면하려는 사람들이 많았다. 대개는 봉
록의 3 분의 1 이나 4 분의 1 을 꾸는 형식이었지만 아무 조건 없이 빌리
는 것이었기 때문에 실제로는 무기한 차용이었다.

幕府는 상업혁명으로 생긴 문제들이 빚어낸 새 환경에 적응하지 못하고
오히려 否定的 制限的으로 대처하였다. 18 세기초 幕府에서 大阪의 금융·
상업 시장을 행정적으로 직접 감독한 것을 보면 幕府의 책임자들이 새로
운 사회현실을 인정했음은 알 수 있다. 즉 株仲間의 상인들에게 官의 자

---

5) Conrad Totman, *Politics in the Tokugawa Bakufu*(Harvard University Press, Cam-
bridge, 1967), p. 77.

겨증을 발행해 주면서 독점권을 인정해 준 것이 그것이었다. 株仲間의 혜택이 상인과 함께 정부측에도 있었던 것은, 우선 幕府에서 상인들을 집단으로 다루게 되었을 뿐 아니라 株仲間의 자격을 유지하기 위해 상인들이 바치는 돈이 幕府의 추가수입에 상당한 몫을 하였기 때문이다. 이는 일종의 간접매매세라고 할 수 있지만 이를 幕府에서 조직적으로 징수하지는 않았다. 그 이유는 물론 징세에 있어서의 행정적 곤란도 있었겠지만 한편으로는 매매를 통해 이득을 보는 것은 적절하지 못하다고 본 종래의 관념에 있었다.

18세기에서 19세기초에 이르는 과정에서 幕府는 상업혁명으로 생긴 어려움을 극복할 수 있는 능력이 없음을 드러내었다. 단지 쌀 매매 및 쌀값의 앙등 그리고 豪商들의 재력 등을 용인하였을 뿐이다. 幕府에서는 지출에 맞추기 위한 고식책으로서 호상·부농들로부터 强制借金을 하든가 화폐가치를 떨어뜨려 빚을 갚는 방법을 택하였다. 물론 1790년대 松平定信(마쓰다이라 사다노부 ; 1758~1829)의 개혁이나 1840년대초 水野忠邦(미즈노 다다꾸니 ; 1794~1851)의 개혁처럼 이를 고쳐보려는 시도가 없었던 것은 아니었다. 그러나 이러한 개혁은 근본적으로 복고적 성격을 띤 것으로, 그 목표로 하였던 것은 물가의 고정이나 상인 특권의 폐지, 幕府 지출의 감축, 「儉約令」 등등을 통해 사회적 안정을 바로잡으려는 것이었다. 이러한 개혁수단은 최선의 경우라 해도 일시적 효과를 내는 것에 불과했고 오히려 대개는 최악의 경우로서 시장의 움직임에 심각한 교란을 일으켜 더욱 심한 물가 앙등을 가져왔다.

幕府는 큰 藩에서 채택했던 것처럼 직접 생산과 교역을 관장하여 재정적 궁핍을 완화하는 정책은 개발하지 못했다. 19세기초 여러 大藩에서는 특수상품의 藩內 교역과 특산품의 大阪·江戶 시장에로의 수출을 담당한 전매기구를 설립하였다. 지출을 더 이상 감당할 수 없는 貢租 수입 이외에 다른 재원을 늘이기 위해 藩에서는 전매사업에 착수하였다. 이는 대개 官에서 싸게 책정한 값으로 물품을 買占하여 비싸게 팖으로써 그 차액을 이윤으로 삼았다. 이러한 전매사업은 藩의 관리가 직접 매매를 담당하여 운영하기도 했으나 한편으로는 大名으로부터 특허를 받은 지방상인이나 기업가들에게 맡기기도 하였다. 藩의 전매사업은 때로는 아주 성공적이었다. 薩摩(사쓰마)藩처럼 琉球(류우뀨우)에서 사탕수수를 들여다가 단독으로 설탕을 생산하는 경우 그 이익은 막대하였다. 이러한 專賣利益으로 薩摩藩은 사무라이 봉록의 삭감 같은 구차한 방법에 의하지 않고도 재정의 안정을 기할 수 있었다.

4. 사무라이의 불만과 사회비판

사무라이들은 분명히 경제성장으로 어려움을 겪게 되었다. 부유한 도시 상인이나 농촌의 지주 기업가들에 비해 사무라이 계층은 상대적으로 수입이 줄어들어 완전히 몰락하는 경우까지 생겼다. 1800년대초에서 볼 때, 고정된 봉록은 그들의 필요에 도저히 미치지 못하였음은 물론이고 상업혁명이 가져온 번영을 같이 누리지도 못하였다. 많은 사무라이들은 그들의 사회적 위치에 맞는 생활수준을 지켜나갈 수 없었을 뿐 아니라 생활 자체를 꾸려갈 수 없는 사람도 나왔다. 福澤諭吉의 中津藩에서는 20 내지 30石 정도라야 살아갈 수 있었으나 대다수의 사무라이는 15石 미만의 봉록을 받고 있었기 때문에 19세기초에 이르면 중하급 사무라이들은 수입을 보충하기 위해 온갖 노력을 다했다.

형편이 좀 나은 사무라이는 체면을 차려 書道·劍術을 가르치든가 하숙을 치든가 또는 취미 겸해서 영업적으로 盆栽를 가꾸든가 하여 加外收入을 얻었으며, 그렇지 못한 사무라이는 딸을 부유한 平民家에 결혼시켜 돈을 얻으려고도 해서 江戶에는 직업적으로 이러한 결혼을 중매하는 사람까지 나타났다. 심한 경우에는 家寶를 처분하는 사무라이가 있었는가 하면 官에서 빚을 破棄해 줄 가능성을 기대하고 상인으로부터 마구 돈을 꾸는 사람까지 있었다. 그러나 채권자들마저 하급 사무라이들에게 돈을 빌려주는 것은 위험하다고 보게 되어 결국 유일한 길은 부채나 우산을 만들거나 비단을 짜는 등 하찮은 수공으로 돈을 버는 방법뿐이었다. 상인에게 매달려 일을 해야 하고 또 값을 다퉈야 하는 것은 사무라이들에게는 특히 언짢았던 것이 사실이다. 가난하면서도 체면을 차리려는 사무라이는 일반 민중들의 풍자의 대상이 되었고 사무라이 계층에 대한——그 권위에 대한 것은 아니라 해도——백성들의 존경은 줄어들기 시작했다.

자연히 사회적 지위가 떨어짐에 따라 사무라이 계층 안에서는 불만이 나왔다. 그 정도가 어떠했는지 분명히 말하기는 어렵다. 경제적 위치의 하락은 서서히 진행되었고 또 藩에 따라 그 현상은 달랐다. 동시에 많은 사무라이들은 비록 가난해졌다 해도 그 전통과 위엄에서 아직도 위안을 찾고 있었다. 그러나 일부에서는 시대가 안정을 잃어 혼란하게 되었다고 그들대로의 불만을 나타내었던 것이다.

19세기초에 있어서의 사회비판은 거의가 보수적인 유가적 기준에서 나온 것으로서, 유가에서 가장 천시하는 이윤만을 추구하는 경향 때문에 전통적인 사회계급간의 균형이 무너지게 되었다고 개탄하였다. 경제적 변화, 교역의 발전, 도시의 발흥 그리고 부유한 평민들이 더욱 번창하는 것 등은 전통적 도덕기준이 전반적으로 쇠퇴해 가는 것을 반영하였다. 水戸藩의 大名을 도왔던 藤田幽谷(후지따 유우꼬꾸 ; 1774~1826)은 이같은 사회 현실을 비판하여 「정부는 점점 약해 가고 있는데 상·하가 모두 겉치레와 사치를 다투고 있다. 이것이 바로 돈으로 무엇이든 살 수 있는 시대이다」[6] 라고 한탄하였다. 이런 종류의 비판들은 1780년대 즉 과격해진 민란이 급증하면서부터 특히 많이 나왔다. 농민불만이 폭발하는 것은 전통적 도덕이 쇠퇴해진 결과 나라 안의 모든 일이 순조롭지 않은 징조라고 받아들여졌다. 국학자 本居宣長은 「좋은 정부가 있다고 하면 아무리 농민들이 가난에 시달린다고 해도 소요를 일으키지는 않을 것」[7]이라고 보았다.

사무라이들은 나라 안 憂患要因을 이윤추구 풍조로 보았으나, 여기에는 정치적 지도역량의 쇠퇴 또한 지적되었다. 유가적 입장에서는 덕이 있는 지배자만이 정치적 안정과 사회적 조화를 보장할 수 있는 것이었기 때

6) 藤田幽谷, 《勸農或問》, 水戸學大系 3(東京, 1943), p. 23.
7) Shigeru Matsumoto, *Motoori Norinaga* 1730~1801(Harvard University Press. Cambridge, 1970), pp. 144~156.

문에 지배자가 어진 정치를 행하지 못하면 백성들의 난이 곧 일어나는 것이었다. 18세기말의 개혁사상가 本多利明(혼다 도시아끼 ; 1743~1821)은 「백성이 굶주리고 良田이 황폐해 가는 것이 누구의 잘못인가? 이는 백성의 게으름이나 불충을 탓할 것이 아니라 지배자의 잘못으로 돌려야 한다」[8]고 비판하였다. 이러한 비판 중에는 지도역량이 떨어진 것을 오랜 평화로 將軍이나 大名의 기백이 약화된 데에서 찾는 경우도 있었다. 幕府・藩의 지도자들은 奸臣들에 둘러싸여 백성이나 가신들의 일에는 거의 무관심한 채 저택에 묻혀 지냈다는 비난이 나옴과 동시에 덕 있고 능력 있는 참된 보필자에게 의존하지 않은 실책을 비난하는 소리도 나왔다. 여하튼 공통된 것은 세습지배자들에 의한 정치독점을 그치고 仁政을 회복하여야 하며 유능한 인재에게 중책을 맡겨야 한다는 것이었다.

18세기 말엽에는 소수이긴 해도 사회의 여러 기구와 정책의 방향을 근본적으로 고쳐야 한다는 의견들이 또한 나왔다. 가장 뚜렷한 것은 정부가 상업을 억제하려 할 것이 아니라 오히려 상업발전의 이득을 취해야 한다고 제안하는 사상가들의 출현이었다. 海保靑陵(가이호 세이료오 ; 1755~1817)의 주장은, 이윤이 蔑視되기보다 전체 사회구조가 교역과 이윤의 원칙 위에 서야 한다는 것으로, 貢租米가 大名의 직무에 대한 이윤의 형태이고 봉록이 사무라이의 봉사에 대한 보수인 바에야 사무라이에게도 생산과 교역에 종사토록 권장하고 비생산적 요소들은 제거해야 한다는 것이었다. 本多利明은 해외무역과 植民을 포함한 국내외적 상업발전을 적극적으로 내세웠으며, 佐藤信淵(사또오 노부히로 ; 1769~1850)은 부강한 나라를 세울 수 있도록 정치조직을 봉건체제에서 중앙집권적 관료국가로 재편성해야 한다고 주장하기도 했다.

이들 적극적 주창자들은 전체로 볼 때에는 물론 반응없는 외로운 주장들을 하고 있었지만, 중요한 것은 그 당장의 영향보다도 앞으로 닥칠 사태를 예언한 것이었다. 그러나 대부분의 개혁사상가들의 입장은 새로운 사회 정치적 원리의 제시보다도 전통적 유가의 이념을 따르는 보수적 본질

---

8) 本多利明, 《經世秘策》, 日本經濟大典(瀧本誠一編, 東京, 1929), pp. 120~121.

을 벗어나는 것은 아니었다. 따라서 개혁사상가들이라 해도 새로운 사회의 이상을 갖고 당시의 지배자들을 비판한 것이 아니라 종래 받아들여졌던 도덕기준에 따랐다. 구제도는 더 이상 효과가 없다고 느낀 것이 아니라 그 理想에 따르지 않고는 사회가 살아날 수 없다고 본 것이었다. 이 때문에 대부분의 비판론은 幕府체제나 그 지배자들을 타도해야 한다고 주장하지 않고, 권력자들의 도덕적 타락을 공격하였으며 결국은 원래적인 구제도로 돌아갈 것을 요구하였다. 사회적 불만이 과격한 정치행동으로 바뀌어간 것은 공격적인 서양세력이 물리칠 수 없는 힘으로 점점 침투해 들어오면서부터였다. 국내상황이 불안정해진데다 밖으로부터의 위협이 가중되어 가자 사무라이들의 불만은 새로운 국가 운용방법의 추구라는 데로 바뀌어 갔다.

제 4 장   舊秩序의 붕괴

사무라이의 궁핍과 시장경제의 성장, 그리고 새로운 사회계층의 등장 등으로 19세기초에는 기존 사회구조 및 제도에 대한 신뢰 자체가 위태로와지기 시작했다. 많은 역사학자들은 이러한 기본적 변화가 과격한 방향, 나아가서는 혁명적 변화로 몰고 갔다고 믿고 있으나 사실이 그러했는가 하는 것은 쉽게 답할 수 없는 문제이다. 왜냐하면 변혁을 지향하는 내부의 압력은 밖으로부터의 결정적인 충격 즉 개항을 요구하는 서양세력의 到來에 의해 불시에 압도되었기 때문이다. 幕府에서는 이 위기에 대처하는 데 실패함으로써 幕藩체제가 안고 있는 심각한 약점을 노출시켰으며 지도자들의 능력 또한 의심받게 되었다. 그들은 일본 전체의 이익보다는 德川의 이익에 더 관심을 두고 있는 것으로 보였던 것이다. 德川체제에 대한 오랜 불평불만은 그 체제를 멸망에 이르게 하고 멸망과정의 성격을 규정지었다고 할 수 있다. 한편 이러한 불평불만이 새롭게 서양세력이 들어옴으로써 근대국가로의 전환이 불가피하게 되었을 때 이를 용이하게 하는 데에 중요한 역할을 한 것 역시 무시할 수 없다.

1. 밖으로부터의 위협

2백여 년에 걸친 德川幕府의 쇄국정책으로 일본인들이 서양사람들을 받아들이려 하지 않은 만큼 서양사람들도 일본에 들어오려고 하지 않았으며 이 때문에 쇄국은 별 어려움 없이 지속되었다. 인도나 중국과는 달리 서양 사람들에게 일본은 이국적 흥미나 실제적 중요성도 별로 없는 나라로 관심 밖에 있었다. 그러나 주로 경제적 이유 때문에 서양사람들의 관심이 확대되어 일본에까지 오게 된 것은 1790년대에 이르러서였다. 북쪽에서는 러시아 탐험가들이 北海道 연해의 항해를 시도하였으며 모피상인들은 인적이 드문 사할린(Sakhalin)이나 쿠릴(Kurile)열도에 터를 잡기 시작했다. 남쪽에서는 적극적인 영국상인들이 廣東의 茶·阿片 무역의 이익을 탐내고 있었으며, 동쪽에서는 미국의 뉴잉글랜드(New England) 지방 선장들이 서태평양의 고래잡이나 중국무역의 이득에 몰두하고 있었다. 이러한 형편을 알아차린 일본의 지배층이나 사상가들 가운데는 외부의 위협을 걱정하는 사람들이 많았다.

새로운 「赤毛蠻人」은 16, 17세기에 왔던 서양인과는 달랐는데도 일본인의 적대감과 의심에는 변함이 없어 기독교 및 서양의 침략에 대한 두려움이 강하게 남아 있었다. 19세기초 會澤正志齋(아이자와 세이시사이;1781~1863)는 이를 「蠻人들이 남의 나라를 정복하려 할 때는 처음 통상을 시작하여 약점을 찾지만 기회가 오면 그들은 백성들의 마음을 사로잡기 위해 그들의 종교를 傳道할 것이다」[1]고 우려하였다. 서양인을 약탈자로 두려워한 것은 일본인 스스로의 생각이었지만 어느 정도 근거가 없지도 않았다. 1793년부터 러시아는 통상을 목적으로 세 차례 탐험단을 보냈으나 「북방으로부터의 위협」에 놀란 幕府에서는 다른 생각 할 겨를 없이 모두 물러가게 하였다.

레자노프(Nicolai Rezanov)가 이끈 마지막 탐험단원들은 뜻을 이루지 못하자 1806년과 1807년 사할린의 일본인 거류지를 공격하였다. 그 직후 1808년 영국 군함 페이톤(Phaeton)호가 당시 나폴레옹전쟁에 있어서의 적대국인 네덜란드의 배를 수색하기 위해 長崎에 들어왔다. 페이톤호의

---

1) Ryusaku Tsunoda et al., *Sources of Japanese Tradition*(Columbia University Press, New York, 1958) Ⅱ, p. 94.

열아홉 살 난 함장은 물과 식량을 공급해 주지 않으면 정박 중인 중국·네
덜란드의 배를 모두 불사르겠다고 위협하였다. 이 사건은 물론 당시 수호
와 통상을 주목적으로 하였던 서양세력들의 의도를 이해하는 데는 별로
중요한 의미가 있는 것은 아니지만, 어떻든 이 사건으로 인해 幕府 관리
및 기타 정치지도자들의 우려는 더욱 깊어졌다.

밖으로부터의 압력에 직면해서도 공식적인 방침은 그대로 鎖國을 지키
려는 데에서 벗어나지 않았다. 1790년대에서 1800년대초에 걸쳐 러시아
인을 상대한 幕府 관리들은 예의는 지키면서도 결코 양보는 하지 않았다.
이에 대해 한 러시아인은 日記에서 일본인이야말로 「상냥함과 동시에 교
활한 것이 묘하게 결합된」2) 사람들이라고 표현하였다. 서양 배들이 일본
연해에 점점 더 출몰하고 선원들의 漂着이 늘어감에 따라 幕府의 방침은
더욱 굳어갔다. 1825년 영국 선원들이 물자보급을 위하여 九州 연해의 平
戶(히라도)라는 섬을 습격한 사건이 일어나자 幕府에서는 지방관들에게 외
국선 격퇴령을 내려, 이후 近接하는 외국선은 무조건 격침시킬 뿐 아니
라 生存船員들은 「두 번 생각할 것도 없이」 지체없이 체포 또는 살해하라
고 명령하였다. 먼저 공격한 다음에 신문하라는 것은 담당관원들에게 고
무적인 것이긴 했으나 실제정책으로서는 오히려 비현실적인 것이었으며 또
한 그렇게 철저하게 행해지지도 않았다.

서양사람을 힘으로 물리칠 수 있다고 쉽게 믿었던 것이 1839년말 아편
전쟁의 소식이 전해지기 시작하면서 크게 흔들렸다. 1839년말 이래 長崎
에 오는 네덜란드·중국 상인들을 통해 영국 군함의 마카오공격, 廈門·寧
波의 봉쇄, 廣東포격 그리고 南京조약의 체결 등 놀라운 사실이 알려졌던
것이다. 1840년대 중반에는 아편전쟁의 구체적인 경과가 일본에 널리 전
해지면서 소규모 영국군에게 중국이 패배했다는 사실이 엄청난 충격을 주
었다. 중심으로서의 중국 그리고 중국의 힘에 대하여 품고 있던 인상은 사
라지고 중국과 더불어 동일한 운명이 일본에도 기다리고 있는 것이 아닌

---

2) 러시아인의 對日觀은 George Alexander Lensen, *The Russian Push toward Japan* 169?
   ~1875 (Princeton University Press, Princeton, 1959) 참조.

가 하는 두려움이 일어났다. 당시의 기록에는 「중국에 몰려드는 이슬이 일 본에 서리가 되어 내리지 않을 것이라고 어떻게 알겠는가?」[3]라고 걱정하 고 있었다.

1790년대부터 일기 시작한 대외위기의식은 아편전쟁에 의하여 절박한 두려움으로 번졌으며, 학자·관리·정치지도자 들은 최선의 대응책을 놓 고 의논이 분분하였다. 전체적인 경향은 배외적이었다. 의견을 제시한 사람들은 거의 다 서양사람은 열등하거나 그렇지 않다고 해도 그들에게서 배울 것은 없다고 하는 데에는 일치했으나, 그들의 침략의도에 어떻게 대 처할 것인가 하는 데에는 의견들이 달랐다.

여러 의견들 가운데 극단적인 것으로는 會澤正志齋·藤田東湖(후지따 도 오꼬;1806~1855)와 같은 사람들의 주장이 있었다. 그들은 권위 있는 親藩의 하나인 水戶藩의 大名 德川齊昭(도구가와 나리아끼;1800~1860)의 후원을 받 는 학자들로서 유가적 경제론과 국수주의적 배외관에 집착하여 철저한 쇄 국책을 요구하였다. 그들에 따르면 일본이 바깥세상에 교역의 문호를 열 경우 금은이 유출될 뿐 아니라 이윤만을 탐하는 상인들을 더욱 살지게 하 여 이미 만연된 사치풍조와 도덕적 타락 그리고 사회적 부패를 조장하게 되리라는 것이었다. 또한 감정적으로도 외국인이 들어와 뒤섞이게 되면 「신성한 땅」을 더럽히게 될 것이라고 분개도 하였다. 행동이 거칠고 이윤만 을 추구하는 외국인들은 진정한 도덕을 모르며 일본에 있어서는 반사회적 이라 할 「오도된 기독교 교리」를 따르는 사람들로 보였다.

이러한 극단적 쇄국론자들은 도덕이 정치의 기틀이라는 유가적 이념에 빠져 서양의 위협을 막기 위해서는 나라가 도덕적으로 다시 무장하여야 된 다고 주장하였다. 즉 서양사람들의 침투는 그 폭력적 성격 때문만이 아니 고 그들이 2백년간의 평화와 나태로 허약해진 일본에 마침 찾아왔기 때문 에 위협은 더욱 심각하다는 것이었다. 그러므로 사무라이가 검약·수련· 武勇과 같은 옛 정신을 되찾고 백성이 옛 복종의 습관을 되찾지 않는다면 그 무엇도 일본을 외적이 압도하는 것으로부터 구할 수 없으며 서양인의

---

3) 讀賣新聞社編, 《明治維新》(東京, 1968), pp. 19~20.

출현에 따른 도덕적 타락으로부터도 구할 수 없다고 하였다. 정통 유가적 실천방안으로 이들은 幕府 지도자와 大名들에게 관기의 숙정, 부패의 근절, 백성의 안녕에 더 큰 관심을 보이고 蓄妾과 道樂에 돈을 낭비하지 말아야 한다고 경고하였으며 나라 안의 모범을 스스로 세워야 할 것이라고 요구하였다. 內憂 때문에 일본은 外患에 더욱 약하다는 것이었다. 이들 水戶藩 계통 학자들의 주장 가운데 또 하나 주목할 것은 天皇제도의 복구에 관한 언급이었다. 여기에는 幕藩체제를 전복시켜야 한다는 뜻은 포함되지 않았지만 어떻든 경애와 충성의 대상인 天皇을 구심점으로, 민족적 상징으로 삼자는 것이었다.

水戶學者들의 반대편에는 高島秋帆(다까시마 슈우한; 1798~1866), 佐久間象山(사꾸마 쇼오잔; 1811~1864), 高野長英(다까노 죠오에이; 1804~1850) 등 蘭學者들이 있었다. 그들은 서양에 비해 일본의 군사적 낙후성을 인정하고 있었기 때문에 쇄국론자들처럼 배외적이지도 않았으며 일본의 도덕적 우월성에 대한 확신도 갖지 않았고 따라서 도덕 또는 정치적 방법으로 독립을 지킬 수 있다는 데에 동의하지도 않았다. 물론 그들도 내부개혁이 필요하다는 데에는 뜻을 같이했으나 외부의 위협에 대처하기 위한 주된 일은 서양의 과학·기술·총포를 먼저 받아들여야 한다는 것이었다. 이것 없이는 아무리 일본인이 용감하고 굳은 각오를 가졌다 해도 나라를 지킬 수는 없다고 하였다. 佐久間象山은 「어찌하여 중국과 같이 고상하고 정의롭고 위대한 나라가 영국과 같은 무례·불의하고 타기할 나라에 패했는가? 그것은 지배자들이 우월감에 빠져 바깥 세계를 무시한 결과 외국에서의 기계발달에 주의를 기울이지 않았기 때문이다」고 설명한 다음 결론적으로, 서양도덕은 못마땅하다 해도 일본의 정신과 동양의 도덕을 지키기 위해서는 서양과학을 들여와야 한다고 주장하였다.[4]

時事에 대한 이러한 견해는 큰 藩, 특히 연안의 전략지역에 위치한 薩摩·土佐(도사)·越前(에찌젠)·水戶 등지의 중신회의 논의에 반영되었다. 서양의 위협에 대처해야 한다는 당면과제는 水戶학자나 그 반대편 입장

---

4) 小西四郎, 《開國と攘夷》(中央公論社, 東京, 1966), p. 8 에서 인용.

에 섰던 사람들뿐 아니라 지도적인 有力大名들에게도 마찬가지였다. 그들은 이제 적극적으로 대처방법을 추구하기 시작하였다. 우선 무력으로 鎖國을 지속해야 한다는 주장의 대표적 인물로는 완고한 극단적 攘夷論者 德川齊昭 水戶藩主가 있었다. 그는 이미 1830년대에 藤田幽谷・藤田東湖 등의 영향으로 牛痘接種을 비롯한 일련의 개혁 정책에 착수하였을 뿐 아니라 전쟁에 대비하여 절에 있는 鐘으로 총포를 만들기도 하였다. 또한 幕府에 대해서도 將軍家의 소비를 줄일 것과 江戶城에서의 호사스러운 나태 생활을 그칠 것을 건의하다가 그 도가 지나쳐 幕府로부터 배척받기도 하였다. 德川齊昭와는 달리 융통성있게 대처해야 할 필요성을 느낀 大名들도 있었다. 薩摩藩主인 島津齊彬(시마즈 나리아끼라;1809~1858)은 영국인들이 중국에 대하여 한 행동을 잘 알고 있었고 서양과학에도 깊은 이해를 갖고 있었기 때문에 옛날처럼 쇄국만 할 수는 없다는 것을 인식하였다. 따라서 서양인들이 통상을 위해 찾아올 때 일본으로서 취할 현실적인 유일한 정책은 그들과 맞설 수 있는 군사적 경제적 힘을 갖추는 것이라고 주장하였다. 또한 1846년 薩摩의 영향 아래에 있던 琉球王國에 대해 영국과 프랑스가 수호통상조약을 요구하자 島津齊彬은 幕府에 이를 허가해 줄 것을 청하였다.

어떻든 1850년대초에는 많은 일본인들이 그들대로 외세의 위협에 대처하는 방안들을 갖고 있었다. 다른 아시아 국가 특히 중국과 비교할 때 특징적인 면모가 엿보인다고 하겠다. 일본인은 중국이 실패한 예를 어느 정도 거울삼아 외부의 위협에 대해 취약점이라고 할 모순되는 전통을 청산하기 시작하였다. 그러나 가장 중요한 것은 이미 외국문제에 대한 논의과정에서 국가의 역사적 특질과는 대칭되는 것으로 국가이익이라는 관념이 일어나고 있었다는 것이다. 그 차이야 어떻든간에 德川齊昭와 島津齊彬・會澤正志齋와 佐久間象山은 모두들 일본을 하나의 政體로서 같은 생활양식 또는 문화형태를 가진 존재로 명확히 인식하였다. 근대민족주의가 이미 싹트고 있었다.

2. 開   國

외세의 위협에 대한 논의가 진행되면서 幕府의 정책은 철저한 쇄국방침에서 벗어나기 시작하였다. 江戸에서는 서양국가들의 개국요청을 계속해서 물리치고 있었지만 맹목적인 무력퇴치의 입장으로부터는 물러서서 조심스러운 대처방향으로 돌았다. 1842년, 두 번 생각할 것 없이 물리치라는 「無二念令」은 폐지되었다. 더욱 중요한 幕府정책의 변화는 1845년에서 1855년까지 老中首座에 있으면서 군사·제도의 개혁을 단행한 阿部正弘(아베 마사히로;1819∼1857) 집권기간 중 나타났다. 현실적인 대처방안을 추구했던 그는 1845년 7월 대외사무와 해안 방어업무를 통합관장할 「海岸防禦(海防)掛」를 신설하여 자신이 책임을 맡았다. 또한 海岸砲臺도 설치하려고 하는 등 여러 개혁책을 시도하였으나 이 모든 시도들은 빈약한 재정으로 인하여, 그리고 서양 군사기술의 모방을 달갑게 여기지 않은 보수적인 고관들의 반대로 좌절되고 말았다.

장기적으로 볼 때 阿部正弘이 취한 정책 중 가장 뚜렷한 것은 「有力大名」들을 親藩大名이나 外様大名 가릴 것 없이 지원세력으로 규합하려 했다는 것이다. 외세의 위협에 대한 논의는 大名들 사이의 불화만을 노출시켜 나라가 외압에 산산조각이 날지도 모를 위험이 있었다. 이를 막기 위해 阿部는 幕府의 오랜 관습인 大名간의 분열과 이에 따른 약화 방침을 고쳤다. 그는 德川齊昭나 島津齊彬 같은 有力大名의 신뢰를 얻으려고 했을 뿐 아니라, 薩摩·佐賀(사가)·南部 등 여러 藩에서 해안포대를 설치하고 서양기술을 실습할 수 있도록 허가하기도 했다. 幕藩체제가 안고 있는 약점이 극복되지 않는 한 효과적으로 서양인들과 맞설 수 없다고 확신하여 阿部는 有力大名들에게 그가 시도했던 것 같은 自强策을 실시하도록 권장하였다.

1853년 4척의 미국 군함이 온 것은 당시 일본의 당국자들에게 그리 놀라운 것이 아니었다. 일본의 지방관은 이미 1846년과 1849년 두 차례에 걸쳐 미국배의 접근을 물리쳤으며 중국 개항장에서는 미국이 일본의 문호를 개방하려 하고 있다는 것은 공개된 비밀이었다. 그러나 이전에 서양인의 교섭시도를 회피할 때 유용하게 쓰였던 전술, 즉 곤경에 빠뜨려 시간을 끄는 방식이 1853년에는 통할 수 없었다. 융통성 없고 오만한 미국측 사령관 페리 제독은 일찌기 일본인을 「기만적이고 복수심을 품고 있는」[5] 사람들로 보아 이번에는 자신이 직접 威嚇하여 성과를 거두려고 결심하였다. 그는 「黑船」을 이끌고 江戸灣 입구를 지키는 포대를 직접 통해 들어가 江戸 전체를 놀라게 하였다. 이러한 행동으로 일본과의 협상에서 무력을 사용할 수도 있다는 의지를 암시하기도 하였다.

페리의 확고한 태도와 일본측의 군비부족으로 阿部正弘을 비롯한 幕府 지도층에서는 쇄국을 지키기 위해 전쟁할 수는 없다고 결정하였다. 이것은 실제로 大名들도 무언중에 이해하고 있던 것이었다. 즉 페리의 도착 직후 阿部는 여러 방면으로부터의 협조를 얻기 위하여 모든 大名에게 미국의 요구에 어떻게 대응해야 할 것인가 하는 의견을 물었다. 현재 남아 있는 61개의 회답을 보면 대부분의 大名이 미국측 통상요구는 거절해야 한다고 하면서도 전쟁은 피해야 한다고 느끼고 있었던 것을 알 수 있다. 전쟁을 불사해야 한다는 주장은 극히 일부에 불과했다. 이러한 조건 아래에서 협상 외에는 다른 방도가 없다고 인식한 幕府 지도자들은 1854년 3월 미국과 和親條約을 맺어 下田(시모다)・箱館(하꼬다떼)의 개항, 漂着船員의 구조, 연료와 물을 비롯한 물자의 보급, 領事의 주재허용 등을 약속하였다. 「神奈川(가나가와)條約」이라고도 하는 1854년의 「美日和親條約」은 통상까지도 원했던 미국인에게 만족스러울 수는 없었다. 반면 예상 밖의 양보에 놀란 德川齊昭 등 배외적 大名들에게도 불만이었다. 그러나 幕府 지도층에서는 전쟁을 하지 않고, 또 외국인에게 확실한 통상권을 인정하지 않고 위기를 넘긴 것을 다행으로 여겼다.

예상했던 대로, 페리와 맺은 조약은 幕府에 점점 압력을 가하고 있던 외

---

5) 페리의 對日觀은 Samuel Eliot Morison, *"Old Bruin": Commodore Matthew Calbraith Perry*(Little, Brown and Co., Boston, 1967) 참조.

국들에 문호를 개방한 시초에 불과했다. 곧 다른 서양국가들은 1840년대
의 중국에서처럼 동일보조를 취하여「美日和親條約」과 유사한 내용의 조
약을 일본에서 얻어내었다. 그리고는 계속하여 그 배후의 근본목표인 통
상을 요구하였다. 여기에서도 미국이 주도권을 잡아 1856년말 下田에 도
착한 초대 총영사 해리스(Townsend Harris; 1804~1878)는 곧 幕府側과 통
상교섭을 시작하였다. 페리처럼 함대의 지원은 없었어도 甘言利說과 협박
을 적절히 써가며 해리스는 幕府側에 통상의 이익을 강조하였다. 즉 유가
적 경제론과는 달리 통상 자체는 해보다 득이 클 것이며 또한 중국의 경
우처럼 영국 군함에 눌려 따르는 것보다는 합의하는 쪽이 더욱 유리할 것
이라고 설득하였다. 당시 阿部正弘의 뒤를 이어 幕府를 이끌고 있던 堀田
正睦(홋타 마사요시;1810~1864)은 통상조약을 맺지 않을 수가 없다는 쪽으
로 기울었다. 통상문제에 관하여 大名들의 자문을 구한 뒤, 1857년말, 幕
府에서는 大名 대부분이 통상·외교관계 수립의 불가피함에는 동의한다
는 사실을 알았다. 더욱 자신을 얻은 堀田正睦은 1858년 1월 美日通商條
約 초안을 만들어, 다섯 항구——神奈川(下田에 대신)·箱館·新潟(니이가
따)·兵庫(효오고)·長崎——를 개항할 것, 관세율 조정은 상호 협정에 따
라 조약으로 정할 것, 외국인에 대한 재판은 그 나라의 영사 관할 아래
둘 것, 미국측 외교관(公使)을 江戸에 파견할 것 등에 합의하였다. 이러한
내용은 서양국가들이 통상의 장애요인을 없애고 서양식 외교관계를 개시
하기 위하여 일찌기 중국과 맺었던 조약내용과 기본적으로 별 차이가 없
었다.

　해리스와의 조약을 인정해야 한다는 것에 대하여 많은 大名들은 찬성하
였는데도 오히려 幕府의 고위층에서 반대의 움직임이 나타났다. 大名들에
게 자문하는 것으로 전체적인 의사를 확실히 하려던 幕府의 시도가 무너지
게 되었다. 먼저 譜代大名, 그중에서도 幕府의 고위직이 보장되었던 大名
들은 幕府의 정책결정에 대한 영향력이 분산되는 것에 신분적으로 위협을
느끼기 시작했다. 한편 薩摩·越前(에찌젠)·水戸·伊達(다떼) 등의 有力大
名들은 권력에 큰 관심을 갖게 되었다. 결정적으로 중요한 시기에 있어서

幕府 지도층에는 「새로운 피」가 필요하다는 생각에서 나온 것이었다. 개혁적인 大名들은 더욱더 공개적으로, 將軍家의 질서를 세울 것과 군사력의 발전을 요구해 갔으며, 특히 구체적인 문제로, 다음 將軍을 누구로 할 것인가가 문제가 되었을 때 그들은 一橋(히도쓰바시)藩의 촉망받는 젊은 大名 德川慶喜(도구가와 요시노부, 德川齊昭의 아들;1837～1913)를 옹립할 것을 주장하였다. 강력한 지도력이 있어야 나라 안의 혼란을 피할 수 있을 것이라고 그들은 뜻을 모았다. 그러나 이러한 갈등으로 인하여 결국 내부의 현상유지를 고집하는 譜代大名세력과 내부의 개혁을 요구하는 一橋派간의 위험한 정치적 분열이 노골화되었다.

정치적 긴장이 최고조에 달한 것은 1858년 봄, 외교정책에 있어서의 일치된 지지를 얻으려고 堀田正睦이 天皇에게 美日통상조약의 勅許를 구하려 했을 때였다. 堀田은 칙허를 곧 받아낼 수 있으리라고 믿어 전례에 없이 직접 京都로 天皇을 찾아갔었다. 朝廷公卿들에게까지 온갖 선물을 준비해 갔었으나 여행목적은 완전히 실패하고 말았다. 당시의 孝明(고오메이) 天皇이나 그를 둘러싸고 있는 귀족들 자신이 배외적이었을 뿐 아니라 이미 德川齊昭 등 보수파로부터 조약반대를 요청받고 있었다. 이때 또한 島津齊彬이나 松平慶永(마쓰다이라 요시나가;1828～1880) 같은 개혁파는 一橋藩의 德川慶喜를 다음 將軍으로 추대하는 데 지지해 줄 것도 조정측에 촉구하고 있었다. 天皇은 堀田에게 모든 大名들의 의견을 들은 뒤 재고하도록 하여, 사실상 조약 불허의 뜻을 밝혔다. 덧붙여 一橋側 지지를 은근히 나타내기도 하였다. 이러한 天皇의 답은 언제나 순순히 幕府의 뜻에 따랐던 관례를 완전히 벗어난 것으로서 堀田正睦, 더 크게는 譜代大名의 영향력에 일격을 가한 것이었다.

幕府典法의 위기에 부닥쳐 堀田은 자리를 물러나고 그 대신 彦根(히꼬네) 藩主 井伊直弼(이이 나오스께;1815～1860)이 비상시에만 두는 大老(다이로오)에 취임하였다. 幕府에 충성하는 譜代관리들의 지원을 받은 井伊直弼은 국내외 정책결정에 있어 幕府의 주도권을 되살리려고 결심하였다. 1858년 7월, 영국과 프랑스의 함대가 애로우(Arrow)號 사건 해결을 위한 전쟁에서 중국을 물리치고는 일본정벌을 준비하고 있다고 미국 영사 해리스가 보고 겸 위협을 하자 井伊는 天皇의 칙허 없이 「美日修好通商條約」에 조인하였다. 이어서 네덜란드·러시아·영국·프랑스와도 비슷한 내용의 조약을 맺었다(安政 5년—1858년—의 5개국조약). 동시에 井伊는 將軍 후사문제는 幕府의 관례대로, 外樣大名이나 天皇이 간섭할 수 없는 將軍家 내부의 일이라고 공언하였다. 이에 따라 그는 紀伊(기이)藩主의 장자인 德川慶福 (요시또미 ; 1846~1866)——후의 德川家茂(이에모찌)——을 다음 將軍으로 옹립한다고 발표하고, 반대파를 누르기 위해 一橋派의 德川齊昭·松平慶永·山內豊信(야마노우찌 도요시게 ; 1827~1872) 그리고 德川慶喜에게까지 隱居·謹愼할 것을 명하였다. 조약이나 후사 문제에 반대했던 많은 가신들도 또한 체포 처벌되었다(安政의 大獄). 有力大名과 마찬가지로 井伊直弼도 강력한 지도력의 필요성을 인식하고는 있었으나 전통을 어겨가면서까지 이를 받아들이려 하지는 않았다.

서양국가와의 군사적 대결은 피할 수 있었다 해도 1858년에 일어난 일련의 사건으로 幕府의 정치적 위치는 위태롭게 되었다. 德川체제의 초석이라 할 쇄국방침을 幕府 스스로 폐지한 결과가 되었으며 반대로 해리스와의 조약에 솔직하고 결연한 태도를 보였던 天皇은 배외운동의 구심점으로 등장하였다. 또 하나 중요한 사실은 幕府가 天皇의 의사에 반하여 미국과 통상조약을 맺음으로써 天皇權의 대리자라는 신임과 자격을 저버린 것이었다. 將軍은 변절자·역신이라는 낙인을 지워버릴 수 없게 되었다. 결론적으로, 幕府의 외교방침은 大名들의 대체적인 동의를 얻고 나라를 서양국가와의 충돌위기에서 구할 수는 있었겠지만 그것은 幕府통치의 정당성을 위태롭게 하는 엄청난 대가를 치러야 했다. 일본인들은 이제 나라를 이끌어갈 새로운 방향을 모색하여야 했다.

3. 尊王攘夷

幕府의 지도력에 대한 신뢰가 약해진 것이 곧 그 타도를 요구하는 대로 이어지지는 않았다. 오히려 외국과의 문제를 더 효과적으로 대처할 수 있도록 지배방식을 바꿔야 한다는 의도가 강하게 나타났다. 서양지식에 통한 젊은 幕府 관리들은 수자는 많지 않았지만, 自强을 위해 긴급히 要求되는 서양 군사과학 및 기술의 도입과 세습적 관직 대신 유능한 인재의 등용을 전의하였다. 또한 薩摩藩主를 중심으로 한 有力大名들은 국정, 특히 외교와 국방문제에 더욱 깊이 개입하려 하였다. 한편 전국 각지에서 모여든 젊은 배외적 사무라이의 그룹은 天皇의 영도 아래 외국인을 축출해야 한다고 주장하였다. 1860년대 초반의 정치는 이들 세력 사이의 상호작용을 통해 진행되었다.

최상층에서는 一橋派를 중심으로, 여기에 새롭게 長州(죠오슈우)藩主 등이 포함된, 有力大名 그룹이 가장 중요하였다. 능력있는 幕府 지도자를 맞이하려다 실패한 이들은 條約勅許 문제로 사이가 벌어진 京都와 江戶의 화합을 제안하였다. 「公武(皇室과 幕府)合體論」은 원래 幕府側에서 처음 낸 것으로, 1860년 幕府는 황실과의 유대를 굳히기 위해 將軍 德川家茂와 孝明天皇의 여동생 和宮(가즈노미야)의 결혼을 주선하려 하였다. 이전 美日통상조약의 칙허를 받아보려고 했던 것처럼 幕府의 위치를 든든하게 하려는 시도였다. 그러나 개혁파 大名들은 자기들의 영향력을 확대하기 위해 똑같은 「公武合體論」을 이용하였다. 長州의 「公武合體」 주선이 실패한 뒤로는 薩摩藩의 새 大名, 島津久光(시마즈 히사미쓰;1817~1887)이 이 운동을 주도하게 되었다. 1862년 마침내 公武合體派 大名들은 배외적인 소동을 진압하고 「公武」의 화합을 실현하는 대가로 幕府로부터 島津久光·松平慶永·德川慶喜 등을 朝議參予(幕府의 特別顧問役)로 임명한다는 약속을 받았다. 또한 幕府에서는 參勤交代制의 완화를 허용하여, 大名은 그 경비를 지방의 군사시설을 강화하는 데 이용할 수도 있게 되었다.

幕府에서 이러한 양보를 한 것은 외압에 맞서기 위해 동조자를 필요로 하기도 했지만 한편으로는 당시 기세가 올라가던 「尊王攘夷」(天皇을 받들고 西洋人을 물리침)운동을 두려워하고 있었기 때문이었다. 尊王攘夷運動은 1850년대 말 「蠻人들에 의한 神國의 오염」과 나라의 독립에 불안에 느낀 사람들이 일으킨 배외운동에서 비롯하였다. 1858 년 통상조약문제에서 天皇이 분명한 태도를 보이자 京都는 배외세력의 집결지가 되었다. 尊王派들은 天皇을 일본의 본질이 神聖하게 인격화된 존재로 떠받들었는가 하면 天皇을 大名과 將軍의 위에 있는 충성의 최고대상으로 보았다. 따라서 그의 배외의지는 將軍의 정책에 앞서야 한다고 외쳤다. 어떻든 1860 년대초에는 「攘夷」와 「尊王」은 떨어질 수 없는 하나의 명분이 되었다.

전형적인 尊王派 지사로 長州 출신의 吉田松陰(요시다 쇼오인; 1830∼1859)을 들 수 있다. 그는 페리가 오기 전에 일찌기 여러 지방을 여행하여 해안 방어술을 배우고 또한 佐久間象山과 같은 서양기술을 익힌 사람들과도 알게 되어 외세에 대한 깊은 관심을 갖고 있었다. 1854 년 직접 서양을 알기 위해 페리함대의 배 한 척에 숨어 밀항하려다 실패한 뒤 吉田은 서양인들에게 제대로 맞서지 못한 將軍과 大名들을 더욱 경멸하게 되었다. 1859 년 「安政의 大獄」에 연루되어 처형당할 때까지 그는 오직 天皇만을 믿고 존경해야 한다고 가르쳤으며, 藩에 얽매인 하급 志士들은 궐기하여 天皇을 위해 서양인과 대결하고 안으로는 부패무능한 지도자들과 싸워야 한다고 외쳤다.

존왕운동에는 吉田松陰 같은 중·하급 사무라이가 많이들 몰두한 외에 평민층 특히 富農·富商의 자제로서 사무라이의 이상을 따르려 한 사람들도 참여하였다. 실제로 계급적 배경보다 더욱 중요한 것은 존왕파에서 찾아볼 수 있는 아래와 같은 공통적 성격이다. 첫째, 대부분의 존왕운동가들은 1850 년대의 정쟁에 적극적으로 관여했던 大名들의 藩——薩摩·長州·水戶 등——에서 나왔다. 둘째, 주로 20 대(18, 9세부터 시작)의 정열적 젊은이들이 외세의 압력과 국력이 쇠약해진 것은 나이 든 책임자들의 실책 때문이라고 보아 지도층에 환멸을 느꼈다. 세째, 대부분이 藩의 정치에 별로 참여할 수 없는 위치의 사람들이었다. 그들이 「黑心의 관리」들을 매도한 것은 자신들의 정치적 한계에 대한 욕구불만에서 나온 것이기도 했다. 薩摩·水戶를 비롯한 몇몇 藩에서는 大名이나 상관들이 존왕파의 주장에 귀기울였던 경우도 있으나 그곳에서도 완고한 보수파는 여전히 전통에 도전하는 거친 세력의 출현을 우려하고 있었다.

존왕파는 외국인에 대한 幕府의 무기력한 태도는 사무라이의 도덕과 武勇이 오랫동안 쇠퇴해 온 결과라고 생각하였다. 有力大名들과는 달리 그들은 개혁만을 주장하지 않고 더 나아가 사무라이가 이상으로 하는 것을 스스로의 삶과 정치적 행동에서 실현하려고 하였다. 본래의 사무라이 미덕인 결단과 용기·죽음 등에 고취된 그들이었기 때문에 자연히 天皇을 위한 충성과 희생의 상징인 楠木正成(구스노끼 마사시게;1294~1336, 중세의 무장으로 天皇을 위해 幕府軍과 싸우다 전사) 같은 인물을 영웅으로 삼았다. 그들은 天皇을 위하여만 자기 몸을 바칠 수 있도록 형식적인 大名에의 충성을 포기하고 出身藩을 벗어났다. 일종의 종교적 귀의와 같은 것이었다. 자신의 윤리관에 투철하여 무모한 행동으로까지 내닫는 존왕파는 확실히 당시 정계를 혼란케 한 가공할 세력이었다.

존왕양이운동은 폭력적이고 유혈적이었다. 충격적인 행동과 폭력을 전술로 삼은 존왕파는 영웅적인 폭력행동이 幕府와 大名을 깨우쳐주리라고 기대하였다. 그 가장 극적인 예는 1860년 존왕파가 幕府의 독단적 태도의 상징이며 외국에 굴복을 한 장본인으로 여긴 井伊直弼을 암살한 것이었다. 幕府 고관에 대한 암살기도는 이후 끊임없이 계속되었다. 더 나아가 그들은 외국인과 그 추종자들을 습격하여 幕府와 외국인과의 대결을 불러일으키려고도 하였다. 1861년 江戶에서는 해리스의 통역관 휴스켄(Hendrik Heuskens; 1832~1861)이 암살당하고 영국 공사관이 존왕파의 습격을 받아 직원들이 살해되었다. 横濱(요꼬하마;神奈川 대신 開港한 곳)의 외인거류지에 사는 외국상인과 외국관원들은 습격에 대비하여 침대 밑에 권총·칼을 두고 잘 정도였다. 1862년에는 한 영국인이 薩摩大名의 행렬 앞에서 말을 타고 가다가 살해되었으며(生麥[나마무기]사건), 京都에서는 親西洋的이라고 지목된 상인과 관리들이 협박과 습격을 당하였다. 조약을 파괴하려는 이러한 시도가 실패로 돌아가자 長州의 존왕파 지도자들은 1863년 6월, 孝明天皇의 攘夷實行 촉구명령을 받들어 下關(시모노세끼)해협을 통과하는 외국선에 발포하도록 藩에 압력을 가하였다. 존왕양이운동의 절정을 이룬 것은 1863년 9월 薩摩·長州를 중심으로 한 존왕파 사무라이들이 京都에서 쿠데타를 일으키려 한 것이었다. 이들은 天皇을 폐쇄된 속에서 「해방」시켜 외국인의 축출과 정벌을 지휘할 수 있도록 하려던 것이었으나, 「公武合體」에 기대를 걸고 있던 薩摩藩과 會津藩 大名의 명을 받은 두 藩의 군대들에 의해 쿠데타는 진압되었다.

존왕양이운동은 결실을 맺지 못하고 「維新을 위한 예행연습」만으로 끝났다. 첫째, 그 운동은 攘夷 외에는 구체적인 앞날의 목표를 갖고 있지 않았기 때문에 존왕파 지도자들에 따라서는 幕藩체제가 그대로 존속되기를 바란 사람들이 있었는가 하면 儒家經典의 가르침에 따른 새로운 정치구조의 창설을 꿈꾸기도 하였다. 둘째, 攘夷라는 것이 사실상 불가능하였다. 伊藤博文(이또오 히로부미;1841~1909)이나 高杉晋作(다까스기 신사꾸;1839~1867) 같은 몇몇 지도자들은 일찌기 해외여행을 통하여 전체적인 서양의 힘을 보고 그 불가피함을 믿고 있었으며 또한 아무리 무던 尊王運動家라도, 1863년 9월 영국 군함이 生麥事件의 배상을 받기 위해 薩摩의 도읍인 鹿兒島를 포격하고(薩英戰爭), 1864년 9월 서양 여러 나라의 연합함대가 이전에 下關해협에서 기습당한 것을 보복하기 위해 長州 해안 포대를 공격하자(下關戰爭) 攘夷가 쓸데없다는 것을 인식하게 되었다. 세째, 존왕파는 有力大名들로부터 동조자를 찾기가 어려웠다. 有力大名들은 존왕양이 운동이 불안한 公武간의 협상을 위협할 뿐 아니라, 사무라이의 상급자에 대한 충성 논리를 위반하는 것으로 보았기 때문이다.

존왕양이운동의 마지막 타격은, 1864년 여름, 長州에 피해 갔던 殘餘分子들이 公武合體派 大名들이 지배하는 薩摩·會津·桑名(구와나)의 군대와 충돌한 것이었다. 이러한 거역행동을 트집잡아 幕府는 天皇을 움직여 長州를 조정의 적으로 선언케 한 다음, 각 藩에서 징집한 사무라이들로 反長州정벌을 감행하였다. 1864년말 長州는 저항하지 않고 항복하였다. 존왕파의 운동도 그 지도자들이 처형되고 京都에서의 영향력이 꺾임에 따라 사실상 끝나고 말았다. 이에 행동의 방향은 영웅적인 폭력활동으로부터 藩을 기반으로 한 조직된 倒幕(幕府打倒)운동으로 바뀌었다.

4. 明治維新

「攘夷」운동은 끝났지만 幕府가 되살아나지는 못했다. 幕府는 이미 독자적인 힘으로 국내의 반대파를 진압할 수 없었다. 게다가 개혁파 大名에 대한 계속적인 양보로 幕府의 권위는 상실되어 가고 있었다. 폭력적인 양이운동의 실패로 힘을 잃은 존왕양이파는 薩摩·長州·土佐 등지에서 좀더 현실적인 방법을 취하기 시작하였다. 무기력하게 방황하는 幕府 지도층을 누르기 위한 정치적 전술적 기지로 그들은 藩을 이용하려고 하였던 것이다. 長州에서는 내전을 통해 藩의 요직을 차지하고 薩摩에서는 大名과의 개인적 유대를 통해 권력을 장악, 幕府와의 결전을 준비하여 갔다. 討幕派(倒幕派라고도 함)는 우선 국내에서의 힘의 대결에 대비하여 자강책을 정력적으로 추진해 나갔다. 먼저 長州와 薩摩는 일찌기 19세기 초엽 재정을 바로잡을 수 있었기 때문에 이미 준비된 기금으로 長崎를 통해 외국의 무기와 배를 사들일 수 있었다. 討幕派는 또한 큰 藩(雄藩)들이 정치적으로 단합하여 幕府세력을 압도해야 할 것이라고 믿었다. 土佐의 사무라이 坂本龍馬(사까모또 료오마;1835~1867) 같은 사람은 최고권력기관으로 「大藩主會議」를 구상하였으며, 한편 幕府에 대한 대항세력으로 「雄藩」의 정치적 동맹을 제안하기도 하였다. 이에 1866년 3월 薩摩와 長州는 幕府의 공격을 받을 경우 서로 협조하기로 密約을 맺었다. 1866년 여름 幕府의 제2차 長州정벌에서 나타났듯이 이 동맹은 권위를 되찾으려는 幕府의 시도를 꺾을 수 있었다.

한편 여러 藩에서 이렇게 활발히 움직이는 동안 幕府에서는 지위를 지탱하기 위한 마지막 노력을 기울였다. 정권이 넘어지기 직전에 자주 나타나는 절망적인 마지막 개혁시도였다. 1866년 8월 德川家茂의 후임으로 將軍에 취임한 公武合體派의 德川慶喜는 合議體的인 정권 즉 將軍을 大名會議에서 뽑을 것을 제안하였다. 개혁정책을 추진하는 데 이 합의체가 幕府를 도울 것으로 생각하였다. 그러나 대부분의 大名들은 幕府의 두 차례

에 걸친 長州정벌 기도로 더욱 그 진의를 의심하게 되어 德川慶喜의 제
안에 응하지 않았다. 이에 실망한 그는 명목상의 지배자로는 머물지 않을
결심으로 幕府 고위직에 있는 「西洋通」들의 도움을 받아 幕府 자체의 자
강책을 강구하기에 전력을 기울였다. 薩摩·長州에서처럼 목표는 국내의
적대세력을 향한 것이었다.

德川慶喜가 의도한 전반적인 개혁은 군사적 자강에 그치지 않고 중요한
제도의 정비까지를 포함하였다. 老中회의는 서양식 내각제로 바뀌었다.
幕府재정을 되살리기 위해서는 新稅를 징수하는 외에 광산개발과 공업진
흥 등을 추진하였다. 또한 봉건적 사무라이로 구성되어 있던 幕府의 군대
를 직업적 상비군으로 바꾸어 서양식 무기를 공급하고 비용의 일부는 旗
本·御家人에게 돌아가던 세금으로 보충하려 하였다. 幕藩체제를 효율적
으로 중앙집권화된 근대적 국가로 변형시키려는 계획인 셈이었다. 德川家
康이 다시 나타난 것 같다고 討幕派 지도자 木戶孝允(기도 다까요시;1833~
1877)이 평할 정도였다. 이러한 광범위한 개혁은 대개 프랑스公使 로슈
(Léon Roches)의 건의를 받아들인 것으로 그 재정적 지원도 프랑스에 의
존한 것이 많았다. 그러나 德川慶喜의 개혁은 幕府의 기존 세력에 위협적
인 것이기도 하였다.

뒤늦은 幕府의 개혁시도로 「雄藩」에 있는 반대파들은 幕府정책에 대한
반대명분을 잃게 되어 이제는 「倒幕」만이 마지막 길이라고 결단을 내리게
되었다. 1867년 중엽 長州·薩摩·土佐를 장악한 討幕派는 幕府지배의 종
식과 天皇 중심의 새로운 정부 수립을 결정하였다. 새로운 정부에 대한
구상은 이미 존왕파 공경인 岩倉具視(이와꾸라 도모미;1825~1883)가 품고
있었다. 1866년 그는,「나라가 뭉쳐야 국위를 되찾고 외국인을 이겨낼
수 있다. 나라가 통일되기 위하여는 정치와 행정이 한 곳에서 나와야 하
며, 그러한 정치와 행정을 위해 皇室이 국정의 중심이 되어야 한다」고 헌
책하였다.[6] 이제 남은 문제는 天皇權의 회복을 어떻게 달성하는가 하는
것이었다.

---

6) 日本史籍協會編,《岩倉具視關係文書》(東京, 1927), p. 251.

1867년 7월 坂本龍馬를 중심으로 한 土佐의 사무라이들은 평화적인 정권이양을 위한 계획을 만들었다. 즉 德川家는 將軍職에서 물러나 정권을 조정에 바치고 1개 大名의 위치로 돌아갈 것, 議事院을 상·하 양원으로 하여 상원은 公卿과 大名으로 구성하고 하원은 사무라이에서 서민에 이르기까지 인재를 뽑아 議官으로 할 것 등을 내용으로 하였다. 이 안은 幕府내의 개혁적인 관리 勝海舟(가쯔 가이슈우;1823~1899)의 생각이나 將軍 德川慶喜의 희망까지도 어느 정도 혼합한 것이었다. 이 해 11월 德川慶喜는 마침내 통치권을 天皇에게 바치는 데 동의하였다(大政奉還). 그러나 이는 실질적인 것이라기보다 형식적인 것으로서, 德川慶喜는 새로운 정부의 입법·행정을 總裁하고 司法官의 임명권까지도 장악하려 하였다. 중요한 권력은 내어놓지 않으려는 것이었다. 직할지도 또한 전국 생산고의 4분의 1에 가까운 수입이 있는 德川家 원래의 것을 그대로 관장하려 하였다. 이렇게 넓은 땅을 정치적 경제적 기반으로 한다면 德川家는 天皇權에 맞설 만한 독자적 세력으로 남을 수가 있었다.

이러한 幕府의 이기적 의도에 薩摩·長州의 지도자들은 다른 행동 방침 즉 將軍의 권력과 경제력을 종식시키기 위한 쿠데타를 단행하기로 결정하였다. 1867년 12월초부터 薩摩·長州의 군대를 적은 단위로 나누어 京都에 집결시켜 놓고 마침내 1868년 1월 3일 薩摩·長州·土佐의 군대가 皇宮의 출입을 봉쇄한 가운데 明治天皇(1867년 즉위 ; 明治年號는 1868년부터 사용)은 「王政復古」의 勅令을 발포하였다. 지금까지의 皇室·幕府의 관직을 폐지하고 公卿·大名 및 大名의 가신들로 새로운 天皇정부를 세워 「舊弊習」을 일소한다는 내용이었다. 이로써 250여 년에 걸친 德川幕府시대는 그 막을 내리게 되었다.

격변을 예고하는 이 중대한 선언은 전통적인 비밀정치의 형식 그대로 일주일 가량 大名들에게는 알려지지 않았다. 궁정에서 일어난 혁명이 무엇을 뜻하는가가 분명해지자 德川慶喜는 이에 그의 가신들의 주장에 따라 일전을 각오하였다(戊辰戰爭). 그러나 德川幕府의 권력이 완전히 실추된 것이 내란의 과정에서 여실히 드러났다. 양측 모두 전통적으로 親幕府的인

藩을 지나며 전투를 하였으나 西鄕隆盛(사이고오 다까모리; 1827~1877)이 지휘하는 天皇軍(朝軍)은 어렵지 않게 幕府軍을 江戶로 퇴각시킬 수 있었다. 1868년 4월 幕府軍은 마침내 江戶城을 西鄕에게 내놓았다. 幕府側에 대한 天皇側의 조건은 상당히 관대하였다. 德川慶喜의 가신은 모두 사면을 받았으며 그중의 많은 수는 新政에 참여할 수도 있었다. 德川慶喜 자신은 은퇴를 요구받았을 뿐이며 德川家의 후계자에게는 薩摩藩 정도의 규모인——長州보다는 2배나 되는——70萬石 영지를 인정하여 주었다. 그러나 신정부에 대한 저항은 일찌기 幕府와 운명을 같이하기로 했던 會津·南部藩을 중심으로 동북지방에서 더 계속되었다. 이러한 저항은 물론 德川家에 대한 전통적 충성이라는 면을 무시할 수는 없지만 그보다도 오히려 서남지방의 藩에서 새로 권력을 잡는 것에 두려움을 느꼈던 결과라고 하겠다. 지방적 충성과 지역중심 관념이 幕府의 권위보다 더 끈질기게 지속되어 동북지방에서의 전투는 幕府의 멸망 후에도 여섯달이나 끌었던 것이다.

東北의 藩 이외에 幕府를 위하여 일어선 경우는 거의 없었다. 幕府를 지킬 것으로 기대되었던 세력들, 德川의 가신들과 譜代大名 그리고 세력있는 親藩들조차 전투에서 중립을 지켰다. 그 원인을 추측하기는 어렵지 않다. 우선 기본적으로 장기간에 걸쳐 진행된 幕府권위의 쇠퇴를 들 수 있다. 德川慶喜의 마지막 노력에도 불구하고 幕府 그 자체로는 외압을 막아내고 德川家를 안정시킬 능력이 없음이 분명해졌던 것이다. 다음으로 지적할 것은 오랫동안의 사무라이의 경제적 하락이다. 이 때문에 幕府 직속 사무라이의 德川家에 대한 충성심조차도 점차 약해졌고, 어진 정치를 할 수 있으리라는 믿음도 사라져갔다. 또 하나, 薩摩·長州의 지도자들은 과거에 정권을 세운 창업자들이 했던 것처럼 「天皇의 命」이라는 「비단 깃발」로 자신들을 현명하게 감쌌다. 만일 幕府의 타도가 단순히 불만을 품은 大名들의 책동에 의한 것이었다고 하면 그렇게 수월하게 진행되지는 않았을 것이다. 그러나 「玉(天皇)을 품에 넣음」으로써 德川慶喜를 조정의 적으로 선언할 수 있었으며 그의 지지자들에게는 幕府에 대한 충성의 의무에서 벗어날 수 있는 명분을 제공했다.

　德川幕府는 그 지배자들이 처단되지 않고 유혈도 최소한에 그친 가운데 막을 내렸다. 그렇다고는 해도, 明治天皇에게로 권력이 돌아간 것은 분명히 혁명적인 사건이었다. 스미드가 지적했듯이 그것은 지배층내의 혁명으로서, 幕府의 헛된 권위와 실제 권력과의 모순에 충격을 받은 옛 지배층내의 불만세력이 주도한 것이었다.[7] 이 점은 대부분의 근대혁명과 공통적인 것이다. 다른 것이 있다면 明治維新의 주도세력이 혁명적이면서도 그들의 행동을 정당화하기 위해 전통적인 구호「王政復古」를 내세운 것이었다. 그러나 이렇게 명백한 보수적 기치의 뒤에는 일본 전체를 새로운 방향으로 바꾸려는 근본적 개혁이 「天皇의 정부」에 의해 착수되고 있었다.

---

7) Thomas C. Smith, "Japan's Aristocratic Revolution" *Yale Review* 50, No. 3(Spring 1961), pp. 370~383.

제 5 장 위로부터의 변혁

1868년에 권력을 잡은 사람들의 목표는 사실 그들이 무너뜨린 구정권의 것과 크게 다르지 않았다. 1860년대의 복잡한 정치적 변화의 저류에는, 幕府를 지지하는 측이나 반대하는 측이나, 모두 일본이 독립을 지키고 완전한 자주권을 행사하여 근대국가가 되어야 한다는 합의가 이루어져 있었다. 물론 배외감정이 완전히 식지는 않았지만 더 이상 노골적인 攘夷의 움직임은 나오지 않았다. 오히려 서양의 기술을 빌리고 서양식으로 제도를 고쳐 일본을 서양국가와 같이 부강하게 하려는 각오로 차 있었다. 이러한 의도는 德川慶喜의 때늦은 개혁에도 보였으나, 明治維新으로 그것은 薩摩·長州 세력에 의해 추진된 것일 뿐이었다. 일부 완고한 尊王攘夷派를 제외하고는 모든 정치지도자 및 정치에 참여한 사람들은 서양에 맞서기 위한 富國强兵策에 몰두하였다. 그러나 이를 가장 잘 수행하는 길이 언제나 분명한 것만은 아니었다. 이에 근대를 지향하는 첫 단계는 단편적인 실험과 성급한 사업착수, 그리고 수없는 논의 등으로 점철되었다.

1. 새로운 정부

1868년에 발족한 天皇制 정부는 기본적으로 혁명적인 朝廷公卿과 薩摩·長州·土佐 등 西南藩의 혁명파 사무라이가 연합해 구성했다. 「공동음모」

과정에서 이루어진 이 그룹은 폭넓은 백성들의 지지를 받지 못했을 뿐 아
니라 사회 전계층을 대표할 수도 없는 좁게 한정된 집단이었다. 최상층에
는 1860년대 존왕양이운동에 투신했던 岩倉具視·三條實美(산죠오 사네또
미;1837~1891) 같은 황실측의 公卿 그리고 討幕에 동정적이었던 개혁파
大名들이 있었으나, 사실상 새로운 정책결정의 주도권을 장악한 것은 이
들보다 아래의 관료들이었다. 大久保利通·西鄉隆盛·木戸孝允·後藤象二
郎(고또오 쇼오지로오;1838~1897) 등 주로 薩摩·長州·土佐의 舊官吏로서
1860년대 후반 각자의 藩에서 정치를 좌우했던 인물들이 여기에 속하였다.
또한 新政府는 維新過程에는 직접 관계하지 않았어도 이미 서양지식을 습
득하고 있던 橫井小楠(요꼬이 쇼오난;1809~1869)·大隈重信(오오꾸마 시게노
부;1838~1922)·江藤新平(에또오 신뻬이;1834~1874) 같은 사람들을 많이 끌어
들였다.

신정부는 처음엔 잘 뭉쳐지지도 않고 안정되지도 못하여, 한 외국 기자
로부터「公務運營을 보면 쉽게 알아차릴 수 있는 일종의 조바심 같은 것
으로 쉴 새 없이 들떠 움직이기 때문에 모든 일이 순조롭게 진행되지 않은
것이 분명하다. 아직도 그들은 올바른 방향을 찾지 못하고 있다」[1]고 평을
들을 정도였다. 이러한 불안은 대개 출신지역간의 끊임없는 반목·질시에
서 나왔다. 1868년 東京(江戸의 改名)에서는 幕府를 무너뜨린 薩摩와 長州
가 곧 전쟁을 하게 될 것이라는 소문까지 나돌았다. 동시에 정부 안에서
는 維新의 지도자들을 중심으로 한 파벌대립이 계속되어 앞날을 더욱 불
안하게 하였다. 그러나 가장 중요하다고 할 수 있는 것은 일본의 진로에
대한 불확실성, 그리고 이로 인한 끊임없는 토론과 쉴 새 없는 움직임이었
다. 討幕세력은 공동의 적에 대항하여 뭉쳤으나 德川幕府가 물러난 후
그들은「다음에 무엇을 해야 할 것인가」를 둘러싸고 서로간에 다투게 되
었던 것이다.

討幕派들은 幕府를 이념적 근거에서가 아니라 실제적 목적 때문에 무너

1) J.R. Black, *Young Japan. Yokohama and Yedo. A Narrative of the Settlement and
the City from the Signing of the Treaties in* 1858 *to the Close of the Year* 1879
(Trubner and Co., London, 1881).

뜨렸다. 그들에게는 새롭고 결함없는 앞날의 사회에 대한 이상은 **없었다.** 유토피아는 일단 보이지 않는 것에 대하여 믿고 맡길 **뿐이었다.** 반면 그들이 처음에는 그토록 분개했던 서양의 대포·군함이 이제는 눈앞의 현실로 확실히 파악되었다. 1868년 정부는 간단한 「五個條의 誓文」을 발표했다. 그 내용은 다음과 같았다.

① 널리 회의를 열어 나라의 정치를 公論에 맡길 것.

② 상하가 마음을 하나로 하여 나라의 방책을 성히 행할 것.

③ 서민에 이르기까지 모두 그 뜻을 펴서 인심에 불만이 없도록 해야 할 것.

④ 지금까지의 陋習에서 벗어나 천지의 公道를 따를 것.

⑤ 지식을 세계에 구하여 크게 皇國의 기초를 일으킬 것.

이 내용은 분명히 1860년대의 투쟁을 거쳐 점차로 합의를 보게 된 것들이기 때문에 너무 포괄적이었다. 동시에 너무 애매하기 때문에 누구라도 이를 실천하는 길에 관하여 다른 견해를 내세울 수 있었다. 이러한 견해의 차이가 바로 1870년대의 정치를 불안정하게 만들었을 뿐 아니라 많은 실험정신과 즉흥적인 양상을 갖게도 했다.

차이가 나타나는 기본적인 것은 帝國 政體의 기초를 강화하기 위하여 얼마나 옛 제도를 포기해야 하는가 하는 문제였다. 황실 주위의 일부 관리들은 神權的 君主가 직접 지배하는 문자 그대로의 王政復古를 생각하였으나 실제로 설득력이 있는 것이 아니었다. 그러나 이보다 더욱 중요한 쟁점은 정권이 바뀐 후에도 그대로 남아 있던 藩과 사무라이의 앞날에 관한 것이었다. 유신의 과정에서 군사적 지도자 역할을 한 西鄕隆盛 같은 사람은 처음에는 국가정치에 雄藩이 참여하는 것 이상으로는, 舊社會·舊制度의 근본적 변화를 기대하지 않았다. 반대로 젊은 층의 伊藤博文·大隈重信·山縣有朋(야마가따 아리또모;1838~1922) 등은 나라의 통일과 부강을 이루는 데 방해가 되는 구체제의 유산은 무엇이라도 제거해야 한다고 하여 새로운 방향으로 속히 나아갈 것을 희망하였다. 중간적 위치의 大久保利通과 岩倉具視 등 조심스런 實用主義者들은 신중한 대처를 주장하였으나 이는 급격한 변화를 반대해서라기보다 경계의 필요성을 느꼈기 때문이었다. 많은 혼돈과 논의를 거친 후 마침내 양자택일의 윤곽이 분명해졌다. 즉 구지배층의 이해를 떠난 강력한 중앙집권적 관료체제를 이루느냐 그렇지 않으면 페리가 浦賀灣에 도착했을 때의 상태를 유지해야 하느냐 하는 것이었다.

2. 중앙집권

모든 혁명정권에서처럼 明治 신정부도 전국에 걸친 지배권의 강화라는 기본적인 문제해결에 착수해야 했다. 신정부의 지배 아래 확실히 들어온 것은 德川側으로부터 몰수한 지방뿐이었고, 나머지 지역에서는 藩이 예전대로 존속하였다. 藩에서는 변함없이 농민을 관할하여 세금을 걷고 사무라이 군사력을 유지하고 있었다. 幕藩체제 아래에서의 분할은 그대로 남아 있었다. 정부는 처음에는 확실한 자신이 없어 조심스럽게 藩의 전통적인 자치를 인정하면서 한편으로는 公議所(뒤에 集議院으로 개칭)를 설치하여 어느 정도의 통합을 시도하였다. 二院制의 형식을 갖춘 公議所는 公卿・大名・高位家臣들로 上局을 구성하고 각 藩의 대표들로 下局을 구성하였다. 이 기구에는 상당한 권한이 부여되어, 예컨대 上局은 國是의 책정, 법의 집행, 最高의 司法權, 條約締結, 開戰 및 종전의 결정 등에 대한 책임을 지게 되어 있었다. 그러나 「公議」는 「衆議」와는 구별되는 것으로서, 1867년 土佐의 지도자들이 제안했던 것 같은 列藩회의체 중심의 代議制 정부를 지향한 것은 아니었다.

藩을 그대로 두고 이를 통해 통치하려 한 방침은 통일적 정책을 수행하는 데 실효를 거두기 어려웠다. 행정체계가 藩에 따라 달라 그로 인한 혼란은 엄청난 것이었다. 藩에 따라서는 관리들이 신정부의 명령을 받아들이지 않으려는 곳이 있는가 하면, 정부의 계획보다 앞서 근본적인 개혁을 시작한 곳도 있었다. 어떻든 藩이 그대로 존속하는 한 백성들의 충성은 갈라질 것이고 국가통합의 의식은 약할 수밖에 없으리라는 두려움은 사라지지 않았다. 이에 따라 大久保利通과 木戶孝允이 주도하는 신정부에서는 지방의 독립적 성격을 약화시켜 가기 시작하였다. 「막대기 하나는 그것이 강하다 해도 어린아이 하나의 힘으로도 부러지지만 열 개가 모여 한 묶음이 되면 하나하나는 약하다 해도 어른의 힘으로도 꺾이지 않는다」고 木戶孝允은 그 의도를 나타내었다.

1869년 3월, 몇 달 동안의 어려운 협상 끝에 신정부의 지도자들은 마침내 長州·薩摩·土佐·肥前의 大名들을 설득하여 영지와 백성을 관장하는 문서를 天皇에게 바치도록 하였다 (版籍奉還). 이러한 중간단계는 실제적이라기보다는 상징적인 것으로 大名의 영지와 백성을 궁극적으로는 天皇에게 귀속시키려는 것이었다. 뒤이어 다른 大名들 중에도 자진하여 이를 따르는 사람들이 나왔으며, 1869년 8월 정부는 명령으로 토지장부를 바치도록 하였다. 大名은 舊領地의 長官(知藩事)으로 임명되어 그대로 貢租徵收權 등을 갖고는 있었으나 원칙상 이제는 天皇의 공복으로서의 권한을 행사하는 것이었다. 행정의 합리화와 간소화를 겨냥한 다른 방침들도 뒤이어 공포되어, 사무라이 계층내의 세세한 신분구별도 士族과 卒의 두 계급으로만 나뉘었으며 그들의 봉록 또한 줄어들었다. 이전의 봉건적 공유지 및 寺社領(寺院·神社에 속한 토지)은 모두 관유지로 되었으며 조세징수 등에 있어서도 통일된 방법이 적용되었다. 통합을 위한 마지막 움직임이라고 할 수 있는 廢藩의 令은 1871년 8월에 나왔다. 즉 薩摩·長州·土佐에서 뽑혀 올라온 8,000명의 軍士를 親兵으로 편성한 후, 天皇은 옛 大名들을 불러모아 藩의 폐지와 새로운 縣의 설치를 발표하였다. 분할적 행정에 종지부를 찍은 것이었다(廢藩置縣). 한 달 뒤에는 藩의 군대도 모두 해산시켰다.

일시에 藩을 폐지한 것이 당시로는 과격한 행동으로 보였을 것이 분명하다. 칙령 하나로 이를 성취한 것에 놀란 영국 공사는 이런 일은 유럽에서는 수년간 전쟁을 치르고서야 이룰 수 있었을 텐데 단시일에 이를 성공시킨 것은 오직 神의 도움 때문이라고 평하였다. 그러나 성공의 요인은 神의 손이 작용해서라기보다는 실제적인 고려와 판단에서 나온 것이었다. 옛 大名 및 그의 가신들은 廢藩의 令에 거역한다면 이는 곧 내란으로 치닫게 될 것으로 보았다. 그러나 그들 대부분은 내란을 두려워하여 될 수 있는 한 피하려 했었다. 더욱 중요한 것은 국내에 이미 廢藩을 원하는 기운이 상당히 높아 있었던 것이다. 즉 1869년 초여름에 있었던 公議所의 토론을 보면, 절반에 가까운 藩의 대표들은 새로운 중앙집권적 행정체제의 수립을 지지하였다. 많은 藩들이 오랫동안 德川幕府에 대한 의무를 다하느라 빚을 지고 있었을 뿐 아니라 明治유신 직후의 전쟁 동안에 또한 막대한 비용을 썼기 때문에 그 채무를 신정부에서 인수하기를 갈망하고 있었다. 몇몇 藩에서 정부의 명령이 있기 전에도 토지장부를 바친 것은 이 때문이었다.

한편 신정부에서는 藩의 자립을 폐지하려 하면서도 大名 및 가신들에 대한 봉록은 계속 지급하기로 하였다. 물론 대부분의 사무라이 가신들은 이전의 3분의 1 정도밖에 받지 못하게 되었으나 大名들은 우대를 받았다. 상대적으로 大名들의 수입은 藩에서 거둬들이던 貢租의 10분의 1로 삭감되었지만, 이제는 정치적 책임에서 벗어나고 행정과 의례에 소요되는 경비도 필요없게 되었을 뿐 아니라 사무라이 가신들에게 봉록을 지급해야 할 책임에서도 벗어난 것을 감안하면 넉넉하게 생활을 유지할 수 있는 충분한 여건이 마련되었다고 하겠다. 이렇게 경제적 곤란을 해결할 수 있었던 탓으로 분권적 藩의 체제에서 중앙집권적 행정체제로 옮겨가는 마지막 과정은 수월하게 진행되었다.

두번째의 유신이라고도 불리는 廢藩置縣 이후, 중앙정부는 모든 면에서 지방통제를 강화하여 눈에 띌 만한 옛 藩의 흔적은 사라져갔다. 지방에서 불만이 터졌을 때 구심점이 되는 것을 막기 위한 의도에서 나온 것이었겠지만 大名들은 東京에서 살도록 하였으며, 새로운 지방장관에는 다른 지방 출신의 사무라이를 중앙에서 임명·파견하였다. 옛 藩의 경계는 사라지고 전국이 3府 72縣으로 새로이 구분되었다. 이에 중앙정부 관리들의 관심은 지방적 이해로부터 점점 멀어졌다. 무엇보다도 전체로서의 일본을 가장 중요시하게 되었으며 藩에 대한 충성은 정책에 미미한 영향밖에 미칠 수 없게 되었다.

3. 농업과 토지의 정비

藩을 폐지함으로써 개혁의 水門은 열렸다. 중앙집권을 향한 정부의 방침이 되돌릴 수 없이 확고해지자 다른 문제들을 해결하는 방향도 또한 분명해졌다. 그 하나가 재정문제였다. 廢藩의 시기까지 신정부는 지출초과를 그때그때의 임시방편책으로 충당하여 운영해 왔었다. 세입의 4분의 3가량은 직접통제 아래 있는 舊幕府 직할령의 地稅에 의존하고 있었으나, 그 징세방법이 혹독하여 幕府 治下에서의 해이한 징세방법에 젖어 있던 여러 지역에서는 농민들의 반대가 일어났다. 정부는 또한 자금 조달방법으로 三井·小野(오노)·島田(시마다) 같은 호상들로부터 借金을 하든가 명목상의 紙幣를 과도하게 발행하기도 하였다. 그밖에 가능한 방법으로는 외국의 은행이나 자본가에게서 빌기도 했으나 당시 지도자들은 외국인의 재정적 영향력이 미치는 것을 꺼려했고 또한 국내의 이율보다 높은 이율로 들여와야 하는 외국자본에 크게 의존하려 하지도 않았다. 결국 런던에서 起債한 鐵路建設借款을 빼고는 거의 전적으로 국내재원으로 충당하였다.

이러한 것들은 모두 일시적인 방편이었기 때문에 정부에서는 전국적으로 통일된, 안정된 재정의 기초를 마련해야 할 필요를 절실히 느꼈다. 洋學者 관료인 神田孝平(간다 다까히라;1830~1898)은 그 명확한 해결책을 농민에게 완전한 토지소유권을 부여하여 그들로부터 地稅를 거둬야 한다고 제안하였다. 薩摩 출신의 유능한 행정가 松方正義(마쓰까따 마사요시;1835~1924)도 神田과 비슷한 생각을 갖고 있었다. 한편 이 기회에 사무라이 계층의 경제적 위치를 안정시켜야 한다고 본 사람들은 새로운 地稅를 거둬 이를 사무라이가 토지를 매입할 수 있는 자금으로 돌려야 한다고 건의하였다. 일부에서는 地稅수입을 직접 公卿과 사무라이에게로 주어야 한다는 의견을 제시하기도 하였다. 陸奧宗光(무쓰 무네미쓰;1844~1897)은 구체적으로 정부에서 일단 토지를 전부 매입하여 공매에 붙일 것을 제안하였다. 그렇게 함으로써 가난한 경작자에게보다는 俸祿을 받는 사무라이에게로 토지가 돌아가도록 한다는 일종의 토지개혁안이었다.

그러나 地稅의 개혁방침은 합리성을 추구하는 새로운 관료행정체제 아래에서 옛 사무라이보다는 새로운 중앙정부의 이익을 따르는 쪽으로 결정을 보았다. 1873년 공포된 「地租改正法」은 舊貢租總額과 같은 수준을 유지하면서 전국적으로 통일된 地租를 징수하도록 규정하였다. 1880년대 초반까지는 전체 조세수입의 80퍼센트 가량을 부담하게 된 새로운 地租는, 현물로 바치던 封建貢租와는 달리 화폐로 바치는 것이었으며 부과방법도 추수량이 아닌 토지가격을 기준으로 하였다. 이는 옛날보다는 훨씬 정확한 收稅方式이었다. 대신 예전에는 흉작의 경우 농민들이 공조감면의 혜택을 입을 수 있었으나 새로운 토지소유자들은 풍흉에 관계없이 매년 일정액의 지조를 납부해야 했다. 또한 새로운 地租 총액이 옛 貢租 총액과 차이가 없었기 때문에 전체 농민들의 조세부담은 변함이 없었다고 하겠다.

「地租改正」으로 농민들의 경제적 부담은 줄지 않았다 해도 그 부산물로서 개인적 법적인 자유가 확대되었다. 농민들의 米穀賣買나 作種선택에 대한 이전의 제한은 이미 1871년 철폐되었으며, 다음해에는 토지매매가 허가되었다. 「地租改正」을 통하여 농민들은 토지소유의 증거로서 地券을 받아 이를 매매할 수 있게 되었으며, 채소나 과일 등 원하는 품종을 가꿀 수 있게 되었다. 토지를 포기하는 것까지도 법으로 막을 수는 없었다.

당연한 일이지만 이러한 변화로 토지를 소유하지 못한 가난한 농민——전체 농민의 약 25퍼센트——은 별로 혜택을 못 받았고, 上層農 즉 德川시대의 법적 제약 때문에 자유롭게 공개적으로 활동할 수 없었던 사람들이 주로 득을 보게 되었다. 정부에서 추진한 농업관계의 개혁은 사무라이의 복리를 희생시켜 가며 행정상의 편의를 도모한 것임과 동시에 가난한 농민들보다는 富를 추구하는 上層農들의 이익을 더욱 보장하여 주는 것이기도 했다. 물론 개혁의 본뜻은 그렇지 않았지만 결과적으로 농촌의 경제력이 上層地主들의 손으로 들어가게 되는 사태를 조장 가속화시킨 셈이었다.

4. 징병제와 사무라이의 몰락

「地租改正」을 둘러싼 논의에서 나타났던 기본적인 견해의 대립은 새로운 군대를 만드는 문제에 있어서도 마찬가지였다. 길게 보면 軍制개혁은 외국에 대한 국방강화를 뜻하는 것이었지만, 아직도 불안정한 明治초에 있어서 국내치안의 유지를 위한 군사력의 필요성은 외적에 대한 것 못지않게 긴급한 과제였다. 이미 국내에 들어온 외국인들을 축출할 수는 없어도 내부의 적대세력들에 대하여는——실재하는 것이든 잠재적인 것이든간에——정권을 방어하지 않으면 안되었다. 문제는 새로운 군대구성 자체에 있는 것이 아니고 어떠한 성격의 군대여야 하는가에 관한 것이었다.

처음 신정부의 지도자들은 藩에서 징집되어 온 사무라이 군사에 의존하였다. 많은 지도자들은 일반백성들을 무장시키는 것을 부당하고 위험한 일로 보았으며 따라서 사무라이의 군대밖에는 다른 대안을 생각하기가 힘들었다. 1870년말 藩을 폐지하기 위한 준비를 갖출 때에도 정부는 薩摩·長州·土佐에서 올라온 별개의 사무라이 군대들로 親兵을 구성했었다. 그러나 이러한 군대가 신정부의 군대로서도 만족스러울 수 없다는 것이 곧 입증되었다. 즉 사무라이 군사는 서양식 군사훈련에 따르려고 하지 않았을뿐더러 그들 대부분이 모험적인 성향을 띤 사람들로서 보수에나 관심이 있었으며 병영내에서는 무질서한 것이 보통이었다.

兵部省내에서는 軍制정비에 관한 논의가 활발히 진행되기 시작하였다. 일찌기 1869년, 서양식 군사기술을 습득한 長州 출신 大村益次郎(오오무라 마스지로오;1824~1869)은 사무라이나 평민을 가리지 않고 징병제를 실시할 것을 주장하였다. 大村益次郎이 암살당한 뒤 같은 長州 출신의 山縣有朋이 그 입장을 계승했는데, 이미 山縣有朋은 1860년대에 長州에서 사무라이와 농민 혼성군을 이끌고 전투를 한 적이 있어 평민들도 사무라이와 함께 그 역할을 해낼 수 있다는 것을 경험으로 깨닫고 있었다. 西鄕從道(사이고오 쓰구미찌;1843~1902, 西鄕隆盛의 동생)와 함께 프랑스 및 프러시아의 군사제도를 시찰하고 돌아온 山縣有朋은 그곳에서 실시하고 있는 징병제를 받아들여야 한다고 믿었다. 더우기 山縣有朋은 일반백성에게 군사훈련을 시키는 것은 전국민을 교화시키는 방법이라고 보았다. 징병제는 곧 군대를 거대한「文武의 교육장」으로 만들 수 있다는 것이었다.

山縣有朋에 반대하는 측에서는 군대는 주로 사무라이로 충원해야 한다는 의견을 내세웠다. 谷干城(다니 간죠오;1837~1911)·前原一誠(마에바라 잇세이;1834~1876)·鳥尾小弥太(도리오 고야따;1847~1905) 등은 군사적인 용맹성이 없는 평민은 유능한 전사가 될 수 없다고 주장하였다. 한편 板垣退助(이따가끼 다이스께;1837~1919)는 주로 옛 사무라이 계층에서만 軍士가 나오리라는 가정 아래 지원병제도를 제안하기도 하였다. 그러나 정부에서는 1873년 1월「徵兵令」을 발포하여 모든 남자는 사회적 신분에 관계없이 3년간 현역에 복무할 것과 그 후 4년간은 보충역에 남아 있어야 할 것을 제도화하였다. 관리, 관립학교의 학생이나 졸업생, 호주, 상속자(養子包含) 등은 면제되었으나, 원칙적으로 國民皆兵制를 시행하려는 것이었다.

「징병령」은 특권계층으로서의 사무라이의 존재이유를 무시하였기 때문에 사무라이들에게는 충격적인 것이었다. 사무라이 계층을 전반적으로 비판한「징병령」에서는 완매한 사무라이들을 다른 사람들의 희생 위에 오랫동안 무위도식해 온 집단으로, 때로는 백성들을 살해하기까지 한 비난받아야 할 존재로 지적하였다.「사무라이나 일반백성이나 이제는 옛날과 같은 신분에 머물러 있을 수 없을뿐더러 모두가 帝國의 臣民으로서 국가에 봉사하는 데 구별이 있을 수도 없다」[2]고 밝혀놓았다. 이에 대한 즉각적인 반발은 근위대──그 대부분은 明治유신을 성공시키기 위한 전투에서 용감히 싸운 사무라이들로 구성되었다──에서 나왔다. 같은 육군의 장군 중에도 山縣有朋이「천박한 농민들을 모아 인형으로 만들고 있다」[3]고 공박하는 사람이 있었다.

藩의 폐지에 뒤이은 징병제의 창설로 옛 사무라이들을 어떻게 해야 할

---

2)《太政官日誌》明治五年十二月.
3) 家永三郞 等編,《近代日本史の爭點》上(每日新聞社, 東京, 1967), p. 178에서 인용.

것인가 하는 가장 다루기 힘든 문제가 대두되었다. 사무라이는 무사로서의 옛 기능을 상실했을 뿐더러 그들을 지탱해 주기 위한 비용 또한 막대하였다. 1873년의 경우 정부는 중앙의 행정비에 맞먹는 금액을 사무라이의 봉록으로 지출하였다. 그러나 이러한 규모로 무한정 지출할 수는 없는 것이었다. 1873년 12월 정부에서는 사무라이 봉록에 대하여 「家祿稅」를 부과하기로 하였으며, 또한 大隈重信의 전의에 따라 연 100石 미만의 봉록을 받는 사무라이는 6년분의 이자를 더한 「秩祿公債」로 일시에 교부받도록 종용하였다. 능력있고 근면한 사무라이는 이 공채를 자본으로 하여 토지나 기업에 투자하든지 스스로 자그마한 사업을 일으킬 수 있기를 정부에서는 기대하였던 것이다. 그러나 결국 봉록보다 공채를 택한 사무라이는 전체의 약 5분의 1에 불과하였다.

1873년 후반에 이르면, 「징병령」을 비롯한 근본적인 개혁정책의 시행으로 보수파들은 제거되기 시작한 반면 중앙정부를 중심으로 한 전문관료와 실용주의자들이 뚜렷이 부각되기 시작하였다. 이 과정은 특히 岩倉使節團이 귀국하면서 촉진되었다. 岩倉具視·大久保利通·木戶孝允 등이 이끌고, 1871년, 서양 사정을 직접 관찰하기 위하여 출발하였던 사절단은 2년여에 걸쳐 세계일주를 하고 돌아왔다. 여행의 경험에서 그들은 일본이 서양을 따라가기 위하여는 아직도 많은 일이 남아 있으며 옛것에 대한 감정적인 집착은 새로운 일본으로서는 감당할 수 없는 사치일 뿐이라는 인식을 갖게 되었다.

지도층 내부의 분열은 드디어 1873년 10월 「征韓論」을 둘러싸고 일어났다. 발단은 일본이 조선정부로부터 받은 외교적 모욕을 갚기 위하여 군대를 파견할 것인가의 여부에 관한 것이었다. 주로 岩倉使節團의 여행 중 국내에서 정부를 이끌어왔던 西鄕隆盛·板垣退助·後藤象二郎·江藤新平 등은 침체에 빠진 사무라이들에게 外征의 기회를 주는 것은 국내에서 박탈당한 그들의 특권에 대한 보상이 될 수 있을 것이라 기대하여 「征韓」을 주장하였다. 더우기 西鄕은 자신을 먼저 조선에 사신으로 파견해 줄 것을 요청하였다. 조선 정부에서 일본의 요구가 거절당하고, 西鄕이 조선 땅에서 피살된다면 일본에게는 분명한 전쟁의 구실을 마련해 줄 것이라고 예상하였기 때문이다. 그러나 岩倉使節團의 구성원들, 그중에서도 특히 大久保利通은 아직도 견고하지 못한 재원과 군사력으로 外征을 일으킨다는 것은 낭비라고 주장하여 「정한론」에 반대하였다. 결국 「정한론」은 부결되고 그 主唱者들은 이에 사직하였다. 정권은 사회의 합리적인 조직화와 중앙집권화를 계속 추구하려는 사람들의 손에 넘어갔다.

이러한 상황에서 사무라이들의 나머지 특권마저 사라지게 되는 것은 시간문제였다. 1874 년, 家祿奉還을 100 石 이상의 봉록을 받는 사무라이에게까지 적용시켰으며 1875 년에는 모든 家祿을 화폐로 지급하도록 하였다. 마지막으로 1876 년, 家祿에 대한 공채를 발행하여 家祿지급 제도를 전폐하고, 오랫동안 평민들과 구별짓는 표시로서 지켜오던 사무라이의 佩刀를 금지시킴으로써 사무라이의 특권은 모두 사라졌다.

사무라이 계급의 해소에 따른 사회적 영향은 여러 면으로 나타났다. 먼저, 많은 사무라이들은 家祿의 상실로 경제적인 파탄에 이르게 되었다. 물론 明治維新 후 家祿이 점차 감소되고 있기는 하였으나, 「秩祿處分」으로 그들이 실제로 받게 된 公債利子는 이전 家祿수입의 반에 불과하였다. 이 때문에 中·上層의 사무라이 집안조차도 최저 생활수준으로 떨어지는 경우가 많았으며 더우기 1870 년대말 물가가 급등하여 公債利子 수입은 상대적으로 더욱 낮아졌다. 결국 대다수의 사무라이들은 당장 살아가기 위하여 공채를 팔아야 했다. 반면, 보장된 수입을 잃고 새로운 생활방도를 강구해야 할 많은 사무라이들은 그들이 가진 지식과 기술을 이용할 수 있는 길을 찾기 시작하였다. 實業界에 들어간 사람들이 있는가 하면 많은 수는 사무라이의 성장 배경을 살려 순경·교사·장교 또는 하급관리의 길을 택하였다. 사무라이 계급의 해소로 그들의 생활은 곤경에 빠졌으나, 그들의 힘과 재능은 밑으로부터 새로운 일본의 건설사업에 충원 집중될 수 있었다.

5. 殖産興業

　권력의 집중화가 1870년대 明治정부의 주된 정치적 목표였다고 한다면 경제적 목표는 상공업을 일으키는 것이었다. 서양인들은 砲艦의 우월성뿐 아니라 공업과 무역기술의 뛰어남도 보여주었기 때문에, 국력이 농업에 기반을 두어야 한다는 관념은 새로운 지도자들에게는 타당성을 잃었다. 神田孝平은 상업에 힘을 기울여야 한다는 그의 주장에서, 「농업에 의존하는 나라들은 모두 가난하나 상업에 의존하는 나라들은 모두 부강하다. 이 때문에 동양국가들은 모두 가난하고 서양국가들은 부강한 것이다. ……지금이야말로 일본의 지도자들이 상업의 방법을 배우고 무역의 길을 열어야 할 때이다」[4]라고 강조한 견해는 이를 반영한 것이었다. 이러한 생각은 이미 明治維新 직후 정부에서도 갖고 있었으나, 岩倉使節團의 해외경험을 통하여 더 이상 의문의 여지가 없게 되었다. 大久保利通의 영국 여행에 대한 소감을 적은 편지 가운데에서 그의 새로운 인식을 찾아볼 수 있다. 즉 「우리가 가본 곳 어디에서고 땅에서 자라는 것은 없고 오직 석탄과 철뿐이다. ……공장은 헤아릴 수 없이 늘어나 검은 연기가 곳곳에서 하늘로 솟고 있다. ……이것이 곧 영국의 부강을 말해 주고 있다」.[5]

　근대적 상공업을 일으키는 데 있어서 정부의 역할이 중요하다는 것은, 그 일이 전통적인 상인들의 재원이나 사업 구상력으로서는 해낼 수 없다는 점에서 분명하였다. 대도시의 豪商들은 근대적 공업이나 해외무역을 담당할 만한 자본도 없었고 복잡한 기술을 이해할 수 있는 새로운 지식도 갖추고 있지 못하였다. 아직도 전통적인 기업, 즉 貸金業과 상거래를 통한 이익은 높았을 뿐 아니라 이러한 기업활동이 상인들에게는 철도나 새로운 공장건설에 투자하는 것보다 훨씬 친숙하고 안전하였다. 1869년 정부에서 京都—大阪間 철도건설을 三井家에 맡기면서 지방상인들의 자본까지

4) 神田乃武編,《淡崖遺稿》(東京, 1910), p. 1.
5) *Meiji Japan through Contemporary Sources* III(The Centre for East Asian Cultural Studies, Tokyo, 1970), pp. 18~23.

도 끌어들이려고 한 적이 있었다. 이때 정부는 투자액에 대한 7퍼센트의 이윤과 나머지 초과이윤의 절반까지도 보증하였으나 상인들의 무관심 때문에 실패하였다. 이렇게 근대산업 건설에 상인들이 참여하기를 꺼리는 상황에서 정부로서는 직접 그 주된 책임을 맡지 않을 수 없었다. 다행히 明治維新 전부터 幕府와 藩에서는 각기 자강책의 일환으로 해외무역소를 설치하였으며 또한 간단한 무기 및 일반산업 공장을 만들어 운영하였다. 여기에 종사해 왔던 많은 관리들의 경험과 재능에 정부는 의존할 수 있었다.

1870년대초부터 정부는 大久保利通·伊藤博文·大隈重信 등의 주도 아래 일종의 국가자본주의 정책을 추진하기 시작하였다. 정부가 근대적 기업을 일으켜 투자하고 운영하는 데 주역을 맡은 것이었다. 우선 여러 공장을 시험적으로 운영해 보기 위하여 외국의 공장시설을 그대로 구입, 일본에서 조립한 후 이를 움직일 수 있는 외국 기술자들을 초빙하였다. 그중 많은 종류는 물론 군사적 필요에 따른 산업——造船·武器製造·광산개발 등——이었던 것은 물론이다. 이외의 공장들도 정부에서 필요한 것을 해외물자에 의존하지 않고 충당하려는 것으로서, 새로운 관청건축에 필요한 시멘트와 유리공장, 군복감을 생산하기 위한 방직공장 등이 그것이었다. 또한, 농촌기업적 성격을 크게 벗어나지 못하고 있던 在來産業에도 근대적인 공업기술 도입의 필요성을 인식하였다. 그 예로서 1872년 설립된 富岡(도미오까) 製絲場은 새로운 기계를 써서 더 좋은 질의 생사를 다량으로 생산할 수 있다는 것을 보여주었다. 병기제조나 造船공업 시설은 물론, 일반공장도 처음에는 외국에서 고급 기술자뿐 아니라 제도·목공·주물 등의 기능공들까지 데려와 이들에게 크게 의존하고 있었다. 그러나 일본인들이 그 기술을 익히게 되자 외국 기술자들은 해고되었다. 이후 일본 기술자들은 새로운 기술 운용의 핵심이 되었으며 나아가 새로 습득한 기술을 지방으로 전파할 수 있었다.

정부의 궁극 목표는 근대산업부문을 한없이 담당하는 것이 아니라, 서양 선진국에서 유행하고 있는 것 같은 민간기업을 육성하는 것이었다.

따라서 언젠가는 자립적이고 적극적인 국내 기업가들이 근대공업 발전의 주역을 맡을 것이라는 기대 속에 정부는 새로운 기술을 도입해야 하는 부문에만 개입하여 이를 육성·보호·감독하는 방침을 취하였다. 또한 官營産業을 설치 운영하면서 정부는 근대적 자본가층이 등장할 수 있도록 유리한 제도적 분위기를 만들어내려고도 하였다. 첫째로 서양에서 민간자본이 모이게 되는 중요한 조직기술이라 할 수 있는 (株式)會社의 설립을 장려하였다. 회사설립방침을 강력하게 건의하였던 澁澤榮一(시부사와 에이이찌;1840~1931)은 일찌기 관직을 떠나 明治資本主義의 씨를 뿌렸다. 일생 동안 600개가 넘는 회사를 그는 직접 설립하거나 이에 참여하였던 것이다. 다음으로 정부에서는 새로운 기업들이 기금을 마련하고 안정된 신용금융의 혜택을 받을 수 있도록 근대적 은행제도를 수립하였다. 1876년에는 미국의 「國立銀行」(國法에 따라 세운 은행이라는 뜻으로, 國營이 아닌 민간은행들을 지칭)체제에 따라, 민간은행 설립을 허가하고 은행 보유의 공채를 기초로 은행권을 발행할 수 있게 하였다. 여기에는 「秩祿處分」을 통해 지급된 舊大名 및 士族들의 家祿을 은행자금으로 유도하려는 의도도 있었다. 1876년에서 1880년 사이 153개의 은행이 설립될 정도로 활발하였다.

일본의 자본가층을 육성한다는 정책은 좋은 결과만을 가져오지는 않았다. 은행이 신설되고 「會社條例」가 발포된 후 1870년대 말엽까지에는 수많은 명목상의 회사들이 나타났다 사라지곤 하였다. 많은 경우 사무라이들이 정부에서 받은 공채와 얼마 안되는 현금을 모아 사업을 시작했다가 실패하거나 새로운 경제조건에 적응하지 못하고——때로는 너무 성급해서 ——실패하였다. 한편 明治 초기에 크게 성공한 기업가들을 보면 대개 舊商人 출신들은 아니었다. 성공한 사람들은 대개 실업계에는 처음 투신하였어도 전망이 불확실한 기업에 전력을 기울이고 이익을 새로운 사업에 투자하려는 사람들이었다. 물론 그들 가운데에는 1860년대, 70년대와 같은 불안정한 상황에서 개인적인 富를 얻는 데에만 기회를 노린 미미한 집안 출신의 모리배들도 있었다. 橫濱에서 비단이나 茶 무역이 시작될 때의 상인들, 1860년대의 경쟁적인 정치세력들에게 무기를 판 상인들, 화폐가치의 조작으로 돈을 번 사람들 중에 그러한 경우가 많았다. 明治 초기에 급속도로 일어난 자본가들 중에는 흔히 政商이라고 불리는, 官과 결탁하여 막대한 이익을 얻는 회사를 설립한 기업가들도 있었다.

　정부는 분명히 의도적으로 특정한 기업가들을 도와주었다. 사업보조금의 지원이나 장기 저리의 융자혜택, 정부와의 수의계약, 정부자금의 예치, 官有物의 염가불하 등을 통해서 특정 기업가들을 지원하였던 것이다. 이러한 방식은 관료와 민간기업가들의 불미스러운 밀착이라는 인상을 주긴 하지만 그것이 꼭 관료들이 부패해서 생겼다기보다는 근대산업을 발전시키는 데 있어서 자신과 능력을 갖춘 사람들을 도우려는 정부의 의도에서 나왔다고 보여진다. 정부의 특혜방식에 대하여는 德川시대 幕府와 藩에서 특권적인 독점상인들에게 의존했던 관행을 연상할 수도 있다. 그러나 明治정부의 방침은 그 나름대로 타당성을 인정받을 수 있는 이유가 있다. 즉 유치한 수준에 있는 기업들이 관세장벽으로 보호받을 수 없는 조건에서 정부로서는 대외경쟁을 고려하여 한층 더 직접 방어해 주어야 했던 것이다. 특혜를 받은 기업가 및 회사들은 대개 성공할 수 있는 가능성을 이미 보여준 경우들이었고, 따라서 정부는 장기적으로 국가의 경제력을 일으킬 수 있는 주요 사업체들을 밀어주었을 뿐이라고도 하겠다.

　殖産興業政策은 결국 국가제도의 중앙집권화 방향과 관련되어 있었던 것은 물론이다. 특정 기업가들에 대한 특혜를 포함한 전반적인 기업진흥 정책은 궁극적으로 농민들이 낸 세금으로 지탱되었다. 興業資金은 정부의 전체 지출에서 보면 적은 부분밖에 되지 않았지만 그래도 국내 자본형성에 있어서는 가장 중요한 몫을 하였다. 일차적으로 중앙정부의 지도자들 손에 권력이 집중되지 않았다면 이러한 자원의 효율적인 재배치는 불가능하였을 것이다.

6. 文明開化

　정부에서 무모할이만큼 서양식 근대국가로의 전환에 몰두하고 있는 동

안 국민들이라고 한가로이 지켜보지만은 않았다. 외래품과 서양화 추진운
동이 가장 눈에 띄는 東京 같은 대도시에서 특히 그렇긴 했지만, 온갖 서
양문명의 형태에 대한 일반적인 호기심과 열광이 휩쓸고 있었다. 西周(니
시 아마네;1829~1897)가 1874년 표현했듯이, 갑작스러운 개항으로 일본은
「병을 거꾸로 놓은」 상태와 같아 서양의 복이나 건축·음식·행동 심지어
머리모양까지 무분별하게——때로는 괴상하게 바뀌어——도입되었다.[6] 서
양 것에 대한 광적인 풍조를 假名垣魯文(가나가끼 로분;1829~1894)은 1871
년 다음과 같이 풍자하였다. 「전형적으로 오늘을 사는 사람은 우선 (불교영
향으로 금지되어 왔던) 쇠고기를 먹고, 향수 바른 머리를 길게 내려 서양식
으로 다듬었으며, 기모노 밑으로 무늬있는 내복을 비치면서 서양 우산을
옆에 하고는 싸구려 회중시계를 보란 듯이 가끔 내어보인다. 새로운 스타
일의 음식점에 앉아 쇠고기 요리를 비우며 옆사람에게, 일본이 정말 개화
하고 있는 덕에 우리 같은 사람까지 이제 쇠고기를 먹을 수 있으니 얼마
나 다행한 일인가 하고 말을 건네는 것이다.」[7]

이후에도 끊임없이 계속된 이러한 서양물품의 유행풍조는 사실 서양의
이념과 가치를 들여와 문화적인 혁명을 이루려는 시도의 속된 단면이었다.
1850년대부터 幕府나 藩에서 서양으로 유학보내는 일본인(거의 사무라이
출신)의 수는 서서히 그러나 끊임없이 늘고 있었다. 또한 蘭學의 전통을
이어받아, 일본내에서도 책을 통해 열심히 서양을 공부하는 사람이 적지
않았다. 이전의 蘭學者들이 의학·천문학·항해술 등 주로 서양의 과학기
술에 관심을 가졌던 것과는 대조적으로 이들 새로운 서양 전문가들은 오
히려 서양의 사회·법·제도·철학 같은 데에 더욱 관심을 기울였다. 이
들 중 많은 수는 1855년 幕府에서 서양연구의 중심격으로 세운 蠻書調所
(반쇼 시라베쇼)에서 일하고 공부해 왔다. 사회사상에 대한 비평이나 판단에
있어서 옛 유학자들이 했던 역할을 대신하게 된 이들 새로운 서양 전문가
들은 1860년대와 1870년대에 지적 엘리트로서 뚜렷이 사회에 등장하였

6) 大久保利編, 《文明開化》講座日本歷史 15(岩波書店, 東京, 1963), pp. 274~275.
7) Donald Keene, *Modern Japanese Literature* (Grove Press, New York, 1956), pp.
   31~33.

다. 이들의 저술과 번역을 통해 서양세계에 관한 상세한 지식이 교육받은 사람들에게 광범위하게 퍼졌다. 한 예로 福澤諭吉의 《西洋事情》이라는, 서양의 稅制를 비롯하여 정신병원·식사예절에 이르기까지 모든 것을 망라한 백과사전적 책이 初版(1866년)에서 15만 권이나 팔렸던 것을 들 수 있다. 당시 유행한 책 중에 西周의 《百學連環》은 역사·신학은 물론 수학·물리학까지 모든 서양학문을 전체적으로 요약한 것이었다. 이외에도 야망과 근면을 고취한 스마일즈(S. Smiles)의 《自助論》 및 영국 자유주의의 聖典이라 할 밀(J. S. Mill)의 《自由論》 등이 번역되어 나왔다.

새로운 지식을 도입하려는 노력은 단순히 지적 유희만은 아니었다. 福澤諭吉이나 西周 같은 사람들은 신정부의 지도자들 못지 않게 부강한 일본을 이룩하는 일에 몰두하였다. 그러나 국력부강을 위한 주된 방법으로서 서양기술의 채용을 인식하고 있었던 지도자들과는 대조적으로 福澤諭吉 등은 진정으로 강력한 근대국가가 되려면 이념과 가치에 있어서의 변혁을 거치지 않으면 안된다고 보았다. 교훈적인 儒家傳統 아래에서 성장한 그들은 학문과 도덕은 정치와 떨어질 수 없는 관계에 있다고 믿었던 것이다. 동시에 그들은 서양문명을 단지 정치적 목적을 위한 유용한 방법 이상의 것으로 파악하였다. 서양은 부강한 것으로만 비친 것이 아니라 인류 발전의 단계에서 일본보다 앞선 상위의 문명형태를 나타내는 것으로 인식하였다. 버클(H. T. Buckle)·기조(Franoçis P.G.Guizot)·스펜서(Herbert Spencer)와 같은 서양학자들의 주장 즉 인류는 계속하여 번영과 행복의 길로 나아간다는 낙관적인 견해를 받아들이면서, 그들은 아직도 미신과 불합리 그리고 무지와 후진성에 빠져 있는 일본이야말로 빈약한 사회라고 판단했다. 서양을 배우려는 새로운 지식인들의 목표는 「일본인의 마음」을 계몽하는 것이었으며, 이는 福澤의 다음과 같은 표현에 잘 나타나 있다.

학교·상공업·육해군 등은 모두 문명의 외형에 불과하다. 이들을 이루기는 어렵지 않다. 필요한 것은 여기에 드는 돈일 뿐이다. 그러나 非物質的인 어떤 것이 있으니, 그것은 볼 수도 들을 수도 없고 사고 팔 수도 없으며 꾸고 갚을 수도 없는 것이지만 온 나라에 퍼져 있고 그 영향이 강해서 그것 없이는 어떤

한 외형이라도 전혀 쓸모가 없는 것이다. 그 무엇보다도 중요한 것이란 곧 문
명의 정신이다.[8]

계몽적 지식인들의 기본역할은 **구습의 타파**에 있었다. 문명의 정신을 진
작시키기 위해서는 이른바 후진적이고 야만적이라 할 습관을 파괴해야 한
다고 그들은 느꼈다. 특히 불교와 유교의 형이상학적 면이나 그 도덕관
을 적대시하여, 西周는 이들 옛 믿음은 기본적으로 부정적인 덕목들——
온순·연약·겸손·존경·절약·자기부정·복종——을 강조하는 것으로서
인간의 정상적인 본능과 욕구를 억제할 뿐 아니라 나아가 나라를 약한 후
진상태로 붙들어두는 것이라고 지적하였다. 유가사상은 가족·결혼·정치
에 있어서의 차등적 가치를 중요시한다는 점 때문에도 집요한 공격의 대
상이 되었다. 福澤諭吉이 조롱거리로 삼은 孝行의 예는 다름아닌, 부모가
모기에 물리는 것을 막으려고 술에 흠뻑 취해 벌거벗고 부모 옆에 누워 자
는 孝子의 경우 같은 것이었다. 대신 모기장을 사는 쪽이 훨씬 간편한 방
법이라고 福澤은 권하였다.

새로운 지식인들은 구시대의 폐해가 무엇인가에 대해서는 대개 공통
된 견해를 갖고 있었으나 문명의 정신이 무엇인가에 관해서는 그렇지 못
하였다. 기독교도적 입장의 中村正直(나까무라 마사나오;1832~1891)은 「서양
의 예술·발명·기계제작에서 보이는 근면·인내·노력은 모두 그 기원이
그들의 종교에 내포된 믿음·희망·자선에 있다」[9]고 보았다. 中村에게 있
어서는 서양의 부강이란 기독교의 외형적인 모습, 잎과 꽃 같은 것이었다.
같은 입장에서 서양 선교사들 또한 이러한 주장에 성원을 보냈으나, 실제
대부분의 계몽적 지식인들은 문명의 정신은 오히려 서양의 세속적 가치 즉
물질주의와 과학적 합리성 그리고 개인주의에 있다고 파악하였다. 福澤은
더욱 분명하게, 서양문명의 근원을 찾아보면 결국 하나 곧 의문을 품는 데
에 있다고 하였다. 일본과 같은 나라에서는 사람들이 자연과 사회의 토대

8) 福澤諭吉,《文明論の槪略》第一卷.
9) Carmen Blacker, *The Japanese Enlightenment: A Study of the Writings of Fuku-
zawa Yukichi*(Cambridge Uniyersity Press, Cambridge, 1964), p. 29.

를 이루는 원리에 관해서는 의심하지 않고 단지 기존 권위를 비판없이 받아들였기 때문에 개인적인 자립과 독창성, 그리고 책임감이 결여되었다는 것이다. 따라서 「외국인에 대하여 나라를 지키기 위하여는 나라가 자립정신으로 충만해야 한다. 그럼으로써 고귀한 사람과 미천한 사람, 현명한 사람과 우둔한 사람이 다 같이 나라의 운명을 자신들의 책임으로 삼게 될 것이며 시민으로서의 역할을 하게 될 것이다」[10]고 福澤은 갈파했다.

계몽적 사상가들은 구미 자본주의국가들의 자유주의적 중산층의 이념을 특수하고 과격한 점을 제외하고는 그대로 반영하였다. 이러한 이념과 사상이 크게 유행하여 1870년대에 교육을 받은 일본인들은 이에 막대한 영향을 받았다. 또한 福澤의 慶應(게이오)義塾 설립을 비롯, 많은 계몽적 지식인들은 여러 학교를 세웠다. 이보다 더욱 중요한 것은, 정부에서도 이들의 주장 즉 새로운 서양의 지식과 독립정신이 일본을 무지의 굴레로부터 벗어나게 하고 강하게 만들 것이라는 입장을 받아들여, 유럽의 많은 나라들보다 앞서 1872년 의무교육제도를 채택하였다는 사실이다. 福澤의 주장을 반영한 듯한 學制發布令에서 신정부는 「이제부터 모든 국민──華士族, 農·工·商人, 그리고 부녀자를 가리지 않고 마을에는 不學의 家戶가 없고 집에는 不學의 사람이 없을 것을 기한다」고 과감히 선언하였다.[11] 새로운 교육제도의 배후에는 계몽적 지식인들이 부르짖었던 자조자립의 정신을 진작시킨다는 이상이 있었다. 자연권 즉 하늘이 내려준 인간의 권리와 自助를 강조한 그들의 저술이 교과서로 자주 쓰였던 것은 물론이다. 지방학교는 상당히 자치적이었으며 기본적으로 교육은 자유롭고 독립적인 개인을 양성하는 방향을 취하였다. 장기적인 목적은 강한 국가를 이룩하는 데 있었음은 두말할 필요가 없겠으나, 그 목표가 일본 국민의 품성과 재능·마음을 먼저 계발함으로써 간접적으로 부강을 달성하려고 했다는 것은 주목할 만하다.

---

10) C. Blacker, *op. cit.*,
11)《布告全書》明治五年八月.

제 6 장 반대와 저항

　조심스럽게 시작하긴 했지만, 明治 신정부의 지도자들은 1870년대 중엽
까지는 몇 가지 중요한 사회적 변혁을 이루었다. 그들 자신도 모르는 사
이에 사회혁명가의 역할을 맡았다고도 하겠다. 그들이 구제도를 제거한 것
은 사회변혁의 구체적 계획에 대한 이념적 열광이나 집착에서 나오기도 했
겠지만 더욱 중요한 것은 구제도 자체가 정치적 재정적으로 부담이 되고
있다는 것을 그들이 인식했던 데에 있었다. 일본은 모든 혁명적인 변화
에 따른 혼란과 소용돌이 속에 휩쓸렸다. 물론 明治維新 이후의 많은 개
혁이 실제 정착하는 데에는 시간이 걸렸지만, 어떻든 東京에서 나온 충격
파는 1870년대 기간 중 전국 곳곳에 미쳤다. 여러 부류의 사람들이 여기
에 폭력적 반응을 보였던 것도 사실이다. 明治維新을 함께 성취했던 지
도층 내부에서도 옛 동지들에 반대하여 불만과 원한을 품고 정부를 떠
나는 사람들이 나왔다. 또한 중앙집권화에 따른 대규모 개혁으로 농촌에
서는 불만이 쌓이고 있었으며 새로운 정책을 강압적으로 수행하는 정부의
방침은 「有司(官僚)專制」에 대한 불만을 야기시켰다. 1870년대는 근대에
의 돌파구를 열었다는 점과 동시에 반정부적 비판이 노골화되었다는 점으
로 특징지을 수 있다. 비판이 때로는 정치적 폭력행동을 수반하여 시련과
혼란의 시기를 만들었다.

1. 民亂 및 사무라이 반란

1870 년대초 정부의 개혁책에 대한 극단적인 반발은 보수적이며 때로는 복고적 반동적인 것이었다. 이러한 반대의 움직임이 새로운 정책으로 인해 생활습관과 전통이 흔들리게 된 농민들에게서 많이 나왔다는 것은 쉽게 짐작할 수 있다. 德川의 마지막 시기에 널리 퍼졌던 농민소요는 특히 明治維新을 전후한 몇년간 최고조에 달하였다. 明治초 10 년간에는 소요가 200 여 건 이상 일어났는데 이는 維新 이전에 비해 훨씬 잦은 것이었다. 1869 년에서 1870 년 동안에만 42 건이 발생하였다. 물론 이들 소요의 대부분은 19 세기 초엽에 특징적이었던 중소농 내지 빈농들의 村役人 및 부농들에 대한 폭력적 행동의 성격을 띤 것이었다. 이는 기본적으로 농촌의 계급적 갈등을 나타낸 것으로서, 대개 그 요구는 貢租와 소작료의 감면에 중점을 두고 있다가 물가앙등이나 村役人의 부정·불공평 또는 부농의 買占行爲 등에 의해 폭발되는 경우가 많았다. 오랫동안 농업에 끼친 상업의 영향과 국내 전쟁 및 정치적 격변으로 인하여 불안정해진 사회상을 농민소요가 반영한 셈이었다.

그러나 1870 년대에는 또 다른 형태의 농민소요 즉 정부의 개혁책으로 야기된 혼란에 의한 것이 두드러졌다. 그 혼란의 내용은 새로운 지방행정조직의 수립에 따른 농촌경계의 변경, 舊幕府 직할령에 파견된 징세관의 혹독한 세금징수(幕府直轄領은 일반적으로 貢租負擔이 가벼웠다), 또는 藩體制의 해체 등등이었다. 한 예로 1871 년 福山(후구야마)의 농민들은 東京에서 내려온 縣令이 大名의 직능을 대신하는 것에 반대하여 일어났던 적이 있다. 또한 새로운 개혁으로 옛 관습이 무너지는 것 때문에도 소요가 많이 발생하였다. 즉 전통적인 사회계층 구분의 폐지, 최하층 천민이었던 穢多(에따)의 해방, 神道 國敎化 방침에 따른 사원의 파괴, 쇠고기 식사의 허용, 남자들의 옛날식 두발 금지 등등에 농민들은 항거하였다. 1873 년부터 태양력을 채용하게 되자, 농사진행이나 祝祭가 陰曆으로 되어 있던 농민들은 불만을 품었고 마치 「기독교적 新年」에 의해 만사가 뒤죽박죽이 되는 것처럼 느꼈다. 신정부의 관리나 계몽적 지식인들이 불합리하고 무식하다고 본 많은 관습들이 실은 농민들의 일상생활을 엮어온 날줄과 씨줄 같은 것이었다.

농민들의 저항을 유발한 또 다른 요인으로는 개혁책으로 인해 일반백성들에게 새로운 부담이 강압적으로 지워진 것을 들 수 있다. 「地租改正」으로 예전보다 높게 地價가 책정된 경우라든가 화폐로 내게 된 課稅額에 융통성이 없어진 경우 많은 농민들은 분개하였다. 초등교육의 의무제로 가족노동력에서 어린이들이 빠져나가는 것도 불만이었다. 게다가 이른바 혈세라고 불리는 징병제도가 의혹과 혼동을 가져와 어떤 지역에서는 징병당한 젊은이들의 피를 뽑기 위해 살해한다든지 이들을 외국인에게 판다는 소문까지 돌았다. 근대화를 위한 부담을 직접 가장 많이 지게 된 사람들이 자신들이 겪어야 할 희생 때문에 불평불만을 품게 된 것이었다.

새로운 정책에 대한 농촌에서의 저항은 지역내 농민들을 하나의 정치행동으로 뭉치게 한 적도 많았다. 지역 밖으로부터 오는 압력 때문에, 내부의 계급적 긴장은 일단 덮어두고 빈부 가릴 것 없이 불만을 표현하기 위하여 농촌 지도층 아래에 모였던 것이다. 물론 그 불평불만이 확대됨에 따라 지역내의 단결이 무너지고, 오히려 중앙정부의 비위에 대한 항거행동으로 부농들의 창고를 약탈하는 경우도 적지 않았다. 그러나 이에 못지 않게 농촌내의 정치적 연합이 강화되었던 것은 사실이다. 지방에서의 소요 내용이야 어떻든 소요 자체를 반정부적 행동으로 본 정부는 가차없이 신속하게 이를 진압하였다. 무장하지 않은 농민들이 결코 정부의 軍·警과는 상대가 되지 않았다. 농촌에서의 동요는 처음에는 정부에서 우려하는 바가 못 되었고 전국적으로 커다란 충격을 주지도 못하였다.

그러나 보다 불안한 것은 옛 사무라이들의 반정부적 태도였다. 그들은 신정부가 유신의 원래 목표를 배반하였다고 느끼고 있었다. 특히 幕府타도에 앞장섰던 藩의 행동과 사무라이 중에는 德川의 멸망으로 외국인은 격퇴될 것으로 기대했으나 실제는 그와 반대로 나타나자 크게 충격을 받았다. 징병제를 주창했던 大村益次郎 같은 저명한 개혁파 지도자들 가운데 적지않은 수가 유신 후 1, 2년 사이에 반동적 암살자의 총칼에 쓰러졌다. 1869~1870년에 걸쳐 長州에서는 新政에 반대하는 세력들이 지방관원들을 습격하여 그 지방의 분란을 유발하였다. 변화의 속도가 빨라짐에 따라 불만과 원한도 깊어갔다. 1873년 한 불평 많은 사무라이는 天皇에게 올린 上書의 가운데에서 다음과 같이 많은 사무라이들의 감정을 대변하였다.

> 維新 이후의 개혁에 있어서 그 방법이 과연 善政의 틀에 맞는 것인지, 그렇지 않으면 무질서한 나라에서와 같이 행해지고 있는지 의심스럽습니다. ……만일 우리가 후자의 경우라면 즉시 고쳐서 先祖의 법으로 돌아가야 할 것입니다. 십만리 밖에 있는 외국의 습관을 본따는 것이 우리에게 무슨 필요가 있겠읍니까? [1]

이같은 감정이 널리 퍼져 있었음은 분명하였다.

1870년대 중엽에 이르기까지 점차적으로 옛 사무라이의 사회적 위치와 경제적 보장이 허물어짐에 따라, 정부의 의도가 국가이익을 위하여는 사무라이 계층의 이익이 희생될 수밖에 없다는 것임이 명백해졌다. 서양화에 어느 정도 동조해 왔던 사무라이들 중에도 이에 불만을 품고 정부에 반대하는 사람들이 나타나기 시작하였다. 1873년의 征韓論 분쟁은 많은 사무라이 지도자들로 하여금 정부에 대해 공개적인 반항을 취하게 하였다. 정한론에서 패한 뒤 정부를 떠난 사람들 중 여럿이 1874년 佐賀의 난을 비롯한 사무라이들의 반란에 참여하였던 것이다. 물론 여기에는 개인적인 적대감과 질투도 중요하게 작용하였다. 그러나 이에 못지않게 심각했던 것은, 사무라이에 대한 봉록지급과 佩刀가 폐지되자 1876년 10월 萩(하기 ; 옛 長州藩의 城下町)에서 前原一誠이 난을 이끌면서 부르짖은 다음과 같은 말로 표현된 사무라이들의 불만이었다.

---

1) *Meiji Japan through Contemporary Sources* II(The Centre for East Asian Cultural Studies. Tokyo, 1970), p. 168.

도대체 백만의 사무라이가 무엇을 잘못했다는 것인가? 만약 정부가 이같은 마음가짐으로 사무라이를 감시하고 죄어간다면 반드시 나라에 커다란 분란을 조성하게 될 것이다.[2]

이 시기 熊本(구마모또)에서 일어난 神風連(진뿌우렌)의 난이나 福岡의 秋月(아끼즈끼)의 난은 같은 성격에서 나온 것이었다.

가장 위협적인 반란은 西鄕隆盛을 따르는 옛 사무라이 군사들이 신정부의 타도를 내걸고 鹿兒島에서 일어섰을 때였다. 이곳은 維新 이후 지역관념이 강하게 남아 있었다. 특히 德川幕府를 멸망시키는 데 결정적인 역할을 한 것 때문에 薩摩藩(鹿兒島縣으로 개칭)에서는 독자성을 계속 보존하여 租稅를 東京으로 올려보내기를 거부하였으며 陰曆을 그대로 쓰고 있을 정도였다. 정한론에서 패하여 東京을 떠난 후 西鄕隆盛은 유신의 공으로 받은 그의 功祿을 鹿兒島 근처의 여러 準軍事的 학교에서 사무라이들에게 무술과 유학을 가르치는 데 사용하였다. 鹿兒島는 정부에서 단호하게 폐지하려는 舊學問, 사무라이의 특권, 지방자립 등 구제도를 지키는 본거지로 남아 있었다. 이를 우려하여 신정부의 지도자들이 鹿兒島의 武器庫를 압류하려 하였을 때, 벌써부터 西鄕隆盛이 정부에 의해 살해될 것이라고 두려워하고 있던 그곳 鄕校의 세력은 擧兵하였다. 1877년 7월 西鄕隆盛을 앞세운 1만 5천 사무라이 병사들은 東京을 목표로 鹿兒島를 떠났다.

薩摩반란은 최후의 중대한 국내적 위협이었다. 반란은 정부에게도, 그리고 비판적인 입장에 섰던 측에도 중요한 사실을 일깨워주었다. 즉 薩摩의 반란세력은 그들의 선도로 不平士族들간에 파문이 퍼질 것을 기대하였으나, 東京으로 진군하면 호응하리라고 예상했던 동조집단은 끝내 큰 세력을 이루지 못하였다. 정부에 대한 불평과 폭동행위는 별개였던 것이다. 한편 반란을 진압하기 위해 파견된 새로운 징집병들은 개별적 전투능력에 있어서는 반란군에 미치지 못하였으나 대신 정부군은 병력의 수나 장비 및 보급에 있어서 훨씬 우세하였다. 최소한 정부로서는 근대화의 효과가 분

---

2) 讀賣新聞社編, 《明治維新》(東京, 1968), p. 240.

명히 발휘되었던 것을 알게 되었다. 西鄕隆盛이 1877년 9월 성공의 가망
이 없음을 알고 전장에서 「切腹」 자살하기까지 정부군은 九州 전역을 휩
쓸었다. 폭력에 의한 反革命의 가능성은 그의 죽음과 함께 사라졌다.

2. 自由民權

1870년대 중반까지의 농민소요 및 사무라이반란과는 대조적으로, 1870
년대 말에는 지방조직과 신문·잡지를 통한 정치적 선동 또는 정부에의 직
접 청원 등의 방법을 통하여 보다 평화적인 형태의 정치적 저항이 두드러
졌다. 즉 1874년 板垣退助·江藤新平·後藤象二郎 등이 정한론을 둘러싸
고 정부를 떠난 직후 「自由民權」운동은 시작되었다. 西鄕隆盛이 고향으로
돌아가 힘을 기르고 있었던 것과는 달리 이들은 점점 소수화되어 가고 있
는 정권 담당자들의 전제를 막아야 한다는 주장을 정면으로 내세웠다. 일
찌기 계몽적 지식인들이 전파한 사상의 영향을 받아 그들은 民選議院의 개
설을 요구하는 공개선언을 1874년초 발표하였다. 정책결정의 기반을 넓
힘으로써 의회는 국민의 진취적 기상을 앙양하고, 국민은 帝國을 위하여
같이 짐을 져야 한다는 것을 이해할 수 있게 된다고 그들은 설명하였다.[3]
이 청원은 묵살되었다. 이에 板垣退助와 그의 동조자들은 土佐에서 국회
개설, 조세감면, 불평등조약의 개정을 요구하는 地方政社——立志社를 결
성하였다. 여론을 크게 일으키려는 새로운 전술로 그들은 자신들의 주장 즉
대중의 정치참여를 뒷받침할 수 있는 自然權(天賦人權論)을 널리 선전하기
시작하였다.

초기 단계의 「자유민권」운동은 그렇게 민주적이지도 못했고 국민들의 인
기를 끌지도 못했다. 운동은 주로 板垣退助의 출신 藩인 土佐의 사무라이
들이 중심이 되어 이끌어갔으며, 立志社에서 목표로 한 것도 정치의식을
계발한다는 것과 함께 변화하는 경제적 조건에 土佐 사무라이들이 적응
하도록 돕는 것이었다. 또한 운동은 사무라이 의식의 한계 속에서 펴져갔

3) *Meiji Japan through Contemporary Sources* II, pp. 134~141.

다고 하겠다. 즉 사무라이는 일반백성의 지식이나 정치참여 능력을 믿지 않았기 때문에 「人民」이라고 할 때 그들은 사무라이 및 농촌의 지도적 위치에 있던 豪農을 염두에 두고 있었다. 그러나 운동에 참여한 많은 사람들은 말로는 自然權과 公議興論을 내세우면서도 행동은 폭력으로 기우는 성향이 강하였다. 愛國社(1875년 立志社에 동조하여 그 나머지 地方政社들이 모여 조직한 민권운동단체)의 지도적 이론가였던 植木枝盛(우에끼 에모리;1857~1892)은 자유란 鮮血로써 사는 것이며 백성은 專制政權에 대하여 抵抗權과 革命權을 갖는다고 주장하였다. 板垣退助를 따르는 사람 중에도 정치적 선동의 방법보다는 힘으로 대항해야 한다는 데에 기우는 쪽이 많아 실제로 1877년 薩摩반란 때에는 西鄕隆盛 세력에 가담할 것을 板垣에게 요구하기도 하였다.

「자유민권」운동의 성격은, 西鄕隆盛의 죽음으로 폭력 수단은 더 이상 가망이 없다는 것이 증명되면서, 변화하기 시작하였다. 많은 행동주의자들은 정부에 대한 반란행위의 혐의로 구속되었다. 그러나 더욱 중요한 것은 운동 참여자들의 구성이 豪農, 자본가, 일부 관리, 기자, 교원을 비롯하여 빈농, 하급 노동자들에 이르기까지 모든 사회계층으로 확대되기 시작하였다는 점이다. 특히 호농층으로의 확대는 농촌에서 비교적 호황을 누렸던 시기에 활발하였다. 薩摩반란 이후의 1870년대말 쌀값이 오르고 화폐가치는 떨어짐으로써 지주들은 커다란 이익을 보았다. 수확의 일부를 貢租로 바쳤던 德川시대에는 토지 보유자들이 그 이익을 정부와 나누어야 했으나 이제는 일정한 화폐액으로 세금이 고정되어, 물가가 오르면 세액의 가치는 떨어지고 수확액은 상대적으로 늘게 되었던 것이다. 그 결과 地價가 오르고 토지매매가 성행하였으며 새로운 지방자본 및 기업이 일어났다. 농촌에서의 호황이 지방농촌의 豪農들에게는 자신감을 갖게 하였으며 동시에 정치에 관심을 돌릴 수 있는 시간과 돈을 마련해 주었다.

豪農들의 정치적 활동은 1878년 地方民會의 구성으로 더욱 촉진되었다. 지방민회는 원래 明治유신 이후 점차 여유를 갖게 된 안정된 농촌인구로부터 정부지지를 끌어내려는 의도에서 나온 것이었다. 따라서 민회 대표를 뽑는 선거권도 지방의 「有産層」 곧 세금을 제일 많이 부담하고 또 그것이 정부에서 어떻게 쓰여지는가에 관심있는 사람들에게 한정되었다. 그러나 중앙정부에 우호적일 것을 기대했던 것과는 반대로 이들 중 많은 사람들은 정부에 대하여 뚜렷한 반감을 품고 있었다. 농촌에서는 중앙정부에 대한 그들대로의 강한 정치의식이 형성되어 있었던 것이다. 정부는 농촌에 대하여 아무 보상 없이 농촌의 富를 가져가는 것으로 보였으며, 중앙에서 파견된 지방관들은 대부분 현지의 이해에는 무관심하고 오만한 외부사람으로서 중앙정부의 힘을 세우고 그 명령을 집행하는 데만 관심을 둔 것으로 인식되었다. 이러한 상황으로 地方官과 民會와의 충돌이 자주 일어났으며, 반면 이는 정부에 반대하는 정치훈련장이 되기도 하였다.

또한 계몽적 지식인들의 저술과 번역을 통한 새로운 이념의 전파로 많은 사람들이 확대된 「자유민권」 운동에 흥미를 갖고 참여하였다. 비판적인 신문들은 권위에 복종하는 전통적 태도를 공격함과 동시에 자조 자립의 정신을 정치적 저항으로 연결시켜 주기도 하였다. 植木枝盛은 1879년에 쓴 《民權自由論》에서, 「하늘은 인간에게 자유를 주었다. 만약 하늘에서 내려준 자유를 받아들이지 못한다면 하늘에 대한 큰 죄악인 동시에 인간 자신에 대한 커다란 수치이다. 수치는 받아들여서는 안될 것을 취하는 데에 있을 뿐 아니라 받아들여야 할 것을 취하지 못하는 데에도 있다」고 강조하였다. [4] 그 뜻은 분명히 백성이 일정한 권력행사의 수단을 쥐고 있어야 한다는 데에 있었다. 자유민권의 주창자들은 「인민과의 계약에 바탕을 둔 헌법」, 더 나아가서는 「人民主權」에 관하여까지 논하였다. 「인민」의 의미는 실상에 부응한 개념으로 그 폭이 넓혀졌다.

1877년 가을부터 愛國社員들은 국회개설 요구에 대한 지지를 광범위하게 구하기 위하여 전국 여러 곳에서 집회를 벌였다. 이 여파로 서민층에서도 참여하는 사람들이 많이 나타났으며 정치를 논하는 지방정치단체들이 전국적으로 속출하고 지방신문들도 그 요구하는 바를 대변하기 시작하였다. 민권운동은 점점 확대되어 마침내 1880년 地方政社의 대표들은 大阪에 모

---

4) 植木枝盛, 《民權自由論》, 明治文化全集 2 (日本評論社, 東京, 1967).

여 國會期成同盟을 결성하기에 이르렀다. 東京에는 本部, 그리고 지방에는 그곳에서의 선전을 맡을 支部를 12 곳에 두어 民選議會와 헌법을 요구하는 청원을 정부에 제출하였다. 國會期成同盟의 구성원들은 55 번 이상의 청원서를 제출하여 일종의 압력단체 구실을 했으며 동시에 수많은 「私擬憲法」(私的인 憲法草案)을 만들어 보기도 하였다. 정부의 반응을 촉구하기 위하여 민권운동에 동조하는 황궁 수비대의 하사관 한 명이 황궁 문전에서 자살하는 일까지 벌어졌다.

물론 「자유민권」 운동의 배경에는 아직도 무관심하거나 이를 잘못 이해하고 있는 일반농민들이 있었지만 운동이 일거에 추진되었다는 사실에서 전통적인 정치로부터의 근본적인 전환이라는 점만은 분명히 드러났다. 明治維新 전에는 豪農이라고 해도 村이나 藩에서 일어나는 일밖에는 거의 관심이 없었다. 그러나 지역을 초월해 전국적으로 「자유민권」운동이 조직화된 것은 백성들의 정치의식의 확대를 말해 주었다. 이는 또한 새로운 국민의식을 일깨워준 것이기도 하였다. 민권운동측에서 생각하는 방법은 정부측과는 결코 동일하지 않았지만 그 목표——강력하고도 단결된 일본이라는 것에는 다름이 없었다. 국회를 설치하여 국민의 뜻이 하나로 모여야만 단결되고 부강한 나라를 이룰 수 있다는 자유민권운동은 정부에서도 강력한 국가를 이루기 위해서는 필요하다고 느끼고 있던 「국민으로서의 자각」이라는 면을 달리 표현한 것이라 하겠다.

3. 立憲政體의 추진

중앙정부에서는 자유민권운동에 대하여 옛날처럼 대처하지는 않았다. 德川시대 같으면 「충성스러운 반대」라는 관념이 없었기 때문에 당국에 복종하지 않는 어떠한 행위도, 담당관에 대하여서만이 아니라 정부 자체에 대한 위협으로 보았다. 반대는 곧 不忠으로 인정되었고 정부 외곽에서 파당을 짓는 것은 공공의 이익보다 사리를 구하는 행위로 생각되었다. 維新 초기의 폭력적인 反政府 소요와는 달리 정부 지도자들은 자유민권운동을 심각하게 받아들였다. 山縣有朋은 1879 년 伊藤博文에게 보낸 편지에서, 「매일 방관만 하고 있지만, 사실 독약은 각 지방으로 더욱더 번져 젊은이들의 마음속으로 파고드니 앞으로 헤아릴 수 없는 폐해를 끼치고야 말 것이다」[5]라고 민권운동의 확대를 우려하였다. 「毒을 제거하기」위한 탄압책을 정부에서는 일찍부터 강구하고 있었다. 1875 년 제정된 「讒謗律」을 비롯한 일련의 규제법령을 이용하여 정부는 신문의 검열 및 정치집회의 해산, 정치선동행위의 단속 등을 어느 정도 정부 뜻대로 할 수 있게 되었다. 경찰의 단속이 너무 심해서 비판적인 신문사 중에는 명목상 책임을 지는 「監獄行 편집자」를 고용한 경우까지 있었다. 이들은 실제로 신문이 정부규정을 어겼을 때 형을 받기 위해 고용된 것이었다. 그러나 지적해야 할 것은 정부의 탄압책이 전통시대 민란에 참가했던 사람들을 사형에 처했던 것에 비하면 훨씬 온건하였다는 사실이다.

많은 정부 지도자들에게 있어서 자연권이나 인민주권의 논의가 충격적으로 들리기는 했으나 그들도 원칙적으로는 헌법제정이나 의회설립에 반대하는 것은 아니었다. 1875 년 大久保利通이 앞장서 政體取調局을 정부내에 설치하였으며 1878 년에는 府縣會規則을 제정하여 지방의회를 구성토록 하였다. 모든 서양 선진국들이 입헌국가인데다 일본이 발전의 상징으로 입헌제도를 수립한다면 불평등조약의 개정에 있어서 외국으로부터 양보를 얻어내는 데 도움이 될 것이라고 생각하였기 때문에 정부 지도자들은 입헌체제에 관심을 기울였다. 또한 서양국가들을 보면 立憲政體가 국내 질서와 모순되지 않는다는 것도 분명하였다. 木戶孝允이 1873 년 유럽에서 돌아오면서 말했듯이 입헌제도는 「나라의 안녕을 굳건한 바탕 위에 올려 놓음으로써」[6] 오히려 국력을 보전하게 될 것이라고들 판단하였던 것이다. 1870 년대말경에는 거의 모든 정부 지도자들에게 있어서 헌법과 국회를 설립한다는 것에는 반대가 없었다. 다만 문제는 언제, 어떤 형태로 세우느냐 하는 것이었다. 이 문제를 둘러싸고 「자유민권」운동에 반대하는 정

---

5) George Akita, *Foundations of Constitutional Government in Modern Japan* 1868~1900 (Harvard University Press, Cambridge, Mass., 1967), p. 25 에서 인용.
6) *Meiji Japan through Contemporary Sources* II, pp. 99~100.

부 지도자들간에는 서로 견해가 달랐다.

민권운동의 힘이 더욱 강해지자 정부로서는 입헌체제 논의에 관하여 어떻든 개입하지 않으면 안되게 되었다. 岩倉具視가 지적했듯이, 초점은 영국식 의회정부와 책임내각제를 따르느냐 그렇지 않으면 독일식의 강력한 군주 및 행정부에다 미약한 의회제도를 택하느냐 하는 것이었다. 이 문제에 대한 의견을 제출하게 되었을 때(1880~1881) 대부분의 정부 지도자들은 獨逸型에 호의적이었다. 독일이 1870년대 유럽대륙의 지도적인 국가로 등장하였을 뿐 아니라 일본과 마찬가지로 작은 領邦들을 모두 묶어 강력한 군주제적 전통을 살리면서 통일국가를 새로이 이루었기 때문이었다. 여기에 예외는 大隈重信였다. 그는 1881년 3월, 英國式 책임내각제도를 취할 것을 제안하면서 나아가 1883년까지 내각이 책임을 져야 할 국회를 개설해야 한다고 주장하였다. 정당이 정부를 통제할 수 있게 되어야 한다는 것이었다. 大隈重信이 정부에 끌어들인 慶應義塾 출신의 젊은이들이 작성한 이 건의서는 그 과격한 내용으로 인해 다른 지도자들을 놀라게 했다. 이는 또한 大久保利通의 사후(1878) 지도권 경쟁에서 大隈重信이 부상하는 것에 대한 불만을 더욱 가중시키기도 하였다. 대부분이 薩摩・長州人이었던 상층 지도자들은 反大隈세력으로 결집하여 마침내 1881년 가을 그를 정부내에서 축출하였다(明治 14년의 政變).

大隈重信의 실각으로, 이전의 정한론 분쟁에서처럼, 권력의 핵심분자들의 범위는 더욱 좁아들었다. 즉 薩摩・長州 출신의 몇 사람들이 강력하게 권력을 장악하였다. 동시에 1881년 政變에서 승리한 지도자들은 1890년까지는 헌법제정과 국회개설을 한다는 것을 天皇의 이름으로 공표하였다. 이로써 민권운동에 대한 일반의 열기는 어느 정도 진정되었다. 그러나 勅令에는 「국가의 평화를 어지럽힐 급격한 변화를 옹호하는 자들은」天皇의 뜻을 어기는 것이라는 경고도 함께 포함되어 있었다. 반대는 받아들이기 어렵다는 것이었다.

그럼에도 불구하고 「자유민권」운동은 꺾이지 않았으며 이제는 초기 단계보다 더욱 수준 높고 조직적으로 추진하려고 애썼다. 1881년 10월 自由

黨이 板垣退助를 영수로 하여 결성되었으며, 1882년 4월에는 大隈重信을 중심으로 그와 함께 관직을 떠난 관리들이 立憲改進黨을 조직하였다. 두 그룹 모두 정당형태를 취하긴 했으나 실제로는 정부에 대하여 이론적인 선전투쟁을 주로 하는 압력단체 역할을 하였다. 改進黨은 지도자들의 이전 방침대로 사려깊게 온건한 영국식 입헌제도를 주장하면서, 그 지지기반을 도시 지식인·언론인·실업가 등으로 뻗어갔다. 반면 自由黨에서는 운동 초기의 과격한 성격 즉 인민주권, 전국적인 입헌의회, 지방분권의 확대를 계속 내세웠다. 1882년 3월 정부에서도 여당의 필요성을 느껴 친정부적 기자들을 중심으로 立憲帝政黨을 만들었다. 帝政黨에서는 주로 신문을 통하여 국가주권의 소재와 성격을 둘러싼 열띤 논쟁을 반대측과 벌였다.

立憲政體에 관한 논의의 주도권이 정부의 손으로 옮겨지면서 改進黨이나 自由黨 모두 그 세력을 펴지 못하게 되었다. 정당의 지도층에서는 여론의 압력에 정부가 전혀 흔들리지 않자 힘의 한계를 인식하였으며 정당의 지지기반도 흩어지기 시작하였다. 호농 출신의 지방 의회원들은 단순히 정부와 싸우는 것보다는 자신들의 이익을 지키기 위한 양보를 얻어내는 데 오히려 영향력을 행사할 수 있다고 인식하여 지방의회 설립초에 유행하였던 신랄한 정부 공격은 정치적인 협상으로 모습을 바꾸어갔다. 정부에 대한 지지의 대가로 그들은 조세감면을 얻어내고, 縣知事에게는 지방사업에 우선 투자하도록 유도하였다. 마침 새로운 정부의 긴축재정 방침으로 농촌의 경제사정은 악화되어, 여러 곳에서 정치적 폭동으로까지 확대되는 불안 요인이 되고 있었고 민권운동을 지원할 만한 재정적인 힘이 지방에서는 줄어들었다. 東京 중심의 유산층·지식층의 지지를 많이 받았던 改進黨은 이러한 조건의 변화에 별로 큰 영향을 받지 않았으나, 내부분열에 시달리던 自由黨은 그 동조자들의 실망과 환멸 속에 1884년 10월 마침내 **解黨**하였다.

길게 볼 때 「자유민권」운동의 중요성은 정부로부터 입헌체제에 대한 동의를 얻어냈다든가 지속적인 힘을 가진 전국조직을 이루었었다는 데에 있다기보다는 정치적으로 정당한 반대운동의 전통을 새로이 수립한 데에 있었다. 민권운동의 지지자들은 권력에서 소외되었으나 투쟁의 기억은 살아 남았다. 많은 민권운동의 투사들은 1890년대 의회개설 이후 직업적인 정당 정치인들이 되어 그곳에서 소수 권력자의 정권에 대한 투쟁을 계속하였다. 민권운동에서 시작된 「有司專制」에 대한 반대주장 때문에 집권자들은 새로운 입헌체제를 이루어가면서도 끊임없이 시달림을 받았던 것이다. 그러나 정치적으로 중요성을 더해 가는 보수적 비판세력에 있어서 「有司專制」에 대한 비판은 두고두고 투쟁하게 될 바탕이 되었다.

4. 보수적 조류

1870년대의 불안정한 정치상황으로, 교육받은 사람들 중에는 정부의 개혁책이 좋은 점도 있지만 동시에 해를 줄지도 모른다고 우려하는 사람도 적지 않았다. 중앙집권화와 强兵策, 産業化 방향에는 찬성하였지만 과격한 新思想이 정부의 권장까지 받아가며 범람하는 데에 그들은 당황하였다. 민권파가 주장하는 자연권·저항권·혁명권 및 인간평등의 이념이 전파되는 것을 그들은 합법적 권위에 대한 존경이 무너지는 현상으로 보았다. 이에 維新 전의 중심가치였던 절제·복종·질서에 대한 향수와 함께 옛 가치와 도덕을 되살려야 한다고 새로운 보수파 지식인들은 주장하기 시작하였다. 시계바늘을 완전히 되돌릴 수는 없다고 그들도 인식하였지만, 전통적 윤리관을 재생하는 것이 富國强兵의 목표를 달성하는 데 중요하다고 본 것이다.

문화적 反西洋主義의 강한 저류 위에서 보수파운동이 떠올랐다. 明治天皇의 侍講이었던 元田永孚(모또다 에이후;1818~1891)는 1878년 「지금은 일본을 歐美人의 복제품으로 만들려고 노력하여」 공립학교에서조차 서양의 영향을 받은 교과서를 사용하고 있다고 비난하였다. 그의 눈에는 새로운 정부의 교육제도가 학생들을 불평불만에 찬 문제거리로나 만드는 부질없는 이론들을 전파하고 있는 것으로 비쳤다. 이를 시정하는 방안으로, 元田은 교육제도에 관하여 天皇에게 올린 긴 상소문에서, 옛부터 내려오는 교훈인 仁義·義務·忠誠·孝行의 바탕 위에서 교육해야 하며 유가이념은 윤리교육의 기초로서 되살려야 한다고 제안하였다.[7] 이와 유사한 견해는 1870년대초 저명한 계몽파 지식인이었던 西村茂樹(니시무라 시게끼;1828~1902)에게서도 나왔다. 물론 그는 유가사상의 형이상학적 불합리성이나 자나친 복고적 경향은 인정하였기 때문에 元田처럼 철저한 유가사상의 옹호자는 아니었으나, 儒敎道德의 선별적 재생은 필요하다고 주장하였다. 특히 忠孝의 미덕 같은 것은 나라를 정신적으로 힘차게 하며 백성들의 애국심을 지탱하는 데도 도움이 될 것으로 기대하였다.

그러나 유가적 도덕교육을 부흥시켜야 한다는 움직임은 1870년대말의 보수적 조류의 일부에 불과하였다. 더욱 중요한 것은 민권론자들이 선전하는 영국·미국식 자유주의적 가치 이외에 서양에는 배워야 할 다른 이념이 있다는 것을 지도적 지식인들이 인식한 것이었다. 岩倉具視 같은 사람이 영국식 의회제도보다 독일식 입헌체제에 호감을 가졌던 것처럼, 정치론자들 중에는 독일 정치사상이 더욱 정부의 自强策에 부합되리라고 생각하는 사람들이 많이 나왔다. 천부인권론을 초기에 주창하였던 加藤弘之(가또오 히로유끼;1836~1916)가 특히 현저한 예로서, 그는 1870년대말에 이르러 서양의 정치·사회이론에서 오히려 부정적 비관적인 것을 찾기 시작하였다. 이러한 또 다른 서양사상의 영향을 받아, 권리란 당연히 얻어지는 것이 아니라 투쟁을 통해 획득하는 것이며 인간의 발전도 자연스러운 역사적 추세라기보다는 힘으로 약자를 제압하는 과정 즉 냉혹한 경쟁의 결과라고 그는 파악하였다. 따라서 일본은 주권국가로서 백성의 권리를 국가 자체의 권리와 같이 중요시할 수는 없으며, 국민은 자유와 평등을 주장하기보다는 「생존을 위한 국제경쟁」에서 나라를 보존하는 데 전력을 가울여야 한다고 단정하였다. 초기의 열렬한 자유주의적 개인관으로부터의 후퇴경향은 福澤諭吉과 같은 지식인들에게도 영향을 미쳤다. 國權論으로 기울기 시작한 福澤은, 물론 아직도 자립정신이 국력을 강화하는 좋은 방

---

7) Donald Shively "Motoda Eifu, Confucian Lecturer to the Meiji Emperor" in David S. Nivison and Arthur F. Wright eds., *Confucianism in Action* (Stanford University Press, Stanford, 1959), p. 327.

법이라고 하는 믿음에는 변함이 없었지만, 이와 함께 일본은 군사적 국제
적으로 힘을 길러야 한다는 것을 첨가하여 그의 주장을 보충하였다. 이는
福澤이 1882년에 쓴 글에 잘 나타나 있다.

> 내 일생의 한 목표는 나라의 힘을 펴는 것이다. 국력을 먼저 고려할 때 정부
> 내의 문제, 또는 누가 이를 담당하는가 하는 문제는 결코 중요한 것이 아니다.
> 아무리 정부가 名實 모두 전제적이라 해도 나라를 강하게 만들 만큼 강력하다
> 고 하면 나는 만족할 것이다. [8]

당시의 많은 지식인들과 마찬가지로 福澤은 서양국가를 문명의 선도자
로 우러러보며 일본도 그 대열에 끼기를 희망하고는 있었지만, 한편 사상
적 정치적 개혁에 대한 그의 열의는 국제경쟁과 일본의 앞날에 대한 불안
이 커짐에 따라 식어간 것이었다.

초기의 계몽주의 지식인들까지 동조한 1870년대말 1880년대초의 새로
운 보수주의는 길게는 자유민권 이념의 전파 못지않게 중요하였다. 민권
운동이 明治시대 관료중심제에 대한 끊임없는 저항의 기반을 이루었다고
한다면, 보수파는 정부의 점진적 국가주의화 정책에 지적 이념적 정당성
을 마련해 주었다. 어느 한쪽도 완전히 압도하지는 못하였다. 다만 서로
가 1880년대의 정치·사회 질서 속으로 적응해 가야 했던 것이다.

---

8) Carmen Blacker, *The Japanese Enlightenment: A Study of the Writings of Fuku-zawa Yukichi* (Cambridge University Press, Cambridge, 1964), p. 134.

제 7 장　安定化 방향

혼란과 불안정 속의 실험적인 1870년대초와는 대조적으로, 1880년대가 시작되면서 보수적인 경향의 증대와 함께 일본은 긴축과 안정의 시기를 맞이하였다. 이러한 상황의 변화는 주로 지도층의 강화에 기인하였다. 明治維新을 통하여 권력을 잡았던 大名・公卿・사무라이 들로 구성된 산만하고 와해되기 쉬운 연합체 대신에, 반대파를 축출하고 난 소수의 단합된 집단이 등장하였던 것이다. 그들은 통치에의 자신과 새로운 일본이 나아가야 할 보다 분명한 구상을 갖고 있었다. 주로 薩摩・長州 출신으로 구성된 이 지도층은 급격한 개혁이나 제도적 변화보다는 이미 성취한 것들을 공고히 하는 데 관심을 기울였다. 예측하지 못했던 정책의 결과에 대한 반성과 함께 그들은 너무 짧은 기간에, 때로는 앞날에 대한 깊은 고려 없이 앞으로만 나가, 일본이 너무 크게 변한 것을 우려하고 있었다. 또한 그들은 폭력적인 인민혁명의 가능성에 불안해 하지는 않았지만 자유민권과 계몽주의 사상이 오랫동안 인심에 미친 영향에 대하여는 유의하였다. 이에 따라 富國强兵 그리고 서양과의 대등화를 위한 발전을 희생시키지 않으면서 장기적인 정치안정을 유지한다는 정부의 목표를 다져가기 시작하였다. 사실상 이 두 가지는 서로 보완적인 것이었기 때문에 분리하는 쪽이 부자연스러울지 모른다. 어떻든 그들은 1880년대말까지 그후 두 세대간 지속될 제도적 법적 구조를 이루어놓았다.

1. 긴축정책과 통화수축

헌법제정과 국회개설에 대한 드센 요구 외에, 1880 년 정부가 직면한 가장 긴급한 문제는 눈앞의 재정위기에 관한 것이었다. 「地租改正」과 「秩祿處分」의 실시에도 불구하고 정부재정은 1870 년대 거의 전기간에 걸쳐 赤字를 거듭해 왔다. 사무라이의 金祿公債에 대한 이자지급은 아직도 정부 세출의 많은 부분을 차지하고 있었으며 1877 년의 薩摩반란 진압도 정치적으로는 커다란 득이었으나 이에 든 비용은 막대하였다. 또한 1877 년에서 1880 년 사이 인플레이션으로 쌀값이 곱절로 뛰어 농촌에는 호경기가 찾아 왔으나 정부의 일정한 조세수입에 의한 구매력은 현저히 감소되었다. 이를 더욱 부채질한 것은 계속된 수입초과로 인한 금은의 해외유출이었다. 인플레이션의 압력은 가중되었고 정부의 재정적 위치는 더욱 흔들렸던 것이다. 1880 년 현재 정부보유 금은으로 보장되는 지폐는 전체의 5 퍼센트 정도에 불과하였으므로 정부의 공신력은 말할 수 없이 떨어져 있었다. 재정위기의 심각함이 뚜렷해지면서 정부에서는 이를 크게 우려하지 않을 수 없었다.

실각당하기 전 大隈重信은 재정위기를 극복하기 위하여 거액의 海外債券을 런던에서 발행할 것을 건의했으나 다른 지도자들은 대부분 외국에서 꾸는 것은 현명하지 못하다는 생각들이었다. 岩倉具視는 외국에서 돈을 꾸느니 차라리 九州와 四國(시고꾸)을 그들에게 팔아버리겠다고까지 하였다.[1] 외국의 도움에 의존하지 않겠다는 굳은 방침 아래서 정부가 취할 수 있는 유일한 선택은 긴축정책을 밀고 나가는 것뿐이었다. 1881 년 大藏卿에 취임한 松方正義가 새로운 재정책의 주역이었다. 당시 서양의 정통적 재정론을 배운 松方正義는 정부의 신용과 재정의 건실화를 이루기 위한 유일한 길은 균형예산과 세입내 지출 그리고 正金으로 보장되는 건전

1) Thomas C. Smith, *Political Change and Industrial Development in Japan: Government Enterprise* 1868~1880 (Stanford University Press, Stanford, 1955), pp. 97~98 에서 인용.

한 화폐제도의 확립뿐이라고 믿었다. 그는 예산의 정리·개혁을 정책의 주
안점으로 삼았다. 먼저 정부의 공장들이 적자운영 상태였기 때문에 官營産
業政策을 버리고 특정한 병기 제조공장이나 조선소를 제외하고는 대부분
의 관영공장을 민간 자본가들에게 싼값으로 넘겨주었다. 또한 새로운 지출
을 가능한 한 억제하고 연초·주류에 新稅를 부과했으며 통화량을 1881년
에서 1885년 사이에 20퍼센트 축소하였다. 나아가 중앙정부의 지출을 줄
이는 한 방법으로 많은 지출항목을 지방관청으로 돌려 지방세를 올려 받
도록 하였다. 이렇게 허리띠를 졸라맨 결과 1881년 이후 5년 사이에 물
가는 급격히 떨어져 쌀값의 경우 50퍼센트가 내렸다. 정부는 수년 전 자
주들이 누렸던 것 같은 큰 이득을 보게 되었던 것이다.

이와 함께 松方은 확대되고 있는 기업활동에 필수적인, 신용 있고 안정
된 환경을 이루기 위하여 건전한 중앙은행제도 수립에 착수하였다. 중앙
은행제도는 이미 1876년에 시작되었으나 신설은행들의 운영이 미숙했을
뿐더러 개별로 은행권을 남발하여 인플레이션을 더욱 악화시키고 말았기
때문에 결국 실패하였었다. 이에 1885년 松方은 중앙의 정부은행으로서 日
本銀行을 설립하여 여기에서 일찌기 官·民銀行들이 서로 발행했던 불환
지폐를 회수할 수 있도록 正金을 바탕으로 한 중앙은행권을 발행하게 하
였다. 가치가 떨어진 이전의 지폐를 많이 흡수함으로써 정부는 기업이나
일반백성들이 믿을 수 있는 건전한 국가화폐를 만들어내었다. 日本銀行은
또한 半官的인 여러 특수은행들로 구성된 금융체계의 중심이었다. 여기에
橫濱正金銀行·勸業銀行·農工銀行 등 특수한 목적으로 설립된 은행들에
는 정부도 공동투자하여 철저한 감독을 하였다. 공업·농업·해외무역 등
에 장기적 투자를 촉진하기 위하여 이러한 금융기관들을 설립하였던 것
이다.

松方재정책의 주된 효과는 근대적 경제분야의 발전에 있어서 민간측이
더욱 앞장서 나갈 수 있는 길을 닦아주었다는 것이다. 인플레이션은 견제
되고 정부의 신용 또한 회복되었으며, 대규모 기업을 지원할 수 있는 새로
운 기구가 마련됨으로 해서 기업가와 상인들은 개인적인 재산 없이도 정

分수 관련된 은행에서 자금지원을 받을 수 있게 되었다. 또한 안정된 화폐제도 채택으로 1885년부터는 이자율이 떨어지기 시작하였다. 이는 투자에 따른 비용을 줄여주었기 때문에 새로운 사업시작을 조장할 수 있었다. 이러한 결과 1880년대 후반에는 기초적인 산업분야에서 착실하게 경기가 일어나고 있었다. 특히 철도와 방직분야에서는 상당한 이윤을 보는 민간 회사들이 나타나 투자를 크게 자극하였다. 私設鐵道의 길이는 1883년에서 1890년 사이 63마일에서 898마일로 연장되었으며 방직공장의 紡錘數 또한 1886년에서 1890년 사이 곱절로 늘었다.

이른바 「松方디플레이션」은 기업가와 투자가들에게는 유리했던 반면 많은 농민들에게는 불만스러운 것이었다. 우선 쌀값의 하락으로 농가수입이 크게 줄어들었다. 더구나 1881년에서 1884년에 걸친 홍수와 가뭄으로 흉작이 계속되어 농민들은 곤경에 빠졌다. 대지주들은 그래도 소작료 수입이 있는 데다가 꾸어준 돈을 되찾고 사정없이 저당물을 처분하기도 해서 역경을 넘어설 수도 있었으나, 많은 농민들은 빚을 갚지 못하고 저당물이 처분됨으로써 소작인으로 전락하였다. 이 결과 1883년에서 1891년 사이에 自作農家數는 39퍼센트에서 33퍼센트로 줄었으며, 府縣會 선거의 투표권을 행사할 수 있을 만한 세금을 계속 납부하는 지주의 수는 이전에 비해 3분의 1이나 감소하였다. 농촌의 어려움, 특히 빈농들에게 있어서 그것은 경제안정을 위해 지불한 희생이었다.

농촌의 어려움으로 다시 농촌에는 동요가 일어나기 시작하였다. 다른 지역에 비해 경제적으로 불리했던 北部 내지 西北部에서 주로 발생한 농민들의 폭동은 예전보다 훨씬 조직화되었다. 특히 1882년의 福島(후꾸시마), 1884년의 加波山(가바산)·秩父(찌찌부)·飯田(이이다)에서 큰 농민폭동이 일어났다. 이중에는 중앙정부에 불만을 품거나 민권사상의 영향을 받은 豪農들이 앞장선 경우가 많았으나, 폭넓은 지지는 역시 부채와 소작에 시달린 빈곤한 농민들에게서 나왔다. 한 예로 秩父사건에 가담한 농민들은 負債償還條件의 완화와 소비세의 경감, 3년간 학교폐쇄, 징병령의 개정, 村負擔의 감축 등등을 요구하였다. 이는 직접적이든 간접적이든간에 모두 농민들의 궁핍한 경제사정을 반영한 것이었다. 지방에서의 「激化事件」은 軍警의 힘으로 어렵지 않게 진압되긴 했지만 농촌에서의 꺼지지 않는 반정부적 불만은 분명히 노출되었다.

2. 관료국가

松方正義가 재정을 바로잡는 동안 정부의 다른 지도자들은 새로운 정치구조를 만드는 데 진력하였다. 누구보다도 적극적이며 때로는 공격적이기도 하였던 두 인물, 山縣有朋과 伊藤博文은 사실상 일을 서로 나누어서 추진하였다. 山縣이 大山巖(오오야마 이와오;1842~1916)과 桂太郎(가쓰라 다로오;1847~1913)의 도움을 받아가며 軍 통수체계를 확립하고 지방행정체제를 발전시킨 반면 伊藤은 井上馨(이노우에 가오루;1835~1915)과 함께 중앙행정조직의 수립과 헌법초안 작성에 몰두하였다. 그들이 항상 명심한 것은 신중하게 절제하며 점진적 방법을 취한다는 것이었다. 유가적 교육배경 때문에 그들은 좋은 정부란 소수의 우수한 사람들 즉 天皇에게 충성하며 私利나 개인적 야심보다는 公益에 헌신할 각오를 품은 「賢能者」들이 통치하는 정부로 생각하는 경향이 있었다. 또한 정치적 경험을 통하여 그들은 반대자들이란 무책임한 극단주의자이거나 야심적인 기회주의자들이라고 보게 되었으며 대중은 아직 정치적 책임을 질 만한 태세가 되어 있지 않다고 믿었다. 따라서 최상의 목표는 백성들의 간섭이나 통제를 받지 않고 유능한 인물들에 의해 통치되는 강력한 집권적 관료국가의 수립이었던 것이다.

국가구조에 대한 정부 지도자들의 기본적인 구상은 天皇制를 중심으로 한 일종의 君主制였다. 이미 헌법은 天皇으로부터 받는 것으로 되어 있었으며 새로운 국가기관도 거의 勅令에 의해 설치되도록 방침을 정하였다. 한편 天皇家 자체가 강화될 필요가 있었다. 1870년대 전국에 걸친 몇 차례의 순행에도 불구하고 사실 天皇은 대부분의 사람들과는 거리가 먼 잘 알려지지 않은 존재였다. 당시 일본에 있던 한 외국인은 백성들이 天皇의

생일에도 경찰에 이끌려서야 국기를 흔드는 것을 보고 걱정했던 적조차 있
었다. 또한 경제적으로 황실은 그 비용을 거의 정부에 의존해야 할 정도
로 독자 재산이 부족하였기 때문에, 天皇이 위엄을 지키고 외부로부터 재
정적 독립을 확보할 수 있도록 정부에서는 官有地 특히 몰수한 德川幕府
소유의 산림을 황실로 돌렸다. 이에 덧붙여 막대한 양의 현금・會社株・
정부투자은행의 株 및 채권도 天皇家에 바쳤다. 1889년의 황실재산은 36
만 5천 町의 토지와 정부 1년 예산의 10분의 1에 상당하는 860만 엔
의 株券을 포함하게 되었다. 이 막대한 재산의 관리는 1885년 행정관청
으로부터 독립된, 天皇이 임명한 관리들로 운영되는 宮內廳이 맡았다. 황
실 수입은 상당액이 자선단체에 기부되었으나 한편으로는 정부에서 인심
을 얻기 위한 기금으로, 때로는 정치적 행정적 목적을 위해서도 사용되
었다.

　황실은 재정적 행정적으로 완비된 하나의 성을 이루어 외부의 정치적 변
동에 영향받지 않게는 되었으나 살아 있는 城壁, 즉 「皇室의 藩屏」으로서
의 새로운 귀족제를 만들어야 한다고 정부 지도자들은 또한 생각하였다. 이
에 1884년 7월 새로운 세습귀족제인 「華族令」을 공포하여 옛 公卿과 德
川을 비롯한 大名家의 상속자들에게 爵位를 수여하였다. 주목할 것은 새
로운 귀족제에서는 가문보다도 明治維新 이후의 국가에 대한 공헌을 인정
하여 「文武의 功臣」들을 이에 포함시킨 것이었다. 여기에는 하급 사무라
이 출신이 대부분인 정부 지도자들 자신은 물론, 板垣退助・後藤象二郎・
大隈重信 등 나중에는 반대입장으로 돌았지만 維新 초기에 공을 세운 인
물들까지 해당시켰다. 나라를 위하여 많은 일을 하였으므로 자신들도 이
에 대우를 받아야 할 것이라고 느꼈던 것이다.

　그러나 실제적으로 황실이나 귀족제 모두 직접 國事를 집행하는 것과는
별개였기 때문에 결정적인 의미를 갖는 것은 아니었다. 정책을 결정하고
법을 집행하는 일은 직업관료들이 수행하는 것이었다.

　국가구조의 행정체계는 1885년에 창설된 內閣制度를 중심으로 하였다.
1869년 이래 복고적인 太政官이 최고의 집행기관 역할을 해왔으나 비능

률적이었기 때문에 이를 대신해 내각이 정책결정의 중심기관이 되었다. 내각은 9명의 大臣(外務·內務·大藏·陸軍·海軍·司法·文部·農商務·遞信)과 이들을 임명 감독하는 권한을 가진 總理大臣으로 구성되었다(1886년 大臣任免權은 天皇의 권한으로 되었다). 總理는 天皇이 임명하고 따라서 天皇에게만 법적인 책임을 지는 것이었다. 첫 總理는 伊藤博文이었으며 다른 大臣職도 모두 이제까지의 핵심적인 정부 지도자들에게 돌아간 것을 보면 내각이 차지하는 비중의 중요성을 알 수 있다. 이렇게 내각을 통한 특정인물들의 권력독점 현상은 1890년대까지 계속되었다.

내각의 정책을 집행하는 행정관료들의 체제는 1880년대에 만들어졌다. 明治 초기의 흥분된 분위기에서는 일정한 기준없이 상급자의 뜻대로 하급관리들을 뽑은 경우가 많았다. 同鄕人이나 개인적 추종자 또는 새로운 지식을 가진 촉망받는 젊은이들을 필요에 따라 관리로 채용하였지만 이렇게 뽑힌 관리들 중에는 직책에 맞지 않거나 무능한 사람들이 많았고 그중에는 기회나 엿보는 자들도 적지 않았다.

1870년대초 정부에서는 새롭게 일어나는 나라를 위해 일할 전문가들을 양성하기 위하여 그 훈련기관을 설치하려고 하였다. 많은 경우 특정한 정부부처의 부설기관 형식이었으나 1880년대 후반에는 여러 가지 실험 끝에 임용시험을 통해 합리적으로 관리를 뽑는 방법을 택하기로 하였다. 1887년 「文官試驗規則」과 「官吏服務紀律」을 정하여, 중요한 직책을 맡는 상급관리와 일상 업무나 세부사항을 처리하는 하급관리로 관료체계를 구분하였다. 상급관리는 곧 관료 엘리트로서 그들에게는 가장 우수하여 발탁된 것이라는 것을 보장하기 위하여 초기의 외국인 고문들에게처럼 높은 봉급을 주었다. 한편 東京帝國大學을 1886년에 설립하여 특히 法學部를 신진관료를 배출하는 중심적인 곳으로 삼기도 하였다. 제국대학 졸업생에게는 더우기 임용시험 면제의 특전을 주었기 때문에 많은 수가 관계에 들어가 1890년대 후반에는 중간 관리층에서 압도적인 비율을 차지하였다. 그러나 주목할 것은 직업관료의 역할은 기술직 또는 전문직으로 기대되고 있었다는 것이다. 局長級 이상의 고위직을 제외하고는 정치적 임명을 못하게 한 것은 관료체제를 정치적 압력에 물들지 않도록 확실히 하려는 것이었다.

내각 중심의 행정관료체계에 평행하는 것으로, 상당한 독자성을 가진 軍의 통수체계가 있었다. 薩摩반란 이후 군부 지도자 특히 山縣有朋은 행정으로부터 작전조직을 분리시키려고 하여 1878년 독일의 모델을 따라서 군 작전과 기획을 책임지는 參謀本部를 설치하게 하였다. 이 원칙은 1889년의 「參謀本部條例」에서도 다시 확인되었다. 육군과 해군의 참모총장(해군은 1893년부터 軍令部長으로 개칭)은 總理大臣과 마찬가지로 天皇이 직접 임명하고 天皇에게만 책임을 지는 위치였으므로 行政部門의 長인 總理가 직접 天皇에게 上奏할 수 있는 권한을 이들도 갖고 있었다. 군의 조직은 내각의 통제를 받지 않았으며 參謀總長은 天皇 외의 누구의 견제도 받지 않고 부대를 전투에 투입시킬 수 있는 권한을 갖게 된 것이었다. 육군대신은 육군의 지휘자가 아니라 단지 내각에서 육군을 대표하는 직위였다.

군사와 행정을 분리한 근본 의도는 국방·전략에 관한 결정을 정치영역의 밖에 두어 직업군인들의 손에 맡기도록 한다는 것이었다. 행정관료와 마찬가지로 군의 장교는 본질적으로 비정치적인 기술직으로 인정되었다. 군부 지도자들은 특히 반정부적 세력에 의해 군이 넘어가지 않도록 해야 한다는 것에 관심을 기울였다. 1878년 근위병 가운데, 薩摩반란 이후 봉급이 줄고 功賞이 늦어지자 불만을 품고 난을 일으켜 지도자들을 암살하려던 사건(竹橋〔다께하시〕騷動)이 터지자 군부 지도자들은 큰 충격을 받았다. 이로부터 여러 차례 병사들에 대한 訓諭가 발표되었으며 마침내 1882년에는 天皇이 「軍人勅諭」를 내렸다. 여기에서 군인은 「세론에 미혹되지 말고 정치에 구애받지 말 것이며 오직 그 본분인 충절을 지키는 데에만 전력할 것」이 강조되었다. 그러나 실제로 정치·행정으로부터 군을 분리한다는 것은 말은 쉬워도 그대로 시행되기는 어려웠다. 특히 대외정책이나 예산결정 등에는 군의 이해가 밀접히 관련되어 있었다. 따라서 군부는 필요한 때에는 정치에 개입하면서도 언제나 외부의 압력을 막을 수 있는 天皇에의 직접 上奏權이라는 법적 명분을 이용하였다. 이는 나중에 군에서 뜻한 행동을 마음대로 취할 수 있는 기초가 되기도 하였다. 핵심적인 집권자들이 군사·행정 양면을 통제하면서 단결을 유지하고 있는 동안 분쟁은 표면에 드러나지 않고 그들끼리 해결할 수 있었으나, 군의 독립이란 것 자체가 결과적으로는 군부의 강한 정치적 영향력을 보장하게 되었다.

1880년대는 국가구조의 합리화 및 관료제의 형성시기였을 뿐 아니라 지방에 대한 중앙정부의 힘이 더욱 강화된 시기이기도 하였다. 明治維新 이후 약 15년 동안 중앙에서 관리를 파견하기는 했어도 상당한 정도의 자치를 지방에서는 누렸다. 地方民會에서는 실정에 따라 지역세를 올리기도 하였고, 선거권을 극히 제한하기는 했지만 邑·村(町村)의 長들도 투표로 뽑았다. 德川時代의 村처럼 독립적이지는 못했지만 1870년대의 지역사회는 아직도 그들대로의 발언권을 갖고 있었다. 그러나 1884년부터 행정의 편의와 중앙화라는 이유로 지방자치체제는 점점 사라져갔다. 町·村長은 임명제로 되었으며 이들이 民會까지도 책임졌다. 중앙정부는 지방세입의 지출에도 더욱 큰 힘을 행사하였다.

町·村은 府縣知事를 거쳐 內務大臣에 이르는 행정단계의 최하위로 바뀌었다. 지방자치라는 德川 이래의 전통은 사라지고 사람들은 중앙정부에서 주는 혜택이나 영향력 때문에 東京만을 올려다보게 되었다. 한편 옛 地緣에 따른 조직을 전면적으로 새로운 지방행정단위로 개편하였다. 전통적 지방사회는 더 이상 정치적 단위가 될 수 없다는 것이었다. 위에서 만들어진 지방행정구조 밑에 농촌인구는 직접 놓이게 되었으며 아주 적극적인 호농을 제외하고는 농민들의 정치참여 기회는 막혔다.

3. 明治憲法

1880년대 말에 이르면 이미 약속한 국회개설을 제외하고는 立憲體制의 골격이 모두 갖추어졌다. 이는 단순히 일이 그렇게 되어간 것이라고 볼 수만은 없다. 왜냐하면 정부 지도자들은 입헌정치라는 불안한 단계로 넘어가기 전 강력한 관료국가 체제의 수립을 확실히 하여 두려고 원했었기 때문이다. 미국과 달리 일본 헌법은 새로운 조직을 만들어내지는 않고 단지 이미 설치된 것들을 제 자리에 확립시킨 것이었다.

1887년 여름부터 헌법의 기초작업은 井上馨와 金子堅太郞(가네꼬 겐따로 오;1853~1942) 伊東巳代治(이또오 미요지;1857~1934)의 도움을 받아가며 伊藤博文이 직접 지휘 추진했다. 헌법은 天皇으로부터 臣民에게 내리는 형식이었기 때문에 그 草案을 制憲議會를 열어 제출할 필요는 없었다. 그러나 정부 지도자들의 지지를 확실히 하기 위하여 초안을 樞密院(英國을 모델로 1888년 설치)의 심의에 올렸다. 伊藤博文을 의장으로 한 12명의 樞密院議官들은 거의 다 薩摩·長州 출신들이었다. 밖으로 미리 알려지는 것을 막기 위하여 회의가 끝날 때마다 초본을 되돌려놓도록 할 만큼 비밀리에 심의하였기 때문에 헌법내용은 1889년 2월 11일 공포될 때까지 일반에게는 알려지지 않았다.

정부 지도자들의 원래 의도대로 헌법에서는 모든 권한이 天皇에게 집중되었다. 헌법 前文은 명백하게 국가의 주권은 先代天皇으로부터 오늘에까지 이어온 것이며 또한 앞으로의 계승자에게 전해지는 것이라고 밝혀놓았다. 天皇 권한 중에는 고위관리 임명권·입법권·의회해산권·官制改正權·선전포고 및 講和權·조약체결권·승진 및 叙勳權 등이 포함되었다. 그러나 天皇은 개인적으로는 이 모든 권한을 행사하지 않는다는 것을 정부 지도자들은 전례를 보아서도 잘 알고 있었다. 德川幕府를 독재정권이라 하여 무너뜨린 그들이었기 때문에 새로운 1인 독재정권을 만들려고 애쓰지는 않았다. 물론 헌법은 의견상으로도 민주적이거나 자유체제를 보장하는 것은 아니었지만, 伊藤博文 같은 지도자들은 법에 의해 제한받는 정부의 타당성은 인식하고 있었다. 이는 1888년 伊藤이 설명한 다음과 같은 표현에서 알 수 있다.

　　입헌정부 수립의 배경에 있는 정신은 첫째 군주권에 제약을 두자는 것이요, 다음으로 臣民의 권리를 보장한다는 것이다 …… 어느 나라에서고 臣民의 권한을 보호하지 않고 군주권을 제한하지 않을 때, 臣民의 무제한한 의무만큼 군주권이 무제한하여지는 독재정부가 나타난다.[2]

---

2) *Meiji Japan through Contemporary Sources* II, pp. 121~123.

天皇은 국가의 초석이지만 동시에 헌법에 의해 그 위치가 규정된 것이었다.

天皇權이 헌법에 명문화되어 범위가 정해진 것과 마찬가지로 1880년대에 설치된 여러 국가기관들도 서로 견제와 균형이라는 틀 속에 짜여졌다. 天皇은 대신을 마음대로 임면할 수 있으나 동시에 대신의 副署가 있어야 칙령은 발효되었으며, 총리대신은 그의 각료에 대한 임면권은 없어도 지휘감독 및 직무정지를 명할 수 있었고, 내각 또한 막대한 행정권을 갖고 있어도 항상 그 권력을 樞密院・宮內廳・參謀本部 등과 상의하여 행사해야만 했다. 하나의 절대권력체제와는 다른 정치적 대립과 경쟁의 가능성이 헌법구조 속에 마련되었던 것이다. 영속적인 天皇의 위치란 것을 제외하면 일본의 정치적 장래가 폐쇄 고정되지는 않았다.

새롭게 헌법에 따라 설치된 중요한 기관은 물론 국회 즉 帝國議會였다. 국가기관으로서는 마지막으로 설치된 帝國議會를 정부 지도자들 중에는 지엽적인 것으로 보는 사람들이 있었다. 森有禮(모리 아리노리;1847~1889) 같은 사람은 의회를 법안의 심의만 맡지 제정은 못하는, 다시 말하면 내각을 위한 선전도구 정도의 역할만 하기를 기대하였다. 그러나 伊藤博文은 피지배자들에 의한 합의, 특히 예산문제에 관한 것은 입헌정체의 기본요건이라고 생각하여 그대로 밀고나갔다. 결국 헌법규정에 따라 의회는 예산안의 심의 및 동의권뿐 아니라 법률 제정권・휴회 중 공포된 칙령에 대한 인준 또는 부결권, 天皇에의 청원 및 상주권을 갖게 되었다. 정부 밖의 반대세력에 대한 정부 지도자들의 전반적인 불신태도를 감안할 때 이는 상당한 양보였다고 하겠다.

과격하고 일방적이 아닌 의회를 확립하기 위해 모든 노력을 기울인 것 또한 주목할 사실이다. 우선 일반선거에 의해 선출된 사람들로 구성된 衆議院의 성급한 행동을 견제하기 위해 새로이 임명된 세습귀족들이 지배하는 貴族院을 설치하여 兩院體制를 갖추었으며, 예산 및 입법사항에는 귀족원의 찬성을 필요로 하게 하였다. 의회의 회기는 정부의 사무를 마비시키기에는 도저히 부족한 연중 석달로 제한하였으며 衆議院은 天皇의 命으로

정회 또는 해산시킬 수 있었다. 또한 건전하고 존경할 만한 인물들만이 당
선될 수 있도록 선거권은 直接國稅 15엔 이상의 납부자로 한정하였다. 여
기에는 약 40만 명——1890년 인구로는 약 1퍼센트밖에 해당되지 않았으
며 피선거권에는 더욱 심한 제약이 있었다. 더군다나 공개투표제도를 채용
함으로써 과격•극단분자를 처음부터 제외시키려 한 의도가 분명히 드러났다.

제한된 헌법이기는 했지만 이에 대한 일반의 반응은 매우 호의적이었다.
물론 비판적 입장의 大隈重信 또는 板垣退助를 비롯한 민권운동가들에게
는 불만족스러운 것이 많았지만 그들 역시 다른 사람들과 마찬가지로 일
본이 동양에서는 처음 입헌국가가 되었다는 것을 자랑스럽게 생각하였다.
헌법은 서양국가들과 정치적으로 동등한 수준에 오르려는 오랜 노력의 大
尾를 장식하였다. 더우기 아직도 시험이 필요한 단계였다고는 해도, 입헌
체제를 갖추었다는 것은 明治 초기 20년간을 통치해 온「寡頭支配體制」
의 수준을 넘어섰다는 것을 나타냈다. 이전의 지도자들이 여전히 정치적
으로 우월한 위치에 남아 있었으나 이 집단의 배타적인 벽에는 금이 가고
있었다.

4. 교육과 思想敎化

길게 볼 때 1880년대에 채택한 교육정책의 효과는 입헌체제의 수립에
따른 영향만큼이나 중요하였다. 절제와 보수라는 지도자들의 기본적 사고
방향은 교육정책이나 헌법에 모두 반영되었다.「자유민권」운동의 발흥으
로 자유주의 이념과 과격한 이론들이 퍼지자 정부에서는 1870년대초에 채
택한 교육의 목표를 재고하게 되었으며 새로운 일본을 위하여는 자주자립
적 시민의 양성보다 엣날의 사회적 훈련과 질서를 복구하는 것이 더 중
요하리라고 인식하게 되었다. 교육을 통해 사람은 자유로와질 수 있다
는 자유주의적 개념은 보다 전통적 개념인 교육을 통해 사람은 길들여진
다는 논리 앞에 힘을 잃었다. 우선 文部省에서는 학교에 미친 과격한 영
향을 제거하기 위해, 1881년 교원들에게 정치•종교에 관한 극단적인 이

야기를 하지 말도록 경고하였다. 또한 학생·교원 모두 정치집회 및 정치 결사에 참가하는 것을 금지시켰다. 이에 따라 1881년 高知縣知事는 민권 운동의 여파를 격정하여 민권운동에 적극적으로 참여했다고 의심되는 선생 들을 모두 해임하기도 하였다. 또한 정부는 교과 내용에 점점 더 간섭하기 시작하였다. 학교에서는 스스로 교과서를 택할 수 없게 되었으며, 정부 에서는 1883년 위험시되는 대부분의 책 즉 자유주의적이고 과격하다고 인정되는 것을 빼고 새로이 정부에서 인정하는 교과서의 목록을 만들어 이에 따르도록 하였다.

정부당국자들은 반대측에서 학교를 이용하여 젊은이들을 과격한 방향으로 이끄는 것에 대하여는 혐오하였으면서도 그들 자신의 정치적 목적인 忠·孝·복종심·애국심의 함양을 위하여 학생들의 교육방향을 돌리는 것에 대하여는 주저하지 않았다. 옛 윤리적 전통이 새로운 국가에의 봉사를 위하여 활용되었던 것이다. 이에 西村茂樹나 元田永孚처럼 儒家理念이 젊은이 들에게는 최선의 윤리적 지표가 되어야 한다고 느꼈던 보수파 학자들이 文部省에 큰 영향력을 행사하게 되었다. 福澤諭吉 등이 비난했던 복종의 관습은 이제 시민윤리로 다시 등장하였다. 1883년에 만든《小學校 修身》교과서에서는 天皇의 앞에서는 모자 벗고 깊이 머리 숙여야 하며 관리를 존경해야 하고 「우리를 보호하고 어려울 때 도와주는」 순경을 깔보지 말아야 한다고 훈계하였다. 1880년대 후반 文部大臣이었던 森有禮의 「교육이 해야 할 일은 학생들을 위한 것이 아니라 나라를 위한 것이어야 한다」는 말에서 당시 새로운 교육의 기본정신을 알아볼 수 있다.

초등교육제도를 일종의 시민종교의 수단으로 하려는 시도는 1890년 공표된 「敎育勅語」에 가장 잘 나타났다. 이는 정부에서 옳다고 규정한 윤리적 정치적 태도를 선언한 것이기는 하나 공표되기까지는 정부내에서도 오랜 갈등을 겪어야 했다.

元田永孚 등은 유교를 국가의 공식적인 신앙으로 만들려고 한 반면 伊藤博文이나 井上馨 등은 도덕이란 개인의 문제이며 軍과 마찬가지로 교육도 정치에 연루되지 말아야 한다는 근거에서 공식적인 敎條를 세우는 것에

반대하였다. 그 결과「교육칙어」는 절충적으로, 忠・孝와 같은 유가적 가치와 함께 헌법의 준수, 국가에 대한 헌신 등의 근대적 이념을 모두 강조하였다. 그러나 결국 文部省에서 교육정책에 있어 전통적 가치를 중시하려 했던 것은 사실이다.

天皇에 대한 충성과 국가에의 봉사를 가르치는 것이 1890년부터는 중심적인 교육의 기능이 되었다. 이에 따라「교육칙어」는 마치 佛經처럼 학교행사 때에는 엄숙하게 낭송해야 하는 것이었다. 어려운 古語體의「교육칙어」를 이해하는 소학교 어린이들은 거의 없었겠지만 그들은 머리 숙이고 듣는 동안 그것이 중대한 것을 말하고 있다고는 느꼈을 것이다. 이와 비슷하게 天皇의 사진을 학교마다 걸어놓고 경의를 표하도록 하였다. 불이 났을 때 天皇의 사진을 건져내지 못한 교장이 자기의 불찰에 대한 속죄로 자살한 경우까지 있었다. 1890년대 말에 이르면 학교를 다닌 모든 사람들은 天皇을 아직도 두렵고 먼 존엄한 인물로 떠받들고 있었으나 동시에 그들은 이전 세대의 사람들이 天皇의 존재를 거의 인식하지 못했던 것보다는 지배자로서의 天皇을 차츰 알게 되었다.

天皇의 실체에 대한 존숭은 윤리・국어・역사 시간 中에 일본의 國體에 대한 관념을 가르쳐 전파함으로써 더욱 강화되었다. 東京帝大 교수였던 井上哲次郎(이노우에 데쓰지로오;1855~1944)과 穗積八束(호즈미 야쓰까;1860~1912) 같은 학자들은 일본인은「萬世一系」의 황통을 가진 특별한 민족임을 강조하는 도덕・교육책자를 발간하기도 하였다. 일본이라는 나라의 속성은 황실의 「聖祖」가 天皇과 백성들에게 뿌리깊게 德과 가치를 심어준 그「신성한 기원」에서 하나의 이유를 찾을 수 있다는 것이었다. 또 하나의 이유로는, 天皇과 臣民이 한 가족처럼 자연스럽게 자발적으로 뭉쳐왔다는 것을 들기도 하였다. 실제로 天皇은 백성의 아버지로 백성은 그의 자식으로 설명되었다. 따라서 가족윤리인 孝는 天皇, 국가, 또는 상급자에 대한 충성의 기본형이었으며 자연히 정치적인 忠의 개념은 孝로써 보강되었다. 일본 사회 전체는 위로는 아버지격인 天皇에서 시작하여 밑으로는 각 가정에까지 이르는 하나의 거대한 가족단위로 이해되었다. 개개인이 모든 윗

사람에 대하여는 「의무」를 지고 있다는 일본적인 관념으로 엮어진 가족체로 묘사되었던 것이다. 여기에서 나아가, 모든 사람의 이익을 위해서 자기 자신을 희생할 수 있는 태도를 강조하기도 하였다. 楠木正成 같은 忠臣의 역사적 예를 소학교 역사 교과서에 많이 넣어 구체적으로 백성들이 따를 수 있는 모델을 제시하였다.

이러한 교육방침은 두 가지 효과를 가져왔다. 하나는 일반대중에게 전통적인 엘리트 윤리에 바탕을 둔 행동규범을 제시함으로써 사무라이 계층의 가치를 일반백성들에게도 해당되는 국민윤리로 전환 확대한 것이었다. 다른 하나는 가치규범을 天皇・國體에 연결시킴으로써 이를 다른 국가들과는 공유할 수 없는 일본만의 가치로 한 것이었다. 忠・孝란 것은 德川 시대에 많은 사람들이 생각했던 것처럼 누구나가 행하여야 하는 윤리적 가치가 아니라 일본인들만의 독특한 가치로 인식되었으며 가족국가관념은 정부에 대한 충성뿐 아니라 국민적 일체감을 강화할 수도 있었다. 더우기 이는 일본문화에 깊이 뿌리박은 사회적 가치나 태도인 것처럼 드러내었기 때문에 밖에서 들어온 신앙 즉 기독교나 자유주의 이념 같은 것보다는 확실히 선전하기에 유리하였다. 그러나 한편으로는 정부의 가치기준은 전통적 가치를 선택적으로 이용한 것이어 . 협동심이라든가 윗사람이 져야 할 윤리적 책임, 그리고 업적에 대한 평가 등 역시 전통적 도덕이라고 할 만한 것들은 그만큼 강조되지 않았다.

이러한 교육방침에 따른 가치기준은 1880년대의 다른 제도개혁과 반드시 합치하지는 않았다. 일반대중의 지지를 업고 고도로 중앙집권화된 관료국가를 유지하는 데는 잘 어울렸으나 막 싹터오르는 자본주의 경제체제나 선거・의회를 통한 대중의 정치참여라는 면에는 그렇게 적합하지 않았다. 정부 지도자들이 앞으로의 장기적인 안정을 항상 목적으로 하였음에도 불구하고 가치기준을 적용하는 데 있어서의 모순은 새로운 사회적 긴장, 궁극적으로는 사회구조를 분열시킬 수 있는 요인이 되었다. 1880년 대의 보수정책은 1870년대의 과격한 개혁정책의 예에서 보았듯이 예측하지 못한 많은 결과를 낳았다.

제 8 장   帝國主義의 등장

　明治 초기에 있어서 신정부는 외국으로부터의 압력은 별로 받지 않았다. 「砲艦外交」의 위협도 1865년 兵庫(효오고오;現 神戶)의 개항과 통상조약의 勅許를 요구하는 서양 여러 나라의 연합함대가 大阪에 와서 시위하였던 것을 마지막으로 더 이상 없었다. 1868년까지는 열강들이 원하던 것을 모두 얻었기 때문에 일본은 그들의 눈에 별 문제가 되지 않았다. 明治유신 뒤에 발생한 외교적 문제들——외국인 거류권이라든가 무역에 사용할 화폐, 기독교의 지위에 관한 것 등은 협상을 통해 쉽게 해결될 수 있는 것들이었다. 어느 면에서 德川幕府가 국내 攘夷論者뿐 아니라 외국인의 반감까지도 함께 샀으므로 새로운 天皇의 정부는 攘夷論者들로부터 외국에 대해 무력하다는 낙인을 피할 수 있었으며 서양국가들로부터도 그들의 요구를 달성하는 데 방해가 된다는 비난은 우선 면할 수 있었다. 외교문제에 휩쓸리게 되었어도 큰 실패를 하지 않았음으로 해서 明治 초기 동안 정부는 쓰러지지 않고 남을 수 있었을 것이다. 대외전쟁이나 외국의 간섭이 신정부의 존재를 위협하지 않았던 것이다. 그러나 외국과의 교섭, 특히 불평등조약의 개정은 언제나 새 지도자들의 뇌리를 떠나지 않았다. 국내 개혁의 대부분은 조약개정을 위해 추진된 다른 형태의 외교였다고 볼 수도 있다. 이보다 더욱 주목해야 할 것은 1870년대초에 이미 공격적 팽창정책을 쓰려는 첫 움직임이 나타난 것이다. 쇄국·고

립을 포기하면서 일본은 서서히 쉬지 않고 대외확장의 방향으로 180 도 전환하기 시작하였다.

1. 對外擴張의 움직임

제국주의적 외교로의 전환은 갑작스럽게 일어나지는 않았다. 1870 년대 초의 외교정책은 신중하고 조심스러웠으며, 이러한 방향은 1873 년말 일본에 대해 조선정부가 행한 외교적 멸시를 응징하자는 征韓論이 힘을 잃은 데에서 찾아볼 수 있다. 大久保利通을 중심으로 한 非征韓論者들은 원칙적인 면에서가 아니라 실제적 이유에서 공격적 외교정책에 반대하였다. 성급한 대외모험보다는 국내의 안정을 먼저 해야 한다고 그들은 인식하였다. 따라서 신정부는 부국강병의 과업을 위태롭게 할 수도 있는 대외분쟁을 피하려고 노력하였지만, 일본의 권익을 지키기 위해서는 서양식 외교와 국제법을 이용함과 동시에 무력시위도 할 수 있다는 교묘한 외교방책을 취하였다. 일본의 이익을 무력적으로도 추구하려는 의도와 구미열강에 비하여 상대적으로 약하다는 판단, 그리고 자제의 필요성에 대한 인식이 결합되어 나왔다.

초기의 외교는 대개 일본의 영역범위를 둘러싸고 전개된 것이었다. 북쪽 즉 새롭게 개발하고 있는 北海道 이북의 여러 섬에 대하여는 러시아가 영유권을 주장하고 있었다. 정부에서는 오랜 외교교섭 끝에 1875 년 쿠릴열도를 일본령으로 인정받는 대신 사할린을 러시아領으로 인정하는 영토교환조약을 맺었다. 한편 남쪽에는 구미국가들의 영유권 주장도 없고 해서 외교방침의 다른 면 즉 무력위협의 방법을 취하였다. 1874 년 봄, 전쟁으로 대외팽창을 하자는 자들을 무마할 겸, 정부는 臺灣 원주민들의 琉球 漁民 살해에 대한 징벌을 구실로 西鄉從道를 사령관으로 하는 대만 원정군을 파견하였다. 대만에 대한 영유권을 주장했던 淸나라는 살해당한 어민들에게 보상금 지불을 약속하면서 일본으로부터 대만에 대한 淸의 영유권을 확인받았다. 그러나 琉球에 대한 일본의 영유권은 淸의 묵인으로 사실상 확립되었다.

　영토분쟁의 가능성을 제거하여 국경을 분명히 하겠다는 것은 당연한 것
이었으나, 1875년에는 대외관계에 있어 더욱 과감하게 나아가겠다는 방침
을 신정부는 보였다. 서양의 예를 어느 정도 의식적으로 모방하여 미국이
일본을 개항시켰던 것처럼 이제는 일본이 조선의 문호를 열겠다고 결정하
였다. 전통적으로 조선은 淸에 朝貢使節을 보내 그 종주권을 인정하는 것
이외에는 쇄국적인 「隱者의 왕국」이었다. 일찌기 일본의 探査船이 조선측
에 의해 공격받은 것을 구실로 일본정부는 포함을 파견하여 외교·통상관
계를 맺을 것을 요구하였다. 幕府시대와 마찬가지로 평화를 지키기 위해,
조선 조정에서는 협상에 응하였다. 이 결과 1876년 1월 江華島조약이 체
결되었다. 이 조약에서 일본은 조선이 독립주권국임을 확인하고, 외교사절
의 교환, 무역항구의 개항, 개항지에서의 일본인에 대한 특권 등에 조선
정부의 응낙을 받았다. 일본은 자신이 벗어나려고 애쓰는 불평등조약 체제
를 오히려 조선에 강요한 것이었다.

　明治 초기 東아시아에 있어서의 국제적 환경은 비교적 평온하였다. 그
러나 1880년대초에 이르러 새로운 서양세력의 침투가 이 지역에서 분란
을 야기시키기 시작하였다. 유럽에서의 국경의 확정과 국제적 세력균형의
정립, 공업화의 진전과 동시에 기선·전신에 의한 원거리 교통기술의 발
달 등이 이루어지면서 유럽의 강국들은 전세계에 걸친 해군기지와 식민지
및 이익범위의 획득에 열중하였다. 세계 도처에서 「새로운 제국주의」의 징
조가 분명히 나타났다. 러시아와 영국은 중국 西邊의 중앙아시아를 놓고
다투었고 프랑스는 인도차이나반도로 진출하기 시작하였으며 독일은 중국
및 남태평양에 대하여 관심을 기울이고 있었다. 미국 또한 하와이에 대하
여 강한 의욕을 보였다. 이러한 사태의 진전은 주로 서양 강국들의 경쟁
에서 비롯된 것이긴 하나 많은 일본사람들에게는 東아시아의 평화에 대한
분명하고도 현실적인 위험으로 받아들여졌다.

　그들은 1880년대의 새로운 국제관계의 전환과 일본의 군사적 경제적 발
전에 따른 자신감으로 이제는 1870년대에 추구했던 것보다는 적극적이고

공격적인 외교방침을 취할 필요가 있다고 느끼게 되었다. 강경한 외교정책의 주장자들 중에서도 제일 적극적이었던 사람들은 오히려 정부에 비판적인 세력 안에 있었다. 특히 明治維新 이후 안정되어 가는 추세에 적응하기 어려웠던 사무라이들 가운데 대외팽창의 필요성을 논하는 소리가 높아갔다. 西鄕隆盛의 지지자이기도 했던 이들은 국가의 명예를 지키고 天皇을 드높이는 데 헌신하자는 국수주의 단체 玄洋社(겐요오샤)를 1881년 결성하였다. 한편「자유민권」의 운동가 및 정당들은 외교정책이야말로 정부를 공격하는 데 편리한 도구라는 것을 알았다. 외교문제에 관한 공공연한 논의는 치열한 반정부적 감정으로 고취되기도 하였다. 이들은 구체적으로 정부가 조약개정에 실패한 것, 淸・朝鮮과의 관계에서 더욱 강경하게 밀고 나가지 못한 것 등에 초점을 맞추어 공격하였다. 바로 서양국가들이 새롭게 동양을 침투하고 있는 상황에서 일본 정부가 확고한 태도를 취하지 못한 것이 좋은 공격목표가 되었던 것이다.

팽창주의적 아시아 정책을 지지하는 논의는 그 근거가 다양하여 기회주의적인 입장이 있는가 하면 이상주의적 취지에서 나온 것도 있었다. 한 극단의 예로서, 1884년 중국여행을 마치고 돌아온 민권운동가 杉田定一(스기따 데이이찌;1851〜1929) 같은 사람은 중국은 너무 완매하여 독립을 지키기가 어려울 것이라고 믿었다. 서로 이권을 다투는 서양인들은 중국을 하나의 큰 잔치상으로 만들 가능성이 있으므로 일본 또한「이 잔치에 참석자」가 되어야 한다고 杉田은 주장하였다.[1] 사회진화론의 유행에 힘입은 이러한 견해는 사실 국제정치를 適者生存의 투쟁으로 보는 사람들에게는 공통적인 것이었다. 다른 한편 이상주의적 입장으로는, 일본은 새로운 힘과 더불어 이웃을 개화해야 할 책임을 져야 한다는 주장이 있었다. 그 예로, 일본은 중국과 한국을 서양세력으로부터 보호해야 함과 동시에 새로운 서양문명을 그들에게 전해 주어야 한다고 福澤諭吉은 역설하였다. 이러한 주장에 고무되어「일본의 라파이예트(Marquis de Lafayette;프랑스 정치가로 美 독립전쟁에 종군)」가 되려 한 과격파 大井憲太郎(오오이 겐따로오;1843〜1922)

---

1) 岡義武,《國民的獨立と國家理性》, 近代日本思想史講座 8 (筑摩書房, 東京, 1961).

은 조선의 守舊派 정권을 무너뜨리려는 開化派에게 재정 및 기타 지원을
아끼지 않았다. 또한 소수이기는 하였지만, 일본의 경제적 팽창과 對중국
무역의 확대야말로 東아시아에 있어서의 서양의 경제적 위협에 맞서는 길
이라고 주장한 荒尾精(아라오 세이 ;1859~1896) 등이 있었다.

  정부의 외교정책에 대한 비판자들은 대개 원대한 꿈을 갖고 있었으나 실
현 가능성에 대한 인식은 부족하였다. 그렇다고 해서 정부 당국자들이 비판
의 소리나 그 목표에 전혀 무관심한 것은 아니었다. 그러나 아직도 정부
지도자들의 주된 관심은 아시아에서의 일본의 사명감 같은 것보다는 국가
의 안전에 대한 정확한 판단을 어떻게 하는가에 있었다. 국내의 경제발전
과 제도확립이란 것이 여전히 부강을 위한 노력의 주안점이었다. 그러는
가운데에서도 새로운 전략방향이 정부 지도자들의 생각에 영향을 주기 시
작하였다. 나라의 독립을 지키기 위하여는 강력한 육·해군이 필요한 것
만큼 해외의 해군기지·식민지·이익범위 또한 필요한 것으로 보였다. 육
군 고문관으로 와 있던 독일인 멕켈(Jacob Meckel)소령이 군부 지도자들에
게 일본의 안전은 일본의 심장을 겨누고 있는 칼이라 할 수 있는 한반도
를 다른 나라의 영향으로부터 빼내어 이를 유지하는 데 달려 있다고 충고
하자, 곧 정부와 참모본부에서는 이를 기본방침으로 삼았다. 실제로 참모
본부에서는 1887 년부터 한반도의 독립을 보장하기 위하여 중국과 전쟁을
할 경우에 대비한 작전계획을 마련하기 시작하였다. 한편 해군은 미국의
머핸(A. T. Mahan)제독이 주장한 해군력의 확대, 즉 「大海軍主義」에 많은
영향을 받았다. 강력한 해군과 商船團으로 지탱되는 무역 그리고 일본을
둘러싼 바다를 통제하는 힘, 이 둘은 국가의 안전과 발전에 기본적인 것
이라고 해군 지휘관들은 생각하게 되었다. 정부 지도자들의 새로운 외교
방향은 1890 년 山縣有朋의 발언에서 단적으로 나타났다. 山縣은 국가의
독립과 방위는 일본의 「主權線」에만 그치지 않고 전략적으로 긴요한 주변
지역——「利益線」까지를 지키는 데에 있다고 하였다.[2] 다른 나라가 일본
의 주권선을 침범할 위험은 거의 없으나 이익선 안에 거점을 차지할 위험

---

  2) 德富猪一郎,《公爵山縣有朋傳》3(東京, 1935), p. 5.

은 농후하다고 보았다. 이에 주변지역에 일본의 우월권을 확실히 하려는 의욕은 점차 커갔다.

초기에 있어서의 정부 지도자들의 제국주의적 입장은 일종의 대응적 제국주의 즉 새로운 대외 위기감에 자극되어 이것이 서양식 제국주의로 탈바꿈한 것이었다. 또한 전략적 정치적 고려가 경제적 이익에 대한 것보다 중요하였기 때문에 원료나 새로운 시장 및 해외 투자기회의 확보를 위해 식민제국을 이룬다는 생각은 지엽적인 것이었다. 실제 1890년대초의 일본은 경제적 제국이 되어야 할 필요성은 거의 없었다. 근대공업은 아직도 국내에서 자본과 시장을 찾을 정도의 초기단계였기 때문에 아시아에서 그들의 경제적 이익을 지켜야 한다는 것은 중요하지 않았다. 구미 선진국들의 對아시아 교역량이 압도적이었던 데에 비하면 일본은 일본 전체 교역량의 4분의 1만이 아시아 시장을 상대로 한 데에 불과하였다. 「이익선」이란 기본적으로 경제적인 것이라기보다 전략적인 발상이었다.

2. 조선과 清日전쟁

일본의 해외팽창의 첫번째 초점은 한반도에 집중되었다. 1876년 砲艦의 힘으로 조선을 개항케 하고 나서 일본은 이곳에 강력한 경제적 군사적 거점을 구축하기 시작하였다. 일본 무역상들은 釜山·元山·仁川의 새로운 개항지에 들어가 면직물 등 공업제품을 파는 한편 쌀을 비롯한 양곡들을 일본으로 사보내기도 하였다. 이때 조선의 지배층 일부에서는 신속하게 근대화하고 있는 일본을 조선개화의 모델로 삼으려는 움직임이 나타났으며, 당시의 조선 왕 또한 閔氏 일파의 영향을 많이 받긴 하였으나 일본의 충고나 도움에 관심을 보이기 시작하였다. 이전에 岩倉使節團이 서양에 갔던 것처럼, 1880년 조선의 관원들은 일본 시찰 여행을 하였다. 다음해에는 신식 군사훈련을 맡을 일본군 장교들이 조선 정부의 초청으로 건너왔다. 조선의 개화파들은 일본을 앞날의 침략자로는 생각하지 않고 오직 서양의 침략을 물리치는 데 성공한 나라로만 보았다.

그러나 일본에서 페리의 來航으로 攘夷運動이 격화되었던 것처럼 조선에서도 새로운 사상과 물자를 가진 日本勢가 갑작스럽게 침투하자 이에 보수파의 반대가 일어났다. 새로운 일본을 모델로 볼 수 없다고 한 그들은 오히려 일본이야말로 동양 전통의 배반자라고 생각하였다. 1882년 7월 일본 군사고문관에 반대해 조선군인들이 봉기했을 때 보수파에서는 이를 약세에 빠진 그들의 권력탈환의 기회로 잡았다. 조선 군인들이 閔氏 저택을 습격, 요인들을 살해하고 일본 공사관을 불지르자 閔妃는 대궐을 떠나 파신하지 않을 수 없었으며 이로 인하여 극단적인 배외론자인 大院君은 復權하였으나 사실 가장 큰 득을 본 것은 중국이었다. 한반도에서의 영향력 감퇴에 고심하고 있던 淸나라에서는 조선 조정을 돕는다는 명목으로 5천 명의 군대를 파견하여 그 세력을 재확립하려고 하였다. 淸軍은 閔氏側으로부터 이제까지의 일본식 개혁을 모두 폐지하고 중국의 종주권을 인정하겠다는 약속을 받고 閔氏 일파를 다시 권좌에 앉혔다. 이에 중국인 또는 親淸的 外人顧問들이 정부 각 부처에 자리를 잡게 되었으며 서양과의 교역관계도 日本의 조선내 경제적 지위를 꺾기 위해 강화되었다. 그러나 일본측은 새로운 淸의 주도권에 맞서 조선 조정으로부터 배상금과 사과를 받아내는 것 이상의 무엇을 할 수 있다고 보았다. 곧 1884년 金玉均과 朴泳孝가 중심이 된 親日開化派가 中國勢를 몰아내기 위한 쿠데타를 시도하는데 일본은, 개인적인 선에서이긴 하였지만, 재정지원을 하였고 특히 일본 公使는 그들과 비공식적인 결탁을 하였다. 개화파의 목적은 明治的인 개혁과 근대화를 추진하려는 것이었으나 淸軍의 지원을 받은 반대파의 역습으로 개혁의 꿈은 깨어지고 開化派 지도자 및 일본 공사는 조선을 탈출할 수밖에 없었다.

1882년의 「壬午軍亂」과 1884년의 「甲申政變」으로 일본에서는 한때 전쟁위기가 일었으나 自制方針을 고수한 일본 정부는 외교적 현상유지의 길을 택하였다. 중국 또한 인도차이나를 둘러싸고 프랑스와 전쟁 중 또 다른 전쟁을 하려고는 하지 않았다. 이에 따라 1885년 李鴻章과 伊藤博文은 天津에서 만나 한반도로부터 淸日 모두 군대와 군사 고문관을 철수하고 새로

운 군대파견을 요하는 중대사태가 발생하였을 때에는 서로 먼저 알리고 파
견할 것에 합의하였다. 그러나 親淸派는 계속 조선 조정을 장악하고 있었
기 때문에 중국의 영향력은 더욱 강화되어 갔다. 淸의 장군 袁世凱는 조선
에 그대로 남아 조선을 전통적 주종관계에서 근대적인 보호국 체제 즉 중
국에 의존하여 중국의 이익에 따르는 관계로 바꿔놓으려고 조선 조정에 압
력을 가하였다. 일본의 조선에서의 정치적 영향력이 멀어짐과 동시에 일
본의 무역 또한 감소하게 되었다.

만약 중국 자체의 힘이 강했다고 하면 일본 정부는 조선이 중국 영향권
아래에 놓이는 것에 그렇게 큰 관심을 보이진 않았을 것이다. 그러나 인
도차이나에서도 세력을 잃을 만큼 중국의 힘은 근본적으로 약하였다. 약
하고 후진적인 조선이 같은 입장의 중국 영향권 아래에 있다는 것은 서양
강대국 중의 어느 하나가 조선을 점령할 수 있는 가능성을 나타내었다. 그
증거가 실제로 여러 가지로 나왔다. 우선 1885년 한반도는 아시아에서의
세력경쟁을 벌이는 영국과 러시아간의 대상이 되어 있었다. 당시 二重外
交를 꾀하던 조선왕은 中國勢에 타격을 주기 위하여 러시아에 비밀협약을
제의하였다. 이에 영국은 러시아를 위협하여 손을 떼도록 대한해협 길목
의 巨文島에 군함을 파견하였다. 1887년 러시아로부터 한반도에 영토적
진출을 않겠다는 약속을 받고서야 철수하였다. 그러나 얼지 않는 항구를
한반도에서 차지하려는 러시아의 야망은 그대로 남아 있었으며, 이 위협
에 대한 일본 정부 당국자들의 위기감은 러시아가 沿海州에까지 이르는 시
베리아 횡단철도 건설을 발표하자 더욱 고조되었다.

1890년대초 조선의 독립은 일본에 있어서 시급한 문제로 되었다. 그러
나「독립」이라는 것이 일본에서는 애매하게 이해되고 있었다. 즉 군부에
있어서 이는 조선이 중국의 영향권에서 벗어나 분명히 일본의 정치적 영
향에 들어오는 것이었으며, 在野의 정치가·지도자들에게 있어서는 이는 조
선이 반동적인 중국과 손을 떼고 진보적인 일본의 지도에 따라 무지와 전
제왕권의 사슬로부터 조선인이 벗어나는 것을 뜻하였다. 일본 정부 지도자
들은 한반도에 있어서의 정치적 영향력과 조선의 내정개혁은 불가분의 관

계에 있는 것이라고 보았기 때문에 그들에게 있어서 조선의 독립이란 군부와 在野의 관념을 모두 포함한 것이었다고 하겠다. 한편 당시 조선내에서 자강과 독립을 주장하던 사람들은 아마도 일본이 구원역할을 할 수 있을 것이라고 기대하였던 것 같다.

마침내 淸日간의 조선을 둘러싼 충돌은 두 개의 사건으로 촉발되었다. 하나는 1894년 상해에서 金玉均이 수구파 자객에게 피살된 것이었다. 이 소식이 일본에 전해지자 일본 신문들은 金玉均을 조선의 개화를 위해 죽은 순교자로 떠받들었으며 동시에 淸의 배신과 조선의 무지를 나타낸 것으로 비난하였다. 뒤이어, 중국은 조선에서 반정부적이고 배외적인 東學運動이 폭력화하자 이의 진압을 돕기 위하여 4천 명의 군대를 파견하였다. 이 사실이 알려지자 일본에서의 전쟁열은 더욱 고조되었다. 天津조약의 상대국으로서 일본은 이에 상응하는 군대를 파견하려 하였다. 일본 정부내에서는 파병의 효과를 어디에 두어야 하는가를 놓고 의견이 서로 달랐다. 총리 伊藤博文을 비롯한 대부분의 각료들은 중국의 힘에 맞서 한반도에서의 세력균형을 유지하려는 것으로 파병효과를 노렸으나, 外相 陸奧宗光과 陸軍參謀次長 川上操六(가와까미 소오로꾸;1848~1899) 등은 이 기회에 한반도에서 중국세를 몰아내고 일본의 영향권 아래에 조선을 놓아두려고 생각하였다. 일본 정부에서는 처음 조선을 공동 보호국으로 하자고 淸에 제안하여 긴장을 줄이려고 하였으나, 淸에서는 이미 한반도에 기반을 구축해 놓은 데다가 일본을 「倭國」으로 아직도 그 능력을 평가하지 않고 있었기 때문에 전쟁의 길을 택하였다. 1894년 7월말 일본군은 조선 왕궁을 포위한 가운데 조선왕으로부터 중국군을 격퇴시키라는 명을 받아내어, 8월 1일 마침내 공식적으로 전쟁을 선언하였다.

1894년에서 1895년 사이의 청일전쟁은 부국강병을 위한 일본 정부의 그때까지의 모든 노력을 입증하였다. 사실 중국뿐 아니라 다른 나라들까지도 작은 섬나라 일본은 「中華帝國」의 상대가 되지 않으리라고 믿었으나 그동안 잘 훈련되고 우수한 장비를 갖추고 있던 일본의 육·해군은 마치 그들의 祭物처럼 중국군을 쉽게 물리쳤다. 여섯 달이 못 되어 부패·무능으로 앓고 있던 중국군은 항복하였다. 이를 본 한 일본 기자는 중국은 「잠자는 거인」이 아니라 「잠자는 돼지」였다고 경멸하기조차 하였다. 승리 후 일본이 요구한 강화조건은 가혹하였다. 1895년 4월 조인된 下關조약에서 중국은 조선의 완전한 독립을 확인할 것, (일본이 南進의 보루로 삼을 수 있게) 대만·澎湖列島를 일본에 할양할 것, (海路로 北京에 이를 수 있는) 遼東반도를 할양할 것, 3억 6천 4백만 엔의 배상금을 지불할 것, 서양 국가들이 누리는 治外法權과 最惠國待遇를 日本에도 적용하는 통상조약을 맺을 것 등의 굴욕적인 조건을 받아들였다. 이 조약으로 日本은 당시 기준으로도 제국주의 국가가 될 만한 대열에 끼게 되었다고 볼 수 있다. 또한 이 조약은 전쟁 촉발의 요인으로서 경제보다는 전략적인 면이 우선하였다는 것을 보여주었다.

3. 露日전쟁

淸日전쟁 후의 일본을 새로운 국제적 세력으로 본 미국과 영국은 대체로 호의적인 태도를 취하였으나 다른 유럽 국가들은 아직도 일본을 같은 대열에 포함시키려 하지 않았다. 일본의 승리에 놀란 그들은 오히려 일본이 획득한 것을 자기들에게 유리한 쪽으로 돌리려고 하였다. 러시아는 1895년 5월 프랑스와 독일의 후원 아래 遼東반도의 반환을 일본에 요구하였다. 유럽국가와의 전쟁이냐 불리한 타협이냐의 기로에 선 일본 정부는 평화의 길, 즉 遼東반도를 중국에 반환하기로 결정하였다. 일본인들이 전승의 결과 정당하게 얻은 것이라고 생각하고 자부하던 것이 이 三國干涉으로 심각한 타격을 받았다. 더욱 모욕적이었던 것은 러시아가 1898년 遼東반도의 99년간의 租借權을 얻음으로써 일본으로 하여금 반환케 한 의도를 노골적으로 나타낸 것이었다. 이는 1890년대말 일본에서의 反露감정을 부채질하였다. 육군의 예비작전계획에서는 주된 假想敵이 중국 대신 러시아로 바뀌었으며 내각에서도 앞으로의 전쟁에 대비하여 육·해군확장 비상계획을 마련했다. 臥薪嘗膽의 결의가 넘치고 있던 의회에서도 1896년 육군의 6개 사단 증설과 해군의 전함 4척, 순양함 16척, 구축함 23척의 건조계획을 승인하였다.

일본과 러시아의 대결의 주된 무대는 역시 한반도였다. 淸日전쟁으로 조선은 완전한 독립국임을 확인받았으나 한편으로 한반도에서는 일본의 경쟁자로 중국 대신 러시아가 들어서는 계기가 되었다. 조선에서는 일본 영향하의 지나친 개혁열에 덧붙여 정치적 실수를 범함으로써 새로운 상황으로 접어들었다. 1894년 7월 조선 조정의 정치·사회 전반에 걸친 개혁——신분계급 타파, 노비제도 폐지, 早婚 금지, 法制의 근대화, 노비해방, 連坐制 폐지 등등——의 추진계획에 일본은 영향력을 행사하였다. 甲午改革을 일본에서는 단순한 겉치레로 생각한 것이 아니라 조선 지배층의 불합리한 완고성을 깨야 한다는 그들의 의욕을 표현한 것으로 보았다. 일본의 영향력에 대한 불만과 동시에 그 개혁의 과격함 때문에 조선에서는 또다시 보수파의 반대가 일어났다. 더우기 청일전쟁 후 러시아의 압력에 굴복하는 일본의 약한 모습은 친일적 개혁방침에 반대하는 조선내의 움직임을 촉진하기도 하였다. 그러나 일본은 이에 굽히지 않고 오히려 단순하고 고집 센 군인 三浦梧樓(미우라 고로오;1846~1926)를 조선 공사로 임명하였으며, 부임 후 얼마 안되어 三浦梧樓는 反日派의 중심인물인 閔妃 암살에 앞장서기까지 하였다. 일본의 압력이 가중된 가운데 조선 국왕이 단발령을 비롯한 개혁명령을 내리자, 일본인과 친일파에 대한 항거가 각지에서 발생하였다. 1896년 2월 조선 국왕은 친위부대가 없어 경호에 불안하다 하여 러시아 공사관에 피신, 그곳에 1년간 머물게조차 되었다.

조선 국왕의 러시아 공사관 피신(俄舘播遷)으로 청일전쟁 후 일본이 누렸던 우월권은 사라졌으며 조선에서는 보수세력이 다시 권력을 잡았다. 보수파는 이제 중국이 아니라 러시아와 손을 잡았다. 그러나 러시아는 중국처럼 효과적으로 그 이익을 활용하지 못하였으며 일본의 실패경험과 마찬가지로 적절하게 대응할 능력도 없었다. 마침내 러시아와 일본 두 나라는 정돈상태에 빠진 외교교섭의 돌파구로서 1898년 3월 「니시(西)—로젠(Rosen)협정」을 맺었다. 이 협정에서 두 나라는 서로 합의 없이는 조선을 군사·재정적으로 돕지 않는다는 조건 아래 조선을 공동보호지역으로 설정하였다. 또한 러시아는 일본의 경제적 이익이 조선에서 다른 어느 나라보다 우월하다는 것을 인정하였으나 사실 전략적 「이익선」을 확보하려는 일본 지도자들에게 있어서 경제적 특권이란 별 위안이 되지 못하였다.

러시아와 일본 두 나라 사이의 긴장은 1900년 중국에서 義和團의 난이 일어났을 때 이를 기화로 러시아에서 대병력을 남만주로 파견함으로써 다시 고조되었다. 난이 끝난 뒤에도 러시아군은 그대로 남아 만주를 러시아의 보호지역으로 할 것을 중국에 강요하기 시작하였다. 이러한 러시아의 새로운 영토야심은 일본 정부를 놀라게 하였다. 만약 만주를 러시아가 점령한다면 그 군대는 언제라도 한반도로 들어올 수 있는 위치에 주둔하게 될 것이며 이는 일본으로서는 결코 용납할 수 없는 사실이었기 때문이었다. 예상되는 위기에 대비하여 일본에서는 군비를 꾸준히 강화시켜 오긴 했으나 정책결정의 책임자들은 무력에 호소하는 것에는 아직도 주저하고, 다시 한번 협상을 통해 문제를 해결하려 하였다. 그러나 정부내에서도 의견은 갈라졌다. 伊藤博文과 井上馨은 한반도에서의 우월한 일본의 이익을 인정받는 대신 만주에서의 러시아의 우월권을 인정하는 선에서 러시아와 협상을 하려고 하였다. 「滿韓交換」策은 당시의 제국주의 외교로서는 가장 가능한 방식이었을 것이나, 대다수의 元老 정치가들 및 桂太郎(1901년 총리대신에 취임) 같은 젊은 층에서는 러시아야말로 신뢰할 수 없는 나라로 생각하여 영국 즉 아시아에서의 러시아의 경쟁자와 연합하여 러시아를 압도해야 한다고 주장하였다. 이에 따라 1902년 1월에는 英日동맹을 맺고 두 나라 중 한쪽이 한 나라 이상의 국가와 전쟁을 하게 될 경우 서로 지원할 것을 약속하였다. 그 내용은 구체적으로는 러시아와 일본이 싸울 경우 러시아의 동맹국들이 개입하지 못하도록 경고하는 것이었다. 이러한 외교적 성과를 바탕으로 桂 내각은 「滿韓交換」論을 둘러싼 이견의 조정에 나섰으나 러시아의 입장은 완강하였다. 元老들이 전쟁을 주저하고 있었음에도 불구하고 桂太郎과 小村壽太郎(고무라 쥬따로오;1855~1911) 등 젊은 세대들은 무력사용쪽으로 기울었으며 신문들은 1895년에 당한 수치를 내세워

러시아에 대한 적개심을 격렬하게 부추겼다. 1904년 2월, 협상으로는 더 이상 기대할 수 없다는 것이 확실해지자 일본은 마침내 러시아에 대하여 전쟁을 선언하였다.

육군 수뇌부에서는 1894년 중국을 물리쳤던 일로 해서 어느 정도 자신을 갖고 있긴 하였으나 사실 러시아와의 전쟁은 커다란 모험이었다. 러시아 정부는 광대한 시베리아대륙으로 보호되고 있을 뿐 아니라 유럽방면에는 막대한 육군병력을 보유하고 있었다. 만약 이 대규모 병력이 전투에 투입된다면 일본의 패배는 거의 확실하였다. 반면 일본으로서는 전투지역이 가깝기 때문에 초기에 기습공격을 할 수 있는 이점과 함께 즉시 동원 가능한 병력 수에서는 우선 유리하였다. 일본의 전략은 이 이점을 단기전에서 최대한 발휘하여 초기에 결정적 승리를 거둠으로써 러시아를 협상 테이블로 유도하려는 것이었다. 처음 전쟁은 예상대로 되어 갔으나 地上戰에서는 판가름이 나지 않았다. 특히 乃木希典(노기 마레스께;1849~1912)이 지휘한 旅順 전투에서는 오랫동안 엄청난 희생을 치른 끝에 1905년에야 승리할 수 있었다. 그러나 이후 일본군은 더 이상 러시아軍을 추격할 능력이 없어 만주 중앙부의 방어지역으로 오히려 퇴각하였다.

1905년 봄에는 일본내에서도 전쟁능력의 한계가 알려지기 시작하였다. 동원할 수 있는 인력은 줄어들었고 탄약보급도 부족해졌으며 전비 부담은 이미 뉴요크·런던의 금융시장에서 막대한 빚을 얻어 썼던 정부의 재원을 고갈시키고 있었다. 만주에서의 일본군의 공세는 奉天에서 막히고 모스크바 공격이라고 하는 전혀 불가능한 경우를 낳하지 않고는 山縣有朋이 말했듯이 러시아가 먼저 평화를 제기할 전망도 없었다. 이때(1905년 5월말) 일본으로서는 다행스럽게도, 러시아 지상군을 지원하기 위해 발틱海로부터 아프리카를 돌아 대한해협 근처에 도달한 대규모 러시아 함대를 항해에 지치고 해로에 미숙한 틈을 타 東鄕平八郞(도오고오 헤이하찌로오;1847~1934) 휘하의 연합함대가 격침시켰다. 이에 러시아로서도 군사적 교착상태를 인정하지 않을 수 없어 두 나라는 미국 대통령 루즈벨트(Theodore Roosevelt)가 주선한 평화협상에 응하였다.

1905년 9월에 체결된 포츠머스(Portsmouth)조약에서는 먼저 日本帝國의 지배영역이 결정되었다. 러시아는 遼東반도의 租借權 및 러시아가 건설한 旅順—奉天間 철도 그리고 사할린 남반부를 일본에 넘겨주었다. 일본은 아시아대륙에 튼튼한 거점을 갖게 되었다. 동시에 러시아는 한반도에서의 일본의 정치 군사 경제적 우월권을 인정하였다. 미국은 사실 이보다 두 달 앞서 「태프트(Taft)—가쓰라(桂)협정」에서 이를 인정하였으며 다른 유럽국가들도 이에 따랐다. 청일전쟁 후 서양 강국들이 일본의 영향력이 커지는 것을 막으려고 간섭했던 것과는 달리 그들은 이제 일본의 국제적 위치를 완전히 인정하게 되었다. 러시아에 대한 승리의 외교적 성과로 일본은 그들「겨누고 있는 칼」한반도를 안전하게 손에 넣게 된 것은 **주목**해야 할 사실이다.

4. 대중적 帝國主義

일본이 제국주의 국가 대열에 끼기 위해 치른 비용은 막대하였다. 전쟁을 위한 非常軍事費는 1904년 經常豫算의 7배에 해당하는 19억 엔에 이르렀다. 이를 충당하기 위해 모든 세금이 인상되었으며 일반백성들은 어떤 형태로든지 전비 마련에 쓰인 공채나 외국차관의 이자를 갚아야 했다. 인명피해 또한 심하였다. 전쟁에 나간 1백 8만 명 가운데 그 3분의 1이 넘는 37만 명이 戰死傷을 당하였다. 그러나 이러한 어려움에도 불구하고 전쟁에 대한 대중적 열기는 끓어올랐다. 농촌에서는 전쟁에 나간 이웃을 돕는 운동이 일어났으며 주부들은 乃木希典 장군이 旅順을 공격하기 위해 자리잡았던 203미터 고지를 본딴 머리모양을 하고 그 승리를 축하할 정도였다. 의회에서도 전쟁수행에 필요한 지출항목은 열렬하게 통과시켜 주었다. 단지 극소수의 사회주의자들만이 반전운동을 시도하였으나 지도자들보다도 오히려 앞선 대중들의 제국주의 열기 속에 눈에 거의 띄지도 않았다.

일반백성들에게 있어서의 제국주의 열기는 청일전쟁 이래 고조되고 있었다. 이 감정은 중국에 대한 승리의 자부심과 러시아에 대한 복수심 그리고 무엇보다도 서양국가들에 필적할 만한 위치를 차지했다는 성취감 등으로 끊임없이 증대되었다. 1895년의 승리로 일본은 문명국의 대열에 끼게 되었다는 느낌을 강하게 받았다. 大隈重信의 말처럼, 일본은 이제 국내문제에만 몰두한 자신만을 위한 나라가 아니라 세계를 위한 일본이[3] 되었다는 것이었다. 그러나 자신에 대한 회의 또한 사라지지는 않았다. 伊東巳代治는 1904년 독일인 친구에게 일본의 對露정책에 대한 외국의 우려를 신랄하게 비판하면서, 「우리에게 결점이 있다면 그것은 우리가 황색피부를 가졌다는 것이다. 만일 당신들처럼 희다고 하면 우리가 러시아의 한없는 침략을 막아야 한다고 부르짖을 때 전세계는 기뻐했을 것이다」[4]라고 감정을 토로하였다. 그러나 어떻든 러시아의 패배로 일본의 민족적 자존심과 성취감은 되살아났다.

대중적 국수주의와 정부의 自制方針과의 불일치는 1905년 9월 포츠머스조약 내용이 밝혀짐으로써 노골화되었다. 러시아로부터 더 많은 양보, 특히 배상금을 받아내지 못한 정부의 실패에 일반대중은 격분하였다. 그들은 전쟁 말기에 얼마나 정부가 궁지에 몰렸었던가는 전혀 모르고 단지 연속적인 승리만을 듣고 있었기 때문에 정부의 「굴욕적인 연약외교」에 분개하였던 것이다. 조약반대운동은 전국 각지로 번져 東京 중심가의 日比谷(히비야)에서는 폭동이 일어나기까지 하였다. 이러한 민중들의 불만은 물론 어느 정도는 전시의 세금인상과 인플레이션에 연유하기도 하였을 것이다. 그러나 「자유민권」운동 이후 처음 발생한 대규모 민중소요가 국내문제 때문이 아니라 외교문제 때문에 촉발된 것은 분명하다.

조약반대운동이 사라진 뒤에도 대중적 제국주의 감정은 그대로 남아 있었다. 전쟁 중의 희생에 관한 기억이 생생한 만큼 「無敵 일본군」에 대한 환상은 지워지지 않아 촌락마다 전사한 군인들을 위한 기념비가 세워졌으며, 귀환병사들은 젊은이들에게 그들의 무용담을 들려주었다. 교과서에

---

3) 竹內好 編,《近代日本思想史講座, 世界の中の日本》(筑摩書房, 東京, 1961), p. 140.
4) Edwin Baelz, *Awakening Japan* (Viking, New York, 1932), p. 243.

서도 장군들의 영광스러운 행적을 기록하여 기념하였다. 한편 지식층에게 있어서는 세계를 향한 일본의 국가적 사명이나 운명에 대한 관념이 널리 퍼졌다. 岡倉天心 같은 사람들은 그 사명을 순전히 문화적 의미로 규정하여, 일본은 물질적 서양에 대하여 정신적 동양을 대변할 위치에 있다고[5] 주장하였다. 다른 계통의 지식인들에게 있어서는 일본의 국가적 사명이란 동서양의 화합을 이루어야 하는 것을 뜻하였다. 그러나 대부분의 일본인들은 1905년의 승리로 이제야말로 일본은 아시아의 후진국들을 보호하고 자립할 수 있도록 도울 만한 자리에 섰다고 보았다. 어떻든 많은 사람들이 일본은 아시아의 지도자 역할을 당당하게 추구할 수 있다고 느꼈으며 이는 이후 40년간 대중적 환상을 끊임없이 불어넣었다.

---

5) Kōsaka Masaaki ed., *Japanese Thought in the Meiji Era*(Pan-Pacific Press, Tokyo, 1958), pp. 217~224.

제 9 장 본격적 산업화의 시작

　사회경제사에 있어서 전환점을 확실히 찾아내기는 어렵지만, 일본이 1885년에서 1895년의 사이 이른바 근대 경제 발전의 도약기에 이르렀던 것만은 분명하다. 공장들이 속출하고 공장 굴뚝이 도시의 하늘로 치솟으면서 공산품의 증가가 급상승하기 시작한 것은 통계에도 잘 나타나 있다. 농촌의 고요한 아침은 하루의 시작을 알리는 호르라기 소리로 바빠지기 시작하였다. 이 모든 것은 정부의 초기 殖産興業 노력으로 이룰 수 있었다. 즉 1870년대의 관영공장에서 배출된 숙련공 ·기술자·관리인 들은 외국인의 도움 없이 근대적 공장을 운영할 수 있는 노동력의 핵심이 되었고, 주식회사제도의 설립으로 국내 기업가들이 서양의 기술과 시설을 도입하는데 필요한 막대한 자본을 조달할 수 있었으며, 교통·통신시설의 근대화로 형성된 사회간접자본은 경제발전을 위한 동맥역할을 맡게 되었다. 이러한 발전은 인구의 증가 및 교육의 확대와 함께 민간에서 주도하는 산업혁명의 기초를 마련하였다. 20세기로 넘어갈 무렵, 일본은 서양국가가 아닌 나라로는 첫 제국주의 국가가 된 것과 마찬가지로 경제에 있어서도 非西洋國家로는 처음으로 산업자본경제체제를 이룩하였다.

1. 변화하는 농촌

일본이 근대경제로 전환하는 데 비교적 수월했던 것은 그 발전에 큰 몫을 담당했던 농촌경제의 탄력성에 힘입은 바가 컸다. 明治 초기의 30년간 농업은 지속적으로 발전하였다. 여기에는 어느 정도 일본 농산품에 대한 외국의 수요가 작용하였다. 1890년대까지 다른 농산품도 많이 해외로 나간 것은 사실이지만, 일본의 해외수출의 주종을 이룬 것은 茶와 비단이었다. 이러한 수출로 근대적 경제 부문을 세우는 데 필요한 원료와 기계를 해외로부터 사들일 수 있었다. 수출이 없이는 분명 외채와 인플레이션, 그리고 계속적인 경제불안에 시달렸을 것이다. 한편 이러한 농촌 부산품의 생산으로 농민들은 현금과 구매력을 갖게 되어 장기적 경제발전을 지탱하는 데 필요한 국내 수요를 이루기도 하였다.

더욱 중요하게는 明治 초기에 식량생산이 계속하여 증가한 것이었다. 인구가 1872년의 3천 3백 10만에서 1892년에는 4천 1백만, 1912년에는 5천 2백 10만으로까지 증가하였으나 그 이상으로 식량생산이 증가함으로써 일본은 개발도상국들이 근대 경제 발전의 초기단계에서 흔히 부딪히는 「기아와의 경쟁」에서 이길 수 있었다. 1868년 이후의 농업발전의 속도에 관하여 일본 경제사가들은, 낮게 볼 경우 연 1퍼센트에 불과하였다고 주장하는 측과 높게는 2.4퍼센트까지로 추측하는 측도 있어 일치된 견해를 찾아보기는 어렵다(이는 기준점에서 차이를 두고 있기 때문이다). 그러나 모두들 식량생산의 증가가 인구증가를 약 0.5퍼센트 정도는 능가하고 있었다는 데에는 동의하고 있으며, 따라서 증가하는 인구를 먹여 살리고도 경제의 근대화를 추진할 수 있는 여력이 있었다고 인정한다.

이러한 농업생산의 확대는 18, 9세기 서양의 농업혁명기에 일어났던 것 같은 생산과 사회조직의 재구성을 통해 이룩된 것은 아니었다. 토지소유는 여전히 분산되어 있었고 노동단위도 가족이 중심으로 되어 있었다. 또한 외국의 경작기술을 전반적으로 채용하여 농업발전을 이룬 것도 아니었

다. 물론 정부에서는 1870년대 당시로서는 가장 농업기술의 선진국이었
던 미국·영국의 농업 전문가를 초빙한 적이 있었다. 이들이 일본 농민들
도 서양의 건전한 경작농민들처럼 양배추·감자·옥수수를 심고 가족노동
대신 협동경작을 할 것을 권고하여, 기업적인 부농들 중에는 사과 과수원
을 만든다든가 논으로 쓸 수 없는 작은 땅에 소를 길러보려고도 하였다.
그러나 이러한 충고는 문화적 차이 때문에 오히려 저항을 받았다. 단지 北
海道의 새로운 개간지에서만 서양식 농법을 대규모로 적용하였을 뿐 다른
지역에서는 여전히 한정된 농토로 조밀한 인구를 먹여 살리기에 적합한 쌀
을 재배하였다.

明治시기의 대부분의 농업발전은 오히려 당시로서는 최선의 기존 농업기
술——많은 수확을 내는 쌀품종, 집중적인 비료사용, 개량된 관개방법 등
을 전파 이용하는 데에서 나왔다. 사실 이러한 효율적 농사기술은 德川시
대에 나온 것이었지만 지방간의 연락과 인구이동의 장벽 때문에 다른 지역
으로의 전파가 어려웠다. 그러나 외국 농사법의 실험이 실패로 끝나자 정
부에서는 최선의 전통농법을 폭넓게 적용하는 쪽으로 정책을 바꾸어서,
1870년대말경부터는 수확증대에 성공한 농민이 그 방법을 가르쳐줄 수 있
도록 농민들의 모임이나 지방 전시회를 앞장서 주선하였다. 이러한 성공
방법의 설명은 오랫동안 더 많은 수확을 얻으려고 애써온 농민들에게는
쉽게 이해되어 이용될 수 있었다.

전반적으로 볼 때, 농산물의 여분이 늘어남으로써 이것이 사회의 번영과
농업 발전에 공헌한 것은 사실이나 반면 농촌사회의 구조가 변하지 않고
있는 환경 아래서의 농업발전은 토지소유의 집중현상을 초래하였다. 소작
지는 德川시대의 증가율을 앞설 정도로 계속 늘었다. 여유있고 야심적인
농민들은 다른 사람의 땅을 직접 구입하든가 저당잡은 땅을 차지한다든가
하여 가난하고 앞을 내다보지 못하는 주위 농민들의 땅을 자기 것으로 늘려
갔다. 직접 경작할 수 없는 땅은 소작인(많은 경우 이전의 토지소유자)으
로 하여금 경작케 하였다. 특히 작은 규모의 소작농업은 고용노동력을 사
用하여 대규모 농지를 경영하는 것보다 사회적 경제적으로 중요한 의미가

있었다. 그것은 노동집약적인 水田경작의 성격상 작은 규모의 토지이용에 더 효과적이었기 때문이었다.

또한 소작료는 농촌인구가 넘칠수록 올라만 갔다. 많은 농민들이 토지를 잃은 뒤에도 불안한 도시생활보다는 감정적 유대 및 심리적 안정을 누릴 수 있는 고향에 머무는 것이 편해서 조상 전래의 농촌을 떠나려 하지 않았다. 이런 이유들로 해 소작지는 계속 늘어갔다. 통계에 의하면 1870 년대초에는 토지의 30 퍼센트 가량이 완전소작인이나 부분소작인에 의해 경작되었으나 1908 년에는 45 퍼센트로 늘었다. 소작지 증가추세는 1920 년대에 이르러 쌀값 및 땅값이 내려가고 토지소유에 따른 이득이 점차 줄어들게 될 때까지는 계속되었다.

地主制라는 말에는 흔히 철저한 수탈이나 가혹한 소작료 징수 또는 무능한 소작인의 축출 등이 암시적으로 포함되어 있으나 일반적인 상황은 그렇지는 않았다. 물론 소작인에게 토지를 맡기는 것은 지주 마음대로였으나 농촌의 오랜 관습이나 여론이 제멋대로 소작인을 몰아내지는 못하도록 견제하였다. 지주·소작인의 관계란 법적 계약으로 맺어진 것이 아니라 통상 두 사람간의 개인적인 상호이해에 바탕을 둔 것이었다. 일반적인 소작형태가 소작료를 화폐로 지불하지 않고 수확물의 일부를 현물로 내는 방식이었기 때문에, 豊凶 언제나 그 득실을 서로 나누어 갖는 것이었다. 따라서 촌락내의 연대라고 하는 오랜 관습이 소작인들에게 있어서의 계급의식의 발생을 누를 수 있었다고 하겠다.

일본에 있어서 지주제라고 할 때에 또 하나 중요한 것은 지주 자신들이 대개는 농민이었다는 사실이다. 그들은 자기들의 토지가 있는 농촌에 살면서 스스로 경작하는 경우도 많았기 때문에, 광대한 농장을 경영하면서 웅장한 저택에서 살았던 독일의 융커, 영국의 鄕村貴族, 남북전쟁 전 미국 남부의 플란테이션 소유자 등과는 달랐다. 물론 농사짓지 않는 不在地主도 있었다. 일종의 자본투자로 토지를 소유한 상인 또는 토지유산을 물려받은 뒤 도시로 나가 살고 있던 호농의 자손들은 모두 부재지주였다. 그러나 농촌의 전형적인 지주의 예로서는 직접 경작할 수 있는 토지 외에 더 많은 땅을 소유한 농민, 또는 다른 수입원을 가진 관리·교사·의사·승려·상점주인 들이 농촌에 살면서 투자목적으로 토지를 구입했거나 상속받은 땅을 소작인에게 맡기는 경우를 들 수 있다. 그러므로 대부분의 지주들은 문화적으로나 경제적으로 소작인들과 크게 다르지 않은 생활을 하였다.

일부 풍족한 지주들은 흙 묻은 「게다」 대신 흰 신을 신을 수 있었고 또 다른 사람들보다는 훨씬 시간적 여유와 돈이 많았기 때문에 농촌의 지도역을 맡았다. 神社나 寺院에 제일 많이 시주하고 가난한 집 자식들의 일자리를 마련해 준다든가 이웃들의 결혼을 맺어주며 촌락내 문제의 토의를 이끌고 간 것이 바로 그들이었다. 또한 촌에서는 그들만이 선거권을 행사할 만한 세금을 내고 있었으므로 정치에도 많은 관심을 갖고 있었다. 농촌사회의 기둥으로서 그들은 화합과 협조 그리고 권위에 대한 존경과 복종 등의 전통적 집단윤리를 옹호하는 쪽이었다. 그들은 다른 농민들과 비슷하게 국민학교, 기껏해야 중학교를 마쳤기 때문에 농촌의 생활관념을 그대로 갖고 있었으며, 도시생활을 불신하여 자기들이야말로 도시에 사는 사람들보다 전통적이고 여유있는 보다 낳은 생활을 영위하고 있다고 자부하였다. 하나의 전형적인 예로, 어느 대지주는 소작인들을 위해 信用基金을 마련한 뒤 소작인들에게, 「우리의 본분을 지키고 다른 사람에게는 겸손과 경의를 보이며 근면절약하여 조상의 행적을 힘써 따름으로써 보람을 이루자」는 서약을 하게까지 하였다.[1] 대지주들은 사회적 정치적 보수주의의 보루가 되기에 용이하였다.

반면 도시 중간층이 될 소지는 대지주가 아닌 中小地主의 가족내에 있었다. 농촌에서 최소한 한 명 이상의 아들을 도시에 보내 교육시킬 수 있었던 것은 바로 이들이었다. 이와는 대조적으로 초등교육이 거의 보편화되었던 1900년대초에도 어린아이까지 같이 일해야 먹고 살 수 있었던 빈농의 집에서는 교육을 일종의 사치로 여기는 경향이 있었다. 어떻든 중소

1) Ronald P.Dore, *Land Reform in Japan* (Oxford University Press, London, 1959), p. 51.

지주의 아들 가운데 장자를 빼고는 집안의 토지나 사업을 물려받지 못하는 것이 보통이었기 때문에 그들은 중학교 때로는 대학에까지 진학하였다. 상속해 줄 것이 없는 대신 자립할 수 있도록 학비를 대주었던 것이다. 농촌을 떠난 그들은 거의 돌아오지 않았다. 당시 유행하는 말로 「학교 다닌 아이들은 집에 오면 뒷간에서 코를 돌린다」고 도시에 나가 공부한 청년들을 풍자하였다. 그러나 전통적인 시골의 생활관념을 벗어나기란 몸이 농촌을 떠나는 것보다도 어려웠다. 교육을 통해 새로운 사상과 습관을 몸에 익히는 일종의 표면적인 변화의 저류에는 전통적 농촌도덕이 완전히 사라지지 않고 남아 있었다.

2. 산업혁명

明治 초기 농업이 지속적으로 성장하였듯이 전통적인 소규모 공업도 발전하였다. 외국물품에 대한 明治 초기의 유행이 역설적으로 농촌 수공업의 번성을 촉진하는 계기가 되었던 것은 주목할 만하다. 우산·석유등·벽시계·쇠주전자 등은 큰 공장에서뿐만 아니라 작은 工房에서도 기계와 자본투자 없이 인력을 들여 만들어낼 수 있었다. 성냥제조의 예에서 볼 수 있듯이, 이전에 부채나 등을 손으로 공들여 만들었던 것처럼 일일이 황을 찍어 갑에 넣고 있었던 것이다. 한편 소비습관은 대부분 아직도 전통을 벗어나지 않았다. 일반인들은 서양식 의복이나 식기가 아닌, 手織으로 된 「기모노」를 그대로 입고 젓가락과 공기로 밥을 먹었으며, 벽돌굴뚝이 있는 아늑한 서양식 집이 아니라 木造 주택 속의 「다다미」 위에서 살았다. 이러한 전통적 생활양식 때문에도 모든 재래산업은 번창하였으며 더우기 인구증가에 따른 수요의 증대로 전체 생산은 늘어갔다. 전과 마찬가지로 농민이나 가난한 도시민들에게 있어서 소규모 공업생산은 하나의 중요한 수입원이었다.

그러나 1880년대 후반에는 근대적 생산기술이 자리를 잡고 비약적으로 발전하였다. 정부에서는 많은 관영공장과 광산을 1880년대초 처분한 뒤에도 무기제조공장이나 조선소 및 전략산업시설을 그대로 운영하고 있었으나, 일반 소비자를 대상으로 한 경공업은 새로운 민간기업들에 의해 발전돼었다. 초기의 공업발전을 선도하는 데 전형적으로 방직공업에서 뚜렷한 도약의 계기가 마련되었던 것은 당연하다. 근대적 방직공업의 기초는 1882년 澁澤榮一의 大阪紡績會社 설립에서 비롯되었다. 이 회사는 株式販賣를 통해 자본을 모아 이 돈으로 일본인 기술자·관리인을 고용하고 서양으로부터 첨단의 방적기를 구입하였으며(당시 영국의 랭커셔에서 쓰던 것보다도 앞선 것이었다), 무모할 정도로 야간작업을 강행하기 위하여 전등도 설치하였다. 설립하는 데에는 막대한 자금이 들었어도 이 새로운 방적공장은 곧 커다란 이익을 보게 되었다. 가격면에서 외국상품과 경쟁할 수 있는 국내 면직물 생산에 성공한 澁澤의 사업에 자극을 받아 여러 기업가들이 뒤를 따랐으며, 1880년대말경부터 방직공업에 대한 붐이 일기 시작하였다. 1890년대에는 국내수요를 충족시킬 뿐 아니라 해외수출을 위한 생산에까지 손을 댈 수 있었다.

松方正義의 재정책의 결과로 기업조건이 개선되고 大阪紡績會社 같은 회사들이 기업발전을 이끄는 가운데 다른 분야 즉 철도·광산·도자기·종이 및 맥주 생산에 있어서 급속한 발전이 민간기업에서 일어나기 시작하였다. 1894년 청일전쟁이 발발할 즈음에는 지금까지 성취된 자체의 힘으로 산업혁명이 진행되고 있었다. 1900년에 이르면 공산품 생산은 1890년의 두 배가 되었으며 1914년에는 또다시 두 배로 늘었다. 1894년 10명 이상의 노동자를 고용한 공장이 1,400개였던 것이 1902년에는 7,821개로 격증하였으며 민간회사의 수도 1894년의 4,500개에서 1902년에는 거의 두배인 8,612개가 되었다.

공업부문의 발전은 또한, 여러 선진 공업국의 경우와는 오히려 반대로, 일본이 제국주의국가로 등장하는 것에 크게 힘입었다. 외국으로부터 구입한 군함의 도움없이는 청일전쟁을 치를 수 없었다는 것을 안 정부에서는 군비의 자급자족에 대한 필요성을, 특히 러시아와의 전쟁 가능성에 대비하여, 절실히 느꼈다. 이에 청일전쟁 후 군사비가 크게 증가하였으며 따라서 일본제 병기와 군함 생산이 비약적으로 늘었다. 의회에서는 전쟁시 병력수송에 쓸 수 있도록 商船團을 확장하는 데 보조금을 지급할 것에도 동의하였다. 청일전쟁 후에 받은 배상금 3억 6천 4백만 엔 또한 경제적으로 엄청난 이득이었다. 당시 일본 국민총생산의 3분의 1에 해당되는 이 돈으로 정부는 철도·전신·전화망을 확충하였으며 국내 제철공업을 일으키는 데에도 큰 도움을 주어 九州 북쪽에서 나는 석탄과 중국 大冶鐵山에서 수입한 철광석을 이용한 官營 八幡(야와따) 제철소가 1901년 조업을 시작하였다. 이 결과 1896년까지는 90퍼센트 이상의 철을 수입에 의존하던 일본이었으나 이제는 그 수입량을 크게 줄일 수 있었다.

산업발달의 계기가 일단 마련된 이후의 과정은 주로 자력으로 추진되었다. 투자 자본은 거의 다 주식모집이나 정부의 특수은행을 통해 국내에서 동원되었으며 민간은행도 산업금융에 중심역할을 하기 시작하였다. 같은 아시아 국가인 중국·인도와 비교하여 일본에서는 외국자본이 국내 산업발달에 결코 중요한 의미를 갖지 못하였다고 하겠다. 대규모 외국차관은 1900년에야 들어오기 시작하였으나 이때에도 최대의 채무자는 민간기업이 아니라 정부였다. 한편 공업제품의 판매도 대부분이 수출용이 아닌 국내시장을 대상으로 하였다. 1880년 국민총생산의 3퍼센트가 수출되어 나갔던 것이 1913년에도 13퍼센트 이상 오르지는 않았다. 더구나 이러한 해외무역의 성장도 일본이 생산에 있어서 여유가 있었기 때문이지 무역으로 경제발전을 끌고 가려는 필요에서 나온 것은 아니었다. 외국에서의 수요가 변화하는 데 따라 특정 공업분야에 단기적으로는 호황과 불경기의 영향이 심하였으나, 일본 경제 성장에 있어서의 기본적 요인은 어디까지나 국내수요의 증대에 있었다.

처음부터 새로운 경제분야에 있어서는 시장·원료·자본의 장악이 소수기업에 집중되는 경향을 나타내었다. 대체로 이러한 소수독점의 경향은 근대 산업의 성격상 그 규모가 커야 한다는 것과 작은 규모로는 외국기술 도입이 어렵다는 데에서 나왔다. 덧붙여 막대한 원료와 자본 그리고 우수한 기술로 일본시장에서 높은 경쟁력을 갖고 있던 외국기업들에 대하여 효과

적으로 경쟁하려는 일본인들의 의욕 때문에도 기업의 소수독점현상은 나
왔다. 외국기업과의 경쟁을 두고 일본 기업들끼리 과열경쟁을 하는 것은 무
의미한 일이었다. 강력한 국내자본주의 체제의 필요성을 느끼고 있던 정
부에서도 1880년대부터 기업결합의 추세를 오히려 조장하였다. 이 결과
기업연합(Cartel), 여러 공업부문에 걸친 기업합동(Trust), 재벌(Financial
Combine) 형성 등은 근대 경제분야의 중요한 구조적 특징이 되었다.

「기업연합」이나 「기업합동」은 이윤을 최대한으로 늘리기 위하여, 같은
종류의 사업에 종사하는 기업들이 생산량을 정하고 원료를 공동구입하며
가격을 정하여 판매를 서로 돕는다는 협약으로 성립되었다. 기업간의 독
립성이 유지되는 「기업연합」은 불경기를 당했을 경우 서로 가격을 낮추어
팔기보다는 협조함으로써 불황을 타개하려는 데에서 나온 경우가 많았
다. 그 최초의 예는 製紙聯合會(1880)와 紡績聯合會(1882)에서 비롯하였으
며 특히 러일전쟁 후에 격증하였다. 이들은 대개 다른 회사에 비해 압도
적으로 많은 자산을 가진 한두 회사의 영향력 아래에 있었다. 또한 큰 회
사들은 「재벌」산하의 기업들이었음은 물론이다.

「재벌」은 1870년대와 80년대의 야심적이고 선구적인 기업가들, 岩崎彌
太郎(이와사끼 야따로오;1834~1885), 安田善次郎(야스다 젠지로오;1838~1921)
같은 사람들이 정부 당국의 비호 아래에서 또는 官營사업을 인수함으로
써 이룩한 일종의 企業帝國이었다. 1890년대에 이르면 三菱·三井·住友
등 유력 대재벌들은 그들의 은행을 중심으로 무역업·제조업·보험 및 해
운 등을 취급하는 서비스업에 이르기까지 각종 사업을 망라한 복합기업체
제를 이루어가기 시작하였다. 한편 이들보다 규모가 작은 재벌들은 安田처
럼 금융업에 주력하든가, 銅鑛業의 古河(후루까와)처럼 특정분야에서 주도
권을 장악했다. 어떻든 모든 재벌들이 목적으로 한 것은 자본·원료·기
술·인력을 한데 모아 이윤을 극대화하고 사업상의 위험을 최소한으로 줄
이려는 것이었다.

1890년대의 산업혁명으로 전반적인 일본 경제에 당장 결정적인 변화가
일어났다고 생각하는 것은 잘못이다. 최근에 나온 한 통계에 의하면 민간

회사 공장에서의 생산은 전체생산의 6퍼센트도 점하지 못하였으며 관영 공장을 포함시킨다 해도 그 비율은 10퍼센트를 넘지 못하였다. 더우기 대부분의 공장들은 아주 작은 규모에 머물러 있었다. 한 예로, 1897년에 전체 洋紙생산의 3분의 1을 맡고 있던 王子製紙조차 실제 노동자는 363명 뿐이었다. 1909년에 이르러도 1천 명 이상의 노동자를 고용하고 있던 공장 수는 58개, 1백 명 이상은 1천 개를 조금 넘었을 정도였다. 산업자본주의는 주로 도시에서 진전되고 있었으며 그에 따른 사회적 변화도 도시에서나 나타나고 있었다. 그러나 모든 근대 경제분야의 급속한 발전에도 불구하고 일본의 경제와 사회는 본질적 성격에 있어서는 아직도 농업이 압도적이었다. 1902년을 예로 볼 때, 전체 고용노동자의 14퍼센트만이 제조업에 종사하고 있는 데 반하여 농림·수산업 종사자는 67퍼센트였던 것이다.

3. 明治期의 기업가

20세기로 넘어올 즈음 산업발전에 따른 사회적 변화로서 가장 두드러진 것은 새로운 기업가층의 등장이었다. 그들은 가문이나 토지 또는 관직에 힘입지 않고 일찌기 천시되었던 돈 버는 일에서 성공하여 높은 사회적 위치를 이룩하였다. 특히 청일전쟁 후 三井재벌의 총수에게 그 회사의 공적을 인정하여 男爵이 수여됨으로써 재벌의 새로운 위치가 공식적으로도 확인되었다. 이어 澁澤榮一 등 여러 대기업가들도 작위를 받았다. 높은 사회적 지위와 함께 주목할 것은 그들이 가진 막대한 재산이었다. 1901년 한 신문이 조사 보도한 것을 보면, 당시 개인재산으로 50만 엔이 넘는 사람은 440명에 지나지 않았는데 그중 약 4분의 3 가량은 은행가·상인·공장경영자·회사간부 등이 점하였던 것을 알 수 있다. 이때, 三菱재벌의 계승자였던 岩崎彌之助(이와사끼 야노스께)와 岩崎久彌(이와사끼 히사야)가 가장 많은 개인재산을 가지고 있었던 것으로 알려졌다. 상인을 제일 아래 계층에 두었던 德川의 유가적 계층질서와 비교해 볼 때 시대는 확실히 변하였다.

그러나 明治期의 기업가들은 자신을 옛 상인인 町人(죠오닌)의 마지막 계승자로 생각하려 하지는 않았다. 실제로 기업가들 가운데는 다른 계층 특히 사무라이 출신의 비율이 훨씬 컸다. 이윤추구에 종사하면서도 많은 기업가들은 옛날의 反商人的 관념 때문에 그들의 활동을 자신과 사회 속에서 정당화시킬 필요를 느꼈다. 한 예로, 澁澤榮一은 1870년대에 「實業家」라는 말을 써서 새로운 기업가를 옛 町人과 구별하려고 하였다. 당시 기업가들은 「實業家」란 관리와 마찬가지로 개인적인 이익보다는 국가와 민족을 위해 일한다는 것을 항상 나타내고 싶어하였다. 선구적인 무역업자였던 森村市左衛門(모리무라 이찌자에몬)은 이를, 「기업성공의 비결은 자신을 희생시키면서까지도 사회와 인류 그리고 나라의 장래를 위해 봉사한다는 각오에 있다고 나는 확신한다」고 하였다.[2] 기업가들은 특히 스스로의 역할을 강조하여 높일 때 자신들을 새 시대의 사무라이로 자처, 가신들 대신에 株主를 모아 말(馬)과 칼이 아닌 주판과 貸借對照表로 싸우는 사람들이라고 장담하였다.

대부분의 明治시대 기업가들의 사업동기는 이윤추구와 애국심이 교묘하게 결합된 것이었으나 그들 자신은 국가의 부강에 참여하고 있다고 자부하였던 것이 분명하다. 그들 가운데 고전적인 자유경제의 논리나 정부의 자유방임정책을 주장한 사람은 거의 없었다. 오히려 나라의 이익을 위한다고 하는 정부 경제운영방침에 그들은 솔선하여 지원을 보냈다. 1890년대 초 당시 총리였던 松方正義가 私設鐵道를 정부에서 매수하여 국유화하려는 법안을 제출했을 때, 정부의 운영방향이 경제적 목표보다는 군사전략적 면에 우선할 것이라고 반대한 기업가는 극소수에 불과하였다. 많은 사람들은 철도건설에 필요한 자본을 동원할 수 있는 것은 정부뿐이기 때문에 철도국유화는 당연하고 바람직스럽기까지 한 것이라는 의견들이었다. 그러나 이 법안은 의회를 통과하지 못하였다가 1906년에 이와 유사

2) Byron K. Marshall, *Capitalism and Nationalism in Prewar Japan*(Stanford University Press, Stanford, 1967), p. 36.

한 법안이 다시 제출되어 통과될 때에도 철도 건설에 이미 많은 투자를 했던 三菱을 제외하면 별다른 반대라고는 없었다. 대체로 실업계에서는 정부를 적대관계가 아닌 동맹관계로 보아, 기업가들과 같은 목표를 갖고 있으며 따라서 기업에 유리한 것은 국가에 도움이 된다는 생각을 관리들도 하고 있다고 믿었다.

기업가들의 사회적 경제적 중요성과 평행하여 정치적 위치와 영향력도 올라갔다. 공채판매나 1900년 이후의 軍備借款은 은행의 힘을 빌어야 했기 때문에 각료들도 수시로 安田·三井·三菱·住友·第一 등 큰 민간은행의 고위 간부들과 상의하였다. 러일전쟁 발발 직전 桂太郎총리는 관저로 금융계 지도자들을 불러 전쟁수행에 있어서의 정치적 재정적 지원을 아끼지 말아줄 것을 요청하기도 하였다. 전쟁이 끝난 뒤부터는 大藏相이 새해 예산에 관하여 경제계 지도자들에게 미리 설명하는 것이 관례가 되었으며, 1912년 은행가 출신의 山本達雄(야마모토 다쓰오;1856~1947)이 大藏相에 임명되면서부터는 기업가 출신의 대장상이 자주 나왔다.

또한 기업가들은 정치적 역할과 비중이 더해 가고 있던 의회에도 영향력을 행사할 수 있는 조직을 만들기 시작하였다. 1898년 東京에 있는 여러 경제단체들이 개인소득과 기업활동에 대한 增稅를 막기 위하여 의회에서 조직적인 득표공작을 벌인 것을 비롯하여, 러일전쟁 뒤 1908년에는 中野武營(나까노 부에이;1848~1918) 주도하의 全國商業會議所聯合會가 군비증액반대·소비세면제·균형예산 등을 주장하는 전국적 운동을 벌이기도 하였다. 더우기 이해에는 기업가들이 스스로 정당을 만들려는 의도 아래 자기들이 추천한 후보를 선거에서 지지하도록 경제단체들에 요구하기까지 하였다.

어느 면에서 기업가와 관리 또는 국회의원과의 연결은, 티더만교수가 지적하듯이, 「봉사에 대한 특혜」라고 하는 德川시대 이래의 官·商 협조의 전통이라고 할 수 있다. [3] 가장 저열한 경우로는 특혜를 보장받기 위해 관

---

3) Arthur Tiedemann, "Big Business and Politics in Prewar Japan," in *Dilemmas of Growth in Prewar Japan*, ed. James W. Morley(Princeton University Press, Princeton, 1971), pp. 267~316.

리나 국회의원을 매수하는 일 등이 있었다. 1909년에 일어난 유명한「日糖疑獄」사건에서는 경영난에 빠진 大日本精糖會社의 간부들이 국회의원들에게 (23명이 후에 有罪판결을 받았다) 製糖業의 관영화를 위한 법안에 찬성하도록 60만 엔을 뇌물로 주었으며, 1913년에는 고급 관리들과 해군 장교들이 독일 지이멘스(Siemens) 회사로부터 뇌물을 받은 이른바「지이멘스 사건」이 터졌다. 물론 이외에도 알려지지 않은 뇌물제공이나 기업가와의 개인적 친분관계로 인한 부정 등은 많았다. 그러나 일반적으로 대기업들, 특히 재벌들은 관리나 정치인에게 부정한 청탁을 하지 않고도 성장할 수 있었다고 보이며, 오히려 특혜보다는 전반적인 경제계의 이익에 합치되는 정치적 분위기를 유지하는 데 관심을 두었다 하겠다. 따라서 기업가들의 주관심은 경제정책 즉 국가재정의 안정과 조세법·노동법·관세 정책 등에 있었다. 한 三菱의 최고간부는 회고록에서, 「우리가 바랐던 것은 기업가들에게 공정한 정부」였다고 술회하였다. [4]

4. 새로운 중간층

기업 경영자들이 公卿貴族이나 明治維新 후 갑자기 등장한 권력자들과 함께 사회적 권위와 정치적 중요성을 더해 가고 있는 가운데 당시 사회의 중간층을 구성했던 회사중역·중간관리·언론인·교수 등 전문 직업인들의 수도 점차 늘어갔다. 이들은 재산이나 세습신분에 의한 것이 아니고 새로운 사회가 요구하는 기술과 경영능력을 소유하였다는 데에서 그 사회적 지위가 보장되었다. 1870년대에서 80년대에 걸쳐 크게 유행하였던 「입신출세」, 즉 스스로 노력하여 성공하겠다는 정신을 가진 야심적인 젊은이들 중에서 새로운 중간층이 나타났다. 이때는 윤리교과서의 내용도 나폴레옹·벤자민 프랭클린·豊臣秀吉 등 미천한 출신이면서도 사회적으로 큰 영향력을 미친 결과 역사상 유명한 인물이 된 여러 사람들의 성공담을 주로 다루었다. 새로운 중간층에게 자극을 준 것은, 단적으로 말하면, 당시 널리 퍼

---

4) 〈池田成彬 氏に聽く〉, 《思想の科學》 4—1(1949. 1), p. 54.

진 한 서양교사의 말, 「소년들이여, 야망을 가져라 ! 」는 것이었다.

明治 초기 「능력사회」로 되어가면서 중간층의 윤곽이 옛 사무라이 계층을 중심으로 어렴풋하게 드러났다. 처음 사무라이 출신의 전문 직업인들이 중간층을 구성하였으며 東京의 公·私立 고등교육기관의 학생 또한 대부분이 그들의 자제들이었으나 1880년대 새로운 교육제도의 시행으로 능력발휘의 문호는 더욱 넓어졌다. 더우기 대학 졸업자에게는 좋은 자리와 빠른 승진이 거의 보장되었기 때문에 대학은 전국 각지로부터, 상층농민이나 여유있는 도시 소상인의 가정으로부터 야심에 찬 젊은이들을 끌어들였다.

20세기로 넘어올 즈음에는 야심적인 젊은이들이 사회적 진출을 할 가능성은 신분이나 후원자의 도움보다도 그들을 교육시킬 수 있는 부모의 능력에 달려 있었다. 이 결과 교육열은 점점 높아갔으며 《成功》과 같은 잡지 즉 「자기 스스로를 돕고 긍지를 가질 수 있는 능력있는 인간」에 목표를 둔 잡지들이 크게 유행하였다. 도어교수는 중간층으로 발돋움하려는 전형적인 경우를 다음과 같이 표현하였다.

시골 소년은 「東京에서 6圓 50錢으로 한 달 사는 법」에 관한 잡지기사를 읽고는 대학에 진학하여 쌀과 마른 생선, 두부로 배를 채우며 졸업 후의 빛나는 장래와 고향의 명예 그리고 선조들에게 엎드려 가문을 일으켰다고 고할 수 있는 기쁨을 기대하면서 노력하는 것이었다. [5]

먼저, 중간층으로 들어가는 기회는 官界에 있었다. 관직과 관등에 따른 전통적인 권위와 존경심은 변하지 않았기 때문에 明治시대에도 관리들은 「관리영감(官人樣)」이라고 흔히 불렸다. 거기에는 또한 물질적 보상도 녁녁하였다. 1884년에 나온 정부 보고서에 의하면 관리가 하나의 직업 그룹으로서는 佛敎승려에 버금가는 높은 생활계층에 있었다. 많은 관리들은 옛날 大名 저택들이 몰려 있던, 東京에서도 전원지역인 山手(야마노떼)에 있는

5) Dore, "Mobility, Equality, and Individuation in Modern Japan", *Aspects of Social Change in Modern Japan*, ed. R.P. Dore (Princeton University Press, Princeton, 1967), pp. 120~121.

옛 慕府 신하들의 집을 구입할 정도였다. 그러나 공업발전이 촉진되면서 기업계의 진출기회도 많아지자 대학 졸업자들 중에 회사원으로 나가 출세하려는 수자도 점차 늘어갔다.

小商人과 같은 엣 중간계층과 비교하면 새로운 중간층은 본질적으로 관료적 성격을 띠었다. 봉급은 일의 능력이나 업적뿐 아니라 年功 서열에 따라 정해졌으며 대학졸업 후 일단 취직하면 평생동안 직업이 보장되는 것이 보통이었다. 고용자가 온정을 베풀어야 하는 전통 및 관료제도의 예에 따라, 대기업체에서는 사원들에게 안정된 직장과 주택, 의료 혜택 등 부수적 이득을 보장해 줌으로써 회사에 대한 충성이 일어나게 하였다. 따라서 관계나 실업계에 몸을 담은 중간층의 사람들은 소기업가나 지주들이 화재나 홍수, 가뭄 그리고 시장변동에 그 생활이 걸린 것과 같은 불안함은 없었다.

대학이 많은 사람들에게 중간층으로 들어가는 문턱이었기 때문에 대학이나 대학입학을 위한 고등학교가 관계·실업계에 있어서의 인간적 유대를 맺어주는 기초가 되기도 하였다. 관리들이 주로 제국대학의 법학부에서 배출된 것과 비슷하게 대부분의 회사들은 특정대학에 치중하여 그 졸업생들을 뽑았다. 물론 권위있는 기업체일수록 더 나은 대학——제국대학 또는 早稻田(와세다)·慶應(게이오오) 등 명문 사립대학——출신들을 채용했던 것은 당연하다. 이러한 경향으로 같은 학교의 동창생들간에 서로 도와주는 친밀한 그룹, 곧 學閥이 생기게 되었다. 學閥 중심은 동창간에 서로 혜택을 주고받으며 이러한 연결이 없는 유능한 청년을 가로막는 경우가 많았으나 한편으로는 번거로운 공식절차로 인한 硬直性과 형식주의를 넘어설 수도 있었다.

5. 노 동 자

행정 및 경제에 있어서의 발전이 이를 운영할 새로운 중간층을 요구하였듯이 공장과 기계를 움직일 새로운 산업노동력이 필요하였던 것은 당연하다. 德川시대에는 사실상 공업 노동인구라고 할 만한 것이 없었기 때문에 새로운 노동자층은 처음부터 만들어져야 했다. 업종에 따라 서로 다르긴 했으나 대체로 노동자들은 세 그룹으로 나눌 수 있었다. 첫째는 별다른 기술이 필요없는 방직 여공들이고 둘째는 중공업에 종사하는 기술노동자 그리고 세째로는 소규모 기업체에서 일하는 半숙련 노동자들이었다. 그러나 세계제 1 차대전이 끝날 때까지 방직공업부문이 가장 많은 공장노동자를 포함하고 있었으므로 새로운 노동자의 과반수는 첫째 그룹에 있었으며 1920 년대에 가서야 숙련 내지 반숙련 기술자들의 비중이 뚜렷해졌다.

공업화의 시작단계에서는 기계와 자본의 비용이 노동비용에 비해 높았기 때문에 대부분의 공장 경영자들은 생산능력을 최대한으로 올리려 하면서도 노동임금의 규모는 최소한으로 낮추려 했다. 특히 방직공업부문에서는 서양제품과 경쟁하기 위하여 별 기술은 없어도 값싸고 복종 잘하는 노동자가 많이 필요하였다. 이에 대한 충분한 공급원은 거의 무한정하다고 할 수 있는 농촌의 젊은 처녀들이었다. 이를 위해 실제로 많은 방직공장들은 농촌에 가까운 지방도시에 자리를 잡았다. 점점 공급이 줄어들게 되자 工場主들은 각지로 직원을 보내, 좋은 음식과 농촌 밖의 생활의 즐거움 그리고 옷 사입고 결혼 준비할 수 있는 돈을 준다는 달콤한 약속으로 농촌 처녀들을 꾀어오도록까지 하였다. 심한 경우 부모에게 선물이나 돈을 미리 주고 데려오기도 하였다. 이는 부수입이 있어야만 살 수 있는 가난한 농촌지역에서 특히 실효를 거두었다. 그 예로, 날씨가 나빠 언제나 수확량이 다른 곳에 비해 낮은 新潟縣은 여공과 娼女를 데려오는 곳으로 유명하였다. 이러한 여공들은 사실 많은 경우 가난해서 끌려온, 몸이 매인 노동자들이었다고 해도 과언이 아니다.

여공들의 싼 임금을 이용하면서도 이미 약속한 것을 지키는 비교적 양심적인 공장주들은 있었으나 그렇지 않은 경우도 많았다. 공장에 있는 無料宿舍는 작업시간에 빠질 수 없도록 계획적으로 만들어졌으며 지루한 작업에 노동 시간 또한 길었다. 영국에서 하루 8시간 내지 9시간, 미국에서도 10시간 정도 공장을 움직이고 있을 당시 일본의 방직공장은 전등불을 밝혀가며 하루 평균 22시간 가동시켰다. 얼마 안되는 급료조차 부모에게 빌려준 돈을 갚는다든가 다른 이유로 해서 지급되지 않는 경우가 많았다. 이러한 조건 아래에서 감옥 같은 공장생활을 지겨워했을 것은 충분히 짐작할 수 있으며 최근의 몇 연구에 의하면 여공의 반 가량은 처음 여섯 달을 견디지 못하고 도망쳤다는 것이다. 이를 막으려고 공장주들은 공장 입구에 감시인을 두었으며 근방 기차역에까지 사람을 두어 잡아오기도 하였다.

여공들의 싼 노동력을 착취하는 방직공장의 예는 다른 종류의 노동력이 요구되는 중공업 분야에서는 그렇게 가능하지 않았다. 조선소·병기공장·제철소 등을 움직이는 데 필요한 것은 기술자들이어야 했고 당시 사회기준으로는 남자들이어야 했다. 중공업 초기단계에서 공장주들은 「什長」 또는 「親分(오야붕)」이라고 하는 젊은 노동자들을 거느린 우두머리들에게 의존하여 그들과 노동계약을 맺고 감독책임을 지게 하였다. 「親分」들은 관영 시험공장 같은 곳에서 기술을 익힌 사람들이 많았기 때문에 스스로 데리고 있는 노동자들에게 기계·목공·야금 기술 등을 가르쳤다. 임금은 「親分」이 한꺼번에 받아 지불하고 남은 것을 착복하는 것이었다. 이외에도 우두머리는 음식·의복·숙소 등에 대하여 책임을 졌다. 그러나 기계화가 촉진되어 새롭고 복잡한 기계를 이용해야 하고 공장운영이 합리화됨에 따라 이렇게 무질서한 노동 이용방법이 경영자들에게는 점차 비효율적이고 불만족스러워졌다. 이제 필요한 기술은 우두머리가 노동자들에게 가르쳤던 것과는 달라졌으며 새 기술은 특정공장의 특별한 기계를 만질 수 있도록 다시 배워야 하는 경우가 많았다. 그러나 「親分」은 일종의 자유계약자와 같아 다른 공장에서 더 많은 보수를 주겠다고 하면 언제라도 그 아래의 노동자들을 데리고 새 공장으로 옮겨갔다. 이에 공장 경영자들은 제멋대로 하는 그들에게 끌려다니지 않고, 자기 공장에만 필요한 안심하고 믿을 수 있는 노동력을 확보하려고 하였다.

이 결과 새로운 고용형태가 고급기술과 숙련노동을 필요로 하는 대부분의 기업체들에서 나타났다. 우선 몇몇 대기업들은 1899년 三菱이 長崎조선소에 기술자훈련소를 설치한 것처럼 공장부설 훈련기구를 세웠다. 훈련시 설이 없는 회사에서는 주로 젊은 노동자들을 고용한 다음 그들을 기술학 교에 보내 배워오도록 하였다. 수요가 많은 이러한 기술 노동자들을 보 유하기 위하여 많은 회사들은 중간층에게 베풀었던 것과 같은 특혜——종 신고용・年功昇給・복지제도 등을 이들에게도 확대하였으며 이에 대해 기 술자들은 소속기업에 충성스럽게 봉사하였다. 기술 노동자들은 대부분 서 골에서 올라온 사람들이었기 때문에 경영자에 대하여 마치 그들의 부모를 농촌에서 도와가며 살았듯이 협조하려고 하였다. 그럼으로써 그들에게 있 어서 회사는 도시나 공장생활에서 느끼는 불안과 외로움을 달래줄 수 있는 가정이나 마을과 같은 역할을 하게 되었다.

노동자에 대한 기업주의 온정주의는 실제적인 이유에서 나왔다고는 해 도 기본적으로는 이를 유지해 온 전통적 가치관에서 그 연원을 찾을 수 있 다. 많은 기업 경영자들은 실제로 기업주와 노동자로 구성된 회사를 마치 부모와 자식 사이의 사랑으로 맺어진 가정과 같이 보았다. 1898년 東京商業 會議所에서는 이를, 「우리나라에서의 경영자와 노동자의 관계는 가족간의 그것과 같아서 서로 아끼고 사랑하는 가운데 보호된다」고 표현하였다.[6] 그 러나 순수한 가족관계보다는 객관적인 노동조건의 개선을 기업 방침으로 보 는 사람도 있었다. 三菱의 간부였던 莊田平五郎(쇼오다 헤이고로오)의 지적, 즉 「경영자가 노동자들을 잘 보살필 때에 생산은 늘어난다」는 것은 이 입 장을 대변하였다. 어떻든, 온정주의 방침으로 중공업분야의 기술 노동자들 은 일종의 「노동귀족」이 되어 중간층과 같은 생활의 안정을 얻었으며 대 부분의 일반 노동자들과는 구별되었다.

마지막으로, 여공과 기술 노동자 외에 半熟練 또는 非熟練 남자 노동자 들이 있었다. 이들은 서로 차이가 많이 나기 때문에 일반화하여 말하기는 어렵다. 극단적인 경우, 「날품팔이 노동자」에 불과한 사람들은 규칙적으로 일을 할 수도 없을 뿐더러 그때그때의 필요에 따라 경영자가 마음대로 고 용하였기 때문에 생활의 안정을 기할 수도 없었다. 또한 소규모 기업체나

---

6) 龍門社編, 《澁澤榮一傳記資料》 21(東京, 1960), pp. 35~346.

토건회사의 노동자들은 근대적인 대규모 공장에서 일하는 노동자들에 비해 보수가 낮아 생활수준도 낮을 뿐 아니라 불경기의 영향을 가장 빨리 그리고 더욱 심하게 받아야 했다. 경기가 좋을 때의 대기업과 소기업의 임금 차이는 그렇게 크지 않았으나 경제사정이 악화되었을 때에는 그 폭이 크게 벌어졌다. 그러나 소기업의 노동자들이라 해도 어느 정도는 경영자와의 인간적 유대로, 물질적인 것은 아니라 해도 일종의 심리적 안정을 얻을 수 있었으며 예측할 수 없는 노동시장의 변동으로부터 어느 정도 보호받은 것은 사실이다.

제 10 장   정당정치의 성립

　1889년에 공포된 헌법은 정치의 기본 틀을 마련하였으나 한편으로는 많은 문제를 야기시켰다. 헌법 내용은 여러 면에서 애매하였지만 그중에서도 지도층을 어떻게 메워가느냐 하는 것이 특히 불확실하였다. 1890년대에는 정부 지도자들이 대부분 아직도 50대 초반으로 정열적이고 강력한 지도력을 행사할 수 있었기 때문에 별 문제가 없었다. 그들 중 몇 사람은 헌법에는 없는 天皇의 비공식적인 諮問役 즉 「元老」의 자리에 올라 중요정책의 결정을 좌우하고 있었다. 그러나 1890년대 말에 이르자 「元老」들의 계속지배에 대하여 그들이 국가에 유용했던 것 이상으로 오래 지배자의 위치에 있다는 느낌과 함께 불만이 싹트기 시작하였다. 젊은 세대의 지도자들을 위해 「元老」들은 물러나야 한다고 많은 사람들이 생각하고 있었지만 막상 누가 대신할 것인가는 불분명하였다. 하나는 1870, 80년대의 새로운 정치·사회 질서를 수립하는 데 「元老」들을 도왔다고 자부하는 젊은 고급관료 및 「元老」들의 추종자 그룹이었고, 다른 하나는 정당을 조직하여 의회에서 활동하고 있던 재야 정치인 그룹이었다. 두 그룹 모두 지도권을 갈망하고 있었고 또한 그럴 만한 권리가 있다고 생각하고 있었으나 그들간의 견해 차이는 쉽게 합치될 수 없었다. 이 결과 의회에서의 정치적 투쟁과 권력을 잡기 위한 정당간의 싸움이 시작되었다. 30년 동안의 실험과 조정 끝에 마침내 정치투쟁을 할 수 있는 소지는 마련되었다.

1. 藩閥政治에 대한 투쟁

立憲政體가 수립되고 처음 몇년 동안은 內閣과 衆議院간의 끊임없는 충돌로 점철되었다. 처음부터 정부 지도자들은 이전에 그들에게 대항했던 인물들이나 새롭게 선거를 통해 국회의원이 된 사람들과 권력을 나누어 가질 의사는 없었다. 헌법을 만든 伊藤博文을 비롯한 모든 지도자들은 「超然內閣」곧 天皇에게만 책임을 지는 내각은 당파적 차원을 넘어서야 한다는 원칙을 세웠다. 또한 天皇을 자문하는 「元老」로서 그들은 자기 그룹 밖의 사람들이 권력에 접근하는 것을 막을 수 있었으며, 그들의 손에서 권력을 놓지 않겠다는 것을 분명히 하였다. 실제로 1901년까지의 총리와 중요한 대신들은 거의 다 元老級이었다. 젊은 층으로 대신의 자리에 나아갔던 인물로는 桂太郎·西園寺公望(사이온지 긴모찌;1849~1940) 등이 있었으나 이들은 「元老」의 특별한 신임을 받았던 사람들이었다. 이러한 좁은 그룹내에서의 정치를 속칭 「藩閥政治」라고 불렀다.

藩閥政治에 누구보다도 앞장선 반대자들은 신설된 衆議院 안에서 나왔다. 1890년에 실시된 첫 衆議員 선거는 예상외로 치열하여 한 선거구에 보통 3명에서 6명의 후보자들이 난립하였다. 국회의원이라는 공적인 직분과 그 지위를 열망하여 많은 사람들이 그 권위만을 바라고 입후보한 경우도 많았다. 「한 표만이라도 얻으면 나는 이를 우리 家系에 붙이겠다」고 솔직이 고백한 후보자까지 있었다. 그러나 한편으로는 藩閥政治家들을 몰아내려는 이전의 「자유민권」 운동가들이 선거를 통하여 다시 나타났다. 大隈重信과 板垣退助 등 1870, 80년대의 반정부 지도자들을 중심으로 한 새로운 정치그룹 「民黨」이 第一議會가 소집되자 형성되었다. 官의 협박이 아직도 생생하게 남아 있었지만 「民黨」측은 견고하게 자리잡고 있는 藩閥지배체제에 반대, 입헌정부를 위해 투쟁할 각오로 차 있었다. 당연한 방향으로 그들은 초기 의회에서 정부에 대하여 정면대결할 길을 택하였다.

의회가 개설되면서 「民黨」측에서 곧 알아낸 것은 헌법상의 모든 제한에도 불구하고 의회는 정부를 견제할 만한 상당한 힘이 있다는 것이었다. 우선 의회는 경찰의 협박이나 언론취체법을 벗어나 지배자들을 공격할 수 있는 장소가 될 수 있었다. 실제로 山縣有朋은 총리로서 의회발언을 해야 했을 때 「民黨」의원들의 공격 때문에 소화불량에 걸리기까지 했다. 또한 의회 는 각료에 대한 탄핵을 天皇에게 청원할 수 있는 권리를 갖고 있었다. 비 록 법적 구속력은 없어도 이는 정부를 심각한 궁지로 몰아넣을 수 있었다. 그러나 의회가 갖고 있는 가장 큰 무기는 예산심의 및 동의권이었다. 의 회의 동의를 얻지 못할 경우 前年度의 예산에 따르도록 규정되어 있긴 하 였으나 지출증가와 인플레이션으로 인한 물가상승 때문에 재정문제에 있 어서 내각은 의회에 약할 수밖에 없었다. 초기의회 동안 예산을 둘러싼 싸 움은 끊임없이 치열하였으며 정부로서는 이에 굴복하든가 衆議院을 해산 하여 다시 선거를 치르든가 해야 했다.

이렇게 투쟁적인 의회와 어떻게 대처해야 할 것인가를 놓고 정부 지도자 들간에는 견해의 차이가 나타났다. 강경파의 대표격인 山縣有朋은 정당의 요구에 굽혀서는 안되고, 정당의 힘을 약화시키기 위해 선거기반을 부수 도록 국가권력을 사용해야 한다고까지 주장하였다. 1892년 선거 때 山縣 의 부하였던 內務大臣 品川彌二郎(시나가와 야지로오;1843~1900)은 반정부적 후보자를 떨어뜨릴 수 있는 가능한 모든 방법을 쓰라는 명령을 지방장관 들에게 내려, 경찰과 정치깡패들이 공개적으로 선거간섭을 함으로써 25명 이 죽고 388명이 다치는 불상사가 일어났다. 그럼에도 불구하고 비판세력 은 의회에서 다수를 차지하였다. 선거간섭 같은 방법으로 야당측을 약화 시키는 것은 쓸데없는 짓이라고 인식한 伊藤博文 등은 오히려 의회내에서 정부방침에 동조하는 인물들을 모아 정부의 당을 만들어야 한다고 주장했 다. 伊藤은 「超然內閣」이란 정치적으로 비현실적이며 보다 적극적으로 일 반백성들이 정치에 참여할 수 있도록 교육시키는 노력이 필요하다고 생각 하였다. 그의 아이디어는 1890년대 초반에는 실제화되지 못했으나 정부 의 비타협방침을 조금이라도 완화시켜야 한다는 각오는 되어 있었다.

이러한 추세는 각 정당에서도 나타나 정당 지도자들 중에는 대결보다는 타협의 방향을 택하자는 의견이 나오기 시작하였다. 藩閥정치에 대한 공격이 정치적 보복감정을 만족시킬 수는 있어도 입헌정치라는 장기적 목표를 달성하기는 어렵다는 것이었다. 明治維新 후 지금까지 이끌어왔던 「元老」들의 위치로 보아 그들을 정면공격하는 것보다 그들을 포위하는 것이 유리하다는 판단이었다. 1894년의 청일전쟁 때 정부를 일치단결하여 돕고자 정당은 정부와 잠정적으로 화해하였다. 전쟁이 끝나고부터는 정부·정당간의 대립을 타협으로 해결하자는 움직임이 나타났다. 이 결과, 板垣退助가 이끄는 自由黨은 1895년 「삼국간섭」에 대응하여 군비증강을 하려는 伊藤博文 내각의 정책을 지지하였다. 이는 1890년대 후반의 정부와 정당이 연합한 첫번 예로서 이후 1897년에는 松方正義 내각과 進步黨간에 협조가 이루어졌으며, 성공은 못했지만 1898년에는 伊藤博文 내각과 自由黨이 정치적 연합을 꾀하였다.

1890년대 후반 내각·정당간의 연합은 정당을 정부에 팔아넘겼다는 비난을 받기도 하였으나 한편으로 보면 정부 지도자들도 똑같이 그들의 원래 방침을 정치적으로 팔았다고 해야 할 것이다. 즉 정당에서 藩閥정치에 대한 정면반대를 누그러뜨림과 동시에 정부 지도자들도 초연내각의 원칙을 포기하게 되었기 때문이다. 정당측으로서는 그들의 주장을 실행할 수 있을 뿐 아니라 정당 지도자들이 내각에 참여하고 정당원들도 고급관직을 맡게 되어 새로운 정치적 힘을 가질 수 있었다. 山縣有朋·桂太郞 등은 이를 비난했지만 사실상 정치적 교착상태에서 벗어날 수 있는 유일한 방법이었다. 마침내 정당은 정치과정에서 무시할 수 없는 위치를 차지하였다. 1898년에는 進步黨과 自由黨이 합친 憲政黨이 의회에서 다수당이 되자 헌정 수립을 위한 압력에 「元老」세력이 양보하여 大隈重信과 板垣退助에게 내각을 넘겨주었다.

그러나 정당정치의 실험은 관직을 둘러싼 경쟁과 기본정책에 대한 의견차이로 인해 소속의원들간에 곧 분열이 생겨 短命에 그치고 말았다. 정당출신 大臣에 대한 관료들의 협조거부도 내각붕괴에 한몫을 하였다. 분열된 憲政黨의 일파와 손을 잡은 山縣有朋이 1898년 다시 정권을 맡았으나 그는 오히려 정당세력의 증대를 막고 관료·군사조직을 정당의 영향으로 부터 보호하기 위한 법령들을 만들어내기 시작하였다. 차관 이하의 모든 관직에는 정당의 영향을 받는 사람을 임명할 수 없도록 하였으며 陸·海 軍 大臣은 현역 中將 내지 大將 중에서만 임명하도록 하여 내각구성에 군부가 거부권을 가질 수 있었다. 또한 이러한 규정을 고칠 수 없게 하기 위하여 山縣有朋은 관리·군인의 인사규정에 관한 개정에는 반드시 樞密院의 동의를 얻도록 추밀원의 권한을 강화시켜 놓았다. 桂太郞·大浦兼武 (오오우라 가베따께;1850~1918) 등 개인적 심복들을 주위에 두고 山縣은 정당세력의 확대에 맞섰다.

완고한 山縣有朋과는 달리 伊藤博文은 확대되어 가는 정당의 힘을 이용하려 하였다. 20세기로 넘어올 즈음에는 이러한 추세를 막을 수 없을 뿐더러 어느 면에서 바람직할 수도 있다고 그는 생각하였다. 1890년대 초반까지는 정당에 별 관심이 없었던 伊藤이었지만 1900년 井上馨과 西園寺公望의 조력을 얻어 스스로 정당을 전국적으로 조직하였다(立憲政友會). 이때 그가 의도하였던 것은,「국회에서 정당의 지원을 받음으로써 나는 傭兵에 더 이상 의존하지 않고, 나와 나의 정책에 충실한 常備兵을 갖게 될 것이다」라는 그의 말에 잘 나타나 있다. 그러나 그가 기대한 것만큼 政友會는 뜻대로 움직여지지 않았다. 당원들 가운데 경험이 많은 의회정치인들은 伊藤博文과 같은 유명한 인물을 지도자로 갖게 된 데에는 기뻐했지만 그의 명령에 순순히 따를 의사는 없었다. 당내에서까지도 반대에 부딪히자 그는 지도권을 西園寺公望에게 넘겨주고 總裁職을 물러났다. 伊藤이 당을 떠남으로써 政友會는 얼마간 타격을 받긴 하였으나, 곧 국회에서의 중심세력으로 그리고 전국적 정치권력을 향한 경쟁자로 떠올랐다.

2. 政友會의 등장과 정당세력의 확대

정당세력이 더욱 크게 확대될 수 있었던 것은 政友會가 내각·정당간의 연합을 일시적 편법이 아닌 항구적인 전략으로 바꾸는 데 성공하였기 때문이다.

여기에서의 주역은 관계·언론계를 거쳐 1900 년 政友會 고위간부로 들어간 原敬(하라 다까시 ; 1856~1921)이었다. 「자유민권」운동의 베테랑들에 비하면 原敬은 의회정치에 경험이 없었으나 입헌정치를 이루겠다는 의욕은 누구보다 강하였다. 그는 나름대로, 의회에서 남보란 듯이 싸우는 것보다는 막후접촉이나 그러한 분위기를 조성함으로써 목표가 달성될 수 있다고 파악하였다.

내각과의 관계에 있어서 새로운 변화는 1901 년 伊藤博文의 總理辭任 이후에 찾아왔다. 元老를 중심으로 한 지도자들은 山縣有朋의 대리인격인 桂太郎에게 행정책임을 맡기고 정치일선에서 물러났다. 桂太郎은 처음에는 의회내에서의 세력변동에 맞춰 그때그때 협상을 해감으로써 의회와의 마찰을 피했으나, 러일전쟁 직전에는 대규모 예산증액에 대한 의회의 강력한 지지를 확보할 필요를 느꼈다. 1904 년 12 월 桂太郎은 原敬을 만나 政友會의 전쟁지원 약속을 받았으며 동시에 原敬은 그 조건으로 桂에게 전쟁이 끝나는 즉시 政友會 總裁인 西園寺公望에게 자리를 내어줄 것을 요구하였다. 약속대로 桂는 1906 년 西園寺에게 정권을 내주어 이후 1912 년까지 두 사람은 서로 총리직을 교환하였으며 政友會는 의회에서 정부를 계속 지지 하였다.

原敬과 桂太郎간의 관계로 政友會는 여당적 위치를 차지하게 되었다. 더우기 내각에 政友會 고위간부들이 고정적으로 들어가게 되어 관료기구 속으로 당의 영향력이 침투할 수 있는 길이 열렸다. 제 1 차 西園寺내각에서 내무대신을 맡았던 原은 중요한 내무관료들을 자기쪽으로 끌어모으기 위해 노력하였다. 특히 이전의 고위관리들은 후견인의 보살핌 속에 승진하였으나, 이와 달리 관료체계를 통해 최고위직에까지 오르려고 하는 젊은 관리들의 등장으로 어느 정도 原의 구상은 용이하게 이루어질 수 있었다. 즉 原은 내무성내에 親政友會系 관료 그룹을 만들었을 뿐 아니라. 그들을 승진·전근시킬 수 있는 내무대신의 권한을 이용하여 지방장관들 가운데에도 추종자 그룹을 만들어놓았다. 지방장관 곧 府·縣知事들은 선거 사무의 감독과 지방관리의 임명, 그리고 지방의 경제정책 결정의 주역이라는 위치로 해서 지방에서는 막대한 정치적 영향력을 갖고 있었던 만큼 정당의 세력을 확대시키는 데에는 결정적으로 중요하였다. 親政友會系의 知事가 있는 지방에서는 선거에서 政友會의 후보자들이 당선될 가능성이 높았으며 지방의회도 또한 政友會측에서 지배할 수 있었기 때문에 原은 親政友會系 知事의 수를 늘이기에 전력을 기울였다.

역사학자들 중에는 原敬과 政友會가 고위인사들과 사귀고 고관들과 협상하는 일에 치중한 나머지 대중의 지지를 얻는 데에는 소홀하였다고 주장하는 사람들이 있다. 그러나 대중의 지지를 받지 못한 政友會였다고 하면 桂太郎 같은 인물과 협상을 성공시킬 수도 없었을 것이며 관료조직내에 침투할 수도 없었을 것은 분명하다. 사실 原敬의 주목표는 政友會가 절대다수 의석을 확보하는 것이었으며 이를 1908년에서 1915년 사이에 그는 달성하였다. 물론 당시의 정치가들에게 있어서 지지기반을 구축한다는 것은 일반백성들의 지지나 일반대중적 정치조직을 만들어내는 것을 뜻하지는 않았다. 1920년대까지도 선거권이 일정액 이상의 세금을 내는 납세자에게만 주어졌었기 때문에 유권자들은 상당히 여유있는 사회층——부유한 농민, 지방의 기업가, 도시의 재력있는 사람들에게만 국한되어 있었다. 따라서 정당 지지기반의 확대는 이들 유권자층의 이해나 기대에 맞추는 것을 의미하였다.

선거에서 표를 얻는 확실한 방법이 중요한 그룹의 경제적 이해를 보호하고 촉진하는 데 있다는 것은 오랫동안 정당정치인들이 익혀온 것이었다. 이는 1880년대의 지방의회에서의 경험에서 비롯된 것으로, 이를 통해 지방 정치인이나 지주들은 처음으로 정치적 이해타산에 따라 지지하는 기술을 배웠다. 따라서 국회에서의 정당정치인들도 지방의 경제적 이익을 늘이는 것이 선거에서 승리하는 편법이라는 것을 알고 있었다. 1890년대에는 이른바 「民力休養」을 내세워서 地稅增徵에 반대함과 동시에 도시 상공업쪽으로의 조세부담 전환을 요구하고, 예산을 깎기 위해 압력을 가하는 등 지방 선거구에서 기반을 쌓기에 정당정치인들은 주력하였다. 이 결과· 1890 년대 말에는 소득세·사업세·관세·소비세 등의 증가로 1890년 정부세입의 60 퍼센트를 점하던 地租가 35 퍼센트 선으로 그 비중이 줄어들었다. 이러한 정책은 기업가 세력의 등장이라든가 「元老」들과의 협상 및 軍費增額의 필요성 등에 의하여 후퇴하게 되었지만, 어떻든 정치인들은 유권자들의 관심을 모으는 데에는 세금문제가 유용하다는 것을 알았다.

1900 년대초 政友會에서 취한 방법은 중앙정부의 돈으로 黨勢 확장을 위해 지방사업을 벌이고 지방이익을 보호하는 것이었다. 러일전쟁 후 政友會는 정부지출의 「積極政策」을 강조하여 군사비로부터 민간부문으로 용도를 바꿀 것, 그중에서도 지방경제개발에 치중할 것을 약속하였다.

政友會는 지방농민과 기업가들에게 지지의 대가로 지방개발사업을 벌이겠다고 한 약속에 따라 지방의 철도·도로·다리 건설 및 학교·전화의 신설 그리고 항만개발과 관개시설의 확충 등에 그 영향력을 행사하기 시작하였다. 이러한 경향에 대하여 大藏次官이던 若槻禮次郎(와까쓰끼 레이지로오; 1866~1949)은, 「철로는 반드시 놓여야 할 곳에 놓이지 않고 사람 몇 살지 않는 작은 산촌에 건설되고 있다. 政友會를 지지하지 않는 곳에는 철로가 놓이지 않고 그들을 지지하는 곳에만 철로를 건설하고 있다. 이것이 바로 철로가 정당세력의 확장에 어떻게 이용되고 있는가를 보이는 것이다」라고 불평하였다. [1] 사실 1910 년대에는 政友會 소속이건 아니건간에 거의 모든 국회의원들이 지방사업에 정부 돈을 쓰도록 요청하고 지방 경제조직의 이익에 맞추려고 애썼다. 더욱 노골적으로는 지방의회 의원이나 선거 브로커를 시켜 유권자들에게 직접 돈을 주는 買票행위를 서슴지 않은 사람들도 많았다.

政友會는 또한 1890 년대에서 1900 년초까지의 경험에 비추어 새롭게 번창하는 기업가층에도 지지기반을 얻으려 하였다. 1898 년 한 국회의원이 지적했던 것처럼, 「기업가들의 신용을 얻지 못하면 國政을 원만히 요리할」 수 없었다. [2] 伊藤博文 자신도 政友會를 창설했을 때 澁澤榮一 등 대기업가들

1) 大島藤太郎, 《國鐵》(岩波書店, 東京, 1961), pp. 50~51.
2) 升味準之輔, 《日本政黨史論》 Ⅱ (東京大學出版社, 1966), p. 309.

은 물론 지방 상업회의소와 같은 경제단체의 간부들에게까지 초대의 손길
을 뻗치려고 노력하였다. 기업가들과의 긴밀한 유대는 그들이 갖고 있는
사회적 경제적 영향력뿐만 아니라 정치자금원으로서도 중요하였다. 原敬
은 개인적으로 銅鑛재벌인 古河市兵衛(후루까와 이찌베에)의 정치헌금에 많
이 의존하였으며 기타 대기업과 재벌들도 政友會나 다른 정당에 언제나 정
치자금을 대주었다. 소기업체를 갖고 있는 사람들도 특정 정치인에게 직
접 돈을 주거나 명목상의 理事職을 마련하여 개인적으로 도와주었다.

  이렇게 볼 때 政友會 또는 일반적인 정당세력의 확대는 관료조직과 전
략적으로 유대를 맺음으로써 이루어진 것만은 아니었다. 그보다는 국가정
책에 대한 정당의 영향력의 증대로 인하여 지방 및 전국적 이익단체가 정
당과 복잡미묘하게 얽힘으로써 가능하였다. 이러한 방식을 통한 정치권력
의 확대로 초기 의회에서 보였던 「民黨」측의 정열적인 사명감이나 과격한
논쟁은 상대적으로 줄어들었다. 政友會나 다른 정당의 지도자들이 특정 이
익집단을 위해 일하려고 한 것은 정당정치의 기초를 만들기 위하여는 다
른 길이 없다는 그들 나름의 신념 때문이었다. 原敬이 말했듯이, 「관직이
나 돈을 주지 않는 한 사람을 움직일 수 없다」는 것이었다. 여기에 정치
적 비판의 소지가 있는 것은 분명하나, 달리 보면 原敬 같은 정당정치가
들은 明治시대의 지도자들이 만들어놓은 「이익추구의 사회체제」에 그들의
정치기술을 적용했을 뿐이라고 할 수 있다.

3. 「憲政의 常道」

  政友會가 의회에서 다른 도전을 받지 않고 지배적 위치에 있었다고 하
면 아마 실질적인 입헌정부는 좀더 일찍 나타났을 것이다. 그러나 양당체
제가 등장하면서 정치상황은 복잡해졌다. 1900년대 초기 政友會 세력의
확대에 대하여 자신들의 위치가 무력해지고 있다고 느낀 非政友會系 정치
인들이 반감을 품은 것은 당연하였다. 그중에는 藩閥 지도자들과 협상을 서
슴지 않은 政友會의 태도에 분개한 사람들이 있는 반면 政友會가 강세인

한 유리한 것을 얻을 수 없으리라는 좌절감에서 반대하고 나선 사람들도
많았다. 이 결과 수자나 자금 및 영향력 면에서 政友會와 경쟁할 수 있는
제 2 당을 만들려는 합동의 움직임이 의회내에서 나타났다. 물론 헌정의
원리를 실현하자는 것이 동기이기는 하였으나 눈앞의 관심은 권력에 대한
갈망이었다.

反政友會의 움직임은 1912 년에서 1913 년에 걸친 정치위기를 맞아 그
成果를 거둘 수 있었다. 「大正政變」이라고 하는 이 위기는 山縣有朋派에
서 장악하고 있던 육군이 軍費豫算增額에 반대하는 西園寺내각을 무너뜨
리려고 하는 데에서 발단되었다. 1900 년 山縣이 만든 「軍部大臣現役武官
制」를 이용, 西園寺에 반대하는 육군대신이 사임하자 육군측에서는 후임
자를 천거하지 않았다. 마침 러일전쟁 후로 표면에 나서지 않던 「元老」들
이 그들의 특권을 행사하여 西園寺의 후임 총리로 桂를 지명하자 민중의
불만은 폭발하였다. 총리교대 자체는 비정상적인 것이 아니었으나 桂太
郞 개인의 이미지가 原敬과의 오랜 결속에도 불구하고 藩閥정치의 상징처
럼 남아 있어 민중은 그를 山縣派의 앞잡이로 보고 있었다. 1912 년 12 월
옛 민권운동가였던 犬養毅(이누까이 쓰요시 ;1855~1932)와 尾崎行雄(오자끼 유
끼오 ;1859~1954)을 중심으로 한 언론인·정치인·실업가 들의 연합이 憲政
擁護의 기치 아래 이루어졌다. 목표는 의회에 기반을 둔 정당내각이 桂내
각을 대신함으로써 藩閥정부를 무너뜨리자는 것이었다. 아마 이때 桂太郞
이 전처럼 政友會의 도움을 구했더라면 전국적으로 번진 집회와 데모의 열
풍을 넘겼을지도 모르나 그는 오히려 伊藤博文이 일찌기 政友會를 만든 것
과 같이 자기 자신의 정당 立憲同志會를 창설하여 위기를 극복하려 하였
다. 同志會 간부로 反政友會 지도자들이 많이 들어가자 이번에는 原敬도
민중운동의 편에 서기로 작정하였다. 결국 의회 다수당인 政友會의 도움
을 받지 못하여 桂太郞은 취임 석달 만에 물러나고 말았다.

그러나 桂太郞의 퇴진으로 민중운동에 참여하였던 많은 사람들이 기대
한 대로 정당내각이 성립되지는 않았다. 역시 「元老」의 지명으로 해군 실
력자 山本權兵衛(야마모또 곤노효오에 ;1852~1933) 예비역 대장이 국회·정당

과 관계없이 내각을 조직하였으며 政友會는 타협의 전통에 따라 山本과 손을 잡았다. 정권의 성격을 극단적으로 바꿔놓지는 못했으나 1912년에서 1913년에 걸친 政變에서 중요한 변화의 소지가 생겨난 것을 알 수 있다. 우선, 정당이 내각의 운명을 결정할 수 있다는 것과 더불어 1890년대 이래 藩閥정부가 얼마나 약화되어 왔는가 하는 것이었다. 실제로 原敬은 다시 권력측과 손을 잡자 政友會를 지지하는 인물들에게 핵심적 관직을 맡겼다. 또한 「軍部大臣 現役武官制」에서도 「現役」조항이 삭제되었다. 둘째, 桂太郎이 1913년 죽은 뒤에도 그가 창설한 정당은 살아남았다. 三菱재벌의 딸과 결혼한 외교관 출신 加藤高明(가토오 다까아끼;1860~1926) 및 大藏省 출신의 그룹이 중심이 되어 同志會는 政友會의 잠재적 대항세력으로 등장하였다. 내세우는 주장이나 정책은 政友會와 크게 다른 것이 없으나 내각구성을 위한 또 하나의 의회기반이 나타났던 것이다. 1914년 山本내각이 뇌물사건으로 붕괴되고 大隈重信이 총리가 되자 「元老」들은 政友會의 힘을 꺾기 위해 同志會와 손잡을 것을 권고하였다. 大隈重信이 새로운 선거를 실시한 1915년, 政友會는 예전에 자기들이 이용했던 정부의 압력과 금력이 이제는 자기들에게 역으로 사용되는 것을 보지 않을 수 없었으며 그 결과 심각한 타격을 받았다.

그러나 加藤高明과 그의 당이 정우회보다는 「元老」들의 뜻에 순순히 따르리라는 「元老」들의 기대는 잘못이었다. 영국을 좋아했고 또 외교에 있어서 「元老」들의 간섭을 줄곧 반대해 온 加藤은 原敬보다 비타협적인 독자적 성품의 소유자였다. 그는 또한 영국에서 본 안정된 중산층을 바탕으로 한 의회민주주의에 대한 굳은 신념을 갖고 있었다. 실망한 「元老」들은 大隈내각이 무너진 1916년 다시 「초연내각」을 수립하도록 山縣有朋의 추종자인 寺內正毅(데라우찌 마사따께;1852~1919)에게 총리직을 맡겼다. 이는 정당에 대한 불신을 반영한 것으로서 특히 山縣측에서는 아직도 정당은 국가보다는 정당 자체의 이익에 더 관심을 갖는 사적 집단으로 보고 있었다. 그러나 이러한 反政黨的 태도는 그 옳고 그름은 젖혀두고라도 당시의 정치실체와 충돌하지 않을 수 없었다. 우선 山縣派 안에서도 분열의 기미가 보였다. 寺內正毅 같은 충실한 추종자조차 모든 政事에 「元老」들이 간섭하는 것에는 참지 못했으며, 관료들 또한 막후조종에 순순히 따르려 하지 않았다. 정당이 앞날을 맡을 것이라고 믿은 많은 젊은 관료들은 「元老」나 그 후계자들의 총애를 받아서보다는 오히려 자기들이 지지하는 정당의 힘으로 長官職에까지 오를 수 있다는 기대 아래 우세한 정당에 편승하려고 애썼다.

이러한 상황으로 마침내 1918년 元老들은 공개적으로 정당정치를 인정하게 되었다. 이 해 쌀값의 폭등으로 전국적인 「米騷動」이 일어나고 더불어 寺內正毅 자신의 건강 악화 때문에 내각이 사퇴하였다. 다음 총리를 물색할 때 「元老」들은 바로 정당정치가 原敬을 지명하였던 것이다. 여기에는 세 가지 이유를 들 수 있다. 첫째 「元老」들의 직계 중에 누구도 맡으려 하지 않았다는 점, 둘째 原敬은 의회내 다수당의 총재였다는 점, 세째 정당에서 끝내 총리가 나오지 않을 경우 政友會와 憲政會(同志會 해산 후 다시 조직)는 모두 의회에서 정부에 대항할 위험이 있었다는 점 등이다. 그러나 당시 「元老」들의 결정은 항구적인 정당내각의 선례를 만들 의도에서 나온 것이 아니었으며 그들의 개인적 권력을 포기할 생각에서 나온 것도 아니었다. 그 예로, 山縣有朋은 政友會 지도자들이 실수를 범하여 다시 관료 중심의 「초연내각」으로 돌아오게 되기를 은밀히 바라고 있었다.

기대했던 실책은 나타나지 않았다. 그러나 1921년 原敬이 뜻하지 않게 암살당한 뒤 「元老」들은 「초연내각」을 되살리려 하여 1922년에서 1924년 사이 加藤友三郎(가또오 도모사부로오;1861~1923)・山本權兵衛・淸浦奎吾(기요우라 게이고;1850~1942)와 같은 비정당적 인물들을 연속하여 총리로 지명하였다. 이에 정당 지도자들은 정당정치를 되찾기 위해 「元老」들에게 압력을 가할 연합전선을 맺기로 하였다. 1924년 淸浦奎吾를 총리로 한 貴族院 중심의 내각이 조직되자 憲政會의 加藤高明, 政友會의 高橋是淸, 革新俱樂部의 犬養毅는 이에 반대하여 「제 2 차 헌정옹호운동」을 일으켰다. 1912, 13년의 제 1 차 때와는 달리 이때의 護憲運動은 대중에 대한 호소나 대중의 열광적 반응을 불러일으키지 못했다. 그러나 호헌운동에 연합한 정당들은 1924년 선거에서 상당한 득을 볼 수 있게 되어 淸浦내각을 무너뜨리기에 충분한 의석을 차지하였다. 또한 1922년 山縣有朋, 1923년 松方正義의 죽음으로 마지막「元老」들이 정치무대에서 사라졌으며, 다만 政友會 총재를 지냈던 西園寺公望이 유일한「元老」로 남았다. 그러나 그는 시세의 변화에 적응하려는 비교적 자유주의적 성향을 가진 인물이었다. 새로운 호헌운동의 압력에 직면하여 西園寺는 마침내 加藤高明 아래의 護憲三派 연립정권 수립에 동의하였다.

加藤高明내각의 출현은 헌정 실시의 새로운 시대를 열었다. 1924년부터 1932년까지 정권은 憲政會(1927년 立憲民政黨으로 개칭)와 政友會간에 오고 갔다. 입헌제도가 마련된 후 30년에 걸친 투쟁 끝에「憲政의 常道」는 닦였다고 많은 사람들이 믿었으며 정치권력을 향한 길도 의사당 입구를 통해야 한다고 생각하게 되었다. 山縣有朋의 측근으로 육군 참모차장과 육군대신을 지낸 田中義一(다나까 기이찌;1864~1929)조차 정당의 앞날에 확신을 갖고 1924년 政友會 총재직을 수락하였다. 그러나 실제로 1920년대의 정당내각의 총리들이라 해도 거의 다 관계나 재계 출신들이었다. 어떻든 지방장관을 포함하여 전국적으로 이름이 나지 않은 많은 고급관료들이 관직을 떠나 정당에 들어가는 경우가 속출하였다. 일반백성들도 이제 정치의 중심은 정당쪽으로 기울었다고 믿는 경향이 강하였다. 지방의 校長이 문부성으로부터 특별지원을 받으려고 할 때, 또는 지방 市長이 적자를 메우기 위해 정부보조를 필요로 할 때 그들은 관료들에게 대신 부탁하도록 지방의 당간부나 국회의원들을 찾게까지 되었다. 山縣有朋이 그토록 우려하였던 행정의 정치화 현상이 나타난 것이었다.

그러나 한편으로는 정당내각의 정치적 위치는 이전의 藩閥내각과 마찬가지로 끊임없는 타협 위에 서 있었다. 이전에 정당이 藩閥정권의 정책 수행을 방해하고 지체시켰던 것처럼 정당내각의 계획을 견제할 수 있는 힘을 가진 樞密院・貴族院・軍部가 여전히 상당한 독립성을 가진 권력체로서 존재하였다. 정당들은 헌법이나 법률 개정을 통하여 이러한 권력체들의 견제를 회피할 수 있었겠지만 실제로는 거의 불가능한 일이었다. 1925년

加藤高明이 貴族院의 조직과 권한에 사소한 개정을 하려고 했을 때에 貴族院에서는 加藤의 개정안 내용이 대폭 약화될 때까지 내각의 다른 법안을 모두 보류시켰다. 결국 정당내각의 총리들은 제도개혁 대신 비정당적 권력체 가운데에서 후원자를 구하거나 그들 권력체를 서로 대립시키는 방법을 택했다. 정치의 구심점이었던 「元老」들이 사라지면서 이같은 정치조작은 불가피한 것이었겠으나 그렇다고 해서 정당 지도자들이 귀족이나 군인 또는 관료들에 비해 불리한 위치에 있던 것은 아니었다. 정당내각이 지속될 수 있었던 것은 법이나 선례가 있어서가 아니고 실제적 효율적으로 정치를 운용하였기 때문이었다. 국사를 처리할 능력을 정당내각이 보이는 한 정당정치를 포기할 이유는 없었다. 그러나 중대한 국가적 위기를 맞을 때에는 정당정치가 흔들릴 수밖에 없었다.

4. 민주주의・사회주의・反體制運動

정당내각의 출현이 일반에게 전혀 의심없이 열광적으로 받아들여지지는 않았다. 이를 대중의 정부 또는 바람직한 정부의 승리라고는 보지 않는 사람들이 많았다. 실제로 1900년경부터 정당권력의 남용이나 부패에 대한 불만은 항상 신문・잡지에 나타나고 있었으며 1920년대에는 정당들을 「民黨」이라 부르지 않고 「旣成政黨」으로 신문에서 표현하게 되었다. 특히 중산층 지식인들 가운데 정당에 대한 환멸이 널리 퍼졌다. 이는 정당 및 그 지도자들이 권력에만 빠져 있다는 느낌을 반영한 것이었다. 정당들은 일반백성들이 갈망하는 것을 대변하기보다는 정치자금의 모금이나 買票 또는 막후절충에 더욱 관심이 있는 것으로 비쳤다. 1923년 한 개혁파 국회의원은, 「헌정을 신조로 하는 지식층 안에서까지 의회정치에 대한 신뢰의 상실 경향을 찾아볼 수 있는 것은 의회에 바탕을 둔 정부의 앞날에 심각한 일」이라고 이를 지적하였다. [3]

---

3) Peter Duus, *Party Rivalry and Political Change in Taisho Japan* (Harvard University Press, Cambridge., Mass., 1968), p. 24.

1912, 13년의 호헌운동에서 일어났던 대중의 불만은 이제 정당에 대한 불신으로 바뀌었다. 그 운동이 具體的인 성과를 거두지 못하자 비관론은 더욱 깊어갔다. 1차대전의 시기로부터 정당에 대한 불만은 정치개혁에 대한 일반적 요구로 나타나기 시작하였다. 여기에서 대표적인 인물은 東京帝國大學 法學敎授인 吉野作造(요시노 사꾸조오;1878~1933)로서 그는 보다 민주적인 정부를 만들어야 한다고 주장하였다. 너무 오랫동안 대중의 이익은 국가권력의 추구나 기존 이익집단의 사적인 이익추구 때문에 희생당해 왔으며, 이제야말로 정부에 대한 보다 강력한 국민의 통제 그리고 백성의 필요와 요구에 대한 보다 효율적인 정부의 대응이 있어야 할 때라고 그는 갈파하였다. 그의 이론 즉「民本主義」는 明治헌법체제를 그대로 받아들일 수 있다는 데에서 더욱 인기를 끌었다. 또한 당시 널리 유행한 윌슨의 민주주의 슬로우전에 감명받은 중산층 지식인들도 吉野作造의 민주적 개혁 요구에 동조하였다.

새로운 형태의 정치적 비판 움직임은 1918년 8월 쌀값의 폭등과 쌀 買占 소문으로 대규모「米騷動」이 전국적으로 일어나자 촉진의 계기를 맞았다. 富山(도야마)縣에 있는 한 어촌의 부인들이 일으킨「米騷動」은 곧 서부지역을 중심으로 하여 전국으로 확산되었다. 약 2주일 동안 농민·노동자·어민·점원·부인 등 소요군중이 길거리를 휩쓸며 쌀가게와 부자들의 집을 습격하였다. 정부추산으로도 70만 명 이상이 36개 市, 129개 町, 145개 村에서「米騷動」에 가담하였다. 大阪과 같은 대도시에도 여파가 미쳤다. 대개의 신문들은 소요군중에게 동정적이었으며 신문의 경쟁적인 기사취급으로「米騷動」이 급속하게 확산되었다고도 볼 수 있다.「米騷動」은 곧 수습되었으나 분명한 교훈을 깨우쳐주었다. 어려운 생활조건을 그대로 받아들이려고만은 하지 않는 일반백성들 속에 엄청난 불만이 쌓여 있다는 것이 표면화된 것이었다. 자유주의적 입장의 신문에서는 이를,「백성들은 나라가 어떻게 될 것인가를 묻지 않는다. 그들은 우리는 어떻게 될 것인가에 대하여 부르짖고 일어난 것이다」라고 지적하였다.[4]

---

4)《大阪朝日新聞》(1919. 8. 22)

이러한 국내적 사건이 민주적 개혁에 대한 광범위한 주장을 촉진시키는 하나의 계기가 되었다고 하면 1차대전에서 서양의 민주국가들이 승리한 것은 또 다른 하나의 요인이 되었다. 明治의 지도자들이 국가건설의 모범으로 삼았던 독일제국이 무너진 것은 이 세상에서 군국주의와 독재정치 세력의 패망을 알리는 것으로 보였다. 이후 독일·오스트리아·헝가리, 그리고 러시아에서까지 입헌공화제가 수립됨으로써 앞으로는 국민의 동의에 바탕을 둔 정부여야 한다는 것을 알게도 되었다. 민주적 개혁의 복음은 쉽사리 전파되어 중산층 지식인뿐 아니라 대학생 및 교육받은 젊은 노동자들에게도 앞날에 대한 이상을 불러일으켰다. 이러한 영향으로 1918년 말엽부터 1919년초에 걸쳐 적은 규모의 정치조직과 학습단체가 일찌기 1870년대에 나타났던 것처럼 전국 각처에서 생겨났다. 「민주주의」·「해방」「재건」 등을 새로운 구호로, 그들의 선전책자에서는 여성의 권리로부터 조세의 경감에 이르기까지 모든 것을 나름대로 주장하였다.

민주적 개혁을 위한 운동은 구체적인 요구 즉 선거권에 있어서의 납세제한 폐지와 보통선거제도의 수립에 초점이 모아졌다. 많은 사람들이 보통선거야말로 국회를 부패한 특수이익의 옹호기관으로부터 벗어나 국민의 요구와 기대에 부응하게 할 수 있을 것이라고 보아 선거법 개정이 곧 민주화를 위한 열쇠라고 생각하였다. 1919년초부터 보통선거를 요구하는 집회와 시위가 東京을 비롯한 대도시에서 벌어졌다. 「米騷動」과 같은 이전의 대중운동과는 달리 보통선거운동은 수준 높은 정치의식과 정비된 조직 그리고 정부에 대하여 직접 평화적으로 힘을 합쳐 호소하는 형식을 취하였다는 데에 그 특징이 있었다. 노동복 차림의 노동자들이 의사당에 들어가 국회의원을 붙잡고 보통선거법안에 대한 호소를 하기도 하였다. 새로운 형태의 정치운동은 점차 그 틀이 잡히기 시작하여 국민의 권리에 대한 일반적인 의식도 재산을 가진 안정된 사회층으로부터 「무산층」에게까지 확대되었다.

그러나 대중적 보통선거운동에 대한 정당들의 반응은 서로 달랐다. 우선 憲政會와 의회내 몇몇 소수파에서는 1920년 대중운동에 맞춰 마지못해 보통선거법을 국회에 제출하기로 결정하였다. 반면 原敬이 이끄는 여당 政友會는 유권자 수의 확대로 당의 정치가 영향을 받을 뿐 아니라 결과적으로 정치의 안정에도 영향을 미칠까 우려하였다. 법안 통과를 비관적으로 보았던 예상대로 여당에서는 이를 부결시켰다. 이에 藩閥정부의 지도자에게 향했던 대중적 분노의 파도는 原敬에게로 직접 몰려왔다. 그러나 더욱 중요한 것은 보통선거법안의 부결이 다른 사건들과 함께 개혁운동의 정치적 과격화 추세를 가져왔다는 점이다.

대중적 압력에 의회가 냉담한 태도를 취함에 따라 단순한 정치적 개혁에 대한 관심은 약화되기 시작하였으며 대신 일본의 모든 정치적 사회적 폐해에 대한 보다 근본적인 해결방안에 관심이 집중되었다. 1920년초에는 문제의 소재가 자본주의적 사회 경제체제에 있다고 비난하는 사회주의적 주장이 급속도로 힘을 얻어 퍼졌다. 사회주의운동은 미미하게나마 明治시대 말엽에 나타났다가 1911년 幸德秋水(고오또꾸 슈우스이 ; 1871~1911)를 비롯한 사회주의 운동가들을 明治天皇 암살음모를 하였다는 구실로 처형하자 그 혹독한 탄압에 수그러들었다. 그러나 1917년 이후 노동자층으로부터 새로운 불만이 비치기 시작함과 아울러 소련에서 사회주의 건설을 하고 있다는 충격적 보도가 전해짐으로써 사회주의 운동은 새로운 힘을 얻었다. 물론 사회주의가 무엇을 뜻하는가에 관하여는 각양각색의 혼란상태였다. 각종 과격사상에 대한 번역이 범람하여 사회주의에 대한 관념은 길드사회주의, 무정부적 노동조합운동, 계급혁명론, 심지어는 국가사회주의까지로 서로 보는 바가 달랐다. 기본적으로 富와 정치권력을 보다 평등하게 분배하자는 욕구에서는 이들 새로 등장한 좌익운동가들이 일치하였으나, 그 달성 방법을 둘러싸고는 의회활동을 통하자는 주장이 있는가 하면 조합조직을 확대하자는 의견, 노동자들 속으로 들어가 동맹파업을 주도해야 한다는 견해, 극단적 폭력 혁명을 부르짖는 입장까지 나타나 혼동된 상태였다.

정당정치인이나 관료들에게는 대중에 영합하는 호전적 인물들이 먼저 좌익운동의 주도권을 잡은 것으로 보였다. 1920년 노동절의 가두시위와 日

本社會主義同盟의 창립, 1921년 노동운동에 있어서의 무정부적 노동조합 운동가들의 등장, 1922년 日本共産黨의 성립 등은 놀라운 발전이었다. 이 는 모두 의회정치의 테두리를 벗어난 것이었기 때문에 기회 있을 때마다 경 찰의 탄압을 받았다. 1923년 關東대지진의 혼란 속에서 大杉榮(오오스가 사까에 ; 1885~1923) 등 여러 과격파 지식인·노동운동가 들이 경찰과 헌병들 에게 살해되었으며 반체제 그룹에 대한 경찰의 감시와 협박은 언제나 끊이 지 않았다. 이러한 상황에서 책임있는 정치 지도자들은 대중의 사상에 대한 적절한 지도가 필요하다고 느껴 위험사상에 빠지기 쉬운 대중의 불만을 무 마하고 과격사상의 전파를 막기 위해서는 보통선거의 확대가 요구된다고 주장하였다. 1923년 山本權兵衛내각 당시 보통선거법안을 의회에 제출하 기로 결정은 보았으나 여의치 않다가 1925년 加藤高明정권 시기에 마침내 법으로 확정되었다. 모든 사람에게(물론 成年男子에 국한) 선거권이 부여 됨으로써 일본은 加藤高明의 말처럼 「어둠 속에서 비약했던」것이다.

　보통선거법의 통과는 1920년대의 정치에 있어서 중요한 전환점을 이루 었다. 우선 많은 좌익 지도자들을 의회 중심의 온건한 방향으로 선회하도록 한 것이다. 새롭게 선거권을 얻은 국민들은 새로운 지도자를 찾으려 할 것 이라는 낙관적 기대 속에, 좌익 지도자들은 무산층의 이익을 대표함으로써 새로운 표를 모을 것을 목적으로 無産(프롤레타리아)정당을 조직하였다. 원래 목표는 하나로 뭉친 대중정당을 결성하는 것이었으나 이념적 분파와 개인적 분열로 이 노력은 실패하였으며 따라서 작은 정당들이 난립하게 되었다. 대체로 보아 1920년대 말엽에는 좌익내에 세 그룹이 있었다. 하 나는 의회를 통한 행동과 온건한 사회개혁을 주장하는 사회민주주의자들 이고, 두번째 그룹으로는 프롤레타리아 혁명을 희망하나 정당한 방법으로 성취하자는 修正마르크시스트들, 그리고 마지막으로 전술적 목적에서 의 회내에 그룹을 만들기는 하였으나 본질적으로는 혁명적인 마르크시스트들 이 있었다. 이들 법적으로 허용된 좌익 이외에, 수는 적지만 활동적이고 영향력이 큰 日本共産黨이 소련의 지도와 자금을 받으며 혁명적 노동계층 의 결집을 목표로 수많은 일선조직들을 통하여 활동하고 있었다.

그러나 프롤레타리아 정당의 활동과 병행하여 정치적 과격사상을 탄압하려는 새로운 장치도 만들어졌다. 이미 1919년부터 정치인과 관료들 가운데 좌익운동의 과격화에 충격을 받은 사람들은 국내에서 위험사상의 전파를 막고 국외로부터 사회를 전복하려는 요소들이 들어오는 것을 막기 위하여 규제법안을 만들어야 한다고 주장하였다. 1925년, 보통선거 실시 이후에 나타날지도 모르는 두려운 결과에 대처할 생각에서, 또한 소련과의 외교관계 수립에 따른 여파에 대응할 의도에서 「治安維持法」이 의회에 제출되어 거의 만장일치로 통과되었다. 「國體」의 변혁을 주장하고 사유재산제를 공격하는 정치조직은 이 법으로 불법화되었다. 「國體」와 사유재산제에 대한 공격은 극단적 과격파의 행동계획 안에 있는 것으로 짐작하였던 것이다. 처음으로 「치안유지법」을 적용한 것은 고등학교와 대학에 있는 마르크시즘 연구조직을 탄압할 때였으며 1928년 5월에는 공산주의자 일제검거의 구실로 또한 크게 이용하였다. 내무성 안에는 위험사상의 통제와 외국에서의 반공대책 연구를 하기 위한 특별 局이 설치되기도 하였다.

1920년대의 정당내각이 공산당이나 기타 마르크시스트 과격파 집단을 엄격하게 탄압하였다고는 해도 법적으로 허용된 온건좌익파의 활동에 대하여는 관대하였다. 새로운 프롤레타리아 정당들은 기존 사회체제나 정치권력에 당장 위협을 주는 존재는 아니라고 정당 지도자들은 인식하였기 때문이었다. 실제로 1928년에 실시된 첫번째 보통선거의 결과는 이를 증명하였다. 즉 프롤레타이아 정당들이 얻은 것이라고는 총투표의 5퍼센트와 8개의 국회의석에 불과하였다. 분파싸움과 자금·경험의 부족, 그리고 농민들의 불신으로 인하여 좌익정당들은 도저히 「기성정당」들과 선거에서 맞설 수 없었다. 1930년대초에는 좌익후보들이 약간 더 진출하였으나 여전히 의회는 政友會와 民政黨의 장악 아래 있었다. 전과 마찬가지로 이들 「기성정당」들은 지방사업의 정치적 이용, 매표, 그리고 지방 후원자들의 개인적 영향력에 의존하여 선거에서 압도적인 우세를 나타내었다.

그러나 좌익파와의 대결에서 정당들은 상처를 입지 않을 수 없었다. 계급투쟁론과 과격한 개혁주장 그리고 전당정치를 부르즈와 지배와 동일시하는 견해들이 널리 퍼지면서 특히 지식층 가운데 의회정치에 대한 불신은 깊어갔다. 더우기 의정단상에서의 격투나 야비한 언쟁 그리고 끊이지 않는 정치 스캔들로 정당정치에 대한 신뢰는 더욱 멀어졌다. 1926년 당시 진보적 지식인을 대변했던 《朝日新聞》에서는 국회는 투우장과 같고 의원들은 돈과 후원자를 구하는 娼女들과 같다고까지 비난하였다. 특히 좌익에서도 정당을 공격하고 있었기 때문에 의회에 대한 중산층의 불만과 이탈은 불길한 징조로 보였다. 정당들의 권력경쟁과 특수이익의 옹호는 전통적 가치인 자기희생·화합·충성과는 배치되는 것이었다. 이러한 상황에서 한 좌익 이론가는 선거과정이야말로 非日本的이라고 다음과 같이 개탄하였다.

> 후보자는 자신을 세상에서 가장 뛰어난 인물이라고 말해야 하면서 거지처럼 표를 구걸하든가 장사치처럼 표를 사야 하니 이것이 진정 신사로서 해야 할 일인가? …… 생각 있는 일본인은 오히려 정치에 손을 대려 하지 않고 국회는 무뢰한들의 집합소로 되어 있다.[5]

대부분의 국민들 특히 농민들이 아직도 전통적 가치관을 지니고 있고 학교에서도 이를 가르치고 있는 형편을 고려할 때 많은 사람들이 좌익 이론가의 비판에 동조하였을 것은 분명하다. 정당들은 선거에서 승리하고 권력의 중심을 잡고 있었음에도 불구하고 결국 그 영향력이나 권위에 상응할 만한 일반백성으로부터의 존경은 얻지 못하였다.

---

5) Nobuya Bamba, *Japanese Diplomacy in a Dilemma* (University of British Columbia Press, Vancouver, 1972), p. 76.

제 11 장 경제성장과 사회변화

　정당세력이 발흥하고 있을 때 일본 경제에 있어서의 근대분야 또한 성숙하고 있었다. 1912년에서 1932년 사이 모든 분야에서 기술진보가 있었으며 一人당 실질소득은 2배 이상으로 늘어 생활수준 또한 향상되었다. 20세기로 접어들 때까지는 아직도 異國的 항구로 외국인의 시선을 끌었던 東京이 이제는 근대적 대도시의 면모를 갖춰 중심가에는 전차들이 분주히 다니고 새로운 근대적 건물들이 줄을 이었다. 어디에서나 경제적 성장과 번영의 표시가 분명히 드러났다. 그러나 1910년대에서 1920년대에 걸친 번영은 새로운 문제들을 야기시키기도 하였다. 전반적인 경제여건의 개선에도 불구하고 대다수의 백성들은 기업의 주기적 호·불황에 오히려 더욱 심한 영향을 받게 되었다. 明治시대에는 별로 중요하지 않았던 세계경제상황의 여파가 결정적 충격을 주기 시작하였으며, 또한 공업화와 경제발전의 혜택이란 것이 일본사회에 공평하게 나누어지지 않는다는 것도 점점 분명해졌다. 일부의 사람들은 만족할 만큼 잘살게 된 반면 다른 사람들은 새로운 불안과 곤경에 부딪히게 되었다. 이에 따라 1920년대 말엽에는 심각한 경제적 사회적 위기를 맞게 되었으며 이 위기는 경제적 번영이 달성된 바로 그 길에서 많이 발생하였다.

1. 호황과 불경기

러일전쟁 이후 일본은 엄청난 액수의 공채부담과 물가상승 그리고 수출감소와 무역불균형에 시달렸다. 그러나 1 차대전으로 극적인 전환을 하게 되었다. 전쟁이라야 사실 山東半島에 있던 독일 租借地와 西南태평양에 있던 독일 해군기지를 점령한 것 외에는 중요한 작전을 벌인 것이 없었기 때문에 전비에 별 재원이 필요하지도 않았다. 보다 중요한 사실은 전쟁으로 무역에 있어서 새로운 기회가 주어졌다는 것이다. 전쟁물자를 완전히 충당할 수 없던 연합국들이 탄약 및 기타 물자의 공급을 일본에 의존하지 않을 수 없게 되었으며, 전쟁의 압박 아래서 유럽 상인들은 인도·중국·네멜란드령 東인도(인도네시아)시장으로부터 물러나야만 했다. 이 공백 속으로 일본의 수출품이 파고 들어 일본의 면사·방직물 및 기타 제품들은 이전의 유럽제품을 대신하였다. 특히 중국에서는 싼 노동력을 이용하기 위하여 上海·靑島·天津 등의 면방적공장에 직접 투자하기도 하였다.

이 결과 1914년에서 1919년까지 사이에는 대단한 戰時 붐이 일었다. 국민총소득은 3 분의 1 이상 늘었고 광·공업 생산은 반 가량 증가하였다. 이러한 진전은 수출용 방직물 등을 생산하는 경공업분야에서 크게 일어난 것은 물론이지만 다른 분야에서도 이에 못지 않게 발전하였다. 먼저 해운업에서 무역량의 증가에 따라 수송함선의 수가 곱절로 늘었으며 중공업은 철강·석탄·기계 같은 생산재 수요에 맞춰 발전하였다. 또한 증기기관 대신 수력발전의 힘을 더 많이 쓰게 되면서 전기제품공업이 급격하게 발전하였다. 고용기회와 임금이 올라가는 데 따라 물자와 식품에 대한 소비자들의 수요 또한 새로이 나타난 것은 물론이다. 이에 경제계는 낙관적 전망으로 들떠 있었다. 몇몇 회사에서는 100 퍼센트의 주식배당금을 줄 만큼 이익을 보기도 하였다. 실제로, 戰時 붐과 인플레이션은 서로 평행적인 것을 감안하면 이때의 많은 이익과 번영은 가공적인 것이라 하겠으나 어떻든 일본은 자신감에 차 있었다.

그러나 1차대전이 끝난 뒤 상황은 바뀌었다. 서양국가들이 정상을 되찾음에 따라 미국 및 유럽상인들은 세계무역에서 차지했던 옛 위치를 회복하였으며 이는 부풀었던 일본 경제를 진정시키는 역할을 하였다. 다시 일본은 무역적자를 보기 시작하였다. 또 다른 이유는 전시의 극심한 인플레이션으로 일본물품의 값이 상당히 비싸졌던 것이다. 더우기 면직물로 대표되는 중요한 일본의 수출품들은 밖에서 들여와야 하는 원료 및 半제품 그리고 서양으로부터 사들이는 선진기술 등이 차지하는 가치를 감안할 때 그 실제가치 및 이윤은 낮았던 데에도 또 다른 이유가 있었다. 이 결과 1920년에는 戰後不況이 찾아왔으며 이후 10년간 경제성장은 뒤지고 국민 총생산의 증가율은 전쟁기간 중의 반밖에 미치지 못하였다.

호황이 물러가면서 많은 기업들은 과잉투자와 만성적 재정난에 허덕이게 되었다. 전시의 확장을 위하여 많은 회사들이 당시의 오른 값으로 과다하게 자금을 꾸어 썼으나 불경기가 찾아오자 가격은 떨어지고 빚을 진 회사들은 줄어든 이익으로는 도저히 갚을 수 없는 부채만을 안게 되었다. 더 나아가 이윤이 낮아지든가 또는 전혀 없는데도 호황 때의 습관으로 주식 배당금은 계속 지급하고 있었다. 은행 또한 단순히 오랜 고객이기 때문에서라기보다는 돈을 꾸어준 회사의 주식을 많이 소유하고 있어서 기업도산에 따른 손해를 직접 은행도 입어야 했기 때문에 불안한 기업이라고 해도 계속 자금을 대부하여 주었다. 그러나 은행에서 돈을 꾸어 새로운 생산시설을 만들고 빚을 갚는 데 쓰기보다는 주식 배당금이나 이익분배를 위하여 쓴 경우가 더 많았다. 1920년과 1922년의 금융위기로, 도저히 견딜 수 없는 기업들은 어느 정도 정리되었으나, 불구자가 장님을 끌고 가듯이 위태롭게 많은 회사들은 은행 빚을 얻어 겨우 유지할 수 있었다. 1923년 東京과 주변지역을 강타한 關東대지진은 일본 경제에 커다란 충격을 주었다. 정부는 복구 보조금으로 막대한 자금을 방출하였으나 이 또한 빚에 허덕이고 시설과잉에 시달리는 많은 회사들을 지탱해 나가는 데나 쓰이고 말았다.

1920년대 중반 전반적인 경제상태에 대하여 정부와 경제계에서는 깊은

우려를 나타내었다. 물가는 내릴 줄 모르고 무역적자는 늘어만 갔으며 外
貨保有高 또한 줄어들었다. 이러한 상황을 초래하게 된 것에 대하여 많은
경제이론가들은, 경제계 지도자들의 생각과 마찬가지로, 정부가 긴축통화
정책을 채택하여 물가를 내리고 국제경쟁력을 강화하였다면 호경기와 성
장은 더욱 박차를 가하였을 것이라고 은근히 비판하였다. 그러나 1920 년
대의 가장 발달된 선진공업국의 정부처럼——1880 년대 강력한 의지를 보
였던 松方正義와는 달리——정당내 각과 경제관료들은 일관된 정책을 밀고
나가지 못하고 불안 속에 그때그때에 맞추기만 하였다. 무엇이 최선의 방
책인가에 대하여도 정당간에 합의를 볼 수 없었다. 憲政會와 그뒤를 이은
民政黨쪽에서는 경비절감과 균형예산 즉 보수적 재정책을 주장한 반면
政友會는 대체로 경기자극을 위한 비용증대 정책을 옹호하였다. 내각이
서로 바뀜에 따라 재정정책이 극에서 극으로 방황하게까지 되었다. 또한
경비절감과 통화축소를 내세운 정당의 지도자들까지도 정치적 지원자들
을 건드리는 것은 조심하였다. 지방사업기금에 곧 영향을 주게 될 예산삭
감 노력에 당원들이 또한 반발하였으며 긴축통화정책의 움직임에는 시설
확장으로 빚을 많이 진 회사들이 반대하였다. 이러한 결과로 일본 경제
는 계속 곤경에 빠져 있었으며 특히 세계시장의 붕괴——1929 년 이후의
세계적 경제불황에 대처할 힘을 잃고 있었다.

2. 二重構造

이와 같은 어려움은 한편으로 끊임없는 경제력의 집중현상을 1920 년대
에 초래하였다. 예전과 마찬가지로 이윤이나 임금 및 기술에 있어서의 가
장 큰 이득은 대규모 기업에 돌아갔고 이에 따라 농업 및 소규모 기업들
은 대기업의 힘에 떨어야만 하였다. 특히 주목할 것은 明治시대 후기부터
나타난 재벌이 결정적인 위치를 차지하게 된 것이었다. 러일전쟁 뒤 三井
과 三菱은 고도로 집중화된 企業群으로 다시 편성되었으며 1 차대전의 호
황기에 이를 이용해 막대한 자금을 효율적으로 공급할 수 있었다. 1920 년

대에 이르러 이들 두 재벌 및 安田·住友는 경제계의 4대세력으로 누구
나 인정하였다.

재벌의 성장에는 앞으로의 발전을 내다보고 새로운 기업 즉 화공업이나
전기제품 생산 같은 데에 투자할 수 있었던 것이 상당한 몫을 하였다. 이
와 함께 다른 기업을 인수하는 방법으로도 재벌은 성장하였다. 즉 재벌은
행이나 재벌회사가 어느 회사의 주식을 산 다음 자기들의 이익을 보호하
기 위하여 우선 자금을 대출하여 주었다. 재벌의 투자가 늘어 회사의 금
융을 통제하게 되고 나아가 원료공급까지도 조종하게 되면 한때 독립적이
었던 회사는 재벌의 운영방침에 포위되어 결국 재벌기업 가운데 하나로 전
락하고 마는 것이었다.

이 결과는 놀라왔다. 1차대전 전 5천만 엔이었던 三井合名會社(持株會
社) 자본이 1920년대 말에는 3억 엔으로 늘어 일본 전체 기업자본의 15퍼
센트에 가까운 자본력으로 三井系 기업들을 관장하였다. 이러한 피라밋
형 기업구조로 인하여 財閥家에는 막대한 富가 돌아왔으며 재벌의 운영자
들에게는 엄청난 경제적 권한이 쥐어졌다. 재벌기업의 운영자들이 항상
관심을 두는 것은 재벌 전체의 이윤추구였기 때문에 그들은 때에 따라 단
독기업이라면 큰 손해를 보게 될 가격으로도, 재벌 전체로 볼 때 이익이
된다면 다른 재벌계 회사들과 거래하였다. 그들은 또한 傍系회사 간부들
의 임명·승진에도 멋대로 관여하였다. 그러나 크게 보면 결정권과 자본
력의 집중은 장기적인 안정에 공헌하였다고 보인다. 불경기 또는 수요가
떨어졌을 때 전체 규모 속에서 방계회사들에게 지원하여 주었기 때문에
재벌계 회사들은 경제상황이 나빠질 때 보통 기업들보다 지탱할 수 있는
힘이 훨씬 강하였다. 여기에 고용된 사람들도 물론 경기변동으로부터 보
호받을 수 있었다. 동시에 그 경제적 힘으로 인하여 재벌기업의 고위간부
들은 정치적 영향력도 누렸다. 재벌기업에서 결정한 것이 경제 전반에 걸
쳐 큰 효과를 미치기 때문에 정당간부 및 고위관료들은 재벌기업 간부들
의 입장에 귀를 기울이기도 하였던 것이다.

그러나 다른 선진 공업국들과는 달리 재벌이 성장함으로써 소규모 기업

들이 사라지지는 않았다. 1920년대는 대기업들이 무수한 중소기업과 공존하여 이른바 근대경제분야에서의 이중구조현상이 나타났다. 소규모 기업이 살아남은 것은 도구 대신 기계를 쓰고 사람의 힘 대신 전기를 쓰는 것과 같은 기술진전에 적응할 수 있었기 때문이었다. 그러나 중소기업이 유지될 수 있었던 더 중요한 원인으로는 여러 면에서 대기업의 활동을 보완하는 기능을 가졌던 점을 지적할 수 있다. 첫째, 중소기업에서는 계속하여 기본적 소비재 즉 일상생활에 필요한 식품·주택·의복 등의 제조와 생산을 맡았다. 둘째, 이들은 재벌계 무역회사를 통해 해외로 수출되는 물품들——견사·면직의류·도자기 등 싸구려 일본제를 만드는 데 큰 몫을 하기도 하였다. 세째, 큰 공장에서보다는 작은 공작소 같은 데에서 더 싸게 만들 수 있는 것도 있어 소규모 기업들이 대기업의 하청업자 또는 공급자의 역할도 한 것이었다. 예를 들면 큰 공장에서 조립하게 될 기계부품들을 이들이 만들어내었다. 근대경제분야의 발전에 있어 대규모 공장에 뒤지지 않는 중요성을 작은 공장들도 갖고 있었던 결과 1930년 전체 도시 노동자 가운데 55퍼센트가 5인 이내의 노동자를 고용한 작은 공장에서 일하고 있었던 것은 놀라운 일이 아니었다.

경제에 있어서 중소기업이 갖는 전체적 중요성은 크다고 해도 그 개별 기업은 매우 불안하였다. 전형적으로, 얼마 안되는 돈으로 운영하고 있었기 때문에 항상 자본이 부족하였고 따라서 작은 지방은행에서 돈을 꾸는 경우가 많았다. 갑작스러운 수요의 변화에도 극히 약하였다. 특히 대기업의 하청회사인 경우 주문이 취소되면 곧 도산할 수밖에 없었다. 동시에 대기업과는 경쟁하지 않는다 해도 소기업들간에는 치열한 경쟁이 있었기 때문에 공장을 움직이기 위해서는 이윤과 임금을 최저수준으로 낮춰야 했다. 소기업의 수자는 늘고 있었지만 이러한 상황에서 대부분은 만성적 불안과 잦은 도산 그리고 자그마한 경기변화에도 항상 동요되었다. 많은 노동자들이 소규모 공장에서 일하였기 때문에 문제가 생기면 이는 그 기업주뿐만 아니라 노동자들 즉 대기업에 비해 낮은 임금, 불규칙한 노동시간에 시달리며, 그러면서도 생활보장이 서지 않는 소기업의 노동자들에게도 영향이 미쳤다.

그러나 정부는 대체로 소기업의 문제에는 주의를 기울이지 않았다. 明治정부의 선례에 따라 1920년대의 정당내각에서도 대기업의 합동이나 연합을 조장하였다. 정부가 의회의 지지를 받아 조선·철강·석유화학·항공·화학염료 등의 부문에는 보조금과 조세특혜를 베풀었으나 조직화되지 못한 소기업들은 스스로를 지켜야만 하였다. 1925년 중소기업들 사이에 해외시장에서의 판매협조를 목적으로 수출조합이 결성되기 시작하였으나 1930년까지 14개만이 조직되었을 뿐이었다. 특히 대기업의 하청업체와 같이 외국무역과는 직접 관계가 없는 소기업이나, 대도시의 백화점과 경쟁하는 소규모 도매상 그리고 재래 소비품의 생산업자들에게는 도움의 움직임이라고는 거의 없었다.

3. 도시의 노동분쟁

1920년대 점차 심각해지는 도시에서의 노동분규의 배경으로는 이 시기 경제성장의 감퇴를 들 수 있다. 당시 야기된 여러 문제들과 마찬가지로 새로운 노동문제도 戰時 붐에서 연유하였다. 1차대전 기간의 붐으로 공장노동자 특히 중공업분야의 남자 기술자에 대한 수요가 급증하여 1919년에는 10년 전에 비해 공장노동자의 수가 두 배로 늘었다. 이들 새로운 노동자들의 대부분은 남자였다. 전혀 경험 없는 농촌청년이나 국민학교를 갓 나온 소년 또는 軍에서 갓 제대한 청년들까지도 직장을 구하기가 어렵지 않았다. 가난에 찌든 東北지방을 제외한 모든 지역에서 새로운 직장을 찾는 사람들이 도시로 몰려들었다. 노동자를 구하려는 기업주들의 경쟁도 치열하여 노동자 탈취도 성행하였다. 자연히 임금은 많이 올랐으며 노동자들은 유리한 조건으로 직장을 바꿀 수 있었다. 1919년의 정부보고에서는 경기에 들뜬 노동자들의 이동과 낭비를 지적, 「힘써 일하고 조금이라도 저축하는 습관은 사라지고 낭비풍조가 유행하고 있다. 노동자들은 단지 돈 때문에 어디에서 무엇을 하게 될지도 모르며 옮겨다니고 있다」고 세태를 개

탄하였다.[1]

그러나 노동기회가 많은 것만으로 노동자들은 만족하지 않았다. 노동자 수의 급증과 노동수요의 팽창으로 투쟁적인 노동조합 운동의 기초는 마련 되었다. 또한 경제적 번영은 새로운 희망과 관심을 일으키게 하였다. 특히 중요한 것은 상승하는 물가와 기업이윤에 임금이 따르지 못하는 것이었다. 이에 따라 1914년에 50건이었던 파업과 노동분쟁이 1918년에는 417건에 달하였다. 대개는 협상을 통하여 해결되었으나 기업주 및 관리들은 점증하는 노동분쟁에 관심을 기울이지 않을 수 없었다. 1919년 대기업가들이 勞使간의 화합을 목적으로 協調會를 결성한 적이 있으나 노동조합의 간부들은 이에 무관심 또는 적대하였다.

1차대전 후의 불경기는 노동자들의 투쟁을 더욱 격화시켰다. 붐이 꺼지자 해고와 임금삭감의 선풍이 불었으며 이에 따라 노동분쟁 건수도 1919년에는 전년도의 무려 다섯 배가 넘는 2,388건에 달하였다. 사위나 태업, 작업 중단 등이 자주 일어나 勞使간의 격렬한 감정대립으로까지 발전하는 경우가 잦았다. 많은 좌익 지식인들과 학생들은 노동조합을 결성하는 데 노동자 대표들과 손을 잡기 시작하여 1917년 40개에 불과했던 조합이 1921년에는 300여 개로 늘었고 이들은 대개가 1919년에 조직된 大日本勞動總同盟과 연결을 맺고 있었다. 조직이 잘된 노동운동은 곧 장기간에 걸친 치열한 파업을 감행할 수 있었다. 1920년 官營 八幡제철소에서 노동조건의 개선을 요구하고 나선 노동자들은 거대한 용광로의 가동을 개업 이래 20년 만에 중단시켰으며, 이듬해 神戸—大阪지역의 造船노동자 파업에서는 3만 명이 두 달 가량 파업을 계속하여 1945년 이전에 발생한 가장 격렬하고 장기간에 걸친 노동분쟁의 기록을 남겼다. 이후 파업 건수는 얼마간 줄어드는 추세였으나 노동운동은 1920년대를 통하여 계속 확대 성장하였다.

정치 지도자들이 이러한 노동조합의 등장과 노동분쟁에 불안을 느낀 것은

---

1) Koji Taira, *Economic Development and the Labor Market in Japan*(Columbia University Press, New York, 1970), p. 132.

딩연하였다. 노동자들의 이기적 행동에 충격을 받은 지도자들이 있는가 하면 파업으로 생산은 줄고 임금만 올라가는 것을 걱정하는 사람들도 있었다. 더우기 노동분쟁은 사회적 안정과 세계시장에서의 경쟁력을 위협한다고도 느꼈기 때문에 보수파 정치인들 중에는 분쟁에는 탄압책으로 맞서야 한다고 주장하는 사람들이 있었다. 그 예로, 原敬은 노동자들의 요구에 굴복하는 연약한 기업가들에 대하여 분노를 금치 못하고 파업노동자들과 대결하는 데 경찰과 군인까지도 동원하였다. 또한 관리들은 은밀히 國粹會 같은 파업해산단체를 지원하든가 고용주들이 파업노동자를 해고하고 다시 복직시키지 않도록 종용하였다. 노동운동의 선동자들이나 조합결성을 추진하는 사람들 특히 마르크스트 및 공산주의 단체와 연관을 맺은 자들이 자주 구속되었던 것은 물론이다.

그러나 한편으로는 노동문제에 대하여 좀더 타협적인 정책을 주장하는 정치가와 관리들도 있었다. 특히 憲政會와 그뒤를 이은 民政黨의 지도자들은 사회의 안정과 평화를 살리기 위해서는 노동문제에 방임적 태도를 버려야 한다고 강조하였다. 실제로 1911년에 이미 「工場法」이 제정되어 연소자 노동의 금지나 여성 노동자의 노동일수 단축, 傷害노동자 및 가족에 대한 지원의무 등은 규정상 보장되어 있었다. 결코 급진적이라고는 할 수 없어도 어떻든 이 「공장법」은 이후 다른 법의 선례가 되었으며 內務省내 개혁파 관료들의 지침이 되었다. 1920년대 중반까지는 노동자의 처우개선을 위한 사회복지법들이 점차 제정되었다. 「職業紹介所法」·「健康保險法」·「工場勞動者最低年齡法」 및 「공장법」에 대한 부가규정 등은 이러한 의도에서 나왔다. 그러나 노동조합과 그 활동을 인정하는 포괄적인 노동법의 제정은 실패하였다. 1926년 加藤高明내각에서는 파업금지에 관한 법령과 官의 노동분쟁 조정기구 설치에 관한 법령 등을 폐기하는 데 성공하였으나 「노동조합법」의 제정에는 실패하였으며 이러한 시도는 3년 뒤에도 역시 성공하지 못하였다. 포괄적인 노동법의 제정에 반대한 것은 주로 대기업가들, 특히 日本工業俱樂部 및 日本經濟聯盟으로 뭉친 대기업 경영자들이었다. 이들은 경제관료 및 의회, 정당내의 호응자들과 힘을 합쳐 노동조합 및 단체협약을 법적으로 인정하려는 움직임을 막았다.

그렇다고 해서 경영자들, 특히 대자본을 가진 회사의 간부들이 노동문제에 좀더 긍정적으로 대응해야 할 필요를 느끼지 않았던 것은 아니었다. 1920년대에 있어서도 기술노동자는 가치있는 존재였으며 회사마다 이들을 잘 대우하여 떠나지 않게 하려고 노력하였다. 회사에 대한 이들의 충성을 보장받기 위하여 임금인상·노동시간단축·노동조건개선 외에도 싼값으로 회사주택을 사용케 한다든가 회사비용으로 야유회를 열어주는 등 각종 위로 분위기를 조성하였다. 또한 중요한 것으로는 대기업 경영자들이 점점 노동자들에게 終身雇傭과 年功에 따른 승급을 보장하여 준 것이었다. 정식으로 채용된 노동자라면 불경기라고 해도 항상 봉급을 받을 수 있었고 회사에 오래 근무할수록 더 많은 봉급이 약속되기도 하였다. 회사에 따라서는 제한적이긴 하지만 노동자 대표와 경영자간의 협의기구를 설치하기도 하였다. 이러한 모든 방안들이 노동운동을 약화시키는 데에 유용하였을 것이다. 회사의 가족주의나 복지방침은 노동자들에게 노동조합과 작업중단만이 유일한 길이 아니라는 것을 보여주었다.

이러한 회유책은 계급의식의 성장을 막는 데 탄압책보다 더 큰 몫을 한 것으로 보인다. 탄압책은 오히려 그 반대의 효과만 가져왔을 것이다. 그렇다고 해도 노동조합의 활동으로 노동자들은 많은 것을 특히 1920년대 중반에 얻어낸 것이 분명하다. 노동조합은 가스·전기·운수·통신·중공업 회사와 같이 복지방침을 채용하려는 대규모 회사들에서 가장 활발하게 움직였다. 그러나 노동자 조직이란 것이 언제나 경영자에게 양보를 강요하지만은 않았고 오히려 존재한다는 것만으로도 경영자들을 노동문제에 더욱 민감하게 그리고 타협적으로 만들었다.

더 나은 보수와 노동조건 그리고 더 안정된 위치에 있는 대규모 공장의 노동자들은 아직도 소수였다. 1928년 공장노동자의 42퍼센트는 100명 이내의 공장에서 일하고 있었고 그중 반 가량이 방직여공들이었다. 대기업에서조차도 노동자들 가운데 많은 수는 언제라도 해고당할 수 있는 임시노동자들이었다. 이러한 노동계층의 양분화는 대기업의 기술노동자와 같은 상층노동자들과 방직공장이나 소기업의 노동자, 날품팔이 노동자, 대기업의 임시노동자들 사이에 더욱 심화되어 갔다. 노동시장의 조건에 완전히 맡겨진 많은 노동자들은 정부의 법률이나 회사의 가족주의 방침으로도 별로 보호받지 못할뿐더러 그들 스스로 조직체를 결성할 수도 없었다. 도시에 불황이 찾아와 그들을 꺼리게 되면 그들은 농촌으로 되돌아가는 경우가 많았다.

4. 농촌문제

여러 경제분야 가운데 농업은 1920년대에 있어서 가장 움직임이 더딘 분야였다. 물론 다른 분야와 마찬가지로 농촌에도 전쟁으로 인한 번영은 찾아와 1916년에서 1920년 사이에는 이전 어느 때보다도 농민들의 생활은 나아졌다. 쌀값과 누에고치의 값이 폭등하면서 새로운 수입이 늘고 생산은 촉진되었다. 농업이 이익을 보게 되었기 때문에 쓸모없던 땅도 모두 경작지로 바뀌었으며 농업기술에 있어서도 새로운 탈곡기의 등장, 관개용 펌프의 이용, 화학비료의 보편화 등 기술진보가 있었다. 또한 전시 붐으로 새로운 부업기회가 생겨 많은 농민들이 농한기에는 공장에서 임시로 일하기도 하였다. 다른 분야에서와 마찬가지로 농민들이 획득한 이윤의 많은 부분 역시 물가상승으로 인하여 감쇄되는 것이긴 하였지만 전쟁전에는 사기 힘들었던 의복 및 기타 물품들을 살 수 있을 만큼 농촌에서의 전반적인 생활수준은 두드러지게 향상되었다.

그러나 戰後 경기변동의 영향은 도시에 못지 않게 농촌에도 미쳤다. 1920년부터 장기적인 농업불황은 시작되었다. 공업분야의 불황으로 남아도는 농촌의 노동력을 흡수하기는 점점 어려워졌으며 도시에서 직장을 잃고 고향으로 되돌아가는 노동자들이 많아지면서 농가경제에 새로운 제약을 가하게 되었다. 그러나 농민들에게 더욱 큰 어려움은 잠재적 실업보다도 장기간에 걸친 농산품 가격의 하락에 있었다. 쌀값의 경우 전쟁기간 중 수요가 국내생산을 훨씬 능가하자 가격이 급등, 그 여파의 하나로 1918년

「米騷動」이 일어나기도 하였다. 이같은 국내 식량생산의 부족을 메우기 위하여 정부에서는 식민지 조선과 대만에서 더 많은 쌀을 들여오는 정책을 취하였다. 노임이 싼 식민지의 쌀값은 낮았으며 더우기 도입량을 조절함으로써 그 가격을 낮게 유지하기에 정부는 노력하였다. 이러한 정책으로 도시소비자들이 혜택을 받은 것은 당연하였으나 일본의 농민들에게는 그 반대였다.

특징적 현상으로는, 농업불경기가 시작됨과 동시에 소작의 증가현상이 멈추게 되었다. 1920년대를 통하여 중소 자작농의 수가 서서히 지속적으로 증가한 것을 볼 수 있다. 전쟁기간 동안 토지개간·관개사업 및 농업기술 개발에 가장 힘쓴 것은 부재지주가 아니라 바로 이들이었기 때문에 그 이득으로 조금씩이나마 토지를 손에 넣을 수 있었다. 반면 지주들은 戰後 쌀값이 떨어지고 소작료가 줄어들며 땅값이 오르지 않게 되자 토지에서의 이윤이 상대적으로 낮아지는 것을 알게 되었다. 많은 지주들 특히 도시로 옮겨와 고향과는 관계가 희박해진 사람들에게는 다른 방면, 당시 성행하고 있던 株式 등에 투자하는 것이 더 이로운 것으로 보였다.

소작분쟁이 여러 지역에서 자주 일어난 것도 또한 지주들의 토지소유욕을 감퇴시켰다. 전후 도시에서 발생한 노동분규는 농촌에도 번져 도시노동자들이 임금인상과 노동조건개선을 위해 싸운 예를 농민들도 따르기 시작하였다. 1917년 84건이었던 소작분쟁이 1921년에는 1,680건이나 발생하였으며, 1922년 두 사람의 기독교 사회운동가에 의해 창립된 전국적인 소작인 조직——日本農民組合이 1924년에는 전국에 500개 지부와 5만 3천 명 회원을 갖게 되었다. 이 조직은 기본목적을 근원적인 토지개혁에 두어 「러시아의 농민처럼 우리도 토지와 자유를 얻을 때까지 싸우지 않으면 안된다」고 외쳤다. 그러나 이 거창한 목표가 일찌기 달성될 수 없음이 확실해지자 1920년대 중반에는 소작료 감면에 주로 운동의 초점을 맞췄다. 소작분쟁은 오히려 도시화·상업화되어 가는 서부 일본 지역, 즉 일찌기 부재지주가 나타나 明治시대 이래 촌락공동체를 유지시켜 왔던 상부상조 체제가 무너져 간 곳에서 가장 자주 나타났다. 지주와 소작인의 관계가 지주의 온정이나 지도력으로 서로 동하지 않는, 순전한 경제적 관계로 됨에 따라 권리의식은 소작인들 속으로 급히 파고 들었다. 이에 정부에서는 1924년에서 1926년 사이에 농촌에서의 긴장을 줄이고 지주에게는 토지매 각의 계기를 마련해 주기 위하여 「小作調停法」을 제정하고 소작인이 경작 지를 구입할 경우 低利로 융자해 주는 방안을 세우기도 하였다.

그러나 역설적으로 소작증가 추세는 멈추었는데도 1920년대 말엽에는 풍작으로 오히려 쌀값이 더 떨어져 농민생활의 전반적 상황은 더욱 악화 되었다. 이에 많은 농가에서는 누에를 키우는 등 여러 상품작물 재배로 연 명하려고 하여 1929년의 견사생산은 1914년의 세 배에 이르렀으며 통계 에 의하면 전체 농가의 40퍼센트 가까이가 주산물 이외의 소득원으로서 비단생산에 매달렸다. 그러나 이러한 현상은, 비단의 대부분이 수출용인 점을 감안할 때, 농가경제를 세계시장의 조건에 더욱 의존하게 만들었다. 더우기 인조견이 개발되면서 외국, 특히 일본산 비단의 주수입국인 미국 에서의 수요가 줄어들기 시작하자 1920년대 말에는 비단가격이 크게 떨어 졌다.

이러한 농업분야에서의 변화로 전체인구의 반에 해당하는 농민들, 약 5백 5십만 농가의 생활은 점점 어려워졌다. 정부는 여기에 농사관계 지 원금을 더욱 늘려 개선해 보려고 하였으나 실제 효과는 거의 없었다. 근 본문제는 농민의 경제적 위치에 있었던 것이다. 비조직적인 소규모 생산 자로서 그들은 스스로 집단적인 견제력을 행사할 수도 없는, 시장경제 의 힘에 방치된 존재였다. 특히 쌀이나 비단 값이 떨어지면 대부분의 농 민들은 가격을 되살리기 위해 생산을 줄이는 것이 아니라 더욱 많이 생산 하려고 힘썼으며 그 결과 가격하락을 더욱 부채질하였다. 시장의 변화에 대한 조직적 견제력이나 집단으로서의 정치적 영향력이 없는 농민들은 사 회적으로 힘없는 상태에 놓여 있었으며 따라서 농촌문제는 1920년대 많 은 사회경제적 문제가 해결되지 못하였듯이 미해결로 남았다.

5. 도시화와 중간층의 생활

근본적인 사회경제적 문제들이 많이 남아 있는 중에도 도시 중간층의 수
는 늘고 있었으며 보다 나은 생활을 유지하고 있었다. 극적인 출세기회 같
은 것은 明治시대를 끝으로 사라지고 있었지만 경제의 팽창으로 새로운 화
이트 칼라 직장은 계속 늘었다. 중앙·지방의 관리나 회사원의 수는 끊임
없이 증가하였던 것이다. 러일전쟁 후부터 회사원의 봉급은 대체로 관리
봉급과 맞먹게 되었으며 개인회사들에서는 우수한 대학생들을 확보하기 위
하여 학비지원을 한다든가 심한 경우에는 수석 졸업생을 사위로 삼는다든
가 하여 촉망받는 젊은 사원을 뽑기도 하였다. 終身雇傭·年功昇給·社
員福祉制 등의 가족주의적 관행이 대기업에서는 보편화되어 있었기 때문
에 회사에 취직하는 것은 官界에 들어가는 것 못지 않게 매력있는 것이었
다. 1차대전이 끝날 즈음에는 회사원이 사회 전체 구성에 있어서 극히
중요한 위치를 차지하게 되었으며, 회사원과 같은 봉급생활자들이 많이 나
타나면서 도시에서의 업무와 소비형태는 새롭게 바뀌었다. 가장 두드러진
것은 대도시의 중심지에는 기업체들이 밀집된 업무구역 그리고 교외에는 주
거지역이 발전한 사실이다. 東京의 예를 보면, 1913년에 중앙역이 완공
되고 곧 이어 부근 丸之內(마루노우찌)는 대은행·보험회사·기업체의 본
점들이 들어선 사업중심지역이 되었다. 1920년대에는 정부와 개인회사들
이 도시를 잇는 새로운 철도공사를 추진하여 교외 주거지역이 확대되었으
며 특히 1923년의 대지진으로 중심지 건물들이 많이 파괴된 뒤로 교외의
건축붐이 활발히 일어났다. 德川시대부터 일반인들이 많이 살았던 옛 상
업지구에는 작은 가게나 작업장들이 남아 있기는 하였으나 이제 도시의
중심은 낮에는 회사원들로 붐비는 사업지역과 밤에는 퇴근 후에 찾아가
는 오락지역으로 옮겨갔다.

새로운 중류층의 생활 스타일에서 특징적인 모습은 근대적인 것, 당시
유행하는 것을 열심히 따르고 즐기려 한 점이었다. 일반적으로 그들은 농

민 또는 그리 넉넉하지는 못했을 아버지들을 뛰어 넘어 스스로 크게 **향상**된 사회적 위치를 얻은 것으로 평가하였다. 중류에서도 상층에 드는 **사람**들은 새로운 권위와 성공의 상징으로, 소위 「하이 칼라」라고 하는 깃 **세**운 와이샤쓰를 입고 물건은 三越(미쓰꼬시)백화점에서 사며 주말이면 **帝國**劇場에 가는 것으로 문화생활을 과시하였다. 이보다는 덜 눈에 띄는 **것이**었지만, 중심지 상점이나 중급 백화점들이 조그만 동네가게를 대신하였고 멋진 메뉴를 자랑하는 양식집이 전통적인 국수·초밥집보다 붐볐으며 운송 수단으로서도 인력거 대신 전차와 택시가 주로 이용되었다. 중산층의 **아**기들 또한 시골아이들보다는 깨끗하고 단정하게, 집에서 만든 「기모노」가 아니라 서양식 교복을 입고 다녔다.

중산층은 유행에 민감한 반면 스스로를 계발하는 데도 열심이었다. **지방**에서의 고정된 생활방식을 경험한 이들 새로운 도시민들은 새로운 **생활**양식을 배우려고 노력하였다. 1차대전 기간 중 중산층을 상대로 문화적 생활을 알려주는 새 잡지들이 홍수처럼 쏟아져나왔다. 育兒·요리에서부터 영어습득·수험준비에 이르기까지 모든 방면에 걸친 각종 잡지들이었다. 출판업자들은 문화생활을 갈구하는 중산층 독자들에게서 거의 무한정한 시장을 찾아내었다. 1914년 3천 개였던 책 도매상이 1927년에는 1만에 가깝게 뛰었으며 岩波(이와나미)書店 같은 출판사에서는 최신 유럽철학서의 번역이나 일본사상에 관한 최근 저서들을 발행하여 지식인들 속으로 파고들었다. 한편 싸구려 소설이나 장식용으로 더 팔리는 유명한 저자들의 **전집**류 출판이 많은 이익을 본 것도 사실이다.

이러한 현상은 새로운 도시문화의 등장을 반영하는 것으로서 여기에는 일반교육의 보급과 신문·방송의 발달에 힘입은 바가 컸다. 1920년에는 모두 1,100종의 신문이 간행되어 6백만 내지 7백만의 구독자를 갖고 있었으며 통계적으로 볼 때 일본의 전체 1천 1백만 가구 중 약 반 가량이 일간신문을 정기구독하고 있었다. 유수한 대도시의 신문사에서는 독자를 모으기 위해 비행기관람회를 주최하고 야구팀을 후원하는 등 각종 행사를 벌이기도 하였다. 잡지는 거의 매주 새로운 것이 나올 정도였다. 그중에서도《中央公論》《改造》등 지식인 상대의 잡지는 吉野作造 같은 사람들의 무게있는 정치평론이나 谷崎潤一郎(다니자끼 준이찌로오;1886~1965) 같은 작가들의 깊이있는 소설로 채웠으나, 폭넓은 독자층은 오히려 일상사나 애국적인 글, 생기넘치는 통속소설로 가득찬《킹》과 같은 월간잡지에 쏠렸다. 영화·연극도 유행하여 일반대중들은 幕府의 최후·劍客物 등 국내영화뿐 아니라 그리피스(David W.Griffith)가 제작한 미국영화나 채플린(Charlie Chaplin)의 코메디를 즐기기도 하였다. 방송은 1920년대 중반부터 국영으로 시작하였으며 1928년에는 50만 가구에서 라디오를 듣고 있었다.

그러나 도시생활은 중산층의 발전을 보여준 반면 바람직하지 못한 면 또한 나타났다. 중심지 오락가의 댄스 홀·카페는 이를 즐기려는 사람들로 붐볐으며「무릎 위까지 올라간 치마」를 입은 여자들이 또한 이들을 유혹하기도 하였다. 청년들이 소란스럽게 노래부르고 한 것을 보면 어느 면에서 일본은 이미 재즈시대에 들어갔었다. 담배 피고 술 마시고 서로 뺨을 비비며 춤을 추는「모보」(모던 보이)「모가」(모던 걸)는 새로운 세태의 한면을 보이기도 하였다.「모보」「모가」는 당시의 사회비평가가 지적하였듯이 집안에서는「수염없는 고양이이고 이빨없는 호랑이들」이긴 하였으나 이들의 행동은 많은 사람들에게 도덕이 퇴락하는 표시로 보였다.「현대병」에 걸린 젊은이들의 어지러운 생활에 나이 든 세대의 사람들은 불안해 하였고 더우기 고생에 시달리는 농민들은 도시와 농촌 사이의 생활차이에 충격과 불만, 좌절을 느꼈다.

도시와 농촌간의 격차는 경제적인 것과 동시에 문화적인 것이기도 하였다. 도시의 열기에 많은 농촌 청년들이 빠져나가긴 했어도 한편으로는 도시민의 가치관이 일본 사회를 지켜온 핵심을 부패시키고 있다는 감정이 널리 퍼져 있었다. 농업적 전통에서 그토록 중요시했던 근검·조화·예절 등이 도시사회의 물질주의·개인주의·퇴폐문화에 위협을 받고 있다는 것이었다. 富와 번영의 분배에 있어서의 이중구조와 불균형으로 불만이 싹트고 심화된 것 못지않게 문화적 차이도 중요한 불만요인으로 작용하였다. 도시 지식인이나 개혁파들에게 크게 유행하였던 계급투쟁이라는 말도

실상 농민들이나 도시에 살면서도 별로 혜택을 누리지 못하는 층, 즉 가게 주인·소기업가와 이에 딸린 노동자들에게는 거의 먹히지 않았다. 깊이 감추어진 불만은 물론 경제적으로 기회와 이익을 별로 가질 수 없는 데에서 나온 것이라 하겠으나, 그들은 이에 저항이나 투쟁을 하지 않고 일본정신의 부활운동에서 불만의 분출구를 찾았다. 1929년 이후 경제위기가 심각해질 때 이 불만은 파업이나 가두시위 형태를 취하지 않고 오히려 새로운 대외침략과 국민통합 분위기에 열광적으로 호응함으로써 해소의 방향을 찾았던 것이다.

제 12 장   1·2차대전 중간기의 日本帝國

1905 년 일본이 러시아에 승리한 것은 다른 아시아인들에게 커다란 심리적 충격을 주었다. 서양세력과는 대적할 수 없다는 관념이 무너지고 서양 식민통치의 굴레는 벗길 수 있다는 희망이 살아났다. 이에 인도의 시인 타고르(Rabindranath Tagore)는, 「일본의 성공은 아시아 다른 나라들에 희망을 주었다. 우리는 삶과 힘이 우리에게 있다는 것을 보았다. 생명 잃은 겉껍데기는 벗겨지지 않으면 안된다」고 외쳤다.[1] 아시아 전역으로부터 일본이 성공한 비결을 배우려고 반식민·민족주의자들이 속속 東京으로 모여들었다. 가장 큰 그룹은 중국인으로서, 淸 조정이 수백명의 젊은 학생들을 늦게나마 개혁정책을 추진하기 위하여 파견하였다. 그러나 反淸 혁명의 열기는 오히려 이들 학생들 가운데에서 올랐으며 黃興과 孫文을 지도자로 하는 中國革命同盟會가 1905 년 東京에서 결성되었다. 越南의 皇族 彊柢(꽁데)도 反佛저항의 일환으로 젊은 학생들을 비밀리에 일본으로 보냈다. 조선에서는 일본과의 합병을 주장하는 一進會가 중심이 되어 많은 학생들을 보내기도 하였다. 모든 아시아의 젊은 민족주의자들은 많은 일본인들과 마찬가지로 일본은 아시아의 해방자가 될 것으로 보았다. 그러나 이러한 희망이 헛된 것이라는 것은 곧 증명되었다. 일본인들이 大아시아

---

1) D. MacKenzie Brown, *The Nationalist Movement: Indian Political Thought from Ranade to Bhave*(University of California Press, Berkeley, 1970), p. 9.

주의를 입으로 외치고 있었지만 일본 정부는 실제로는 철저한 제국주의자로서 아시아 다른 나라의 민족주의자들이 상대하여 싸웠던 바로 그 서양 제국주의 국가들과 마찬가지로 그들이 사용했던 수법으로 침략정책을 추진시켜 나갔다. 결국 일본은 제국주의자와 반제국주의자가 동시에 될 수는 없었다.

1. 대륙침략

러일전쟁이 끝난 뒤 桂太郞내각은 전쟁에서의 승리를 외교를 통해 굳히려고 힘썼다. 특히 전비조달에 크게 도움을 받은 미국·영국 등 제국주의 국가들에게서 확인을 받으려고 하였다. 美·英 두 나라가 1906년 만주에 주둔하고 있는 일본군이 美·英 상인들의 활동을 제한하고 있다고 항의하자 일본 정부는 곧 철군에 동의하였으며 그대신 關東州(遼東半島의 日本租借地)에 關東都督府를 설치하였다. 한편으로 일본 정부는 제국주의 열강들과의 개별교섭을 통하여 美·英·佛로부터 만주에 있어서의 일본의 권익을 확인받았으며, 러시아와는 1907년 비밀협약을 맺어 남·북만주를 나누어 일본과 러시아간의 영향범위로 구분하기로 결정하였다. 이러한 일본의 움직임은 사실 제국주의 국가들이 東아시아 문제를 놓고 무력충돌을 피하기 위하여 사용하였던 제국주의적 외교방향으로 더욱 더 나아가는 것이었다. 경제적 경쟁은 열강간에 더욱 가속화되어 간 반면 중국내에서는 새로운 영토획득을 중지한다는 열강간의 타협이 이루어지기도 하였다.

러일전쟁 후 일본 식민지획득의 주된 관심은 韓半島에 있었다. 1905년 11월 일본군의 위협 속에 조선 조정은 伊藤博文이 요구하는 보호조약에 동의하였다. 이에 일본은 조선의 외교권을 장악하고 정치·행정·군사 업무를 감독할 고문을 보낼 수 있게 되었다. 물론 조선에는 친일분자들이 있어 이러한 일의 경과에 도움이 되었으나, 노골적인 일본의 침략의도에 대한 조선인들의 反日운동이 전국 각지에서 일어났다. 1907년 헤이그에서 제2차 세계평화회의가 열리는 기회에 조선 황제는 밀사를 파견하여 일본의 침략을 규탄토록 하자 伊藤博文은 이에 대한 보복으로 조선 황제에게 讓位를 강요하고 조선의 군대를 해산시켰으며, 일본 재판관이 재판을 맡고 일본 경찰이 치안을 담당하도록 하였다. 사실 桂太郎내각에서 조선의 병합을 1910년 발표하였을 때, 이에 놀라는 사람이라고는 거의 없었다.

조선에서의 식민통치는 초기 대만에서와는 달리 무자비하고 혹독하였다. 대만에서는 그래도 초기에는 유능한 식민지 경영자인 後藤新平(고또오 신뻬이 ; 1857~1929)의 개발정책으로 경제적으로는 번영했다. 그러나 초대 조선총독 寺內正毅의 주된 관심은 민중의 항일운동 탄압에 있었다. 전국 각자에서 일어난 항일운동은 권력과 지위를 잃은 양반들이 앞장서 민중을 이끈 경우가 많았다. 일본측 보고에 의하면, 1907년에서 1911년 사이에 「抗日騷擾」는 2,852건이 발생, 141,185명이 참가하였으며 이에 대하여 일본 군·경은 무자비한 테러와 마을 전체의 방화, 주모자의 처형 등 혹독한 방침으로 맞섰다. 反日운동을 봉쇄·탄압하기 위하여 寺內正毅는 조선을 철저한 官權獨裁體制로 만들어 반대운동뿐 아니라 모든 정치활동을 막았다. 즉 아무런 정치적 권한도 조선인에게는 없었고 신문을 위시한 모든 여론형성 조직은 완전통제 아래 두었으며 헌병이 방방곡곡에서 백성들의 생활을 감시하였다. 극소수의 親日협력자를 빼고는 옛 조선의 지배층은 아무런 정치능력을 발휘할 수 없게 되었으며 식민통치조직의 상층부는 일본인들이 독점하였다.

조선인을 대하는 식민통치당국의 태도는 아마도 明治정부가 초기에 일본인을 대하였던 것만큼 탄압적이었던 것 같다. 어느 면에서는 조선에 開化정부가 만일 세워졌더라면 식민통치 못지 않게 일방적으로 엄혹한 정책을 폈을지도 모른다. 그러나 일본인은 외국인으로서 조선 자체의 이익에는 아무런 관심이 없었을 뿐더러, 더우기 외국인의 직접 지배는 조선인의 민족적 자존심이 도저히 용납할 수 없는 것이었기에 격렬한 반감을 불러 일으켰다. 식민통치자들 외에 일본인 移住民이나 운을 잡아보려는 사람들도 모여들기 시작해, 1910년에는 조선에 거주하는 일본인이 171,000명이었으나 8년 뒤에는 336,000명으로 크게 늘었다. 이들은 조선인으로서는 생각할 수 없는 정치적인 영향력을 행사하였으며 생활수준도 훨씬 높았다. 한편 재정의 근대화를 내세워 1911년에서 1918년에 이르는 동안 전국적으로 실시된 「土地調査事業」에서 이 과정을 잘 몰라 이해를 못했거나 때로는 속아넘어 간 많은 조선 농민들이 토지를 잃었다. 이 땅들은 물론 조선인 지주에게로 넘어가기도 하였으나 많은 부분이 官有地化되거나 일본 토지회사들이 헐값으로 사들이는 대상이 되었다. 대표적인 토지회사로는 조선에의 경제적 진출을 돕기 위해 1908년 설립된 半官的 東洋拓殖會社가 있었다. 이는 곧 조선 경제의 주역을 맡아 일본인 회사들이 성장하는 데 자금을 공급하였으며 1918년에는 만주와 북중국에까지 투자할 만큼 확장되었다.

만주로의 침투는 중국 정부와 맺은 조약에서 일본 권익이 규정되어 있었기 때문에 이를 이용하여 은밀하고 복잡하게 추진되었다. 원래 전략 목적에서 만주의 거점을 확보한 것이었으나 점차 경제적 이익에도 눈을 떠가기 시작하였다. 만주에 대한 경제적 침투의 도구로 일본 정부는 1906년 半官的 南滿洲鐵道會社를 설립하여, 株式의 半은 公賣하고 나머지는 정부 소유로 하였다. 처음 재벌이나 큰 은행들은 公賣株式에 큰 관심을 보이지 않아 중소 투자가들이 많이 매입하였으나, 일본의 위치가 만주에서 안정되자 재벌의 무역상사·방계회사 들은 滿洲市場을 찾아들었다. 정부은행들도 만주와 북중국에서 서양기업들과 맞서기 위해 그곳에 투자하는 민간기업들을 금융지원하였다.

1905년 이후로 일본과 중국대륙과의 경제적 연결은 깊어가고 있었다. 20세기가 시작될 즈음의 일본 투자액은 1백만 달러 정도에 지나지 않았으나 1913년까지는 이미 2억 2천만 달러에 이르렀으며 이후 더욱 불어났다. 이때까지는 대개 만주에 집중되었으나 1914년부터는 일본 민간방직공장들이 중국시장을 겨냥하여 上海와 같은 항구도시로 확장해 들어갔다. 그에 따라 무역량도 늘어서, 1913년의 무역총량은 1899년의 네 배가 되었다. 북중국과 만주를 중심으로 하여 중국은 1920년대초에는 일본에 대한 석탄·철광석·면사의 주공급지였다. 물론 아직도 영국과 같은 서양국가들에 비하면 중국에 대한 일본의 무역과 투자는 뒤져 있었지만 대신 끊임없이 경제적 이익을 늘여가고 있었다. 많은 민간기업들에게 있어서 이러한 이익을 지키는 것은 군부에서 「利益線」을 전략적으로 방어하려는 것만큼이나 중요하였다.

明治시대까지는 일본의 외교정책은 대만 식민지와 한반도의 방어, 그리고 중국에서의 특수권익을 지키는 데 있었다. 이러한 기본목표는 일본내에서 광범한 지지를 받았으며 거의 모든 일본인들은 이 점에서 관념적으로 제국주의자였다. 대륙침략이 바람직하지 않다고 하여 새로 획득한 지역을 포기해야 한다고 제안하는 사람은 거의 없었다. 반면 기본목표를 달성하는 방법과 근본적인 제국주의 전략을 둘러싸고는 뿌리깊은 견해의 차이가 있었다. 즉 다른 제국주의 국가들과 협조해야 한다는 주장과 독자적인 길을 걸어야 한다는 주장으로 갈라졌었다.

제국주의 열강과 협조해야 한다는 쪽은 주로 帝國大學 출신의 외교관과 직업관료들이었다. 그들은 그 교육과 경험을 통하여 일본은 기본적으로 서양국가와 같으며 외교적 이익도 중국이나 다른 아시아 국가보다는 서양국가들에 가깝다고 생각하였다. 따라서 서양인들이 이미 사용한 제국주의 국가 간의 「경쟁규칙」을 받아들여, 「문호개방」 즉 한 나라가 독자적으로 중국에서 이익범위를 설정한다든가 영토를 획득함으로써 현재의 균형상태를 깨어서는 안된다고 하는 원칙에 따르려 하였다. 그들은 제국주의 열강이 공동으로 중국 정부에 대응해야 한다고 보았다. 외교를 통하여 국제정치의 세계에서 일본의 위치를 확립할 수 있다고 믿었기 때문에 그들은 무력사용보다는 협상기술을 강조하였다. 이 점에서 보면 그들은 明治 지도자들이 추구한 외교방책 즉 국력에 따라 외교적으로 자제해야 한다는 전통을 따랐다고 하겠다.

반면 독자적인 길을 개척해야 한다는 사람들은 일본이 아시아에서 갖고 있는 특수성을 강조하는 쪽이었다. 제국주의 열강과의 협조를 주장하는 측에서는 일본을 기본적으로 美·英과 비슷하게 해양·상업세력으로 보았으나 반대자들의 입장은 일본은 기본적으로 대륙세력으로서 서양국가들과는 다른 이익과 필요성을 갖고 있다는 것이었다. 독자노선의 주창자들은 大아시아주의를 내세워 중국을 위시한 아시아 국가들과 언어·인종·문화면에서의 공통된 전통을 강조하였다. 동시에 일본의 안보에 있어서 아시아대륙의 중요성을 열렬히 주장한 그들은 그 이유로서, 서양국가들은 東아시아로부터 아득히 멀리 떨어져 있지만 일본은 대륙에 근접해 있어서 그곳에서의 정치·경제의 변화에 곧 직접적인 영향을 받게 된다는 것이었다. 대표적인 예로, 田中義一은 일본이야말로 어느 나라보다도 중국과는 외교적지리적으로 밀접한 관계에 있기 때문에 일본의 권익은 중국으로 확대되어야 마땅하며 이는 일본의 권리이자 의무이기도 하다고 갈파하였다. 이러한 입장은 특히 육군에서 우세하였던 것으로 아시아에서는 일본이 지배적위치에 있으며 서양국가들은 그 아래에 있어야 한다는 것이었다. 따라서 일본은 서양국가들의 외교적 주도권에 따를 필요없이 자체 이익에 맞는 독자외교를 추구해야 한다고 외쳤다.

외교정책에 대한 이러한 두 방향의 대립은——여러 중간적 견해들도 물론이지만——「元老」들의 영향력이 줄어들면서 더욱 날카로와졌다. 러일전쟁직후까지는 「元老」들이 전쟁 수행과 평화협상을 주재하는 등 외교결정권을쥐고 있었으나, 大正期에 접어들면서 정책결정에는 여러 권력체들 즉 몇안 남은 「元老」를 비롯해 내각·외국주재기관·군부·의회간에 갈등이 표면화되었다. 「元老」의 영향력이 약화된 상징적 사건은 1914년 外務大臣加藤高明이 「元老」들이 重要外交電文을 회람할 것과 독일과 개전할 경우미리 「元老」들과 협의할 것을 요구했을 때 이를 거절한 것이었다. 이로인해 加藤高明은 쫓겨났지만 이후 「元老」들이 실제로 주도권을 다시 장악하지는 못했다. 1917년 비상기구로 臨時外交調査會를 조직하여 「元老」들이 했던 외교정책의 조정을 시도하였으나 실제 기능을 발휘하지 못하고 1922년 해체되고 말았다.

어떻든 明治 외교정책의 특징이었던 「통일된 목표」라는 것은 1910년에서 1920년 사이에 사라졌다. 이후 일본의 외교는 경쟁적인 여러 권력 사이

의 갈등으로 일정한 방향을 세울 수 없었다. 열강과의 협조나 독자노선의
추진이냐 사이에서 ──때로는 두 방향을 동시에 취하기도 하였지만── 정
부는 방황하였다. 헌법상 민간정부로부터 분리된 군부, 특히 육군은 전혀
별도로 독자적 행동을 취하는 경우가 생기면서 일종의 이중외교 형식이 되
었다. 이에 대하여 1920년 吉野作造는, 「일본은 중국에서 두 갈래의 대
표 즉 외무성에서 보낸 領事와 參謀本部에 소속된 사람들로 나뉘어 있다.
영사가 오른쪽을 가리키면 참모본부의 사람들은 왼쪽을 가리키니, 중국인
들이, 도대체 일본은 무엇을 하고 있는가라고 말하는 것은 당연하다」고 비
판하였다.[2] 일본인들 자신이 분명한 방향을 갖고 있지 못했기 때문에 물
음에 대하여 쉽게 답할 수도 없었던 것이다.

2. 中國問題

明治 외교의 중심과제가 조선에 있었다고 하면 大正 외교는 중국문제에 집
중되었다고 하겠다. 1911년 10월 孫文을 중심으로 한 革命派가 淸朝를 무
너뜨리자 이에 일본은 불안을 느꼈다. 즉 淸朝가 존속하는 한 중국에 있는
일본의 이익은 어느 정도 안정된 것으로 보였다. 청조의 지배자들은 만
주에서의 일본세력을 인정하였을 뿐 아니라 淸의 힘이 외세에 도전할 만
큼 군사적으로 강하지도 못하였기 때문이었다. 여러 면으로 淸 朝廷은 상
대하기가 쉬웠으나 혁명이 발발하자 앞날이 불확실하여졌다. 공화제를
내세운 혁명파는 열렬한 민족주의자들로서 제국주의 열강에 대한 수치스
러운 굴복을 종식시킬 수 있는 새롭고 강력한 「新中國」을 건설하려고 힘
썼다. 그러나 그들은 국가건설자로서는 부족하여 중국을 질곡으로부터 구
해 내지 못하였으며 이후 중국은 오히려 더 큰 정치적 혼란으로 빠져들었
다. 1912년 공화제가 선포되기는 하였으나 실제 권력은 당시 중국에서
유일한 근대적 군사조직을 장악하고 있던 袁世凱의 수중에 있었다. 袁世
凱와 혁명파 사이에 분쟁이 일면서 중국은 정치적 안정과 강력한 지도력을

---

2) Karl Kiyoshi Kawakami ed., *What Japan Thinks*(Macmillan, N.Y. 1921), p. 88.

갖지 못하고 內戰시기로 접어들었다.

중국에서의 정치적 유동상태에 대하여 일본은 일관성 없는 반응을 보였다. 1911년 혁명이 발발하자 육군 지도자들은 만주를 중국에서 떼어낼 수 있게 되기를 기대하였다. 山縣有朋과 같은 「元老」들은 청조를 지원해 직접 간섭을 하자는 의견이었고, 孫文을 지지하는 측에서는 혁명파를 원조하자고 건의하였다. 모두 혁명을 통하여 중국이 보다 우호적으로 되기를 희망하였으나 누가 일본의 동지가 될 것인가에 관해서는 전혀 다른 생각들을 갖고 있었다. 결국 일본은 혁명에 간섭하지 않고 다른 제국주의 열강이 어떻게 대처하는가를 주시하면서 자제하는 길을 택하였다. 열강, 특히 영국에서는 淸朝에서 받아낸 제국주의 특권을 인정할 의사가 있는 안정된 정부라면 누가 중국을 지배하든 관여하지 않겠다는 태도를 밝혔다. 제국주의 열강은 袁世凱를 그러한 정부의 지도자로 보아 1913년 國際借款團을 조직, 「改革借款」의 형식으로 2천 5백만 파운드를 지원하였다. 일본도 이전부터의 열강협조정책에 따라 借款團에 참여하였다.

그러나 1차대전의 발발과 함께 일본의 對中國 외교정책은 자체 이익을 독자적으로 추구한다는 쪽으로 완전히 방향전환을 하였다. 1914년 연합국 측에 가담함으로써 일본은 山東半島에 있던 獨逸租借地를 점령할 수 있었고 유럽국가들이 그들 자신의 문제에 휩쓸린 틈을 이용하여 일본은 중국에서의 위치를 더욱 강화할 수 있는 기회를 잡았다. 1915년 일본은 袁世凱 정부에 대하여 두 나라간의 여러 문제를 일괄한 「21개조 요구」를 제출하였다. 주된 내용은 山東의 독일 권익 인수, 남만주·동부내몽고에 있어서의 일본의 우월권, 일본 제철업의 원료공급 기관인 漢冶萍公司의 兩國合辦 독점화, 다른 열강에 대한 중국연안(특히 福建지방)의 항만과 섬의 할양 금지 등이었다. 이 모든 것은 중국에서의 일본의 기존권익을 공고하게 하려는 것이었다. 그러나 크게 문제가 된 점은 「희망조건」이라는 형식으로 따로이 요구한 것이었다. 중국정부의 정치·재정·군사 고문으로 일본인을 고용할 것, 일본인이 경영하는 병원·寺院·학교의 토지소유권을 보증할 것, 일본으로부터 무기공급을 받고 兩國合辦의 병기 공장을

설립할 것, 福建省내의 철도·광산·항만설비에 외국자본을 들여올 경우
일본과 협의할 것 등이 그것이었다. 이 별도 조항의 대부분은 육군측이 加
藤高明 외무대신에게 압력을 가하여 만든 것으로서 중국이 이를 수락한다
면 일본의 보호국으로 되는 셈이었다. 결국 袁世凱는 「21개조」의 기본내
용에 대하여 동의하였으나 「희망조건」에 대하여는 기술적으로 서양국가들
의 항의를 유발시켜 일본 정부로 하여금 철회케 하였다. 일본은 「21개조
요구」로 다른 나라, 특히 미국으로부터 對日反感을 샀다.

그러나 이에 개의치 않고 일본은 계속하여 중국정치의 혼란 속에서 이득
을 구하였다. 1916년 袁世凱가 죽자 각 지역의 軍閥들은 형태만 남은 北
京정부의 주도권을 둘러싸고 끊임없는 항쟁을 거듭하였다. 참모본부의 일
각에서는 이 기회에 만주·몽고지역의 군벌을 도와 이를 중국으로부터 떼
어내려고까지 시도하였으나 실행되지는 못하였다. 1917년 寺內正毅 정부는
실력자를 지원한다는 방침을 다시 택하여 袁世凱의 후계자 段祺瑞의 정권
에 4천 5백만 엔의 借款을 제공하였다. 이는 명목상 철도건설과 水利시설
복구사업을 위한다는 것이었지만 실제로는 군벌간의 전쟁에서 段祺瑞의 전
비를 지원하는 것이었다. 이러한 지원에도 段祺瑞에 의한 통일은 가망이
없었다. 결국 일본과 중국의 한 권력자를 맺어준 이른바 西原(니시하라)借
款은 많은 중국인들에게는 가장 반동적이고 파괴적인 것으로 판단되었으
며 새롭게 교육받은 세대에게는 일본에 대한 불신과 반일감정을 더욱 고
취시키는 결과를 가져왔다. 누적된 반일감정은 마침내 1919년 5월 4일,
山東省에서의 일본 이권을 인정한 베르사이유 평화회의의 결정에 항의하는 학
생·상인·노동자들의 시위가 벌어지면서 폭발되어 순식간에 전국적으로
번져 갔다.

일본의 또 다른 치명적 실패는 1917년 소련의 볼셰비키혁명 발발 뒤 시
베리아에 군대를 파견한 것이었다. 소련에서의 정치적 혼란기를 이용하여
참모본부에서는 바이칼湖에 이르는 시베리아 횡단철도 지역을 점령하기 위
한 군대파견을 제안하였다. 외무대신 本野一郎 (모토노 이찌로오;1863~1918)
과 내무대신 後藤新平도 참모본부의 계획을 지지, 東시베리아에 親日정권

을 세우고 북만주와 몽고를 일본의 이익범위로 만들 것을 기대하였다. 그러나 이 거창한 꿈은 原敬·加藤高明 등 정치 지도자들의 반대뿐 아니라 미국을 자극시켜서는 안된다고 생각한 山縣有朋의 반대까지도 사 실행되지 못하였다. 이러한 꿈과는 달리 1918년 8월 일본군은 시베리아에 묶여 있는 체코슬로바키아군(1918년 3월 소련이 독일과 강화함으로써 오스트리아군에 속해 있던 체코슬로바키아군은 소련내에서 放棄되었다. 이들은 反볼셰비키측에 가담하여 시베리아에서 反革命정권을 세우는 데 기여하였으나 이 정권이 短命하여 시베리아에서 탈출구를 찾고 있었다)을 구제하자는 연합국측의 제의에 따라 파견되었다. 독자적인 통수권을 내세운 육군에서는 다른 어느 나라보다도 대규모의 군대를 보냈으며 더우기 연합군들이 철수한 1920년 후에도 계속 시베리아에 남아 있었다. 소득없는 시베리아 출병을 통해 일본은 3,500명의 사망자와 7억 엔의 군비지출이라는 막대한 손실을 보았다.

3. 워싱턴체제

1차대전의 종결과 함께 일본외교는 열강과의 협조라는 온건방침으로 돌아왔다. 이는 크게 볼 때 「독자노선」정책이 일본의 이익에 별로 보탬도 되지 못하고 서양국가들의 불신과 중국의 반감만 사고 만 것에 대한 역작용으로 나타난 것이었다. 1차대전 기간 중 중국 및 다른 아시아지역과의 무역량이 엄청나게 팽창함으로써 많은 사람들은 경제외교가 군사행동이나 영토확장 못지 않게 유리한 것이라고 믿게 되었다. 原敬과 같은 정치 지도자들은 이에 중국과 서양시장에 대한 평화적 침투 즉 경제적 확장주의를 옹호하였으며 경제계의 지지를 받기도 하였다. 호전적으로 일본 자체의 이익만 탐하는 對中國 정책에 대한 국내의 압력이 일어나게 되었던 것이다.

동시에 연합국의 승리로 월슨의 국제정치이념이 퍼지게 되었다. 베르사이유 평화회의에서 서양국가들은 민족자결·국제평화·집단안보의 원칙을 바탕으로 한 戰後 세계질서를 세우려고 하였다. 물론 승전국의 식민지

에는 민족자결을 해당시키지 않았으나, 최소한 서양국가들은 평화적 현상
유지를 지키기 위하여 단순한 세력균형의 정치보다는 여러 나라 사이의 국
제적 협약을 정하려고 하였다. 일본에서도 이러한 경향을 반영하여 牧野伸
顯(마끼노 노부아끼;1861~1949)과 같은 외교관들은 일본의 최대이익은 새로
운 국제외교에 일본도 따르는 데에 있다고 믿고 있었다.

  이러한 세계정세에 대한 새로운 평가는 일본이 東아시아에서의 국제질
서를 새로이 수립하기 위하여 소집된 워싱턴회의(1921~1922)에 참석하는
데에서 드러났다. 1920년대의 일본 외교의 새로운 골격을 이루는 몇 가지
중요한 합의가 이 회의에서 이루어졌다. 첫째, 문호개방의 원칙 즉 중국
의 영토보전 및 중국과 거래하는 모든 나라들의 동등한 상업권이 다시 확
인되었다. 국제적 우호관계를 수립하겠다는 표시로 일본은 「二十一個條」
를 요구할 때 받아내었던 몇 가지 권리와 山東半島에 있어서의 권익을 포
기하였으며 시베리아에 파견한 군대도 철수하겠다고 약속하였다. 둘째, 열
강은 중국에서의 영향력 경쟁을 그치고 안정된 정부의 수립을 위해서 노력
하기로 결의하였다. 또한 治外法權의 포기와 중국의 關稅自主權 회복 즉 열
강이 불평등조약의 요인을 제거할 의도를 밝혔다. 마지막으로 워싱턴회의
에서는 영국·미국·일본·프랑스·이탈리아의 다섯 나라가 海軍軍縮條約을
맺어 주력함의 비율을 영국 50만 톤, 미국 50만 톤, 일본 30만 톤, 프랑
스·이탈리아 각각 17.5만 톤으로 제한하였다(五國條約). 이는 1차대전이
끝나면서부터 미국과 일본 사이에 싹트고 있던 해군 군비경쟁을 초기에 막
아보자는 의도였다. 실제로 일본이 미·영에 비해 낮은 비율을 받아들인
것은 미·영 두 나라가 태평양에서, 진주만 以西 싱가포르 以東에 새로운
해군시설을 하지 않겠다고 약속하였기 때문이었다. 이 결과 일본 함대는
태평양상에서 미·영의 연합함대세력과 같은 수준으로 되어 본국 및 식민
지를 방어하기에는 충분하였다. 곧 일본 자체의 안전을 보장할 수 있는 해
군력의 균형이 이루어졌던 것이다.

  일본이 워싱턴체제를 받아들인 또 다른 이유는 이를 거부하는 것은 곧
엄청난 비용을 들여 무모한 군비경쟁으로 나아가야 한다는 인식 때문이

기도 하였다. 더 이상의 영토확장은 이미 현실적 선택이라고 볼 수는 없었고 이보다 평화적 집단안보 협약을 통해 일본의 안전을 지키는 것이 현명한 방법이라고 믿었다. 이러한 새로운 틀 안에서 일본은 중국과의 정치적 경제적 유대를 더욱 강화하게 되었다. 새로운 외교정책 주역은 1920 년대에 오랫동안 外務省을 맡은 幣原喜重郎(시데하라 기쥬우로오;1872~1951)으로서 그는 누구보다도 일본제국을 지키는 데에 노력하였으나 항상 외국, 특히 중국과의 무역을 보호 확대하는 것을 최우선 과제로 삼았다. 이를 위하여 그는 중국에서의 호전적 무력시위는 불필요한 것으로 단연 반대하였으며 중국내의 문제에는 철저한 불간섭정책을 주장하였다. 1925 년의 「5·30 사건」과 같은 반제국주의 폭동이 중국 안에 있는 일본인의 생명과 재산을 위협할 때에도 영국은 공동으로 무력시위를 하자고 제안하였으나 거절하였다. 그는 중국의 민족주의가 일본의 이익에 대하여 분명히 정치적 위협이 되리라고는 보지 않았으며 오히려 중국 國民黨의 득세에 동조하는 태도를 보이기까지 하였다.

그러나 중국과의 평화공존·공동번영이라는 목표는 한계가 있는 것이었으며 幣原喜重郎의 열강과의 협조정책 또한 마찬가지였다. 일본에 경제적인 손실을 가져오게 될 양보를 幣原이 받아들이지 않음으로써 그 목표는 깨어지고 말았다. 1925 년 北京에서 열린 國際關稅會議 석상에서 일본은 중국에 關稅自主權을 인정하는 것에 강경하게 반대하였다. 중국이 관세자주권을 갖게 되면 관세율을 높일 것이며 따라서 일본상품 특히 면직물은 경쟁력을 잃게 되리라고 우려했기 때문이었다. 幣原은 또한 1920 년대말 중국정부가 남만주철도에 맞서 철도건설을 하려는 것에도 반대하였다.

幣原외교에 긍정적인 면이 있었다 해도 그의 외교정책은 국민적 합의를 반영하지는 못했다. 많은 사람들에게 이는 국제평화라고 하는 지나치게 비현실적인 환상을 추구하기 위해 국가의 안전과 명예를 희생시키는 연약외교로 보였다. 幣原喜重郎은 미국·영국과의 긴밀한 유대를 맺는 데에는 노력하였으나 미국에서의 일본인 이민을 사실상 막는 배타적 이민법 제정 (1924) 등 미국의 인종 차별주의 이민 방침에는 적절한 항의를 하지 않았

다. 이러한 幣原의 외교정책은 열광적 민족주의자뿐 아니라 자유주의적 정
의를 내세우는 사람들에게도 모욕적인 것으로 받아들여졌다. 더우기 중국
의 민족주의가 점차 전투적 反帝國主義化하는 데 대하여 幣原이 주의를 가
울이지 않는 것은 걱정스러운 일이라고 생각들 하였다. 1924년 소련의 도
움으로 재편성된 國民黨은 제국주의적 권익의 종식을 목적으로 하는 혁명
적 외교정책을 선언하였다. 이어 蔣介石이 이끄는 國民黨軍은 1926년 여
름 국내 혼란을 수습하고 통일권력을 수립하기 위하여 「北伐」을 개시하였
다. 중국의 통일이 급속도로 추진되는 듯이 보이자 일본의 지도층에서는
중국의 민족주의와 일본의 권익과의 충돌을 눈앞에 닥친 현실로 인식하고
우려하게 되었다.

이러한 배경에서 政友會 총재로 총리가 된 田中義一은 1927년 중국에
대한 강경정책을 발표하였다. 田中義一 자신도 경제적 이익의 확대는 무
엇보다 필요하고 미·영과의 협조 또한 효과적인 중국정책을 추진하는 데
기본적인 선이라고 인식하였다는 점에서 보면 그의 방침이 幣原외교로부
터 180도 바뀐 것은 아니었다. 그러나 두 가지 점에서 田中義一의 강경
외교는 중요한 차이가 있었다. 우선 일본은 중국에 물질적 이해관계 이
상의 것이 있다고 보아, 田中은 북벌군의 승리가 위협적인 것으로 보이자
일본인 보호를 명목으로 두 차례 군대를 파견하였다. 이보다 더 중요한 점
은 만주에 있는 일본의 이익은 중국의 다른 지역에 있는 것과는 근본적
으로 뚜렷하게 구분되는 것으로 田中은 파악하였다. 따라서 國民黨이 중
국의 정통정부가 된다고 해도 만주는 그 통치범위 밖에 있어야 한다고 보
았다. 따라서 南京의 國民黨 정부와 그런대로 우호관계를 유지하면서도 田
中義一은 만주를 지역 군벌 張作霖의 밑에 있도록 은밀히 추진하였다. 그
러나 이후 예기치 않은 사태의 진전으로 이러한 구상이 과연 성공할 수
있었겠는가 하는 사실은 확인할 수 없게 되었다. 이미 1920년대 말엽 육
군 일각에서는 幣原에서 田中으로 이어지는 조심스러운 외교정책을 뒤엎
어버리겠다는 음모가 이루어지고 있었기 때문이었다.

4. 軍部의 불만

1920년대 온건외교방침이 우세함에 따라 군부의 정치적 영향력은 상대적으로 약화되었다. 1차대전이 끝나면서는 군부세력에 대한 일반적 저항감이 일어났으며, 더우기 무모하게 많은 대가를 치르면서도 결국 소득 없이 끝난 시베리아 출병으로 육군의 인기는 떨어졌다. 여기에 1920년대초의 계속적인 재정의 불안으로 大藏省과 경제계에서는 군비를 절감해야 한다고 압력을 가하였다. 당시 육군에서 假想敵으로 삼았던 러시아의 힘이 혁명과 내전으로 인하여 약해졌기 때문에 군비절감의 목표는 우선 육군이었다. 이미 해군은 워싱턴회의에서의 군비제한에 응했던 마당에 육군도 어느 정도의 희생을 받아들여야 한다는 것은 당연하였다. 워싱턴회의에서 일본측 수석대표를 마치고 돌아와 1922년 총리가 되었던 加藤友三郎은 군비삭감에 먼저 착수하였다. 이러한 방침은 이후에도 계속되어 1919년 전예산의 39퍼센트를 점했던 군사비가 1923년에서 1931년 사이에는 16퍼센트 선으로 줄었다. 특히 加藤高明내각(1924∼1925)에서는 육군 4개 사단, 약 3만 5천 명의 병력을 줄이는 데 성공하였다.

감축정책은 육군에 반드시 불리한 것만은 아니었다. 우선 이는 군비증액을 막은 것이지 육군예산의 절대규모를 깎지는 않았다. 宇垣一成(우가끼 가즈시게;1868∼1956)은 육군대신 기간(1924∼1927) 동안에 군비절감을 육군조직의 개편과 늙은 보수파 장군들의 영향력 제거의 명분으로 이용하였다. 병력 수를 감축함으로써 생긴 여유는 군의 근대화 추진비용으로 전용되어 보병 위주였던 육군을 차량·탱크·기관총·장거리포·비행기 등을 이용하는 기계화된 육군으로 바꾸었다. 이 결과 1차대전 중 유럽에서 개발된 새로운 전쟁방식에 대비할 수 있었다. 한편으로는 민간에서의 강력한 육군기반을 다지고 예비역으로 편입된 장교들의 일자리를 마련하기 위하여, 宇垣一成은 중학교에서부터 군사훈련을 시킬 수 있도록 하였으며 도시의 공장과 농촌에는 在鄕軍人會를 다시 강화하도록 주선하였

다. 군비절감이 육군으로서 불리하였던 것은 분명하지만 그럼에도 불구하
고 육군은 1920년대 중반에 오히려 효율적인 군대가 되었으며 일반대중
과 보다 긴밀한 관계를 맺을 수 있었다.

군비절감정책을 효율적으로 이용하기는 했으나, 어떻든 군비증강을 절실
한 과제로 알고 있던 많은 장교들에게는 불만이었으며 이 불만의 표적은 민
간정치가의 지배와 幣原喜重郞의 온건외교 정책에 쏠렸다. 고위 장성들까
지도 幣原외교는 지나치게 소박하며 잠재적인 위험이 따르는 것이라고 생
각하였다. 이들 장교들에게는 세계는 바야흐로 국제평화와 협조의 시대로
들어가기는커녕, 미국·영국 제국주의자나 소련·중국의 공산주의자들 모
두 국제협조라는 것과는 관계없이 그들만의 이익을 추구하고 있는 것으
로 보였다. 더우기 明治 지도자들이 국가안보를 위해 서양의 제국주의 이
념을 따랐듯이 1920년대 국제사정에 밝은 장교들은 총력전의 개념에 큰
영향을 받았다. 이는 근대전쟁이란 전장에서만이 아니라 국내전선에서도
이겨야 한다는 것으로서 민간에 있는 힘의 총동원은 물론이지만 특히 강력한
독자적 산업기지가 없이는 승리할 수 없다는 이론이었다. 宇垣一成의 부하
永田鐵山(나가따 데쓰잔;1884~1935)을 비롯한 많은 고급장교들은 1920년대
의 일시적인 평화는 언젠가는 닥칠 세계전쟁을 위해 국내외적으로 준비를
갖추는 데 이용되어야 한다고 주장하였다.

1920년대 말에 이르러 육군측에서 느끼는 불안의 대상은 만주였다. 앞날
의 전면전에 대비하여 자급자족적 경제영역을 이루어놓아야 할 경우 여기
에는 철·석탄 등 막대한 자원을 보유하고 있는 만주, 그리고 소련에 대
한 완충지대인 몽고가 포함되어야 한다고 보았다. 만주를 또한 식량공급
원으로 그리고 국내에서 남아도는 인구의 배출구로도 중요시하는 일부 장
교들도 있었다. 점차 國民黨의 군대가 만주로 접근함에 따라 젊은 장교들
특히 關東軍 소속의 장교들은 이에 대한 시급한 행동이 필요하다고 느꼈
다. 田中義一과 마찬가지로 그들도 만주를 중국의 지배에서 분리하기를 원
하였으나 행동에 있어서는 田中과 달리 무력을 사용하려고 했다. 1928년
6월 일부 關東軍 장교들이 군사적으로 만주를 점령하는 계기를 잡기 위

220

하여 만주군벌 張作霖을 암살하였다. 그러나 당시의 田中義一내각은 강경
정책을 내세우긴 했으나 일부 장교들의 독단적 행동에는 격분하여 이 기
회를 이용하려 하지 않았다. 그리하여 젊은 장교들의 본래 의도는 실행되
지 못하였다. 오히려 이 사건으로 張作霖의 아들 張學良이 일본의 위협을
막기 위하여 國民黨과의 유대를 굳게 맺음으로써 일본의 위신은 만주에서
크게 손상을 입었다.

　군부 지도자들에게 있어서의 위기의식은 다른 몇 가지 상황의 변화로 더
욱 심화되었다. 하나는 1920 년대에 계속 악화되던 경제가 마침내 위험수
위에 이른 것이었다. 1920 년대의 타협과 미봉책은 한계에 달하여 1929 년
濱口雄幸(하마구찌 오사찌;1870～1931)내각에서는 과감한 예산삭감과 생산
성 향상을 위한 중공업의 합리화, 안정무역을 위한 金本位制의 복구 등 전
면적인 긴축정책을 쓰기에 이르렀다. 濱口내각은 이러한 정책으로 물가와
고용기회가 떨어질 것은 예상하였으나 1929 년 10 월의 세계 경제공황의 발
생까지는 예견하지 못하였다. 겹친 불운으로 갑자기 곤경에 빠지게 되자
생산감축과 노동자 해고, 임금인하 등이 전반적 추세로 번지고 노동자들
의 파업은 곱절로 늘었다. 소규모 생산자나 농민에게 미친 국내외적 불황
의 여파는 더욱 심각하였다. 방직공장 등에서의 고용기회가 급격하게 줄
어들자 농촌은 되돌아온 노동자들로 넘쳤고, 쌀값이 1930 년말에는 1926 년
수준의 67.7 퍼센트, 다음해에는 49.2 퍼센트까지 떨어졌으며 비단값도 이
에 못지 않게 하락하였다. 東北지방에서는 극심한 흉작으로 수확이 평년의
반에도 미치지 못하였다. 「이제 떨어지는 물가에는 익숙해 있다. 100 엔짜
리 물건을 80 엔에 팔아서 먹고 살아야 하니……우리는 아귀떼에 불과한 것
이 아니냐?」고 京都의 한 도매업자가 말한 대목에서[3] 당시 일반백성들의
상황을 짐작할 수 있다. 濱口내각이나 이에 앞선 민간정부들이 이러한 곤
경에 전적으로 책임질 수는 없으나 악화되어 가는 과정을 막는 데 별로 공
헌하지 못한 것은 사실이었다. 1920 년대의 정당내각에서는 이전의 藩閥
정부에서 했던 것처럼 몰락하는 기업을 구하기 위해 쉽게 금융지원을 한

3) 高橋龜吉,《大正昭和財界變動史》(東京, 1954), pp. 1179～1180.

다든가 대기업의 집중을 장려하려고만 했지 노동자·농민 또는 소기업가
를 구제하기 위한 지속적이고 효과적인 행동을 뚜렷이 취하지는 않았다.
육군장교들이나 많은 불평분자들이 사회불안과 경제혼란의 책임을 민간정
부의 지배에 돌리기는 쉽게 되었다.

이와 함께 또 하나 지적되어야 할 것은 1920년대말 정당내각은 국가안
보 문제에 오히려 더욱 둔감하였던 것이다. 1929년 田中義一 내각은 국제적
인 협조와 집단안보의 체제를 유지하기 위한 노력의 일환으로서 전쟁을 금
지하자는 「켈록-브리앙(Kellog-Briand)조약」에 동의하였다. 더우기 1930년
런던 海軍軍縮會議에서 濱口雄幸내각은 새로운 군비제한의 기준을 받아들
였다. 海軍 軍令部의 반대에도 불구하고, 일본측 대표는 미국·영국·일
본의 군함 톤수 비율을 대형 순양함에 있어서 10 : 10 : 6, 보조함 전체에
있어서는 10 : 10 : 7, 그리고 잠수함은 같은 비율로 할 것에 동의하였다.
이 결과 해군에서는 헌법상 보장된 統帥權을 민간정부가 침범한 것으로 문
제를 확대하여 (統帥權干犯問題) 반발하였으며 당시 야당이었던 政友會도 이
를 국회에서 성토하였다. 이에 濱口총리는 내각은 軍당국과 적절한 협의
를 거친 다음에는 조약을 체결할 권리가 있다는 논거로 비준을 밀고 나아
가 樞密院의 동의까지 받아내었다. 그러나 濱口내각의 이러한 승리는 군
부의 불안을 더욱 깊게 할 따름이었다. 즉 민간정부의 방침은 군비를 강
화하지 못하도록 스스로 구속하는 것이며 또한 민간정권으로부터의 군부
독립이라는 근본원칙을 건드렸다는 것 때문이었다.

군에서 행동을 취할 상황은 마련되었다. 만주에서의 위치에 불안을 느
낀 關東軍 장교들은 참모본부의 간부들과 보조를 맞추어 만주점령계획을
이미 세워놓고 있었다. 한편 해외침략에 대한 요구는 군부 쿠데타 계획과도
연결되었다. 전면적인 국가개조의 실시를 목표로 1931년 3월 東京에 있
는 일부 領官級 장교들은 경제위기에 대처할 능력도 없고 국가안보에 대
한 위협에도 무관심한 듯이 보이는 민간정치가들을 몰아내기 위한 반란을
계획하였다. 만주점령계획에 깊이 간여하였던 이들 장교들은 민간정부의
지배를 경멸하여 육군대신 宇垣一成을 지도자로 하는 군사독재정권을 세

우려고 하였다. 결국 이 쿠데타 음모는 여기에 참여하기를 거부한 宇垣을 위시하여 육군 수뇌부의 반대에 부딪쳐 좌절되고 말았지만, 사건 자체는 張作霖 암살사건과 마찬가지로 문제화되지 않고 반란을 계획했던 자들도 처벌을 받지 않았다.

반면 만주점령계획은 그대로 추진되었다. 1931년 9월 18일 저녁 奉天 (瀋陽)에 주둔하고 있던 關東軍 수비대의 장교들은 근방의 남만주철로를 폭파하였다. 폭파를 중국인의 소행이라고 주장한 關東軍은 곧 비상사태를 선포하고 奉天을 점령하였다. 불과 몇 주일 사이에 關東軍은 참모본부의 묵인과 조선 주둔군의 파견에 힘입어 「방어조처」라는 명목 아래 남만주 대부분을 점령했다. 이렇게 하여 「滿洲事變」은 시작되었다. 당시 총리였던 若槻禮次郎과 외무대신 幣原喜重郎은 이를 막기 위하여 온갖 노력을 하였으나 이미 벌어진 사태를 되돌릴 힘은 없었다. 육군대신과 참모본부의 간부들은 민간정부에 대하여 만주에서의 군사행동은 사건발생지역에 국한하는 것이라고 거듭 천명하였지만 이는 헛된 것임이 분명해졌으며 이미 민간 정부로서는 체면을 손상하지 않고 사태를 수습하기에는 너무 늦었다. 민간정치가들 중에도 내무대신 安達謙藏(아다찌 겐조오; 1864~1948)처럼 만주에서의 공격적인 방침에 동조하는 사람들이 많았다. 그러나 내각이 분열되지 않았더라도 關東軍은 본국정부와는 관계없이 행동을 취했을 것은 확실하였다. 민간정부가 關東軍의 방침을 끝내 반대한다면 關東軍 자체가 일본으로부터 멀어져나갈 각오가 되어 있다고 奉天영사에게 공언하는 장교까지 나올 정도였다. 아마 여러 나라들이 단호한 태도를 보였다면 일본군의 만주침략은 봉쇄되었을지도 모르나 실상 중국 자신을 비롯하여 어느 나라도 반대의사를 표시하는 것 외에 다른 방법을 취하지 않았기 때문에 일본군의 행동은 결국 강력한 도전을 받지 않았던 것이다. 본래 의도는 어쨌든간에 關東軍은 이후 15년간 일본 정치의 모든 면을 좌우하게 될 국제관계의 격변을 야기시켰으며 마침내 군부 지도자들이 오랫동안 예상하였던 전면전쟁을 일으키기에 이르렀다.

제 13 장 軍國主義와 전쟁

「滿洲事變」은 1920년대의 협조외교를 뒤엎었을 뿐 아니라 민간정치가들의 지배에 종결을 가져오기도 하였다. 비교적 자유로왔던 1920년대의 체제는 이후 물러가고, 일본은 해외침략정책에 더욱 몰두하게 되었으며 새로운 형태의 국가지도력을 찾기 시작하였다. 흔히 이러한 경향을 유럽에서의 현상과 마찬가지로「파시즘의 등장」이라고 하나 아무리 파시즘의 뜻을 확대해석한다 해도 일본의 1930년대는 파시즘보다는 역시「군국주의」의 시대라는 것이 더 적합한 표현이다. 국제적 위기상황 속에서 일본은 서서히 군국주의적 정치와 그에 따르는 목표가 압도하는 國防國家로 변질되어 갔다. 군국주의는 직업적인 장교들에게만 국한되지 않고 사회의 모든 구석에까지 침투하였다. 민간인 속에서 가장 열렬한 군국주의 지지자들이 나오기도 하였던 것이다. 일본은 존망의 갈림길에 있다고 하는 느낌이 사회를 휩쓸면서 나라 전체가 明治유신 후 최대의 국가적 위기라는 쪽으로 돌아가고 있었다.

1. 국가주의적 반응

1930년대 분위기의 기초는 이미 오래 전부터 마련되어 왔다. 기본적으로는 1890년대 이래 초등교육과정을 통해 전파된 공식적인 도덕기준이 큰 몫을 하였다. 모든 일본인들의 마음 속에는 사회적 조화, 의무와 희생, 天皇에 대한 충성과 부모에의 효도, 國體의 특수성 등 전통적 관념이 철저하게 심어져 있었다. 원래 새로운 국가의 독립보존이 위태로왔을 때 국민의 각오를 굳게 하려고 정부에서 가르쳤던 이러한 관념이 쉽게 해외침략과 국내체제 개편에 대한 대중적 지지를 동원하는 데 전용되었다.

1920년대에 이러한 관념은 퇴폐적인 습관과 「위험사상」이 퍼지는 것에 놀란 복고적 보수적 우익 운동가들에 의해서 또한 널리 보급되었다. 그들에게는 일본이 파멸의 길로 가고 있는 듯이 비쳤다. 즉 쾌락적인 개인주의에 빠진 젊은이들은 한편으로 과격사상에 미혹되어 있고 공산주의자들은 「악랄한」 계급투쟁론을 퍼뜨려 온순한 대중에게 있어서도 불안과 동요가 항상 나타나고 있다는 것이었다. 국민의 단결이 약화되고 사회적 분열이 확대되는 듯한 「불길한」 움직임에 맞서기 위해 우익분자들은 그들대로의 정치적 단합을 이루었다. 在鄕軍人會나 청년단 등은 이미 明治시대 말엽 내무성의 후원으로 학교에서 가르친 도덕관념을 지지하고 싹터가는 사회주의 운동에 대항할 조직체로서 결성되었다. 또한 國粹會 같은 단체는 파업 해산에 앞장서 좌익세력을 꺾으려고 하였으며 「위험사상」의 소유자로 의심되는 사람들에게는 폭력으로 위협하였다. 사회적으로 존경받는 「교육적」 단체——國本社 등에는 주로 고급관리·기업가·정치가·군인 들 중에 이를 지지하는 사람들이 가담했다. 그 목적하는 바는 역시 전통적 도덕관의 퇴락과 사회불안요인의 확산에 맞서는 것이었다. 이러한 단체들은 기본적으로 보수적 성격을 갖고 있었기 때문에 사회적으로나 제도적으로 현상을 유지하는 데 관심을 기울였다.

그러나 1920년대에는 과격파 우익이 또한 등장하여 국민적 단합이 약화되는 주된 책임은 권력을 쥔 사람들에게 있다는 방향으로 유도하였다. 우익 과격분자들은 이윤추구와 물질만능주의 및 이기심 때문에 공공의 이익을 추구하고 사회적 화합을 유지해야 하는 본분을 국가의 지도자들이 망각한 것으로 믿었다. 사회적 영향을 고려하지 않고 재벌은 무자비할 만큼 확장되었고, 특수집단의 이익만을 지키는 정당정치는 부패로 멍들었으며,

정당과는 관계 없더라도 나이 든 고관이나 정치가들은 일반백성의 어려움
에 아랑곳없이 자신들의 사회적 위치에만 안주하고 있는 것으로 보았다.
귀족이나 금권정치가, 정당간부들이 자기 이익만을 찾고 있는 동안 나라는
빈곤과 불만 속으로 빠져들었다는 것이다. 정부의 검찰관은 다음과 같이
우익 테러집단의 입장을 보고하였다.

> 지배층에 밀착한 정당·재벌·소수 특권그룹은 국가의 방위를 무시하고 정치
> 를 혼란에 빠뜨리면서 이기적 욕망과 이익만을 추구하였다. 그 결과 해외에서의
> 국가의 권위는 실추되고, 국내에서의 백성들의 사기도 떨어졌으며 농촌은 피폐
> 하고 중소 상공업은 막다른 길에 이르고 말았다.[1]

요컨대, 불경기와 실직 그리고 농촌의 배고픔을 지배층이 퇴폐하고 지도
자들이 공익보다 사리를 우선하는 세태의 반영으로 보았다. 나아가 우익
과격파는 여러 면에 걸친 국가적 위기를 처리하는 데 지금까지의 권력자
들이 실패하였다면 그들은 이제 天皇의 이름 아래 통치할 권한을 상실한
것이나 마찬가지라고 생각하였다.

지배층의 본질적 변화를 주장한 점에서는 모든 우익 과격파가 같았으나
일본 장래에 대한 이상은 서로 달랐다. 權藤成卿(곤도오 세이꾜오；1868~1937)
같은 사람들은 낭만적 농본주의자로서 프러시아식 국가주의에는 극단적으
로 반대하였다. 그들이 기대한 것은 정치권력이 분산되어 지방 촌락공동
체가 부활되어야 하고 지방의 경제는 자급자족해야 되며 도시와 지방간의
불균형도 전체적으로 시정되어야 한다는 것이었다. 이러한 주장은 농민들
뿐 아니라 불우한 도시 거주민들에게도 호소력이 있었다. 중산층이 누리는
혜택을 같이 누리지 못하는 중하층의 도시민들이 농촌생활의 단순하고 자
연스러운 건전한 가치에 향수를 느끼고 되돌아가려고 했던 것은 쉽게 짐
작할 수 있다. 좋은 사회의 모델은 농촌이었던 것이다.

반면 이 모델을 兵營에서 찾는 과격파 우익이 있었다. 대표적인 국가사
회주의 사상가 北一輝(기따 잇끼；1883~1937)는 사회·정치·경제의 모든 면

---

1) 《東京朝日新聞》(1932. 2. 10)

을 철저하게 전제적으로 지배함으로써 국가의 힘을 동원해야 한다고 외쳤다. 고도로 집권화된 국가사회주의 형태를 기대하였던 것이다. 그의 목표는 전체가 하나로 되는 사회 곧 계급갈등이 없고 天皇의 직접지배 아래 「아시아의 7억 형제」들을 식민지의 굴레로부터 해방시킬 수 있는 통일된 사회에 있었다. 이러한 국가사회주의 사상은 총력전을 위한 국가건설이 필요하다고 믿고 있던 불평장교들 속으로 강력하게 파고 들었으며 또한 개혁을 원하는 민간인들 특히 좌익사상에는 반대하는 사람들 중에서 열렬한 동조자를 찾아내기도 하였다. 그러나 여러 우익 주장들은 낭만적 농본주의건 국가사회주의건간에 이성적인 논리의 일관성보다는 감정적 논리에 빠져 핵심을 잃은 상태로 서로 얽혀 있었다.

자본주의와 정당정치를 공격하고 근본적인 사회개혁을 주창한 점에 있어서 우익 과격파의 사상은 좌익의 주장에 가까왔다. 사실 이러한 유사성 때문에 1920년대의 많은 좌익 운동가들이 1930년대에는 우익으로 전향할 수 있었다. 그러나 목표와 방법면에서 이들의 차이는 분명하였다. 우선, 우익들은 일반백성의 불행 그 자체에 대하여 분개하였다기보다는 이러한 불행이 일본을 다른 나라에 비하여 약화시키고 있는 결과에 충격을 받았다. 사회적 고통에 대한 관심은 주로 일본의 국력에 대한 불안에서 나온 것이며 따라서 국내개혁의 목표도 사회정의가 아니라 사회적 조화와 국민적 단합에 있었다. 또한 우익 과격파는 대중운동을 일으키려고 애쓰지는 않고 대신 개인적인 테러나 군사 쿠데타와 같은 소수 정예분자에 의한 행동수단에 의지하려 하였다. 어느 면에서는, 나라와 天皇을 위해 자신을 희생한다는 관념이 개인의 영웅적 행동이나 自己美化欲으로 나타나 대중조직의 동원 등에는 관심을 기울이지 않았다고도 하겠다. 대중지지를 얻기 위한 지루하고 고달픈 과정보다는 테러수단이 오히려 현실적이라는 인식 때문이기도 하였을 것이다. 프롤레타리아 정당이 실패한 경험에서 보았듯이 아직도 「旣成政黨」은 유권자들을 굳게 장악하고 있었으며 일반대중 또한 지방 유력자들의 지지대로 따르고 있었다. 더우기 경찰·司法 및 기타 국가권력기관이 이른바 특권층의 강력한 통제기반이 되어 있는 상황에서 기성 지배자들과 맞서 싸운다는 것은 소용없는 일일 뿐이며 오히려 불법적 脫憲法的인 소수 정예분자의 직접행동이 더욱 효과적인 것으로 보았다. 결국 대부분의 민간 우익들의 생각도 국가개조를 이루려면 군사 쿠데타를 통하여 「이기적 지배집단」을 무너뜨려야 한다는 쪽이었다.

「만주사변」은 농촌불황의 심화와 더불어 우익사상이 퍼질 수 있는 소지, 즉 불안과 위기 상황을 조성하였다. 이에 1932년에는 애국단체, 국가사회 주의 정당, 국수주의적 집단, 괴상한 우익연구회 등이 떼지어 나타나기 시작하였다. 1932년에서 1936년 사이에 이러한 단체에 속한 사람들의 수는 30만 명에서 60만 명 이상으로 늘었으며 이들은 직업적인 우익 선동가들에 끌려다닌 경우가 많았다. 이들을 지지한 것은 도시와 농촌의 중하층——하급관리·소상인·예비역 장교·국민학교 교사·소지주·소기업 경영자·在鄕軍人 등으로서 부패한 정당과 재벌 그리고 天皇 측근의 「奸臣」들에게 가장 큰 반감을 품고 있던 사회계층이었다. 이들은 天皇에 대한 충성이라고 하는 공식화된 도덕기준을 받아들일 만큼은 교육을 받았으나 그 충성논리의 신비스러운 근거에 의심을 품을 만큼 교육수준이 높지는 못하였다. 경제적 곤란으로 모든 어려움을 겪고 있는 이들 불만층은 전통적 가치에 대한 자기들의 집착과 고위층의 도덕적 타락·정치적 부패현상을 구별하였으며, 나아가 지배층에 만연되어 있는 이기적인 개인주의·물질만능주의·자유주의 등 소위 「외국」 또는 「서양」식 가치기준에 비난을 퍼부었다. 권력에 접근할 기회가 없는 이들 분산적인 소규모 애국단체들은 일종의 「힘없는 사람들의 파시즘」을 나타낸 것이었다. 이들이 때로는 정치적 파동을 일으켜, 1935년에는 在鄕軍人會를 중심으로 한 대중운동으로 저명한 자유주의 헌법학자인 美濃部達吉(미노베 다쓰기찌;1873~1948)이 貴族院에서 축출당하는 계기를 만들기도 했다. 그러나 국수주의 단체들의 주된 역할은 일반대중에게 끊임없이 일본 정신의 우월성과 皇道의 절대성을 찬양하고 국가정책의 순화를 외쳐 무모한 외교정책이 안고 있는 위험성에 여론이 마비되게 한 것이었다.

2. 昭和維新

「만주사변」으로 사실상 정당정치의 종말이 다가왔으며 대신 정치적 폭력이 난무하는 시대로 들어가게 되었다. 끊임없는 폭력행동 때문에 당시의 일본 정치를 한 외국기자는 「암살에 의한 정치」라고 표현할 정도였다. 우익에 의한 본격적 정치테러는 처음 1930년 11월 광신적인 우익청년이 런던 海軍軍縮條約에 항의하여 濱口雄幸 총리를 저격한 데에서 비롯하였다. 이것이 領官장교들에 의한 1931년 3월과 11월의 정부전복음모로 확대되었다. 두 차례 모두 미수에 그치고 말았으나 이러한 반란 계획은 자신들을 1850년대와 1860년대의 과격파 志士들을 계승한 최후의 사무라이로 자처하는 젊은 장교들의 과감하고 폭력적인 행동을 더욱 유발하였다. 일본이 또다시 內憂外患에 위협받고 있다고 믿은 이들은 나라를 위기에서 구출하기 위해 「昭和維新」을 해야 한다고 외쳤다. 일찌기 幕府의 전제로부터 明治天皇을 구했듯이 민간 지배자들로부터 昭和天皇을 구해내야 한다는 것이었다.

책임있는 참모본부의 領官장교들보다는 尉官장교들이 많이 가담한 과격파 장교들의 운동은 權藤成卿이나 井上日召(이노우에 닛쇼오;1886~1967) 등 민간 우익과격파와 손을 잡기도 하였다. 그들은 민간정부의 지배를 종식시키려고 암살과 테러로 나아갔으나 그 이상의 목표에 대하여는 실상 모호하였다. 과격파 중의 한 사람은 훗날, 「우리는 우선 파괴를 생각하였다. 결코 건설의 책임까지는 고려하지 않았다. 파괴가 달성되기만 하면 누군가가 우리를 대신하여 건설의 책임을 질 것으로 내다보았다」고 실토하였다.[2] 1932년 정계·재계의 고위층을 차례차례 제거하는 것을 목표로 한 민간 우익단체 血盟團에 가담한 청년 해군장교들이 마침내 5월 15일 총리 犬養毅를 암살하였다. 고위층에 있는 인물 중에서도 이들 과격파 청년장교와 민간우익들의 운동에 동정을 나타내는 사람은 있었다. 가장 대표적인 경우로 육군대신 荒木貞夫(아라끼 사다오;1877~1966)는 이를 「순박한 청년」

---

2) 高橋正衛, 《昭和の軍閥》(中央公論社, 1969), pp. 163~164.

들의 행동이라고 공개적으로 찬양하였다. 「名利를 구한 것도 아니고 반역
적이지도 않았으며 오직 皇國 일본을 위한다는 성실한 믿음에서 나온 행
동이었다」고까지 평하였다.

그러나 책임있는 자리에 있는 사람들은 荒木貞夫의 견해에 결코 동조하
지 않았다. 犬養毅의 암살로 정당내각이 법에 따라 성립되는 관례는 무너
지고 말았으나 민간정치가들에 의한 통제력이 완전히 상실된 것은 아니
었다. 당시 생존해 있던 「元老」西園寺公望은 정당들은 이제 對內外정책에
있어서 추진력과 믿음성을 잃었다고 보았지만, 關東軍의 명령거역행위와
외국에 대한 군의 호전적 태도, 정치적 테러 풍조에는 분개하였다. 비공
식적인 公卿 및 前職 각료들의 모임인 「重臣會議」의 권고에 따라 西園寺
는 「중간적인 거국일치내각」을 여러 정당, 고위 관료, 장군 들이 참여하여
구성하는 것이 최선의 길이라고 결심하였다. 1936년까지 두 사람의 예비
역 해군제독, 齋藤實(사이또오 마꼬또;1858~1936)과 岡田啓介(오까다 게이스
께;1868~1952)가 연이어 거국내각을 이끌었다. 물론 육군은 이 내각에서
더욱 강력한 발언권을 행사하였지만 아직도 다른 권력체들과 타협하지 않
을 수는 없었다.

일본의 정치를 전면 개편하려다 실패한 1932년의 암살사건은 청년장교
들에게는 과격사상의 불길을 당겼다. 이 사건 이후 육군의 고급장교들은,
1931년의 반란계획에 참여했던 사람들까지도, 지휘계통을 무시한 하급자
들의 행동에 분노를 나타냈다. 그러나 젊은 장교들의 좌절감은 육군 수뇌
부의 권력싸움으로 더욱 깊어갔다. 수뇌부에 있어서의 파쟁은 육군의 지
도자 宇垣一成이 1931년 육군대신을 물러나면서 皇道派와 統制派로 갈려
구체화되었다. 황도파의 대표는 荒木貞夫로서 국가의 병폐는 「일본 정신」
으로 고쳐야 한다는 모호한 주장을 폈으며 이를 과격파 청년장교들은 열
렬하게 받아들였다. 그러나 참모본부에 있는 통제파 장군들은 荒木이 내
각에서는 육군의 이익을 제대로 대변하지도 못하면서 과격파의 주장을 입
에 담는다고 비난하였다. 더우기 荒木의 호전적인 反蘇태도에 통제파에서
는 荒木이나 황도파가 현대 군사이론을 충분히 이해하지 못한 결과라고 반

대하였다. 장기적인 경제계획과 국가 총동원체제를 수립하는 대신 황도파는 전쟁에 대비하여 「정신동원」에 의존하려고만 하고 있다는 것이었다. 통제파 장군들에 의해 荒木貞夫와 그 추종자들의 힘은 점차 감소되어 갔으나 荒木 지지자들은 1935년 8월 反荒木 움직임의 조종자로 지목된 軍務局長 永田鐵山을 암살함으로써 반격을 가하였다.

국가개조를 위한 과격파 청년장교들의 필사적인 마지막 시도는 1936년 2월 26일의 군사봉기였다. 이날 東京에 있는 제1사단의 병력 가운데 1,500여 명이 시내로 출동하여 정부의 핵심지구를 장악하는 동안 미리 계획된 암살단은 총리를 비롯한 각료와 皇室의 보좌관, 육군의 고위간부들 그리고 「元老」西園寺까지도 살해하려고 했다. 반란군은 「天皇을 둘러싸고 있는 간신」들을 제거하여 국가개혁의 길을 닦음으로써 나라를 구하겠다고 선언하였다. 전례없는 하급자들의 봉기를 맞아 육군 간부들은 오히려 이를 정권장악의 기회로 보고 진압행동을 취하지 않았다. 그러나 天皇 자신 이러한 군기의 파탄에 놀랐고, 해군에서는 해군의 원로들인 岡田啓介 총리, 齋藤實 전총리, 鈴木貫太郎(스즈끼 간따로오;1867~1948) 侍從長 등에 대한 암살기도에 분격하여 군함을 東京灣으로 이동하여 반란군 진지에 포를 겨냥하였다. 곧 반란은 실패하여 반란군은 부대로 돌아갔으며 반란 주모자들과 北一輝는 銃殺刑에 처해졌다.

「昭和維新」을 하겠다던 과격파운동은 목적을 달성하지 못했으나 1930년대 초의 테러행동이 효과가 없지는 않았다. 장교들의 정부전복음모에 정계와 관계의 민간정치가들은 심각한 타격을 받았으며 정당의 영향력도 1920년대의 실패로 인하여 점차 약해졌다. 1932년 이후 내각에서는 정당정치가를 받아들이는 예가 점점 줄어들었고 야심적인 관리들의 정당참여 의욕도 점점 희박해졌다. 우익 테러가 횡행하는 가운데 정당들은 또한 기업체나 관료들로부터 지원을 받기 어렵다는 것을 깨달았다. 1932년 「5·15 사건」 이후 三井·三菱 등 대재벌들이 서서히 정당에 대한 재정적 지원을 신중하게 철회하였고 1932년말 齋藤實내각에서도 府·縣 知事 및 지방 경찰 간부들을 능력에 따라 임명, 정당의 영향이 미치지 않도록 하였다. 아직도 정당들은 지역이권을 위해 애쓰고 軍需産業과 관련된 「新財閥」들로부터 자금을 얻기도 하였으나 정당의 영향력이 쇠퇴한 것은 누구라도 알 수 있었으며 이러한 추세를 되돌리기 위해 정당들이 할 수 있는 일이라고는 거의 없었다. 협상을 통해 권력을 잡았던 정당들은 이제 오히려 군부와 손을 잡으려고 하는 세력들에 의해 밀리게 되었다.

정당의 힘이 약화되면서 군부의 영향력은 더욱 강화되었다. 1936년의 「2·26 사건」을 기화로 육군 수뇌부에서는 군기를 강화하고 파쟁을 종식시킬 수 있었으며 또한 전면적인 군사동원에 필요한 경제개편을 하도록 압력을 가하기 시작하였다. 1936년 겨울에는 대대적인 숙청작업을 벌여 하급 장교 가운데 과격분자들을 제거하였으며 이들에게 동정적이었던 장군들을 예비역에 편입시켰다. 숙청된 장군들이 중요한 정치적 자리에 앉지 못하도록 육군에서는 1913년에 폐기된 「軍部大臣 現役武官制」를 복구하게 하여 내각구성에 대한 거부권을 다시 찾았다. 새로운 법적 권한의 범위를 넘어 육군은 국가정책의 결정에 점차 불가결한 존재로서 발언권을 행사하기 시작하였다. 앞으로의 대륙정책이 미정인 상태에서 군부의 의견은, 이 정책을 수행할 대부분의 책임을 지고 있다는 것으로 해서, 막중한 비중을 차지하였다. 실제로 당시 한 국회의원이 지적했던 대로 군부는 「정치의 담당자」가 되었다.

3. 中國에서의 곤경

육군의 영향력이 국가정치에 있어서 더욱 강력하게 된 중요한 이유는 일본의 군사력이 아시아대륙에 점점 깊이 개입하게 되고 국가위신이 이에 걸리게 된 데에 있었다. 1932년 關東軍의 후원 아래 滿洲國이 일본의 괴뢰정부로서 수립된 이후 이를 지키는 것은 齋藤實내각 및 그뒤의 내각들에 있어서 일본 외교의 기본축이었다. 滿洲國을 승인하지 않는다든가 國際聯盟에서 공개적으로 일본의 침략을 규탄한다든가 하는 외국으로부터의 비난은 일본의 대륙문제에 대한 개입을 강화시켜줄 뿐이었다. 신문·잡지

등에서 反外國·反西洋主義가 일어나는 것을 배경으로 일본 정부는 점점 더 거칠게 자기 정당화에 빠져들었다. 러일전쟁에 즈음하여 유행하였던 大아시아주의를 되살려, 고위관리나 정부의 홍보 책임자들은 일본은 「아시아인을 위한 아시아」의 챔피언이며 대륙정책은 「일본의 몬로주의」라고 주장하였다. 일본이 아시아대륙에서 하는 일은 미국이 오랫동안 라틴아메리카에서 해왔던 것과 다르지 않다는 것이었다.

그러나 이렇게 자신만만한 구호와 주장은 정부 최고위층내에서의 혼란과 불안 그리고 방향상실을 가장하는 것이었다. 외교적 고립과 미·영과의 적대적인 관계가 심화되는 가운데 만주국을 지켜야 한다는 것 외에는 국가목표에 대한 분명한 합의는 이루어지지 않고 있었다. 1932년 1월 上海에서 중국군과 일본군간에 전투가 벌어졌을 때 永田鐵山을 중심으로 한 육군 일부에서는 군사작전을 중국 전역으로 확대하자고 요구하였으나 다른 편에서는 이에 강경하게 반대하였다. 大藏省은 일본 경제로는 감당할 수 없는 짐을 지게 된다고 하여 반대하였고, 해군과 외무성에서는 미·영과의 대결을 촉발시킬 위험성을 우려하였으며, 육군내의 황도파 장군들은 소련과의 전쟁에 대비할 힘을 빼내는 것이라고 생각하였다. 이러한 모든 고려와 함께 육군 내부의 파쟁 및 내각의 교체로 인하여 일본 정부는 즉각적인 대외 정책의 결정을 내리지 못하였다.

東京에 있는 관리들이 주저하는 것과는 달리 關東軍은 참모본부의 지지를 받아 중국 영토로 침투하여 들어갔다. 만주 국경을 방어하기 위한 군사적 필요를 내세워 1933년 2월 關東軍은 熱河로 진격하였으며 이 해 5월에는 중국군과 「塘沽停戰協定」을 맺어 萬里長城까지 일본군의 점령지역을 확대하고 北京을 선으로 하는 華北지방에 비무장지대를 설치하였다. 다시 1935년 關東軍은 군사적 압력과 협상을 통하여 河北지방에서 國民黨조직과 군대를 철수시키게 하였다. 이러한 성공에 힘입어 현지의 일본군 사령관들은 1935년 가을 만주국과의 사이에 완충지대를 설정할 의도에서 反國民黨 장군들이 추진하는 「華北自治運動」을 조종하기도 하였다. 근본목적은 중국을 분열 약화시키고 華北지방의 자원을 만주경제에 연결시키려는

것이었다. 여기에는 앞으로의 몽고침략에 대비하려는 생각도 있었을 것이
다. 요컨대 東京의 책임자들이 논의를 거듭하고 있는 동안 중국에 나가 있
는 일본군은 본국의 지시없이 국가정책을 밀고 나갔다.

  이같은 침략이 성공할 수 있었던 것은 주로 중국내에 효과적으로 일본
군에 대항할 군사력이 없었기 때문이었다. 일본군의 우세함을 잘 알고 있
던 蔣介石은 먼저 중국인들의 광범한 지지를 받을 수 있는 안정된 중앙정
부를 수립할 힘이 國民黨에는 부족하다는 사실에 시달리고 있었다. 더우
기 1930년대초 國民黨의 주된 관심은 남중국에 있는 共産기지를 토벌하
는 데 쏠렸으므로 일본군과 싸울 여유는 없었다. 1935년 蔣介石은 中日
우호조약을 체결할 의사까지 보였다. 그러나 1935년 중국공산당이 「長征」
을 통해 延安으로 물러나고 학생 및 일부 國民黨 장군 가운데 反日기운이
고조되면서 蔣介石은 방향전환을 요구하는 강한 압력을 받았다. 1936년
12월 西安을 방문 중이던 蔣介石은 張學良에게 억류되어 張이 요구한 항
일 통일전선 구축에 공산당과 협조할 것을 약속하였다. 이러한 국민당 정
부의 방향전환으로 전면적인 중·일 대결의 가능성은 더욱 높아갔다.

  내각구성이 채 한 달밖에 되지 않은 近衛文麿(고노에 후미마로;1891∼1945)
정부는 여유도 없이 1937년 7월 7일 중국과의 전쟁을 시작하였다. 이날
北京 근처의 蘆溝橋에서 두 나라 군대 사이에 조그마한 충돌이 일어났다.
이에 현지 사령관들 사이에는 停戰合議가 이루어졌으나, 국민당 정부는 새
로이 군대를 파견하여 일본에 대결할 뜻을 보이기로 결정하였다. 여기에
近衛내각에서도 힘으로 맞서기로 하여 곧 선전포고 없는 전면전쟁이 華
北에서 벌어졌다. 1938년 8월 중국군 폭격기가 상해에 있는 日本租界를
공격함으로써 두 나라는 물러설 수 없는 지경에 이르렀다. 중국군에 비해
잘 훈련되고 무장된 일본군이 남쪽으로 진격함에 따라 전쟁은 급속하게 확
대되었다. 장기적인 작전계획이나 장비·물자의 충분한 비축도 없이 일
본군은 국민당 정부의 수도인 南京으로 접근하여 갔다. 별다른 저항을 받
지 않고 승리에 의기양양해진 지휘관들은 여섯 달 안으로 蔣介石을 패배
시킬 수 있다고 장담하기까지 하였다.

계속적인 승전보에 도취된 近衛文麿내각에서는 전투마다 승리할 자신이 있다는 군당국자의 말을 믿고 새로운 작전을 승인해 주고 있었다. 그러나 특이하게도 참모본부의 많은 장교들은, 「만주사변」의 장본인 石原莞爾 (이시하라 간지;1889~1949)까지도, 무모한 전선확대에 반대하였다. 산발적인 공격으로 중국이 넘어지리라는 것에 의심을 품고 있던 그들은 중국과 같은 광활한 지역에서 작전을 수행하는 어려움을 잘 알고 있었으며 또한 일본이 그곳에서 전면전쟁을 하기에는 경제・산업상으로 준비가 되어 있지 않다고 반대하였다. 더우기 중국과의 전쟁이 속히 끝나지 않을 경우 앞으로 예상되는 소련과의 전쟁에 대한 준비가 위태로와질 것이라고 또한 우려하였다. 이러한 모든 점을 감안하여, 더 이상의 군사적 진출을 중지하고 華北에서의 현상태를 유지할 것과 蔣介石과의 평화협상을 개시할 것을 그들은 요구하였다.

그러나 초기의 군사적 승리, 특히 1937년 12월의 南京함락은 近衛정부의 입장을 더욱 융통성 없게 만들었다. 蔣介石으로부터 만주국 승인과 華北의 중립지대 설정을 얻으려다 실패한 뒤 1938년 1월 近衛정부는 마침내 앞으로는 蔣介石과 협상할 의사가 없으며 일본에 우호적인 새로운 중국 정부의 출현을 기대한다고 발표함으로써 배수의 진을 쳤다. 近衛는 蔣介石과의 협상 대신에 그를 군사적으로 굴복시키기로 작정하였다. 그러나 이러한 정책을 성공시킬 만한 능력을 일본이 갖추고 있지 못한 조건에서 近衛의 결정은 오히려 실패를 자초한 셈이었다. 초토화작전과 소모전술을 써가며 蔣介石은 奧地에 위치한 重京으로 물러갔다. 일본군은 승리를 계속, 1938년 10월에는 武漢의 상공업지대를 점령하였으나 이것으로도 전쟁을 끝낼 수는 없었다.

일본군 점령지역에는 이전 군벌정권에 종사했던 관리들 가운데 친일분자들로 「改革政府」가 세워졌다. 이는 다시 蔣介石의 政敵 汪兆銘을 수반으로 하는 친일정부로 개편되었다. 汪兆銘은 일본과의 화평을 이루려고 하여 蔣介石의 국민당 노선에 반대한 인물이었다. 그러나 친일 괴뢰정권은 백성들의 지지를 받을 수 없었으며 많은 사람들이 독립정권으로 믿지도 않

있다.

참모본부의 예상은 1939 년 여름에 이르러 사실로 나타났다. 2 년간의 힘든 싸움으로 일본군이 공세를 취할 힘은 없어졌다. 일본군은 주로 항만도시와 北京 일대, 武漢 공업지대 그리고 주요철로를 장악했지만 蔣介石 정부는 揚子江 협곡 너머 지상공격을 막을 수 있는 지역에 안전하게 피해 있었다. 일본군 점령지역내에서는 국민당·공산당 양측의 게릴라들이 항일 지하전을 펴고 있었다. 더우기 1938 년 중반과 1939 년 봄 만주 국경지대에서 소련군과 충돌사고가 일어나 對蘇戰에 대한 불안이 새로와졌다. 초기에는 성급하게 자신을 나타내었으나 이제 일본은 쉽사리 피할 방법이 없는 군사적 교착상태에 이르렀다.

이렇게 예기치 못했던 사실에도 불구하고 국내의 전쟁열은 타격을 받지 않았다. 전쟁열은 1937 년 가을부터 추진된 「國民精神總動員運動」을 비롯한 정부의 선전노력에 의해 더욱 고조되었다. 전쟁은 중국을 해방시키기 위한 투쟁으로 공식 선언되었으며 이에 따라 近衛文麿는 1938 년 11 월 일본은 중국·만주국과의 협조를 바탕으로 「東亞의 新秩序」를 수립하겠다고 발표하였다. 그는 여기에서 중국과 일본은 다 같이 백인 제국주의자들에 의해 국제적으로 정당한 지위를 박탈당한 「없는 나라」로서 공동 이해관계를 갖고 있다고 지적하였다. 중국에 있어서의 서양의 영향력과 지배를 종식시키기 위해 일본인들은 싸우는 것으로 전쟁 명분이 바뀌었으며, 일본인들은 외세의 「走狗」인 蔣介石과 싸우는 「중국인의 동맹자」로 표현되었다. 그러나 「새로운 질서」의 주장은 실제 중국에 나간 일본군의 경제적 수탈과 항일 게릴라에 대한 무자비한 진압작전 그리고 서양국가에 대한 일본 자체의 경제적 종속, 특히 미국에 대한 전쟁물자의 의존 등에 의해 기만적인 것임이 드러났다. 그러나 이러한 사실들은 일반 백성들에게는 무시되었다. 백성들은 오직 「聖戰」의 도덕적 목표를 확신하고 일본군의 용맹성과 희생, 「日本道」의 우월성에 눈이 가리워져 있었다. 1894 년의 청일전쟁, 1904 년에서 1905 년에 걸친 러일전쟁 때처럼 새로운 민족적 자신감과 국가목표에 대한 사명감의 열기 속에, 극소수 비판자를 제외하고는, 모두 빠져 있었다.

한편 중국과의 전쟁은 일본 경제가 1930년대초의 곤경으로부터 회복되는 것과 일치하였다. 1932년부터 大藏大臣 高橋是清은 예산팽창(특히 만주진출 기업을 지원하기 위한), 赤字지출, 농촌보조, 화폐의 평가절하 등을 바탕에 깐 경기부양책을 추진하였다. 1936년까지는 失業이 줄고 실질수입이 증가하였으며 국내 소비도 오르게 되었다. 1937년 전쟁발발 이후 물가가 급등하고 일부 소비재의 부족현상은 나타났어도 일본 경제는 그런대로 번창했다. 군사예산이 1931년 4억 5천만 엔이던 것이 1937년에는 14억 엔으로 팽창함에 따라 새로운 일자리가 생겨났고, 대기업뿐 아니라 소기업에까지도 이익이 돌아왔다. 농산물시장도 안정될 수 있었다. 대부분의 사람들은 외국에서의 전쟁과 경제적 호황을 당연한 것으로 연결시켜 보았다. 폭탄은 중국의 도시에나 떨어지고 있었지 일본내의 생활에는 별로 변함이 없었던 것이다. 물론 중국 전선에서 많은 군인들이 죽어갔지만 승전보가 전해질 때마다 그들의 희생은 더욱 값진 것으로 평가되었다. 나라는 점점 수렁 속으로 빠져들고 희생은 늘어갔어도 대다수 일본인들은 개인적인 고통을 참으며 시세에 밀려가고 있었다.

4. 戰時 정치

전쟁노력에 대하여는 거의 반대가 없었음에도 불구하고 국가 지도력에는 통일이 이루어지지 못하고 심하게 분열되어 있었다. 유럽의 파시스트 정권에 비해 압도적으로 유력한 지도자나 독재자는 등장하지 않았으며 대중적 기반을 가진 전체주의 운동도 일어나지 않았다. 오히려, 통치 수뇌부에서는 헌법구조 안에서 청일, 러일 전쟁을 이끌었던 것 같은 집단지도체제를 수립하려는 시도가 끊이지 않았으나 성공하기는 어려웠다. 전쟁의 압력 아래 군부 영향력의 비중이 높아졌다고 해도 한 세대 전의 元老들처럼 국내 정치까지 지배할 수는 없었다. 이에 반하여 다른 세력집단, 특히 나이 든 정당 지도자들은 군부의 영향력 확대에 분개하여 국가기구를 통제하려는 군부의 기도를 꺾으려고 모든 힘을 기울였다. 일찌기 헌법상의 제한으로 藩閥정부와 정당내각이 시달렸듯이 군부 지도자들도 헌법구조라는「장애물」을 벗어나지 못하였다.

육군 수뇌부와 이에 대립하는 지도자들과의 쟁점은, 육군측의 주장인 총력전을 수행할 수 있는 국방국가체제를 둘러싼 것이었다. 이를 위해서는 군비가 늘어야 되고 지구전에 대비하여 일본 자체로 군수품을 자급자족할 수 있도록 체계적으로 산업부문이 확대되어야 하는 것이었다. 이를 위해 육군측에서는 자유경쟁원칙의 경제적 자유주의를 폐지하고 중앙에서 총괄해야 한다고 주장하였으며 공업생산도 국가의 통제 아래 두고 필요하면 기간산업을 국유화해야 하는 것으로 인식하고 있었다. 1933년 이후 늘어나는 군사비에 대하여는 의회도 동의하였지만 국방국가를 수립하기 위한 육군측의 전면적인 행정·경제상의 개조계획에는 여러 방면으로부터 반대가 나왔다. 우선, 정당들은 거대한 경제적 행정적 통제력을 전적으로 정부내의 경제부서에 맡기려고 하는 육군측 계획을 인정하지 않았다. 기성관료들 또한 정부 부처의 정비로 자기들의 권한이 깎이는 것을 우려하였다. 대기업들은 기업이윤과 사업계획에 대한 어떠한 통제에도 반대했을 뿐 아니라 지나치게 커진 예산으로 인플레이션이 생길까 두려워하기도 하였다. 1937년의 의회에서는 육군측에 대한 비판이 드높아 政友會와 民政黨은 공동으로 육군이 지지하는 총리 林銑十郎(하야시 센쥬우로오;1876~1943)의 사임을 요구하기까지 하였다.

「重臣」들은 近衛文麿에게 내각을 조직케 하여 이러한 대립을 막으려고 하였다. 西園寺公望의 총애를 받았던 公卿 近衛文麿는 시대에 맞는 인물로 평가되고 있었다. 개인적으로는 고고하나 군부와 官界·의회의 많은 사람들과 유대를 맺고 있는 近衛는 국가정치에 통일을 가져올 수 있는 유일한 지도자로 보였다. 더우기 그는「미·영 제국주의」에 대한 강력한 반대자임과 동시에 국내개혁에 큰 관심을 갖고 있는 인물로 알려져 있었다. 중일전쟁의 발발로 생긴 위기의식을 이용하여 육군 및 젊은 개혁파 관료들의 지지를 받은 近衛정부는 내각에서 집중적으로 경제통제를 하는 방향을 취하였다. 이를 위하여 경제동원계획의 책임을 질 企劃院이 1937년 10월 설립되었다. 이곳에서 해외무역으로부터 통화규제에 이르기까지의 모든 것을 규정하는 새 법들이 만들어졌다. 육군측의 전폭적인 지지를 받은 企劃院은 경제계획을 중앙집중화하려는 새로운 경제관료들로 구성된 기관으로 그 주된 목표는 자유경쟁에 의한 경제의 낭비를 제거하기 위하여 정부가 전쟁상황에서 물자·자금·인력을 마음대로 배치할 수 있는 폭넓은 권한을 장악하려는 것이었다. 전쟁노력의 구실을 붙여 기존 기업들의 이권에 영향받는 의회를 무시하려고까지 하였다.

이러한 방침이 정당과 대기업에서 두려워하는 국가사회주의적 경향을 띠게 되자 정당과 대기업들에서는 1938년 2월 의회에 회부된 「國家總動員法」案에 반대하였다. 오히려 이 법안을 지지한 것은 프롤레타리아 정당들로서 그들은 사회개편과 자본주의를 제한하는 단계로서 이를 환영하였다. 「국가총동원법」은 의회를 통과하기는 했으나 이 과정에서 「旣成政黨」들은 나름대로의 양보를 얻어냈다. 즉 중일전쟁을 계속하기 위해 이 법을 적용하지는 않겠다고 정부도 약속하였으며 법의 시행에는 의회 및 경제계와 협의하기로 하였다. 또한 개인이익을 제한하는 규정들은 모두 삭제되었다. 고도의 중앙집권적 국방국가를 만들려는 육군측의 요구는 정당과 대기업, 보수파 관료들과의 타협으로 인하여 색이 바랬다. 그러나 중일전쟁에서 이 법을 적용시키지 않겠다는 약속에도 불구하고 정부에서 임금·노동시간·노동계약 등을 규제하기 위해 이 법을 시행할 때 「국가총동원법」의 성격을 약화시키려고 한 세력들 가운데 어디에서도 이에 강경한 반대를 보이지는 않았다.

지도층에서의 정치적 갈등은 아직도 사라지지 않았다. 1937년 중일전쟁이 시작되고 3년 동안 4명의 총리가 나오고 내각이 다섯번 바뀔 정도로 지도층내의 습관화된 정쟁은 계속되었다. 내각은 대외정책을 둘러싸고 군부와 다투었으며 군 내부에서도 육군과 해군이 군비와 작전계획 때문에 싸웠다. 의회는 의회대로 법안통과를 지체시켰고 외교관리들의 의견대립은 내부분열로 확대되었으며 경제계에서는 정치 지도자들에게 자중할 것을 충고하였다. 1939년말에 이르러 이러한 분파적 싸움을 그치고 관료 조직이나 정당의 이해관계를 초월하여 국가정책에 대한 협조·화합을 이룩할 것을 목적으로 한 새 정치질서의 수립을 요구하는 사람들이 많이 나타났다.

그러나 새 정치질서를 세우는 방법에 관하여는 일치하지 않았다. 정당의 분열적이고 이기적,「非日本的」운영에 혐오감을 느낀 육군측에서는 전쟁노력을 지원하기 위해 전국민을 동원할 수 있는 나찌식의 일당국가를 원하였고 또한 프롤레타리아 정당과 과격파 우익 정치가들은 밑으로부터의 새로운 정치질서 곧 지방의 대중조직에 의거한 대중정당을 수립할 것을 기대하였다. 한편 많은「기성정당」의 인사들은 政友會와 民政黨의 진보파들이 연합하여 군부의 압력에 대항할 수 있는 큰 정당을 세우고 싶어하였다. 1940년 여름 近衛文麿를 지도자로 한 새 정치질서 수립의 첫단계로서 주요정당들은 자진해산 형식으로 해체되었다. 1932년부터 시작된 정당세력 쇠퇴의 논리적 귀결이었다.

그러나 이때 나타난 새 정치질서 곧 大政翼贊會는 대중을 동원하거나 국가정책의 결정을 통제할 수 있는 새로운 정당은 아니었다. 1940년 가을에 만들어진 大政翼贊會는 통일성이 없는, 지나치게 비대한 전국조직이었다. 처음부터 이 조직은 현상타파와 새 정치질서의 수립을 요구하였던 군부·정치인·관료 등 다양한 그룹들간의 분쟁에 시달렸다. 결국 내무성 관료들의 힘으로 大政翼贊會는 기존 관료조직과 연결된 전국적 단체로 되어, 총리가 당연직 총재가 되고 府·縣支會는 知事들이 맡았다. 국가와 백성을 동일시하고 정부의 명령과 규약을 하달하는 것이 오히려 기본 기능이 되었다.

전국민은 大政翼贊會 산하의 翼贊壯年團·農業報國會·文學報國會 등 여러 직능별 단체에 들어가든지 지방 향촌조직인 隣組(도나리구미)에 들어가든지 하여 어떻든 이 기구 속에 포함되었다. 지방의 정당조직이나 기타 私的 조직과의 연결을 배제한 이 隣組는 약 10가구를 한 단위로 하여 매월 모임을 갖도록 하였으며 이를 그 위의 部落會나 町內會에 보고하여야 했다. 大政翼贊會가 일반 정당은 물론 과격파 우익단체에 이르기까지 모든 정치집단이 갖고 있는 이익을 공격하고 나서자 상당한 비판이, 특히 의회에서, 일어났다. 天皇과 백성 사이에 선 幕府와 같은 존재라느니 공산주의자 소굴과 같다느니 하는 감정적 비판과 함께 비헌법적이고 낭비적인 조직이라는 불평도 나왔다.

大政翼贊會로 대표되는 새 정치질서는 유럽의 파시스트 일당독재체제와는 달랐다. 히틀러의 독일이나 뭇솔리니의 이탈리아와는 사회적 정치적 조건이 달랐기 때문이었다. 첫째, 天皇에 대한 충성심은 카리스마적 대중 독재자의 출현을 막는 역할을 하였다. 백성들에게 있어서 충성의 초점이 天皇에게 맞춰져 있었기 때문에 일본 정치에서는 강력한 파시스트 지도자가 나오기 어려웠다. 그러한 독재자가 나왔더라도 결국 그는 天皇에 버금가는 위치로서 天皇에게 책임을 져야 했다. 둘째, 파시스트적 정권이 대중운동에 힘입어 나타난다고 해도 이러한 대중운동의 사회적 기반이 없이는 성공할 수 없었다. 1920년대의 정치에서 대중운동을 일으켜 이끄는 것이 얼마나 어려웠는가를 우리는 보았다. 1940년 이전에 그래도 성공했다고 할 수 있는 유일한 대중운동은 노동운동이었지만 이도 실상 한창 전성기에도 기껏해야 전체 노동자의 7퍼센트를 움직였을 따름이었다. 깊은 불황의 바닥에서 많은 유럽 사람들은 나찌黨이나 이와 유사한 파시스트 단체로 몰렸으나 일본인들은 그렇게 막막하게 의지할 데가 없지는 않았다. 고도로 도시화되고 산업화된 서양사회에 사는 사람들과는 달리 일본인들은 경제적으로 어렵고 심리적으로 불안한 때 도움을 주는 가족·이웃·고향을 찾을 수 있었다. 세째, 사상적 분위기가 파시즘이 일기에는 적합하지 않았다. 독일의 나찌당원이나 이탈리아의 파시스트는 자신들을, 최소한 초기 단계에서는, 혁명가·사회주의자·反자본주의자라고 공언하였으나, 이러한 이념이 충성·복종·화합을 최고의 가치로서 오랫동안 받아들여 왔던 사람들 속으로 쉽사리 파고 들어가기는 어려웠다. 단적으로 일본사회는 여러 면에서 파시스트운동을 지원하기에는 아직도 너무 「후진적」상태에 있었다.

따라서, 파시스트적 정치단체들은 일본에 존재했지만 선거나 폭동을 통해 권력을 잡을 만한 규모로까지는 발전하지 못하였다. 군국주의화하는 시기에 일본을 다스린 정권은 이전의 정부와 형태상 뚜렷한 단절을 나타내지는 않았다. 확고하지는 않았지만 관료조직·군·정당·경제계의 가장 유능한 인물들은 연합하여 정부를 지탱하였다. 그들은 자기 분야에서 능력과 노력을 인정받아 정상적으로 지위가 높아진 사람들이었다. 그들은 결코 정치선동으로 사람을 끌지 않고 자신의 능력으로 존경을 받았으며 스스로 나라를 위한 봉사자로 자처하였다. 그러나 불행하게도 그들은 모든 능력과 봉사의식이 있었다 할지라도 국가적 파멸을 막을 수 있는 보증이 되지는 못하였다.

제 14 장 太平洋전쟁

1931년 關東軍에 의한 「만주사변」 도발 이후 만주 방어가 기본방침이 되었듯이 1938년 이후로는 중국에서의 승리가 당면한 국가목표였다. 합리적인 정책결정 과정과는 거꾸로 오히려 전장에서의 승리에 따라 전략계획이 수립되고, 전략계획은 외교정책의 방향을 정하게 하였으며, 외교정책은 곧 국내 개혁을 주도하였다. 이는 국가위신을 다치지 않고는 물러설 수 없는 일방적 정책을 중일전쟁이 강요하였기 때문이었다. 1930년대 말에만 해도 중국 본토에서 군대를 철수시키든가 또는 蔣介石 정부와의 협상조건을 완화시키든가 해서 중국에서의 불안한 위치를 벗어날 가능성은 있었다. 그러나 이러한 제안을 하는 것이 당시 상황에서는 반역에 가까운 짓이었다. 1940년 2월 民政黨 국회의원 齋藤隆夫(사이토오 다까오;1870~1949)는 일본은 결코 중국을 이길 수 없을 것이라는 국회 발언 끝에 제명당하고 말았다. 협상을 통해 중국과 평화를 이룩할 선택은 전혀 고려하지 않고 육군·해군의 전략가들은, 1940년, 오히려 중국을 단번에 완전히 굴복시키기 위해 전쟁을 동남아시아로 확대할 것을 계획하고 있었다.

1. 眞珠灣으로 가는 길

「南方進出」 계획은 1939년 9월 유럽에서 전쟁이 터진 뒤 강조되었다.

특히 1940년 6월 프랑스를 함락시키는 등, 독일군이 초기에 승승장구하자 일본 군부에서는 앞날의 전망을 자기들 나름대로 새로이 하게 되었다. 프랑스와 네덜란드가 나찌 치하로 들어가고 영국이 독일군 空襲圈 안에 들면서 유럽에서의 추축국측의 승리는 임박한 것으로 비쳤다. 또한 南아시아와 東南아시아에 있는 유럽 국가들의 식민지가 무방비상태에 놓이자 일본이 노리는 힘의 진공상태가 생겼다. 1940년 7월말 近衛정부는 육군측과의 협의를 거쳐 프랑스領 인도차이나에 군사기지를 설치하고 유럽 국가들의 식민지역에 있는 풍부한 자원을 손에 넣기 위한 준비로서 추축국측과의 유대를 더욱 굳히려고 하였다. 동남아시아에 거점을 확보함으로써 일본은 蔣介石에 대한 남쪽방면으로부터의 지원을 끊을 수 있고 남중국에서의 새로운 작전을 위한 기지를 확보하게 되며 나아가 국민당 정부를 굴복시키는 데 절대적으로 필요한 고무·주석·석유 등을 장악할 수 있다고 보았다. 일본 정부는 처음에는 외교적 방법으로 목적을 달성하려고 하였다. 이에 따라, 1940년 9월 나찌에 협조하는 프랑스 비시정권의 동의를 얻어 일본군은 北部 인도차이나로 진격하였다. 며칠 뒤 近衛정부는 독일·이탈리아와 함께 아직까지 참전하지 않고 있는 유일한 대국 미국이 유럽전쟁이나 중일전쟁에 개입하는 것을 막기 위하여 삼국동맹을 맺었다.

이러한 새로운 사태의 진전으로 일본은 蔣介石 및 「용감한 중국인」들을 동정하고 지지하기 시작한 미국과 충돌하지 않을 수 없게 되었다. 국제협약을 통한 평화원칙을 주장해 왔던 루즈벨트 행정부는 이미 1937년 10월 유명한 「制止 演說」에서 일본의 중국침략을 인정할 수 없다는 뜻을 명백히 하였다. 일본의 지도자들이 아시아를 해방시킬 일본의 역할을 외치기 시작할 때 미국 대통령은 세계적인 無法현상의 전염을 막아야 한다고 주장하였던 것이다. 일본의 중국정책을 바꾸도록 미국은 1931년에도 한때 고려한 바 있던 經濟制裁 조치를 서서히 확대 강화하여 갔다. 먼저 1938년 여름 일본으로 향하는 비행기·무기 및 기타 전쟁물자의 선적을 금지시켰고, 1939년 7월 일본과의 통상조약을 폐기하여 경제전쟁을 전개하는 데 법적 제약이 없도록 하였으며, 1940년 가을에는 일본으로의 파쇠 및 강철

수출을 막았다. 이와 같은 미국의 조처는 지금까지 미국을 東아시아에서는
근본적인 경제·안보상의 이해관계가 없는 나라로 여겨왔던 일본 지도자들
을 당황하게 하고 격분케 하였다. 미국 정부의 조처를 지원하는 미국인의
감정적 논리를 간파하지 못한 그들은 미국이 단지 인종적 우월감과 이기
적이고 비타협적인 위선의식 때문에 오만하게 행동하는 것이라고 단정하
였다. 어떻든 일본의 눈에는 미국은 중국문제를 군사적으로 해결하려는 데
에 장애물로 비쳤다.

이렇게 미국의 입장을 기본적으로 이해하지 못하면서도 近衛내각은 미
국의 도움으로 일본이 중국에서 빠져나올 수 있다는 희망을 아직도 버리
지 않고 있었다. 1941년 3월 일본은 蔣介石정부로 하여금 일본의 요구조
건을 받아들이도록 미국이 중간역할을 해줄 것과 일본에 대한 전쟁물자 수
출을 보장해 줄 것을 기대하여 루즈벨트 행정부와 외교교섭을 시작하였다.
이 해 4월 주미대사 野村吉三郎(노무라 기찌사부로오;1877~1964)은 협상을
통한 일본군의 중국철수, 중국 정부의 만주국 독립 인정, 蔣介石 정부와
친일 汪兆銘 정부의 합병, 중국·일본 양국의 反蘇동맹 체결 등을 조건으
로 중국에서의 전쟁을 종결지을 의사가 있다고 제안하였다.

그러나 처음부터 미국 또한 일본이 미국을 제대로 이해하지 못하였듯이
일본의 감정적 논리를 분명히 이해하지 못하였다. 루즈벨트와 국무장관 헐
(Cordell Hull)의 판단으로는 중일전쟁은 聖戰이나 아시아 해방전쟁이 아닌
「전체주의적 침략」에 불과한 것이었다. 일본의 제안에 대하여 헐 국무장
관은 미국의 입장을 다음과 같이 밝혔다. 다른 나라의 영토보전을 존중할
것, 다른 나라의 문제에 간섭하지 않는다는 원칙을 지킬 것, 국가간의 평
등원칙을 존중할 것, 평화적 방법이 아니고는 태평양에서의 현상유지를 교
란하지 말 것 등이었다. 이러한 이상론은 현실적으로 일본이 1931년 이
후 차지하고 있는 어떠한 것도 미국은 인정하지 않겠다는 것으로서 미·일
간의 앞으로의 대화전망을 어둡게 하였다.

미국과의 대화를 추진하는 한편으로 近衛정부는, 아직도 육군측에게는
군사적 위협의 대상인 소련과의 관계개선을 시도하였다. 1939년 히틀러와

스탈린간의 「不侵條約」 체결로 蘇聯에 대한 두려움은 어느 정도 줄었으나 역시 동남아시아로 밀고 들어갈 때를 대비하여 北邊을 안전하게 해놓으려 하였다. 1941년 4월에 이르러 일본은 소련과 중립조약을 맺을 수 있었다. 그러나 일본과의 관계에 있어서 소련을 더욱 중립적 위치에 머물게 한 것은 이 해 6월 독일의 소련침공이었다. 이에 소련군이 만주국경과 몽고로부터 유럽전선으로 이동됨에 따라 이 지역에서의 두 나라 충돌 가능성에 대한 두려움은 없어졌다.

北邊에서의 불안이 해소되자 육군의 주장에 따라 近衛정부는 마침내 1941년 7월 네덜란드領 東인도(인도네시아)에 대한 작전준비로서 남부 인도차이나 공격을 결정하였다. 미국은 이에 미국내의 일본재산 동결과 일본에 대한 석유수출 금지로 맞섰다. 미국은 또한 영국을 움직여 영연방국가들이 이에 따르도록 했고 네덜란드領 東인도 정부 또한 보조를 맞추게 되자 일본의 석유 수입량의 90퍼센트가 끊기게 되었다. 경제전쟁을 이렇게 갑작스럽게 확대한 것은 일본으로 하여금 더 이상 무모한 행동을 취하지 못하도록 하려는 의도였으나 그 결과는 정반대로 나타났다. 석유수입 없이는 일본의 전쟁능력은 불과 몇 달 이내에 중국을 비롯한 모든 전선에서 중단될 수밖에 없었다. 近衛정부는 이제 지난 10여년간 일본군이 얻어낸 것을 포기해야 하느냐 그렇지 않으면 미국과의 결전을 각오하고 네덜란드領 東인도를 점령해야 하느냐의 기로에 서게 되었다. 미국과의 전쟁에서 승리할 가능성에 대하여는 지도층에서도 의심하는 사람들이 많았고 특히 해군 수뇌부에서 강력하게 자제를 주장하였으나 「백인 제국주의자」들의 요구에 굴복하는 것은 이에 못지 않게 참기 어려운 일이었다.

미국의 석유수출 금지조처에 따라 일본은 돌이킬 수 없는 결전방향으로 나아갔다. 일찌기 자제를 촉구했던 해군측에서는 전쟁을 할 바에는 비축해둔 석유가 떨어지기 전에 개시하는 것이 낫다고 판단하였다. 일본의 군사적 한계를 확실히 인식하지 못한 육군측도 이에 동의하여 1941년 9월초 近衛내각은 이 해 10월말에 개전하기로 잠정적인 결정을 내렸다. 그러나 구체적인 개전은 「ABCD」 즉 미국·영국·중국·네덜란드(American-British-

Chinese-Dutch)의 포위망을 끊을 수 있는 협상을 마지막으로 시도해 보고 결정하기로 하였다. 이에 近衛文磨는 루즈벨트 대통령에게 직접 만나 담판할 것을 제의하였으나 미국측의 거부에 봉착, 그는 스스로 사임하였다.

후임은 열렬한 강경파 육군의 대표 東條英機(도오죠오 히데끼;1884~1948) 육군대신이었다. 東條내각에서는, 미국에 대한 마지막 카드로, 미국이 석유 수출 금지를 풀고 네덜란드領 東인도에서 오는 석유공급이 재개될 수 있도록, 그리고 중국과의 대립을 외교적으로 해결할 수 있도록 도와준다면 일본은 인도차이나에서 철군하겠다고 제안하였다. 그러나 1941년 11월 루즈벨트 행정부에서는 1931년 이전으로 되돌아갈 것, 즉 인도차이나·중국 본토·만주에서 일본군이 철수할 것과 蔣介石 정부를 승인할 것 이상으로는 어떠한 조건도 받아들이지 않겠다는 뜻을 다시 천명하였다. 뒤로 물러설 수 없는 힘이 전혀 움직여지지 않는 대상에 맞부닥친 것이었다. 외교적으로 더 이상 나갈 수 없게 된 東條英機내각은 미국과의 공식대화를 끊고 태평양의 미군에 대하여 선제공격을 하기로 결정하였다. 12월 8일(美國으로는 12월 7일) 워싱턴에 있는 일본 대사관에서 국무장관 헐에게 보내는 최후통첩을 치고 있는 동안 일본의 艦載機들은 거대한 미국 해군기지 眞珠灣을 기습공격하였다. 「일면으로는 원하고 또 한편으로는 원하지 않았던」 전쟁은 시작된 것이었다.

일본으로서는 막다른 길에 이르러 미국과의 전쟁결정을 내린 것이었으며 월스테터(Roberta Wohlstetter)가 지적했듯이, 그것은 「일본이라는 국가의 지위를 상실하면서 국가목표를 포기해야 하는가 라는 두려운 갈림길에서 강요된」것이라고[1] 볼 수 있다. 그러나 국가목표라는 것 자체가 의식적이고 사려깊은 결정에서 나온 것만은 아니었고, 오히려 「만주사변」으로 생긴 암이 자라듯 하여 형성된 것이었다. 일본의 국가목표가 다른 나라의 국가목표와 모순되지 않는가라든가 그것이 일본 자체의 힘으로 이룰 수 있는 것인가 하는 것을 일본 지도자들은 거의 고려하지 않았다. 고려했다

---

1) Roberta Wohlstetter, *Pearl Harbor: Warning and Decision*(Stanford University Press, Stanford, 1962), p. 353.

해도 국가목표를 포기한다는 것이 갖는 의미는 분명하였다. 즉 국가적 모
욕을 참고 二等國임을 인정해야 하는 것이었기 때문에 대부분의 일본인들
이 받아들일 리가 없었다.

2. 太平洋에서의 전투

　일본은 중일전쟁에 돌입하듯이 맹목적으로 미국과 전쟁을 개시하지는 않
았다. 러일전쟁에서 승리를 가져왔던 것처럼 장기적인 전략을 그려놓고 있
었다. 전쟁준비에서의 유리함과 기습공격의 이점을 살려 기선을 잡음으로
써 일본보다 크고 강한 미국이 총력을 동원할 수 있게 되기 전에 협상 테
이블로 오도록 하려는 것이었다. 먼저 전격적인 상륙작전을 감행하여, 남
쪽·서쪽으로, 중부 태평양의 마샬(Marshall)군도에서 인도네시아열도를
거쳐 말레이와 인도차이나에 이르는 방어망을 설정하였다. 일단 이러한
방어망을 치고 나면, 독일군이 유럽 정복을 끝내는 동안 이 지역은 미국
의 반격에 대하여 확보될 수 있다고 판단하였다. 또한 미국은 유럽과 아시
아에서 압도적인 추축국 軍勢에 마주칠 때 결국 협상하지 않을 수 없으리
라고 일본 전략가들은 예상하였다. 이 협상에서 일본은 아시아에서의 경제
군사적 연합체 「大東亞共榮圈」의 주도권을 미국이 인정할 것으로 믿었다.
요컨대 일본은 「제한전쟁」이라는 낙관적 전쟁계획을 세웠던 것이다.

　일본의 전략은 대담하고 위험하였으나 최소한 전쟁이 시작되고 몇 달간
은 성공적으로 보였다. 개전초 태평양상에서 미국과 영국측은 일본 전투기
들에 의해 진주만시설과 필리핀에 있는 클라크 미공군기지가 크게 파괴되
고 영국 전함 두 척이 침몰됨으로써 군세는 급히 떨어졌다. 서쪽 및 서남
방면의 태평양에서 제해권과 제공권을 장악한 일본은 필리핀·네덜란드領
東인도·말레이에 대한 상륙작전을 감행할 수 있게 되었다. 또한 지상작
전은 인도차이나에서 타이를 거쳐 버마로 이어졌다. 초기에는 예상대로
연속하여 승리를 거두었다. 1942년 2월 싱가포르의 영국 해군기지가 함
락되고 3월말에 네덜란드領 東인도가 일본의 수중에 들어왔으며, 4월초

필리핀의 바탄에 있는 마지막 미군보루가 무너졌고 5월말에는 남쪽으로부터 중국정부에 물자를 공급하는 버마公路가 차단되었다. 1942년 봄 상륙작전이 서남 및 중부 태평양의 여러 섬들——구암·웨이크島·솔로몬群島·길버트群島·마리아나群島·북부 뉴기니 등을 이어가며 감행되었다. 일본군은 한때 알라스카의 알류샨列島 서쪽 끝에 있는 미국령에 발을 들여놓기까지 하였다. 거대한 방어망은 구축되었다.

장기적인 전략으로는 일본이 점령한 광대한 지역을 「大東亞共榮圈」으로 한데 묶는 것이었다. 이는 원래 1920년대말 육군장교들이 구상했던 대규모의 자급자족적 경제연합체 수립계획에서 나온 것이었다. 일본 정부는 1942년 11월에는 大東亞省을 창설하여 점령지역의 정부와 상대하도록 하였다. 그러나 실제적인 힘은 현지의 일본 점령군이 장악하였다. 「대동아공영권」에 대한 일본의 목표는 실상 이율배반적이었다. 우선, 점령지에서의 지원과 협조를 얻기 위하여 일본측은 토착지도자들에게 서양의 식민주의를 아시아로부터 몰아낸다는 목표를 강조하였다. 가능한 한 일본은 현지의 反植民地 민족주의 운동을 조장하여 독립적인 토착정권을 세우려고 하였으며 현지의 지도자들에게 의례적으로 일본을 방문토록 주선하였다. 그러나 다른 한편으로는 석유·주석·고무 등과 같은 주요 군수물자를 얻기 위하여 점령지역의 풍부한 자원을 수탈하는 데 관심을 기울였다. 전쟁의 필요에 의해 일본은 일찌기 비난했던 짓을 스스로 되풀이하게 되었으며 그들이 몰아낸 식민관리·경찰·농장경영자 들의 역할을 일본인들이 스스로 대신하는 처지가 되었다. 전쟁이 일본에 불리해지면서 토착정권과의 협조자세는 위협으로 바뀌어갔고 모순은 더욱 분명해졌다.

이러한 어려움과는 다른 각도에서, 일본은 장기적으로 「대동아공영권」을 지탱할 만한 능력은 갖고 있지 못하였다. 이미 구축한 거대한 방어선을 지키는 선에서 싸우는 것으로 일본 전략가들은 예상하였으나 이 방어선은 미국의 反攻범위 안에까지 들어갈 만큼 확대되었다. 이렇게 늘어난 보급로를 담당하기에 일본의 해상수송능력은 부족하였다. 더우기 일본의 생산능력은 소모전으로 변한 상황에서 널리 분산된 병력을 유지할 수가 없었다. 반면 미국의 잠재적 공업력은 필수적인 전쟁물자 생산에 있어서 일본을 능가하였으며 전쟁 발발 전까지만 해도 일본은 석유·철강·중기의 대부분을 미국에서 들여왔던 것이다. 한 일본 기자의 예리한 지적처럼 「일본이 성공적으로 전쟁을 수행하기 위하여 필수적인 물자를 가장 많이 의존해야 할 나라와 싸워야 했던 것이 바로 비극적인 모순이었다. 일본의 군부 지도자들이 비난받아야 할 모든 우매한 짓 가운데서도 가장 큰 것은 일본이 경제적으로 안고 있는 약점을 철저히 인식하지 못한 것이었다.」[2] 일본은 먼저 경제적으로 열세에 몰리기 시작하여 서서히 기반을 잃어갔다. 일본의 전략물자 생산은 미국에 비해 그 팽창이 훨씬 더디었으며 군사기술도 미국이 레이다·장거리 폭격기 같은 전쟁수단을 개발한 데 비해서 일본은 뒤떨어지게 되었다.

일본이 전쟁계획에서 예상하였던 것이 1942년 여름에는 흔들리기 시작하였다. 판가름은 6월의 미드웨이 해전에서 났다. 이때 일본의 해군 수뇌부에서는 미국측을 전세를 결정지을 만한 해전으로 끌어들여 太平洋함대를 완전히 분쇄하려고 하였다. 그러나 요행히도 미국에서는 일본 해군의 암호를 풀어 그 작전계획을 모두 알아내었다. 일본은 기습공격의 이점을 상실하였을 뿐 아니라 미국의 함재기들은 미리 알아낸 정보를 갖고 일본함대를 괴멸시키는 데 역이용하여 막강한 일본의 항공모함 4척을 침몰시켰다. 태평양상에서의 일본의 제해·제공권은 완전히 무너졌다.

군사적 주도권을 찾은 미국은 반격을 개시하여 일본이 구축한 방어선 가운데 약한 외곽지점을 부수고 들어갔다. 1942년에서 1943년에 걸쳐 미국의 상륙부대는 한방면으로는 중부 태평양을 가로지르는 섬들을 점령하여 갔고 다른 쪽에서는 뉴기니로부터 필리핀을 향해 위로 나아갔다. 1944년 6월 연합군은 사이판에 도달함으로써 일본 본토를 폭격기로 공격할 수 있게 되었으며 이 해 10월에는 맥아더 장군이 거느린 부대가 레이테섬에 상륙하여 필리핀 탈환작전에 나섰다. 미군의 상륙작전과 함께 「대동아공영

---

2) Masuo Kato, *The Lost War: A Japanese Reporter's Inside Story*(Alfred A. Knopf, New York, 1946), p. 157.

권」의 보급로에 대한 미국 잠수함의 공격이 진행되었다. 원래 일본에서는 미국이 전쟁 전 군축회의에서 잠수함의 사용을 비인도적인 것이라고 비난하였기 때문에 잠수함 전술에는 의존하지 않을 것으로 생각하였다. 그러나 미국 잠수함은 무자비하게 일본 상선들을 격침시키고 일본 배의 항해에 위협과 타격을 주기 위하여 東京灣 입구에까지 출몰하였다. 공업생산이 1943년을 고비로 서서히 멸어지면서 일본은 침몰되어 가는 배만큼 신속하게 배를 만들어낼 수는 없었다. 제한전쟁은 소모전으로 바뀌었다.

1944년 중반에 이르러 일본의 승리는 비록 협상을 시도해 본다고 해도 가망없는 것임이 분명해졌다. 이 해 6월 연합군의 프랑스 상륙으로 유럽에 있는 일본 동맹국들의 패배는 에고되었으며 따라서 미국이 유럽전선에 매달려야 할 필요성은 사라졌다. 한편 이때 일본 본토에 대한 미군의 공습은 점차 도를 더해 가고 있었다. 1944년 여름 九州에 있는 八幡제철소가 일차적으로 미군기의 집중공격을 받았고 늦가을에 이르러는 폭격범위가 더욱 확대되어 갔다. 우선은 東京 및 기타 대도시 주변의 군사목표물을 공격하였으나 서서히 민간거주지역으로 야간공습을 늘였다. 1945년 3월초의 東京공습에서는 하룻밤 사이에 사망 7만 8천명, 부상 43,380명, 가옥 피해자 1백 50만명이라는 처참한 파괴와 살상을 가져왔다. 전쟁의 종말은 보이기 시작하였다.

3. 본토작전

1941년 미국과의 개전은 국민들의 감정을 열광적으로 흥분케 하였다. 이미 1930년대 말엽부터 정부는 「국민정산동원운동」의 일환으로 反西洋 선전을 전국민에게 주입하고 있었으며 對美전쟁은 바로 이렇게 쌓인 감정을 분출케 하였다. 아시아의 다윗은 마침내 서양의 골리앗에게 돌을 던졌다. 겹친 좌절감과 상처받은 자존심, 反西洋主義, 정치적 신비주의 등이 묘하게 얽혀 많은 일본인들은 일본이 바야흐로 위대하고 성스러운 과업을 수행하러 나서는 것으로 믿었으며 라디오에서 크게 울려나오는 전쟁 초기의 승전소식에 그들은 의로운 전쟁이라는 것을 확신하였다.

표면적인 흥분과는 달리 더 깊은 의미에서는, 전쟁노력에 집중함으로써 1920년대의 사회적 분열과 1930년대초의 경제적 곤경으로 상처받은 일본 사회가 다시 결합하게 되는 하나의 계기를 마련하였다. 일상생활 모든 면에 정부의 감시와 규제가 심해졌지만 국민의 사기는 위축되지 않았다. 隣組 등 말단조직의 활동으로 국민들은 모든 생활에 공동협력체제를 이루어갔다. 식량배급과 전쟁공채의 판매, 古鐵수집, 入營者에 대한 송별, 공습대피훈련 등에서 바로 그러한 예를 볼 수 있었다. 예전에 몰랐던 마을의 자치를 경험하였다 하겠다. 어느 곳에서는 隣組 등 말단조직의 책임자로 지금까지 미미한 존재였던 사람들을 뽑아 관습적인 마을의 지주나 유력자의 특권을 빼앗으려고도 하였다. 또한 애국충정에서 여러 가지 자원행동을 많이들 하였으며 출정한 남자들이 하던 일을 여자들이 대신하기도 하였다. 이제 전쟁노력은 일본인으로서는 일상생활의 한 부분이 되었다. 일반백성들은 사실 처음에는 전쟁으로 인한 고통을 기꺼이 참아나갔다.

이와 대조적으로 사회 최상층 안에서의 분쟁과 정치적 암투는 꺼지지 않았다. 東條英機는 총리로서 강력한 권한을 장악하여 1930년대 후반의 정치를 혼란케 하였던 것 같은 지도층 내부의 갈등을 어느 정도 해소하려고 하였다. 공개적으로 표면에 나서기를 꺼리고 자기는 단지 天皇의 명을 수행하는 한 시민에 불과하다고 하였지만(1943년초 국회의원들 앞에서 東條는,「독재자로 알려진 유럽의 인물들과 나는 전혀 다른 성격을 갖고 있다」고까지 말한 적이 있다) 東條英機는 실제로는 점점 더 많은 권력을 자신이 모아간 요령있는 관료정치가였다. 처음 내각을 조직하였을 때에는 총리로서 당연직인 大政翼贊會 총재와 육군대신을 겸하였다. 이후 1943년 11월, 자원배치·생산계획수립·임금규제 등을 통해 경제총동원을 감시토록 하는 軍需省을 신설하면서 軍需大臣을 겸임하고 1944년초에는 육군참모총장까지 맡았다. 그는 군부내에서 자기에게 비판적인 인물들을 일선으로 보내든지 하여 철저하게 비판을 눌렀으며 동시에 주요직에는 자기를 따르는 사람들을 앉혀 세심하게 개인적인 파벌을 만들었다.

그러나 아직도 한 개인의 능력으로는 국가 지도부를 구성하는 경쟁적인 여러 권력체들을 하나로 묶어 장악하기는 어려웠다. 물론 東條내각에 대하여 의회는 적극적으로 도전하지는 않았다. 특히 1942년 선거에서 극단적으로 비판적 입장에 섰던 국회의원이나 자유주의적 의원들이 정부의 추천제도에 의해 제거되면서 의회는 더욱 협조적으로 되었지만, 아직도 추천받지 않은 후보자의 5분의 1이 당선될 만큼 (이미 1940년에 해산은 되었지만) 옛 정당의 조직 및 선거구민과의 유대는 남아 있었다. 재벌들 또한 전쟁 노력을 지원하기는 하였어도 기업의 이윤을 계속 추구하였으며 나아가 관료나 군인들이 기업운영을 직접 맡으려는 것에 강하게 반대하였다. 오히려 1942년에서 1943년에 걸쳐 회사합병을 통한 경제합리화로써 생산에 박차를 가하려는 정부의 계획이 나오자 재벌들은 이를 소기업 흡수의 기회로 이용하였다.

東條내각에서도 전쟁을 수행하는 데 경제계가 얼마나 중요한가를 인식하여 경제계획에 관하여는 경제계 지도자들의 자문을 언제나 구하였다. 관료조직내에서는 大東亞省이나 軍需省과 같은 새 기관이 생기자 기존권한을 지키려고 하여 서로 질시 반목하였으며 부처 사이의 책임한계를 둘러싼 갈등도 끊이지 않았다. 여러 권력체들이 하나로 집중되지 못한 현상 가운데 가장 놀라운 것은 전쟁 전부터 항상 계속되어 온 육군과 해군의 적대관계가 군사작전의 계획과 전략물자의 분배를 둘러싸고도 끊이지 않았다는 사실이다. 양측은 장비통일까지도 서로 입장을 달리하여 같은 나사못이 해군에 들어갈 때에는 왼쪽으로 돌리는 것이어야 했고 육군에서는 오른쪽의 것을 요구할 정도였다.

1944년에 이르러 이러한 국내의 정치적 긴장은 패배만 거듭하는 태평양 전투, 끊임없는 미국의 해상봉쇄와 더불어 본토 특히 도시에서의 생활상태를 급격히 악화시켰다. 유흥업소는 폐쇄되고 창녀들까지 공장노동자로 보냈으며 식량배급은 점점 줄어들어 1944년말에는 고기·생선·우유 배급이 중단될 지경이었다. 이에 영양실조로 인한 결핵·곱사병·눈병이 크게 늘기도 하였다. 세금부담이 엄청나게 무거워지고 물가는 치솟았으며 암거래도 성행하였다. 장래를 위하여 징집이 보류되었던 대학생들까지 전선으로 보내졌다. 미군기의 공습이 1944년부터 심해짐에 따라 도시에서의 생활은 더욱 처참해졌고 지붕을 덮고 있는 것만이라도 다행이라고 여겼다. 당시 1천만 명 가량의 사람들이 두려움과 공습피해 때문에 시골에 있는 친척이나 친구의 집으로 피난을 갔다. 東京에서도 크게 폭격을 당한 지역은 완전히 폐허로 변하였으며 먹을 것이 없는 개들은 대개 굶어 죽었기 때문에 집을 잃고 길에 다니는 개조차 보이지 않았다. 어느 곳에서고 「고통의 평준화」가 이루어졌다.

그러나 사회조직은 그대로 지탱되고 있었다. 정치적 긴장이 있었다 해도 공개적인 투쟁이나 폭동, 反戰운동으로 폭발하지는 않았으며, 1944년 7월의 히틀러 암살기도와 같은 지하의 반정부음모도 나타나지 않았다. 파멸의 구렁텅이로 들어가면서도 일본사회를 묶어놓고 있던 일본인들의 전반적인 태도는 변하지 않았다고 하겠다. 한 언론인은 이를 다음과 같이 회고 하였다.

> 전쟁기간을 통틀어 일본신문에는 믿을 만한 기사라고는 하나도 없었음에도 불구하고 우리는 스스로 믿어보려고 하였고 따라서 죽을 각오까지도 되어 있었다. 사업이 망할 것을 눈앞에 둔 부모가 괴로우면서도 분명히 거짓말을 할 때, 누군들 자식에게 비밀을 털어놓을 수 있겠는가? 자식은 그저 운명에 따라 부모와 함께 말없이 죽어야 하는 것이었다.[3]

이 결과 1945년 패배가 점점 분명하게 다가옴에도 불구하고 젊은이들은 미군함으로 비행기와 함께 떨어져야 하는 神風(가미까제) 특공대에 자원하였으며 아녀자와 노인네들은 미군과의 마지막 대결에 대비하여 날카로운 竹槍을 갖고 훈련하기까지 하였다.

4. 항   복

일본의 지도층에서는 태평양전쟁을 끝내는 것이 중일전쟁을 종결짓는

---

3) Masuo Kato, *The Lost War*, p. 193.

것만큼이나 어렵다는 것을 알게 되었다. 승리는 기대할 수 없어도 다른 선택 또한 받아들일 수 없는 형편이었다. 1944년, 皇宮에 나가 있는 관리 및 「重臣」들을 중심으로 한 책임있는 인물들은 협상을 통한 평화의 가능성을 고려하기 시작하였다. 사이판에서의 패배와 정부내의 불화를 들어 「중신」들은 1944년 7월 東條英機를 물러나게 하였다. 신중한 강화파 관료들은 이때 연합국측에 접근할 수 있었겠으나, 육군측이 명백하게 불리한 상황에서도 전쟁을 계속하겠다고 강경하게 주장하였다. 더우기 신임총리 小磯國昭(고이소 구니아끼 ;1880~1950)가 전일본인은 미·영과 끝까지 싸울 각오로 뭉쳐 있다고 선언함에 이르러 강화파의 주장은 꺾이고 말았다.

협상을 통한 평화를 방해하였던 외부적 요인으로 중요한 것은 일본으로부터 「무조건 항복」만을 받겠다는 연합국 지도자들의 선언을 또한 들 수 있다. 이 선언의 심리적 충격으로 강화파들까지 움츠러들었다. 즉 전쟁 계속이 바람직한가에 관하여는 다른 입장이었지만 강화파라고 해도 누구나 天皇制의 보존만은 항복의 마지막 조건으로 내세우고 있었다. 「무조건 항복」의 요구로 일본 정부는 미국·영국·중국과 접촉하기는 어렵게 되었으나 하나의 가능성은 소련이 중간역할을 해줄지도 모른다는 것이었다. 1945년 4월 沖繩(오끼나와)가 마침내 미군의 손에 들어가자 「중신」들은 명예로운 평화를 주장했던 鈴木貫太郎(스즈끼 간따로오;1867~1948)을 총리로 지명하였다. 이에 강화파와 육군 강경파와의 논쟁은 더욱 심각해졌다. 이해 6월초 最高戰爭指導會議에서는 미군에 마지막 타격을 주면 미국 정부로서도 무조건 항복요구는 철회할 것이라는 기대 아래 본토결전의 준비를 작정하였다. 한편 6월말에는 강화파의 뜻에 맞춰, 평화중개를 위해 비밀리에 소련과 접촉하는 길도 택하였다. 그러나 소련은 이에 별로 응할 태세를 보이지 않아 일본측 대표를 크게 낙담케 하였다. 일본에는 알려지지 않고 있었지만, 이미 1945년 2월의 얄타회담에서 스탈린은 독일 항복 후 석달 안에 對日戰에 들어가겠다고 약속해 놓고 있었다.

1945년 7월 트루만과 처칠, 스탈린이 만나 일본에 대한 「무조건 항복」요구를 재확인하는 포츠담선언을 발표하자 鈴木貫太郎내각은 협상에 대한 기대가 완전히 사라진 것을 알고 이 선언을 거부하였다. 육군측은 패배를 인정할 수 없다고 완강히 버티고 강화파는 결정적인 행동을 취하려고 하지 않는 상황에서, 결국 전쟁의 종결은 미국측의 군사적 행동을 기다릴 수밖에 없었다. 일본 본토에 직접 상륙하는 것은 막대한 미군의 인명손실을 초래할 것이었기 때문에 트루만 대통령은 일본의 항복을 받아내기 위하여 새로 개발된 원자탄을 사용하기로 하였다. 8월 6일 역사상 처음으로 원자탄이 廣島에 투하되어 도시가 잿더미로 화하였다. 이틀 뒤「전리품의 마지막 분배」에 초조한 소련이 이미 약속한 對日戰을 선언하고 만주로 군대를 진주시켰다. 8월 9일에는 長崎에 다시 원자탄이 떨어졌다. 포츠담선언에서 자신있게 위협하였던 완전한 패망은 이제 시간문제였다.

그러나 엄청난 재앙에도 군부의 항복반대 입장은 변하지 않았다. 육군대신과 참모본부의 간부들은 미국측의 항복요求에 일본으로서도 조건을 달아야 한다고 주장하고 있었다. 이러한 교착상태는 天皇 자신이 어전회의에서 天皇의 위치가 영향받지 않는 한 항복요구를 받아들이라고 호소함으로써 풀리기 시작하였다. 이에 대하여 미국은 天皇은 연합국 통제 아래 들게 될 것이며 天皇制 여부는 일본국민들에 의해 결정될 것이라고 답하였다. 이 애매한 답을 둘러싸고 일본 지도자들간에는 다시 논의가 일어 분명한 태도를 정하지 못하였다. 마침내 8월 14일 天皇은 다시 각료들에게「무조건 항복」을 인정하도록 지시하여 아무도 내릴 수 없었던 최종결정의 책임을 스스로 맡았다.

태평양전쟁의 의의에 관하여는 오랫동안 논쟁을 거듭하여 왔고 앞으로도 분명 논의는 계속될 것이다. 대전 중의 미국인들은 이 전쟁을 파시스트 전체주의 세력과 민주주의 세력간의 세계적 분쟁의 일부로 본 것이 일반적이었다. 그러나 이러한 견해는 히틀러가 저지른 것 같은 야심적인 침략전쟁을 어쨌든 피해 보려고 한 일본 지도자들의 그들 나름의 목표를 분명히 구별하지 않는 데에서 나온 것이다. 이는 또한 나찌 독재자의 악랄한 개인적 지배와, 전쟁 발발 후까지도 남아 있던 일본의 입헌제에 의한 분권 현상을 가려보지도 않은 것이다. 반면, 전시의 일본인들이 전쟁을 미·영

식민주의로부터 압박받는 아시아인을 해방시키는 것으로, 또는 공산세력의 위협으로부터 방어하기 위한 것으로 본 태도도 전쟁의 참모습을 이해하지 못한 것이다. 나타난 대로, 이 전쟁이 동남아시아에서 서양식민제국을 무너뜨리는 데 도움을 주었고 그곳에서 민족주의자들의 독립운동을 자극하기도 하였지만, 실제로 일본군이 그 지역에 들어간 것은 反植民主義 사명감에서가 아니라 전략적 경제적 목적에서였다는 것은 명백한 사실이다. 태평양 전쟁의 의의는 오히려 급속한 근대화가 가져온 몇 가지 근본문제를 해결하기 위한 길이었다는 데에 있을 것이다. 즉 일본과 약한 아시아 국가들과의 불균형, 일본의 선망과 불신의 대상이었던 서양국가들과 일본과의 불균형, 그리고 일본 자체의 야망과 능력과의 불균형에서 나왔을 것이다. 전쟁은 이러한 문제들을 해결하기에는 너무나 값비싼 방식이었으나, 결국 패전은 다음 세대를 위하여 그만한 값어치가 있었다고 하겠다.

제 15 장   점령·개혁·회복

1945년 8월 15일 정오 연합국에 대하여 일본의 항복결정을 알리는 天皇의 목소리가 가늘게 떨면서 라디오에서 울려나왔다. 「견딜 수 없는 것을 견디어야 한다」고 天皇이 말하고 있을 때 어린이들은 무슨 뜻인가도 잘 모른 채 서 있었고 어른들은 머리 숙여 울고 있었다. 역사상 처음으로 일본은 패전국이 되었다. 전쟁 중의 모든 고통과 희생은 파멸적인 실패로 끝나버렸다. 인명손상만도 엄청나, 중일전쟁 발발 이후 2백 30만이 넘는 남자들이(다섯 가구에 한 명꼴) 전투에서 죽거나 다쳤으며 이 때문에 1945년에는 15살 소년까지도 징집되었다. 국내에서도, 주로 공습피해로 민간인 80만 명이 인명손상을 입었으며 전인구의 3분의 1가량은 집을 잃었다. 한때 런던·뉴요크와 겨루던 대도시 東京은 부서진 돌조각과 재만이 깔린 황폐한 곳으로 변하였으며 廣島와 長崎는 원자탄의 피해로 폐허가 되다시피하였다. 경제는 마비되어 공장들이 움직여지지 않고 식량도 국민을 먹여 살리기에는 부족하였다. 지치고 환멸에 빠진 백성들은 고통이 끝났다는 것에는 안도의 숨을 쉬었지만 앞으로 닥칠 일에 불안을 느끼고 있었다.

1. 美國의 역할

패전은 물질적 심리적으로 완전한 파멸을 가져왔으나 한편으로는 明治

초기보다도 더욱 철저한 변화의 시기를 열었다. 그러나 이제 변화의 **주역**
은 외국인들이었다. 전시의 일본 지도자들은 국가적 파멸의 책임을 져야
하는 것으로 낙인찍혀 일반백성들의 원망의 대상이 되었다. 「**나는 天皇의**
종전발표 순간까지 종처럼 일하였다. 일본의 힘을 약화시키는 데 중요한
역할을 한 것은 바로 관리들이 아니었는가?」[1]라고 분개한 한 시민의 말
에서 당시 민간의 분위기를 짐작할 수 있다. 신용과 위신이 떨어진 **일본**
의 지도층을 대신한 것은 연합국 최고사령관(Supreme Commander for the
Allied Powers, 약칭 SCAP) 맥아더 장군이 이끄는 미국 점령군이었다. 유일
하게 현실적 권위를 가진 것은 그들뿐이었다. 일본내 각처로 파견된 **미군**
은 일본이 점령당해 있다는 것을 사실로 보여주었으며 그 최고사령관에게
는 주권자로서의 법적 권한이 사실상 부여되어 있었다. 天皇까지도 맥아더
를 직접 예방해야 했으므로 일본인 누구도 나라를 책임지고 있는 사람이
누구라는 것에 의심을 가질 수 없었다. 이에 따라서 1945년의 점령군은
1868년의 明治 신정부보다도 월등한 권위를 행사하였으며 더욱 급격한 변
혁을 위로부터 추진할 수 있었다.

일본에 온 미국인은 明治 지도자처럼 실용주의적 혁명가가 아니라 이상
주의적 개혁가였다. 그들의 목표는 「민주적이고 평화를 사랑하는」 일본을
만드는 것이었다. 이는 일본을 가혹하고 보복적으로 처리하려고 했던 루
즈벨트 대통령 및 그 측근들의 전시계획과는 반대였다. 1945년 중반에
이르러 독일점령 문제를 둘러싼 소련의 비협조적 태도에 미국 관리들은 일
본에 대한 보복은 앞으로 미국에 이로울 것이 없고 오히려 건설적 개혁이
침략재발을 막는 가장 좋은 보장이 될 것으로 믿게 되었다. 여러 면에서
점령정책은 미국이 지난 수십년간 필리핀 「갈색 피부의 작은 형제들에게」
독립과 자치를 준비시켜 준 것과 같은 「자비로운 식민주의」에 가까운 것이
었다. 그 골격은 1899년 「문호개방」의 주장 이래 미국 아시아정책의 특
징이라고 할 수 있는 정치적 이상주의와 문화적 자부심이 결합되어 만들

---

1) Kōsaka Masatake, *100 Million Japanese: The Postwar Experience* (Kodansha International, Tokyo, 1972), p. 45.

어진 것이었다. 맥아더 개인이 바로 미국의 태도를 상징하는 인물이었다. 그는 미국내에서는 보수파였지만 당시 일본 기준으로는 자유주의적 진보파였다. 즉 민주적 자치와 개인의 자유, 법의 절대성 등「미국적 삶의 기준」이 우월한 것이라고 그는 확신하였다. 일본이 정치적으로 미숙한 것은 보살펴 키울 수 있다는 자신감과 함께 단호하고 박력있는 미국의 지도력에「동양적 심리」는 잘 순응하게 될 것이라고 믿었다. 점령정책의 세부사항을 맡았던 최고사령부의 요원들도 마찬가지로 개혁의 열기에 차 있었다. 변호사·노동조합 직원·교사·은행가·기업가 등등 각종 직업계통에서 뽑혀온 이들 현역·문관 요원들은 일본사회를 개조할 수 있는 미국의 능력을 맥아더 사령관과 더불어 자신하고 있었다.

맥아더 사령관 이하 거의 전점령요원들은 무엇이 일본을 전체주의와 전쟁으로 이끌게 되었나 하는 데 대하여 비슷한 생각들을 갖고 있었다. 첫째, 육군·민간 파시스트·우익 극단주의자를 위시하여 재벌·관료·귀족들에 이르기까지 보수파들이 의도적으로 미국과 중국에 대한 침략을 계획하였다는 것이었다. 따라서 옛 정당원과 온건 좌익 그리고 외무관료들 가운데에서 자유주의적 평화애호 인물들을 찾을 수 있다고 점령 당국자들은 믿었다. 둘째, 보수파의 권력은 소수 독재집단이 만든 天皇制에 의해 지탱된 것으로서 전제적 헌법, 독립적인 군부, 비민주적 교육제도, 天皇의 神性을 주장하는 神道 등을 기반으로 하였다는 것이었다. 세째, 天皇制를 떠받든 것은 구시대적 봉건질서였으며 이는 농민·노동자 들로 하여금 육군 및 관료조직, 대기업의 지지자가 되도록 하였다는 것이었다. 특히 농민의 경제적 후진성이 戰前 관료독재체제의 근간이 되었던 것이라고 생각하였다. 네째, 국내에서의 정치적 탄압과 사회적 착취가 해외로의 팽창·침략을 유발하였으므로 민주화만이 군국주의 일본의 재등장을 막을 수 있다는 것이었다. 지금 보면 이러한 논거가 기이하게 느껴지지만 당시는 이에 의견이 일치하여 점령정책을 마련하였다.

개혁의 주도권이 연합국 최고사령부에 있었기 때문에 일의 추진은 일방적일 수밖에 없었지만, 그렇다고 해서 일본인들이 미군측에서 시행하려는 변혁방침에 따라가기만 하였다든가 반대로 저항을 꾀하였다고 보는 것은 잘못이다. 처음부터 戰前의 자유주의 진보파 및 사회민주주의자들은 개혁의 정도나 방향에 있어서는 비록 미국측과 항상 일치하지는 않았어도 전반적인 사회·제도적 변화가 필요하다는 데에는 같은 생각이었다. 헌법개정에서 토지개혁에 이르기까지 많은 개혁을 먼저 일본측에서 추진해 보았으나 일본측의 시도는 보다 근본적인 변혁을 이루어보려는 미국측의 정책에 눌리고 말았다. 또한 점령정책 가운데는 관계있는 일본인들이 참여하여 결정된 것이 많았다. 이들 점령당국에 협조한 사람들은 여러 부류로 나눌 수 있다. 최상위에는 幣原喜重郎·芦田均(아시다 히토시;1887~1959)·吉田茂(요시다 시게루;1878~1967) 등 戰前의 친미·친영적 경향의 외교관들이 지도적 위치를 담당하였으며, 영어가 통하는 외무성 관리들은 점령당국이 일본 관리들과 상대하는 중간역으로서 중앙연락처의 일을 보았다. 戰前의 온건좌익 정당정치가들과 자유주의적 학자·지식인·관료 들도 또한 개혁법령이나 방침의 案을 마련하는 데 점령당국과 협조하였다.

미국측과 함께 일한 인물들 가운데 가장 중요한 사람은 점령기간 대부분 일본측 행정부를 책임졌던 吉田茂였다. 맥아더가 미국의 이상주의를 대표하였다고 한다면 吉田은 일본의 실용주의를 대변하였다. 많은 戰前의 자유주의자들과 마찬가지로 吉田은 전면적으로 정치를 재구성할 필요는 없으며 기존제도를 개선·보완하는 것으로 충분하다고 보았다. 그의 주된 목표는 사회적 정치적 변혁이 아니라 경제적으로 강력한 독립 일본의 재건이었다. 전쟁으로 잃은 것을 외교로 찾겠다는 것이 그의 방침이기도 하였다. 吉田이 보기에 점령정책 중 많은 것은 너무 지나치거나 소박하고 일본의 조건에 적합하지 않았지만, 한편 전쟁에 이긴 정복자 미군에 대하여 가능한 방법은 吉田 자신이 의도한 쪽으로 미국측 계획을 수정하게 하는 일 뿐인 것을 알았다. 따라서 그는 다른 일본인 협조자들과 마찬가지로 공개적으로 점령당국에 협조하면서, 막후로는 점령당국의 개혁 중 실현불가능한 점들을 지적하며 점령당국의 관심을 경제복구 문제쪽으로 항상 돌리도록 함으로써 미국측의 의도를 약화시키려 하였다. 또한 그는 일본 및 아시아 그리고 세계 도처에서 공산주의가 힘을 얻어가는 것에 두려움을 느끼는 미국의 약점을 이용하기도 하였다. 여러 개혁방침이 일본측 행정부를 거쳐서는 교묘하게 바뀌자 점령당국내에서도 많은 사람들이 미국의 노력을 방해하는 「악의적인 반동세력」이 작용하고 있다고까지 보았다. 그러나 경제방면은 아마 예외겠지만, 전체적으로 볼 때 미국측의 점령의도는 관철되었다고 하겠다.

2. 정치의 민주화

점령당국은 먼저 戰前의 탄압적이고 군국주의적인 제도를 제거하는 것으로부터 민주화 작업을 시작하였다. 1945 년 가을 연합국 최고사령부는 전쟁 기간 중 구속된 정치범들을 공산주의자까지도 모두 석방하였으며, 大政翼贊會를 해체시키고 여론통제에 이용된 법들을 모두 폐기하였다. 또한 「위험사상」을 감시하던 경찰기관을 없애고 극단적 국수주의 사상의 원천이라 판단된 神道를 국가에서 보호하지 못하도록 하였으며 육군성·해군성 및 참모본부·군령부를 폐지하였다. 여자의 보통선거권이 부여된 것도 이때였다.

군국주의로 되돌아갈 가능성을 완전히 배제하기 위하여 전시의 정치경제적 지도층에 대한 엄격한 숙청을 또한 단행하였다. 제일 먼저 東條英機 등이 구속되어 전쟁범죄 및 「人道에 대한 죄」로서 군사재판에 회부되었다. 전쟁을 이끌고 간 최고 책임자들에 대한 구속은 모든 사람들이 예상하고 있었지만 더 나아가 1946 년 2 월 점령당국은 군국주의 성향이 있다고 의심되는 사람들에 대한 숙청작업에까지 착수하였다. 이는 나중까지 말썽의 소지가 된 것으로서 거의 21 만 명 가량의 회사간부·언론인·우익 지도자·교원·관리·직업군인 들이 전쟁노력에 간여하였다 하여 공직이나 책임을 질 만한 자리에서 추방되었다. 통계적으로는 회사간부 네 명 중에 하나는 강제로 물러난 셈이며 많은 전시의 국회의원들도 같은 운명이었다. 그러나 이상하게도 민간관료 중에서는 145 명만이 쫓겨났는데 그것도 절반 가량은 단지 武道會에 소속하였다는 이유에서였다. 실상 武道會는 이름만 이 군국주의적 냄새가 날 뿐이지 체육단체에 불과한 것이었다.

天皇制 지지자들에 대한 이러한 대대적 추방 분위기에서 天皇의 위치 자체가 문제가 되었다. 즉 天皇도 전범에 포함되느냐 하는 것이었다. 전쟁 기간 중 워싱턴에서는, 특히 국무성의 親中國派 관리들이 天皇을 전범으로 처벌할 것을 주장했었다. 그러나 戰前의 日本駐在 미국대사였던 그루 (Joseph Grew)가 天皇制 폐지와 天皇에 대한 공개재판은 오히려 사회적 정치적 동요를 일으켜 개혁과 재건의 길을 막게 될지도 모른다고 설득하여 어느 정도 성과를 보았다. 天皇 자신은 전쟁에 대한 책임을 지고 퇴위할 의사였던 것 같으나 점령당국에서는 중심적인 국가의 상징에 대한 백성들의 요구를 감안하여, 그리고 이보다도 입헌군주의 역할에 天皇이 어울릴 것으로 판단하여 그의 위치를 다치지 않는 것이 유리하다고 생각하였다. 天皇制를 존속시키는 대가로 그의 「신비로운」 자격은 완전히 부정되었으며 1946년 1월 1일 天皇 자신이 공식적으로 神性을 부정하였다. 이어 몇 달 동안 그는 찌그러진 중절모와 작업복 차림으로 전국 각지의 농촌과 공장을 방문하고 자신이 잘 어울리지는 못해도 보통사람과 다름없는 인물이라는 것을 보여주었다.

정치적 민주화를 위한 노력은 헌법개정에 또한 집중되었다. 맥아더의 지시로 幣原내각은 1946년 2월 헌법개정초안을 연합국 최고사령부에 제출하였으나 점령당국에서는 이 초안이 너무 미온적이라고 판단하였다. 즉 일본측 초안은 天皇의 법적 권한에 대하여 별다른 수정을 가하지 않았고 기본적 시민권이 아직도 법으로 제한받도록 되어 있으며 군사력을 폐지하지도 않았기 때문이었다. 이에 사령부의 民政局 자체로 「일주일 동안에」 영어로 된 헌법초안을 작성하였다. 점령당국의 헌법초안은 明治헌법의 수정안으로 일본 국회에 보내졌으나 國體에 미칠 영향을 놓고 열띤 공박이 벌어졌다. 결국 기본골격에는 손을 못대고 1946년 10월 국회는 이를 통과시켰다. 표면적으로는 「일본국민의 뜻」에 따라 채택되었다는 것이지만 새 헌법은 어디까지나 미국측 의사에서 나온 것이었다. 실제로 어

느 기자가 지나가는 사람에게 개정헌법에 관한 반응을 물었을 때, 「아, 그
거 일본말로 번역되었읍니까?」하고 되물을 정도였다.

어떻든 새 헌법에 따라 정치체제의 전반적인 재구성이 이루어졌다. 첫
째, 天皇의 위치는 단지 「국가와 국민통합의 상징」으로 제한되었고 따라
서 순전히 의례적인 역할만 맡게 되었다. 둘째, 일본은 육군·해군·공군
뿐 아니라 여하한 전쟁수단도 유지할 수 있는 권한을 갖지 못하도록 하였
으며 나아가 국제분쟁의 해결방법으로 전쟁에 의존하는 것을 영원히 보위
하도록 하였다. 세째, 代議政體的 기관이 아닌 것 즉 戰前에 내각 및 의회
와 더불어 권력을 나누어 가졌던 樞密院·軍 지휘부 등은 폐지되었다. 네
째, 노동자들의 단체교섭권을 비롯한 기본적 인권은 변경할 수도, 침해받
을 수도 없는 것으로 선언하였다. 실상 일본국민이 누리게 된 기본권 중
에는 미국 헌법에서도 보장하지 않은 것이 있을 만큼 광범한 것이었다.
다섯째, 내각의 의회에 대한 책임 및 의회의 우월권 원칙에 따라 영국식
내각책임제를 수립시켰다. 총리는 衆議院의 과반수를 얻어야 당선될 수 있
는 반면 衆議院에서 불신임을 받을 경우에는 사임하든가 의회를 해산해야
하는 것이었다. 여섯째, 새 헌법은 下院 즉 衆議院의 권한을 강화시켰다.
貴族院은 이제 일반선거에 의한 參議院으로 바뀌었으며 衆議院은 3 분의
2 이상의 찬성으로 參議院에서 결정한 것을 거부할 수 있게 되었다.

점령 당국의 방침은 중앙정부 조직을 바꾸는 데는 영국식을 따랐지만 다
른 정치구조의 변경에 있어서는 미국의 예를 기준으로 하였다. 즉 새 헌
법은 最高裁判所 아래 독립적인 사법부를 인정하였으며, 最高裁判所에는
국회에서 제정한 법률의 위헌여부를 심사할 권한이 주어졌다. 지방행정에
대한 중앙정부의 간섭을 배제하고 지방자치를 촉진하기 위하여는 일반선
거에 의한 府·縣 知事의 선출을 새 헌법에서 규정하였다. 다른 법들도 헌
법정신에 맞게 함께 제정되어, 지방정부는 더욱 강력한 조세징수권을 갖
게 되었으며 경찰과 학교도 지방정부의 관할 아래 들게 되었다. 결국 영
국식 의회제와 미국식 연방제가 묘하게 결합된 형태였다.

점령당국이 주도한 정치개혁으로, 明治 지도자들이 만들었던 국가구조는

대부분 바뀌었으나 관료기구만은 거의 변함없이 보존되었다. 물론 관료들은 天皇의 관리라기보다는 공복으로 인정되었기 때문에 개혁의 와중에서도 별로 영향을 받지 않았다. 따라서 정치적 임명으로부터의 독립 그리고 관료 선발의 과정은 그대로 유지되었다. 이는 점령통치가 독일 등에서처럼 미군정의 직접지배형태를 취하지 않고 일본의 기존 행정구조를 통해 행하여졌다는 사실을 감안해 볼 때 이해할 수 있는 일이다. 내무성을 비롯한 몇몇 부처는 폐지되었어도 그 관리들은 신설된 부서로 옮겨졌다. 관료들의 능력과 유대는 국가를 운영하는 데 불가결한 것이라는 자부심으로 그들의 사기는 戰後에도 위축되지 않았다. 이 때문에 관료조직에 대한 주요개혁 시도는 관료들의 강한 반발에 부딪혔다. 또한 정치인들이 숙청당한 틈을 이용하여 많은 관리들이 관계를 떠나 정계로 옮기기도 하였다. 실제로 이때 국회로 들어간 직업관료들은 전후정치에서 중요한 역할을 맡게 되었다.

3. 사회경제적 개혁

민주화정책은 공적인 정치제도에만 국한되지는 않았다. 정치적 민주화에는 민주적 사회분위기의 조성이 필요하다고 점령 당국에서는 판단하였다. 그러나 민주적 사회분위기를 가장 효과적으로 만드는 것에 관하여는 일관된 방침이 없었기 때문에 개별적인 계획들이 점령당국내의 여러 기관들에 의해 마련되었다. 마치 1930년대 미국에서 경쟁적인 여러 기관들이 서로 계획을 세워 뉴딜정책이라는 하나의 이름을 붙였던 것과 같았다. 점령당국의 계획 중에는 戰前 군국주의의 발흥에 한몫을 한 사회적 불평등을 제거하기 위하여 富를 보다 공평하게 분배해야 한다는 것이 있는가 하면, 보수적 반동으로부터 새로운 민주적 정치구조를 지킬 수 있는 민중의 사회적 힘을 키워야 한다는 것이 있었으며, 또 한편으로는 국민들 특히 젊은 세대들에게 민주적 가치와 이념을 전파시키도록 해야 한다는 것도 있었다. 이러한 계획들은 모두 戰前의 사회질서에 대한 전면적 공격이라는 점에서 일치하였다.

먼저 경제적 불평등을 시정하기 위한 노력은 재벌 및 대기업의 거대한 경제력을 꺾기 위한 적극적인 경제분산책으로 구체화되었다. 이는 1930년대의 해외 침략을 재벌들이 앞서 지지하였다고 믿은 데에서 나온 것이지만 한편으로는 미국의 「獨占禁止法」의 정신인 자유경쟁의 이념과 독점에 대한 불신에서 비롯된 것이기도 하였다. 첫 단계는, 그 영향이 가장 오랫동안 지속된 것으로서, 재벌해체 결정이었다. 주식을 모아 갖고 있는 재벌의 持株會社는 불법화되었고 재벌가족 소유의 주식은 사실상 몰수되어 公賣 處分되었으며 재벌가족들이 그 회사경영에 참여하는 것도 막았다. 戰前 金權을 행사하였던 재벌들을 다시 일어날 수 없도록 하는 경제적 대타격이었다. 동시에 이전 재벌의 持株會社가 장악하였던 방계회사들의 결합관계도 분리시켜 三菱商事 같은 대회사는 수많은 작은 회사들로 나뉘었다. 경제력이 다시 집중되는 것을 막기 위한 조처로 점령당국에서는 자유경쟁을 합리적으로 보장할 수 있는 「獨占禁止法」을 제정하도록 하였으며 이를 감시하기 위한 「公正取引委員會」를 발족시켰다.

점령당국의 산업·재정 담당자들이 경제적 집중현상을 타파하는 데 진력하고 있는 동안 농업관계 책임자들은 소작제를 없애고 여유있는 자작농층을 일으켜 부유한 농촌으로 발전할 수 있도록 철저한 농지개혁을 준비하고 있었다. 미국에는 이러한 개혁의 예가 없었지만 많은 점령당국의 요원들은 농촌의 빈곤이 우익 과격사상을 키운 것이라고 생각하였다. 앞서 일본측에서도 사회정의와 농촌의 생산력 증대라는 면을 고려하여 1946년 농지재분배계획을 세웠었으나 점령당국의 의도를 만족시키지 못하였다. 더우기 아직도 지주층의 이익을 옹호하고 있던 국회에서 일본측 案이 약하게 수정되자, 1947년 10월 점령당국에서는 보다 철저한 농지개혁관계법안을 만들어 의회통과를 보도록 압력을 가하였다. 지주는 경작자인 소작인에게 토지를 팔아 부재지주를 일소하도록, 그리고 농촌을 사실상 지배하고 있던 농촌지주의 경제력을 억제할 수 있도록 이 법은 규정하였다. 이에 따라 약 4백 30만 명의 농민들이 아주 싼값으로 토지를 구입하였고 여

기에 정부는 낮은 이자로 융자를 해주기도 하였다. 소작제는 사실상 해소
되었으며——1946년 전농지의 46퍼센트가 소작인 경작이었으나 1950년
에는 10퍼센트밖에 남지 않았다——戰前의 지주들은 재벌들과 같은 길을
걷게 되었다. 농지 소유한도를 법으로 정하여 지주제는 다시 나타날 수 없
도록 막았다.

　점령당국의 노동문제 담당자들은 주로 미국의 노동조합 직원이나 노동문
제 전문가들이었다. 그들은 일본에서도 자립적인 노동조합운동을 일으켜
정부나 기업으로부터의 방해를 막게 하려고 하였다. 맥아더 자신 미국의
노동운동에는 결코 호감을 갖고 있지 않았으나, 일본에서는 노동조합이 강
력해야 반군국주의적이며 진보적인 민주적 생활태도를 이룩할 수 있다고
하는 점령당국 요원들의 주장을 인정하였다. 1946년 가을 국회에서는 점
령당국의 압력을 받아 각종 노동관계 법안을 통과시켰다. 이에 노동조합 활
동은 합법화되고 파업권과 단체교섭권이 보장되었으며 또한 노동시간과 노
동조건의 기준이 서고 노동분쟁의 조정방법이 마련되기도 하였다. 유약한
일본의 노동운동에 활력을 불어넣어 주겠다는 사명감에 불타 점령당국의 노
동문제 담당자들은 일본인 노동운동가들을 데리고 공장을 다니며 새로운
노동자조직을 결성하도록 하였다. 믿을 만한 일본인 노동운동가들이 없었
던 관계로 그들은 갓 출옥한 공산주의자들을 이용한 경우가 많았다. 전후
일본 공산당의 핵심멤버였던 志賀義雄(시가 요시오)은 海員組合을 재건하기
위해 미군함을 타고 주요항구를 찾아다니기까지 하였다. 이러한 노력으로
1946년말에는 전쟁 중 기능을 상실했던 노동조합운동이 성행하여 1만 7천
단체에 4백 80만 명의 노동자들이 가입하게 되었다. 그러나 이들 단체
중 많은 수는 공산주의 운동가들의 영향 아래에 있었다.

　또 하나의 민주화 작업은 전반적인 교육제도의 개혁이었다. 戰前에는 국
민 대부분이 국가에서 정한 도덕과 가치를 강하게 주입시키는 초등교육
을 받았던 반면 유능한 인재들은 전문학교 및 대학으로 진학하였다. 이러
한 능력본위체제와는 대조적으로 점령당국의 교육개혁은 미국식의 만인을
위한 교육을 목표로 하였다. 여러 갈래로 나뉘었던 옛 학교제도 대신 미

국식의 단일한 학교제도가 도입되었으며 의무교육은 9년까지 연장되었고 실속없는 대학들이 지방에서까지도 수없이 생겨났다. 기차역이 있는 곳이면 대학이 있다고 비꿀 정도였다. 학교제도의 개혁을 통한 사회적 평준화 계획 외에도 점령당국에서는 교육내용——특히 초등교육 단계——을 또한 변경하려고 하였다. 이에 따라 윤리과목을 폐지시키고 국가주의적 신화, 군국주의적 가치를 강조한 교과서를 금지시킨 반면 새로운 사회과목을 신설토록 하였다. 明治 지도자들이 나라와 天皇을 위하여 기꺼이 자신을 희생할 수 있는 애국적「臣民」을 학교에서 양성하려고 하였듯이 점령당국에서는 강한 개인적 권리의식과 자치능력을 가진「책임시민」을 키우려고 하였다. 옛 가치는 패전으로 그 효력을 상실하였기 때문에 쉽게 제거될 수 있었으나 많은 일본의 젊은이들에게 어떤 공인된 이념이 주어지지 않은 상태에서 새로운 시민으로서의 가치기준은 뿌리를 내리기 어려웠다.

　그러나 전체적으로 민주제도는 좋은 것이고 봉건체제는 나쁜 것이라고 일본 젊은이들에게 가르치는 데는 성공하였다. 대부분이 戰前의 삶은 결함이 많은 것으로 알고 미국측에서 가르치는 것을 받아들이려고 하였다. 사상통제와 대중적 국가주의의 압력에서 벗어난 지식인들은 일찍기 福澤諭吉 같은 사람들이「文明開化」사상의 전파에 몰두하였던 것처럼 열광적으로, 거의 비판없이, 민주주의를 환영하였다. 또한 국가에서 가르쳤던 도덕가치가 붕괴됨에 따라 전통적 가치에 대한 비판과 분석이 활발하였다. 부정적으로 보는 입장 즉 丸山眞男 같은 지식인들은 戰前의 극단적 국가주의의 병리를 파헤쳐 일본에서는「근대정신」이 결여되어 있다고 개탄하였으며 일본사회에 남아 있는 봉건적 특성을 비판하였다. 한편 보다 긍정적 입장의 사람들에게는 민주주의와 민주화란 어려운 것이 아니었으며, 때로는 그 본뜻을 제대로 파악하지 못하고 학교의 師親會설립이나 간단히 이혼하는 것 등등 모든 것을 정당화하는 데「민주화」라는 말이 이용되기도 하였다. 피상적 민주화에 대한 반발이 결국 나타나게 되었지만 어쨌든 점령 초기에 있어서는 스스로를 비판하고 외부의 것을 인정하는 분위기 덕분에 점령당국의 개혁은 추진될 수 있었다.

4. 경제상황과 회복, 보수화

1945년에서 1947년까지 홍수처럼 밀어닥친 여러 개혁들은 대부분의 국민들이 생존의 문제에 부닥쳐 있던 어려운 경제여건 아래에서 실시되었다. 우선 일본의 생산능력은 戰前의 수준을 훨씬 밑돌았다. 1946년의 농업생산은 1941년보다도 40퍼센트나 줄었으며 공업생산은 전쟁피해와 점령당국의 전략물자 생산금지조치로 거의 중단되었다. 여기에 전쟁터와 식민지에 나가 있던 사람들 약 6백만 명이 귀환하고 전후에 새로 태어난 인구도 적지 않았다. 심각한 식량부족과 영양실조로 미군 막사에서 나오는 음식찌꺼기를 찾아 먹는 사람들이 흔히 눈에 띄기도 하였다. 공업생산의 중단은 실직사태를 낳았으며 생활필수품의 결핍으로 물가는 폭등하였다.

미국 정부에서는 질병과 동요를 막기 위한 식량·의약품은 보내주었으나 처절한 경제상태를 개선하려는 노력은 부족하였다. 중국 및 다른 점령지역에서 자행된 일본인들의 만행에 분노를 느낀 미국에서는 일본에 대한 응징으로서의 경제정책을 내세우는 경향이었다. 대표적인 예로, 1946년 12월 폴리(Pauley) 賠償使節團은 일본의 많은 공장시설들을 해체하여 다른 나라들에 배상할 것을 건의하였다. 즉 일본의 침략에 고통을 받았던 다른 아시아 국민들보다 일본인들이 더 나은 생활을 할 수는 없는 것이라는 이유에서였다. 그러나 경제적 어려움이 확대되는 것은 특히 도시에서의 사회적 불만을 키우는 데는 이상조건이었다. 농민들은 식량을 스스로 생산도 하고 식품가격 폭등에 따른 이익도 있어 그래도 나았으나 도시 노동자들에게는 실직과 물가고, 암거래의 성행으로 생활여건이 극도로 악화되어 있었다. 노동자의 곤궁한 처지에 대한 걱정과 점령당국보다는 더욱 과격한 변혁을 추진하려는 의욕에서 노동운동의 지도자들은 저항운동을 조직화하고 파업을 조장하였으며 더 많은 식량배급을 요구하는 가두시위를 유도하기 시작하였다. 1946년의 노동절 시위에서는 「법보다는 먹을 것을」이라는 구호가 나왔다.

그러나 吉田茂가 이끄는 일본 정부는 가뜩이나 침체된 경제가 파업과 소동으로 더욱 악화될 것을 두려워하였다. 노동조합 지도부의 「문제꾼들」과 이를 지원하는 점령당국의 일부 요원들에게 적대감을 갖고 있던 吉田茂는 1947년 1월 파업 중인 노동자에게는 봉급을 지불하지 않겠다고 발표하였다. 노동조합 지도자들은 단결하여 이에 맞서 총파업을 일으킬 것을 분명히 하였다. 이중에도 온건파는 吉田의 주장을 철회토록 하든지 사퇴를 종용하려고 하였지만, 극단파 특히 공산당계 노동조합 지도자들은 혁명적 위기상황으로 몰고 가려고 하였다.

총파업의 가능성을 앞에 놓고 점령당국은 「민주적」 노동조합과 보수성향의 일본 행정부 중에서 어느 한쪽을 택할 수밖에 없었다. 이미 吉田은 믿을 수 있는 협조적인 지도자로 맥아더의 신임을 얻고 있었기 때문에, 예상대로 점령당국에서는 吉田을 지지하여 약속된 총파업의 중지를 명하였다. 이는 점령정책의 전환점을 이루었다. 파괴적인 노동조합의 투쟁 방법을 보고 맥아더 측근에서는 「반동적이고 봉건적인」 세력에 대항하기 위하여 강력하고 전투적인 노동운동을 장려해야 한다는 판단에는 회의를 품게 되었다. 전체 노동조합의 약 40퍼센트를 점한 공무원 노동조합의 공산당계 지도자들이 총파업 결의를 굽히지 않자 점령당국에서는 노동정책의 방향을 바꿔 吉田내각으로 하여금 공무원들의 파업권과 단체교섭권을 제한하도록 지시하였다.

吉田茂의 反노동운동 입장에 대한 지지는 전반적인 점령정책의 전환 즉 급속한 제도개혁으로부터 사회경제적 안정을 촉진하는 쪽으로 돌아가는 방향의 하나였다고 볼 수 있다. 이러한 전환은 주로 2차대전 후 시작된 냉전 때문이었다. 1947년말에는, 추축국들을 물리치는 데 힘을 합쳤던 세력이 「자유세계」와 「공산진영」으로 분명히 갈려 대립하게 되었다. 이러한 범세계적 대결상황에서 미국 정부는 일본을 세계평화에 대한 위협요인으로보다는 매우 유용한 잠재적 동맹자로 보았다. 더우기 중국 공산당과의 싸움에서 國民黨 정부가 예상외로 몰리자, 일본이 아시아에서의 공산세력 팽창에 대결하는 미국의 보루가 되어야 할 것이라는 생각은 굳어졌다. 1947년초 미국 국무장관 애치슨(Dean Acheson)은 일본을 「아시아의 主工場」으로 만들겠다고 말하였으며 이어 1948년초에는 육군장관 로얄(Kenneth Royal)이 일본은 아시아에서 전체주의 세력을 막는 방벽이 되어야 한다고 공언하였다. 일본에 대한 미국의 인식은 완전히 바뀐 것이었다. 민주화 방침을 포기하지는 않았어도 미국 정부에서는 일본 경제력——가능하다면 어느 정도의 군사력까지도——의 회복을 심각하게 고려하기 시작하였다. 1948년초에 이르러 점령당국의 경제정책은 이러한 변화하는 입장을 반영하였다. 경제재건의 주역에는 월등한 효율성과 기술을 갖고 있는 대기업들이 적격이라는 판단에서 경제분산계획이 완화되었다. 지나친 재벌해체도 민간기업이 다시 일어서는 데에는 적합하지 않다고 하여 해체대상으로 원래 지정되었던 1천 개 이상의 회사의 수가 18개로 줄었다. 이와 함께 점령당국에서는 경제를 악화시키는 인플레이션·암거래·임금과 물가상승의 악순환에 대하여 이제까지 방관적이었던 방침을 고쳤다. 1949년 미국 정부가 파견한 닷지(Dodge) 사절단은 일본 정부에 대하여 경제력을 복구하기 위하여는 인플레이션을 억제할 수 있는 긴축정책, 즉 보다 보수적인 재정책을 채택해야 한다고 권고하였다.

미국의 새 방침은 경제력을 바탕으로 일본의 독립과 국제적 지위를 되찾겠다는 吉田茂의 뜻과 잘 맞았다. 인플레이션을 유발할 수밖에 없는 적자 재정책을 이제까지 써왔던 일본 정부는 균형예산과 철저한 지출절약을 실시하여 화폐가치를 안정시키기에 전력을 기울였다. 吉田은 또한 노동운동에 대항하는 무기로 닷지 사절단의 권고를 이용하였다. 정부의 경비 절감책 가운데에는 공무원 25만 명의 감축이 포함되어 있었는데 이 감축과정에서는 적극적인 노동조합 활동가들이 많이 제거되었으며 민간기업에서도 이를 따랐다. 새로운 도전에 직면한 극단파 좌익지도자들은 1949년 중엽부터 전국적으로 필사적인 폭력시위를 일으켰다. 정부를 약화시키겠다는 좌익의 폭력행동은 오히려 반대로 점령당국에 새로운 숙청을 단행할 명분을 주고 말았다. 이때의 추방 대상은 「봉건적·군국주의적·반동적」인 인물들이 아니라 「빨갱이·과격분자」들이었다.

  점령정책의 전환에 맞춰 좌익세력내에서는 새로운 분열이 나타났다. 온건파 사회민주주의자들은 정부나 경영자측에 정면으로 맞서는 전투적 방법은 무모하고 무책임한 짓이라고 주장한 데 반해 공산당원들이 중심이 된 전투적 좌익지도자들은 사회민주주의자들의 개량적 방법이야말로 반동세력과 타협하게 만드는 것이라고 비난하였다. 점령당국과 일본 정부가 과격파 좌익 노동운동을 견제할 움직임을 보인 1947년 말엽 온건파 노동지도자들은 핵심 공산당원들로부터 노동운동의 주도권을 뺏기 위하여 노동조합의 민주화를 외치고 나섰다. 1950년 온건파는 점령 당국의 권장과 지원을 받아 공산계 노동조합을 떼어낸 日本勞動組合總評議會(약칭 總評)를 결성하였다. 戰前 프롤레타리아 정당운동가들이 모여 1945년말 조직한 日本社會黨도 분열기미를 보이다가 1951년 左·右파로 갈라졌다(1955년 다시 통합).

5. 「美國의 우산」 아래의 독립

  1950년에도 권력은 계속 吉田茂의 손에 있었다. 그는 점령당국의 개혁 방침과 자신의 정책을 교묘하게 일치시켜 온 반면 과격한 점령당국의 조치에는 반대함으로써 자신의 독립적 위치를 신중하게 지켜왔다. 전후 새로 당선된 국회의원들과 그를 따르는 유능한 옛 관료들을 모아 吉田은 자신의 조직기반, 自由黨을 만들었다. 그에 대한 국회에서의 반대세력은 약하였다. 특히 이들은 社會黨과 進步黨(후에 民主黨으로 개편)으로 갈려 있었으며, 1947년에서 1948년에 걸쳐 잠시 연합정권을 이룬 적도 있었으나 吉田이 국회를 상대하는 데 크게 방해가 되지는 않았다. 적극적이고 위압적인 吉田은 자신을 「一人」지도자로 만들 수 있었던 것이다. 국회를 다루는 데 융통성이 없었고 일반백성들에게도 오만한 태도를 보이긴 했으나 그는 原敬 이래 가장 유능한 정당지도자였다고 할 수 있다.
  吉田의 목표는 미국과 평화협상을 성취하는 것이었다. 그의 입장은 맥아더의 입장, 즉 점령기간을 단축하여 일본과 다른 나라들과의 정상적 외교관계를 회복한다는 견해와 일치하였다. 그러나 문제는 일본이 주권을 찾은 뒤 자유세계의 일원으로 굳게 남아 있어야 한다는 것이었다. 마침내 미국 정부에서는 소련의 반대를 무릅쓰고 영국과의 협의를 거쳐 일본과 평화조약을 맺기로 결정하였다. 일부 정치인들은 미국 및 다른 자유세계의 국가들과만 평화를 맺는 것은 도리어 소련을 자극할지도 모른다고 우려하였으나 강한 反共觀을 갖고 있던 吉田은 이를 두려워하지 않았다. 미국측과의 우호관계에서 얻는 이익이 소련과의 적대관계에서 오는 손해보다 크다는 계산이었다. 미·영과의 유대는「본질적으로 이념이나 철학의 문제가 아니며 종속적인 관계로 끌려가는 것도 아니다. 이는 단지 일본인의 번영을 촉진하는 가장 빠르고 효과적인 그리고 사실상 유일한 길일 뿐이다」라고 그는 표현하였다.[2] 어느 면에서, 吉田외교는 幣原외교의 마지막 변형이었다.

　吉田과 미국측은 분리된 평화조약이 바람직하다는 데에는 의견의 일치를 보았지만 일본의 장래를 보는 입장은 서로 달랐다. 미국측은 이 조약을 태평양에서의 미국의 우위를 보장하는 방법으로 생각한 반면, 吉田은 이를 앞으로의 경제적 발전과 진출을 위한 기초작업으로 보았다. 이러한 견해 차이는 평화조약 체결 후 일본의 군사적 안전문제를 논의할 때 분명히 드러났다. 일본을 지키고 아시아의 공산세력을 저지하기 위하여 일본에 미군기지를 두는 것에 吉田은 기꺼이 동의하였으나 일본 스스로 재무장해야 한다는 미국측 제안에는 반대하였다. 재래식으로 다시 무장하는 것은 경제회복을 위태롭게 할뿐더러 핵무기가 개발된 세계에서 전혀 효과 없는 방법이라고 그는 생각하였다. 더우기 吉田이 보기에는, 일단 국제적 위기가 발발했을 경우 일본을 지키기 위하여 미군은 올 것이므로 새로운 일본군을 창설해 봐야 이는 일본보다도 미국에 더 필요한 것이었다. 吉田은 이 점에서 미국의 말을 고분고분 따르는 추종자는 전혀 아니었고 어느 의미에서는 오히려 민족주의자였다.

　미국과의 협상 결과, 샌프란시스코 강화조약과 美日安全保障條約(모두

---

2) Kōsaka, *100 Million Japanese*, pp. 106〜107.

口1951 년 9 월 조인)을 맺게 되었다. 어떠한 응징적 경제조처도 일본에 가해
지지 않았으며 일본으로부터 전면적 재무장 약속을 끌어내지도 못하였다.
그러나 吉田 또한 몇 가지 양보를 하지 않을 수는 없었다. 일본 국내의 치
안을 맡기 위하여 準軍事的 경찰예비대를 확대할 것, 中共을 막기 위한 주
요 군사기지로서의 沖繩에 대한 미국 지배를 인정할 것, 일본 본토에 상당
한 규모의 미군이 계속 주둔토록 할 것, 중국의 정통정부로서 대만에 있는
國民黨 정부를 승인할 것 등의 미국측 요구에 吉田은 양보하였다. 요컨대,
일본을 미국 진영에 밀착시킨 대가로 吉田은 일본의 주권회복과 재무장에
따르는 경제적 부담의 해소 그리고 경제발전에 유리한 정치환경을 얻어내
었다.

평화조약의 체결 이후 吉田의 정치운명은 시들기 시작하였다. 장기간에
걸쳐 별 어려움 없이 집권하였던 것이 오히려 비판을 불러일으켰다. 吉田
이 점령당국의 개혁이상과 일본의 실제상황 사이에서 완충역할을 했던 점
령기간 중에는 그의 一人지배가 적합하였다고 하겠으나 미국이 물러가고
나서는 그렇게 인기를 얻을 수 없었다. 더우기 吉田 자신의 고집스러움
과 개인적 측근에 지나치게 의존하는 태도, 의회에 대한 모멸적 대우, 부
패혐의로 구속되려는 추종자 佐藤榮作(사또오 에이사꾸)을 직권으로 막아준
일 등은 일반의 불만을 야기시켰고 나아가 선거에서 자유당의 표를 크게
깎아내렸다. 보수파내에서의 吉田의 지배적 위치 또한 숙청당했던 옛 정
치인들이 1951 년 이후 정치활동이 허용되어 국회에 들어오면서 약화되었
다. 실제로 1952 년 선거에서 당선된 보수파 정치인들 중 3 분의 1 은 이
그룹에서 나왔다. 옛 政友會 간부였던 鳩山一郞(하또야마 이찌로오) 같은 나
이 든 지도자들이 吉田에게 도전할 때 吉田은 점령 기간 중 맥아더의 신
임으로 자신을 방어했던 수법을 더 이상 쓸 수는 없었다.

吉田에 대한 반대는 그의 親美정책에 대한 민족주의적 반발의 형태이기
도 하였다. 7 년간의 미군점령 기간이 끝나자 많은 사람들은 일본의 보다
확실한 정치적 법적 독립을 요구하였다. 좌익에서는 일본이 평화협상으로
미국에 종속하게 되었다고 비난하고 냉전으로부터의 중립과 소련을 위시한

「진보진영」과의 우호를 내세웠다. 1952년 유혈사태까지 빚은 노동절 시위에서 수천명이 평화조약에 항의하다가 皇宮 앞에서 경찰과 충돌하였다. 이후 계속하여 미군 주둔, 미군기지 확대, 태평양에서의 미국의 핵실험 등에 반대하는 좌익의 시위는 끊이지 않았다. 반면 우익에서는 「미국의 우산」에 지나치게 의존하는 것에 대하여 또 다른 민족주의 입장에서 항의를 하였다. 그들의 목표는 중립주의가 아니라 反戰헌법을 고쳐 군사적 자립을 하자는 것이었으며 외교적 자립을 얻기 위하여 소련과도 평화조약을 맺자는 것이었다. 따지고 보면 좌·우익에서 내세우는 민족주의는 서로를 부정하는 것이었다. 社會黨은 헌법개정을 막아야 했고 보수적 민족주의자들은 對蘇우호관계의 발전을 견제해야 했기 때문이었다. 좋든 싫든간에 吉田茂가 퇴진한 1954년말 이후에도 일본은 「미국의 湖水 안에 있는 공장」으로 남게 되었고 미국과의 동맹으로 국제적 책임이 면제되어 吉田의 목표였던 경제발전을 부담없이 추구하게 되었다.

제 16 장   주저하는 巨人

1956년 일본의 신문·잡지 들은 이제 전쟁은 완전히 끝났다고 떠들썩하였다. 1955년의 국민총생산과 국민소득이 戰前의 수준에 도달하여 戰後의 회복기는 넘어섰다고 하는 정부의 經濟白書 발표로 이러한 기묘한 해석이 나왔다. 나아가 경제백서에서는, 지나치게 낙관적인 예측이라고 느껴지긴 했지만, 일본은 새로운 고도경제성장단계로 들어가고 있다고 공언하였다. 이 공언은 빈말이 아니라 다음 10년 동안의 경제성장으로 확인되었다. 이동안 놀라운 경제발전을 이룩함으로써 일본은 1968년에 이르러 세계 제3위의 공업국으로 올라서 다른 나라의 선망과 경이의 대상이 되었다. 다른 나라 사람들에게는 일본이 비참한 패전국으로부터 세계시장의 세력자로 등장한 것이 기적에 가까운 일로 보였다. 그러나 이보다 더욱 이상하게 느낀 점은 일본인들이 그 엄청난 경제력을 국제적 영향력의 행사수단이나 정치·군사력의 강화수단으로 이용하려고 하지 않았다는 사실이었다. 1964년 올림픽이나 1970년의 만국박람회의 개최 등 여러 방면으로 국가적 자존심·자신감은 나타냈어도 대외정책만은 조심스럽게 자제하였다. 1945년의 기억은 사라질 수 없었고 미국에의 의존 또한 그대로 지속되었다. 일본은 그 모든 경제력으로 세계시장에서 활약하고 있는 것과는 달리 세계 정치무대에서는 자신의 위치를 과시하려 하지 않는, 「주저하는 巨人」으로 남았다.

1. 경제의 기적

1954년에서 1967년까지 일본의 국민총생산은 그 어느 나라보다도 높은 연평균 10퍼센트의 성장률을 보였다. 미국의 3배에 가까운 실적이었다. 이는 물론 역사적으로도 전례가 없는 성과였으나 좀더 넓은 안목에서 이를 평가해야만 할 것이다. 먼저, 일본은 다른 아시아 국가들처럼 근대경제를 처음부터 일으켜야 할 필요는 없었다. 교육수준이 높은 인구, 광범위한 기술의 전파, 업적을 중시하는 생활관, 경험있는 많은 경영자들, 산업발전에 있어서 정부주도의 전통 등 풍부한 인간자원을 일본은 戰前 시기로부터 물려받았다. 경제의 기초는 이미 단단히 다져져 있었기 때문에 기본구조를 개선, 보완하기만 하면 되었다. 또한, 이 시기에 일본만이 급속도로 발전한 것은 아니었다는 사실에 주목해야 한다. 일본이 「경제적 기적」을 이루었던 시기에는 거의 모든 서방국가들의 경제도 2차대전 전보다 훨씬 빠른 속도로 발전하였다. 한 경제학자의 지적처럼, 일본의 기적적인 성장은 선진국에 있어서의 일반적 현상이 극도로 표현된 경우에 불과하였다고 하겠다.

戰前에 없었던 여러 가지 요인들이 유리하게 작용하여 戰後의 경제성장을 촉진하기도 하였다. 첫째, 전쟁으로 인한 파괴가 불행한 것만은 아니었다. 쇠퇴하고 쓸모없게 된 공장시설들이 파괴됨으로써 오히려 전후에 개발된 최신기술과의 격차를 해소할 수 있었다. 이러한 최신기술을 외국회사와 기술제휴를 맺어 도입하였기 때문에 일본의 기업가들은 연구·개발에 막대하게 투자할 필요 없이 값싸게 기술을 얻었다. 기술자들은 또한 明治시대의 기술자들이 그랬듯이 첨단기술이라 하더라도 이를 더욱 세련되게 개량하였다. 둘째, 군대를 보유하지 않게 됨으로써 일찌기 전쟁과 해외침략을 위해 쓰였던 자본과 기술, 정력이 민간경제의 성장에만 집중될 수 있었다. 1938년 국민총생산의 16퍼센트가 군사비로 쓰였던 데 반하여 1968년의 군비부담은 0.8퍼센트에 지나지 않았다. 새로운 세계의 2대 지도자로서 그 위치에 맞는 엄청난 경제부담을 져야 하는 미국·소련에 비해 일본은 훨씬 유리한 입장이었다. 셋째, 1946년에서 1948년에 걸친 출산 붐이 지나면서 인구증가율이 급격히 떨어졌다. 전쟁으로 물론 많은 성인 남자들이 죽기도 하였으나 더욱 중요한 것은 낙태를 합법화시킨 優生保護法(1948)의 제정이었다. 이에 따라 출생률이 갑자기 내려갔으며 인구증가가 경제에 미치는 압력도 사라졌다. 1955년에서 1960년 사이의 연평균 인구증가율은 1920년대의 반도 안되는 0.8퍼센트에 불과하였다. 네째, 전후의 세계경제는 1930년대의 보호무역주의와는 달리 비교적 자유롭게 유통되었다. 사실 일본처럼 1차대전 이후로 항상 해외무역에 크게 의존하던 나라에게는 국제무역량의 증가야말로 대단한 이익을 볼 수 있는 요인이었다.

정부는 예전처럼 경제성장을 촉진하는 중요역할을 담당하였다. 소련이나 중공과 같이 경제계획을 국가권력이 지시하는 통제경제체제는 결코 아니었지만 일본 정부는 전반적인 계획수립과 민간기업에 대한 설득·견제 등 여러 방법을 써서 민간기업부문을 이끌기에 힘썼다. 기본목표는 원료및 필요한 공산품의 수입에 맞출 수 있는 수출의 촉진에 있었다. 석유·철광석·면화·콩 및 기타 경제발전에 필수적인 원자재를 수입에만 의존해야 했기 때문에 「수출 아니면 죽음」이라는 심리가 일본의 수출신장률을 세계 평균의 두 배가 넘게 하였다.

이 목표를 달성하기 위해 정부에서는 여러 기술적인 방법을 사용하였다. 經濟企劃廳은 어느 면에서 戰時 생산통제를 하려고 시도했던 企劃院의 흔적이라고도 할 수 있는 기구로서 여기에서는 정기적으로 국가경제계획을 발표하여 가장 바람직한 경제발전의 방향을 제시하여 주었다. 정부계획이 강요될 성질의 것은 아니었지만 민간기업에서는 투자·고용·생산계획을 세우는 데 정부의 예측에 의존하려고 하였다. 실제로 경제관료와 기업경영자들이 공식·비공식으로 폭넓게 논의하여 정부계획을 수립하였기 때문에 민간기업의 계획이 정부의 것과 서로 통했던 것은 당연하다. 경제계획 이외에 경제발전의 방향을 규정하는 보다 직접적인 방법도 있었다. 특정 물품에 대한 철저한 수입규제로 같은 종류의 국내산업을 보호하였고 외국자본의 수입에는 각종 제한을 붙였으며 육성이 필요한 분야에는 정부은행의 특별융자와 세금감면, 減價償却의 보조, 정부의 주식매입 등을 통하여 지원하였다.

경제관료들은 또한 특정 분야의 기업에 특혜를 줄 때가 많았다. 경우에 따라서는 탄광업 같은 斜陽산업에도 그것이 필수적인 기본산업이라든가 광부들이 곤경에 처해 있다든가 하는 이유로 지원해 주기도 하였다. 그러나 일반적으로 정부 지원은 기술을 수입해서 쓰고 있는 성장 초기단계의 산업이나 국내외 시장에서 급속도로 성장할 잠재력이 있는 산업들에 집중되었다. 대체로 戰前수출의 주종목이었던 면직물·도자기·자전거 등과 같은 소비재산업보다는 중공업쪽으로 인력과 물자, 자본이 흘러갔다. 즉 1950년대와 1960년대초에 걸쳐 정부는 철강·조선·자동차·텔레비젼·라디오·광학기기 등 戰前에는 시작단계에 불과했던 산업분야를 지원하였다. 그러나 이 분야가 확실히 자리를 잡게 된 1960년대말 이후부터는 중점이 콤퓨터·승용차·석유화학 등 전전에는 없었거나 무시되었던 새로운 산업쪽으로 옮겨졌다. 반면 비효율적이고 가격이 국제시장에서 경쟁할 수 없는 분야나 더 이상 선진공업국으로서는 담당할 가치가 없는 분야 등에는 정부의 혜택이 끊어졌다.

경제적 성공은 정부의 지도력에 의해서만 이루어진 것은 아니었다. 정부내에 새로운 경제기술관료들이 등장한 것과 마찬가지로 기업계에도 점령기간 중의 숙청과 재벌해체로 인해 생긴 공백을 채운 새로운 세대의 기업가들이 있었다. 과감하게 전자산업에 투신한 松下幸之助(마쓰시따 고오노스께) 같은 인물들은 처음부터 자기가 시작한 경우였지만 새로운 경영자들 중 많은 사람들은 年功序列制가 완화되고 재벌가족의 지배가 끝나게 되자 중간관리층으로부터 올라갔다. 또한 높은 이윤보다는 성장 자체를 중요시했던 점에서 새로운 경제계 지도자들은 경제관료들과 일치하였다. 대주주가 아닌 전문경영자들이 주로 운영하는 민간기업에서는 생산과 시장점유율을 높이기 위하여 이윤을 낮추는 경우도 많았다. 이윤보다는 기업의 지

위를 추구하는 회사들은 오히려 높은 이익배당을 삼가고 계속 공장시설을
확장하기 위한 재투자에 이익을 돌렸다. 실제로 1953년에서 1965년 사이
의 총투자는 국민총생산의 28.3퍼센트로서 다른 어느 공업국보다도 훨씬
높았다. 회사간부들은 경제는 계속 성장할 것이라는 자신감에 넘쳐 낙관적
인 기업분위기 속에서 회사를 이끌었다. 유럽이나 미국의 기업가들보다도
그들은 모험적이었으며, 낙관적 기대 또한 실현되었기 때문에 엄청난 빚을
안고라도 더욱 경제를 팽창시키려고 하였다. 1950년대와 1960년대의 일
본 경제계는 대체로 경제적 붐을 타고 있다고 자신하는 투자가들이 지배하
고 있었다. 한편 보다 보수적인 정부의 경제기획 관리들은 경제계 투자가
들의 지나친 企業欲으로 인한 경제의 과열현상과 과도한 확대에 항상 마
음을 놓을 수 없었다.

1950년대와 1960년대의 경제적 팽창으로 기업의 비대화현상이 다시 나
타난 것은 그리 놀라운 일이 아니었다. 마치 戰前의 재벌들이 그랬듯이 전
후에는 「系列企業群」들이 판매구조를 통해 일본의 경쟁력을 높였다. 그러
나 이는 성격이나 전략, 구조에 있어서 「재벌」과는 달랐다. 우선, 「系列企
業群」은 持株會社의 압도적인 힘에 의해서라기보다는 서로간의 편의와 이
익에 의해 짜여졌다. 대은행이나 대기업체가 「系列企業群」의 중심적 위치를
차지하고 있지만 그에 속한 회사들의 정책과 인사문제에 절대권을 갖고 있
지는 못했으며 따라서 소속 회사들은 언제라도 보다 유리한 자본과 신용
그리고 협조자를 찾으면 빠져나올 수 있었다. 또한 옛 재벌은 특정업종에
주력하여 그 분야의 지배권을 장악하는 경향이 있었으나 「系列企業群」은
가능한 한 모든 종류의 회사들을 포함하여 「모든 것을 모아 한 덩어리」를
이루려고 하였다. 따라서 戰後의 「系列企業群」 사이의 경쟁은 戰前의 재벌
간의 경쟁보다 더욱 치열하였다. 예를 들어 住友계열의 화학공업회사는 三
菱계열의 같은 종류업체를 겪기 위하여 가격을 내리고 품질을 향상하여 시
장 점유를 확대해야만 하였다. 그 결과 소수 독점업체들 사이의 경쟁이 생
겨 가격인하와 품질향상을 놓고 다투게 되었다. 이러한 형태의 경쟁은 높
은 이익률보다는 시장점유를 확대하고 기업의 지위를 높이는 데 힘을 기

울였기 때문에 조직 및 기술혁신을 위한 투자를 강하게 자극하였고 이로써 경제 발전을 촉진했다고 하겠다.

노동자들 또한 경제발전에 정부나 기업 못지않게 공헌하였다. 교육수준이 높고 헌신적이며 효율적인 일본 노동자는 다루기 힘든 노동조합과 기술혁신에 저항하는 노동자들을 상대해야만 하는 서양 기업가들에게는 부러운 존재였다. 서독을 제외하고는 아마 어느 서양국가의 경제치고 1950년대, 1960년대 기간 중 일본에서처럼 노동분규에 마음을 놓지는 못하였을 것이다.

노동단체 연합회의 전투적 口號나 이론적 反資本主義 선전에도 불구하고 일본의 노동조합운동은 대개 협조적이었다. 노동조합은 노동자들의 불만이나 노동조건 개선을 위한 대변역할을 했으나 지나치게 공격적으로 임금인상을 요구하지는 않았다. 「總評」과 같은 노동단체 연합회들이 임금조정의 전반적인 윤곽을 정하기 위하여 대기업들과 임금계약을 둘러싼 정기적인 「春季鬪爭」(春鬪)을 벌였지만 대부분 임금협상은 회사별로 이루어졌다. 일본의 노동조합은 한 회사의 전체 종업원이 모여 만든 전형적인 產業別勞動組合(產別勞組)이었기 때문에 사무직이건 노동직이건간에 노동조합원들은 미국·영국의 경우와는 달리 소속회사에 보다 강한 일체감을 느꼈다. 더우기 종신고용제로 인하여 회사 자체에 대한 충성심은 높았으며 대부분의 일본 노동자들은 停年 때까지 그들을 먹여줄 손을 물려고 하지는 않았다.

또 하나 하급 사무직원들이 대개 노동조합을 지도하였던 관계로, 회사의 재정형편에 관하여는 비교적 자세히 알고 있었다. 이러한 이유들 때문에 한 회사의 노동조합(產別勞組)이 경영자측과 임금협상을 할 경우에도 그들은 노동자들만의 이익보다는 기업의 전체적 이익과 안정을 먼저 고려하였다. 물론 노동조합원들은 노동단체 연합회의 정치적 지도방향은 따르려고 하였지만 경제문제에 있어서는 자기들의 회사에 보다 가깝게 있었다. 만약 노동조합이 강경하게 反經營者的 입장을 취하고 기술혁신에 저항하려고 했다면 경영자들은 불가피하게 임금을 인상하였겠지만 일본에서는 이와 달랐기 때문에 노동임금은 보다 낮은 수준에 머물러 있었다.

2. 대결의 정치

정치에 있어서는 경제에서처럼 번영을 되찾는 데 빠르지 못했다. 1950년
대 중반기와 후반기는 특히 의회정치에 있어 불신의 시기였다. 1955년 가
을, 戰後 여러 당파로 갈려 있었던 보수세력들은 自由民主黨을 결성하기
위해 힘을 모았다. 이는 강력한 보수정당이 의회를 장악하여 社會黨 세력의
강세를 막고 또한 「獨占禁止法」 같은 지나친 점령방침을 시정할 수 있기를
바라는 경제계의 촉구에 따른 것이기도 하였다. 自由民主黨 창당 초기에는
전전의 정치가로서 전후 점령당국의 숙청과 吉田茂의 一人지배 때문에 빛
을 못 보았던 鳩山一郞·石橋湛山(이시바시 단잔)·緖方竹虎(오가따 다께도
라) 등이 지도하였다. 그러나 점차 이들이 죽고 은퇴함에 따라 권력은 吉
田茂의 후원 아래 戰後 정계에 들어온 전직 관료들의 손으로 옮겨갔다. 東
條英機내각에서 商工大臣을 지냈던 岸信介(기시 노부스께)가 1957년부터
1960년까지 自由民主黨 총재직을 맡았고 그뒤를 池田勇人(이께다 하야또)
이 이은 다음 1964년에는 佐藤榮作이 당의 지도자가 되었다. 이렇게 전직
관료들이 당의 주도권을 잡은 것은 1920년대의 정당운영형태로 되돌아간
느낌마저 주었다. 관료조직을 안팎으로 잘 알고 관계·정계에 두루 잘 통
하는 이들 전직 관료들은 지방정치나 국회를 거쳐 올라온 사람들이 갖추지
못한 정치·행정 기술과 영향력 행사의 기회를 갖고 있었다.

새로운 보수연합, 自由民主黨은 곧 社會黨과 치열한 정쟁을 벌이게 되
었다. 국내정치에 관한 논쟁의 초점은 점령당국에 의한 민주적 개혁을 그
대로 지킬 것이냐 그렇지 않으면 전전의 형태와 유사한 강력한 중앙집권
적 정부를 세우는 쪽으로 「퇴행」할 것이냐에 관한 것이었다. 점령당국의
개혁 중 많은 것이 성급하게 이루어졌고 또 일본의 독특한 환경에 적합하
지 않기 때문에 행정의 합리화 방침에 따라 수정되어야 한다고 하는 것이
自由民主黨의 입장이었다. 질서있게 훈련 조직되었던 과거를 잊지 못하

는 일부 自由民主黨 지도자들은 헌법을 개정하여 天皇주권을 되살리고 군대보유권을 회복할 수 있게 되기를 희망하기까지 하였다. 社會黨측에서는 이러한 「保守回歸」 조짐에 놀랐다. 그들은 점령기의 개혁이 보다 자유롭고 민주적인 사회의 기초를 이룬 것이라고 생각하고 있었던 것이다. 社會黨은 공산당과 손을 잡고 헌법개정에 필요한 3분의 2 이상의 국회의석을 自由民主黨이 차지하는 것은 막았으나 다른 문제에서는 보수세력에 압도되었다.

1954년 自由民主黨은 경찰을 국립화하여 다시 중앙화하려는 시도와 함께 각종 反占領改革 방안을 제시하였다. 선거를 통해 구성한 지방의 교육위원회를 정부임명 형식으로 바꿀 것, 교사평가제를 만들어 중앙에서 관할할 것, 경찰력을 강화할 것, 지방정부를 감독할 새로운 중앙부서를 설립할 것 등이 그것이었다. 이러한 것들은 실상 극단적인 것은 아니었으나 좌익에게는 기억하기도 싫은 1930년대로 돌아가려는 조짐으로 보였다. 自由民主黨과 社會黨의 대결은 치열했지만 그 사회적 여파는 미미하여 일반인들의 관심을 크게 끌지 못하였다. 이 문제에 관한 여론조사에서도 많은 수가 무관심을 나타내었으며 관심있는 시민들은 대개 반반으로 갈려 있었다. 그럼에도 불구하고 「보수와 혁신」간의 대결로 국회는 혼란에 빠지고 서로간의 대립감정은 깊어져갔다. 먼저, 社會黨이 「충성스러운 반대자」라는 허울을 벗어던졌다. 공개적으로 그리고 계획적으로 의사진행을 막기 위하여 그들은 국회내 위원회 참석을 거부하고 심한 경우에는 단상을 점거하기도 하였다. 폭력행동을 중지시키기 위해 경찰을 부른 적도 많았다. 반면 다수당인 自由民主黨은 정치적 의도가 없는 반대의견조차도 무시하였다. 社會黨이 물리적 소란을 저항수단으로 삼고 自由民主黨은 「다수의 횡포」만 부리고 있는 한, 본질적인 문제는 물론 국회운영 방법에서조차도 합의를 보기는 힘들었다.

대결은 외교정책문제에서 더욱 두드러지게 나타났다. 社會黨이 일종의 중립정책을 계속하여 내세우고 있는 반면 自由民主黨은 점진적 재무장 및 미국과의 군사동맹정책을 굳게 지키고 있었다. 1954년 防衛廳과 自衛隊

를 발족시키고 나서 自由民主黨 정부는 미군고문과 군사장비에만 의존하고 있는 자위대의 규모와 화력을 증강하기 시작하였다. 미국이 추구하는 외교방향을 충실히 따르는 自由民主黨 내각은 1955 년 소련과의 평화조약 체결 후에도 소련과는 거리를 두고 외교관계를 유지하였으며 중국의 정통 정부로서는 國民黨 정부를 계속 인정하였다. 또한 국제연합에서도 항상 미국과 보조를 맞췄다. 유일한 예외로 自由民主黨 소속의원들이 중공과 통상관계를 열어보려는 움직임이 있었다. 自由民主黨 정부의 충실한 親美태도에 미국측은 일본의 해외무역과 국제적 위신을 높이는 데 큰 힘이 된 국제통화기금·세계은행·관세무역일반협정·경제협력개발기구 등 여러 국제기구에서 일본을 적극적으로 지원하였다. 또한 미국과의 정치·군사적 동맹으로 일본은 미국의 소비자와 자본시장 속으로 파고들 수 있는 보장을 받기도 하였다.

한편 社會黨은 자위대의 증강을 막기 위해 적극적으로 지속적인 의회투쟁을 벌였다. 의회 밖에서는 미국의 핵실험 및 미군기지 그리고 일본인과의 사이에서 생긴 미군의 범법행위 등을 규탄하는 시민들의 시위를 일으켰다. 社會黨내에서도 극좌파 간부들은 「혁신진영」과의 유대를 나타내기 위하여 모스크바와 北京을 방문하였다. 1959 년 北京 방문 중 社會黨 書記長 淺沼 稻次郎(아사누마 이네지로오)은 중공측과 공동성명을 발표하여 「미제국주의는 중국과 일본 인민의 공동의 적」이라고 선언하기까지 하였다. 외교정책에 대한 社會黨의 공격은 국내정책의 「保守回歸」에 대한 반대보다 더욱 호소력을 가졌다. 일본인들 대부분이 공산국가보다는 미국에 우호적이었지만 한편으로 미군의 계속주둔이나 군사안보면에서의 노골적인 對美의존자세에 대한 국민들의 불만은 고조되고 있었다.

自由民主黨과 社會黨의 대결은 마침내 1960 년 미국과의 안전보장조약 개정을 둘러싸고 대중운동으로 폭발하였다. 이 조약의 가치에 대한 일반 대중의 의심은 대단하여 많은 사람들이 미국은 그의 아시아 전략에 일본을 묶는 것이 아닌가 우려하였다. 조약에 따라 일본은 일본의 이익보다도 미국 이익이 걸린 국제분쟁에 휘말리게 되는 것으로 보았다. 더우기 1957 년 소련의 스푸트닉 우주선 발사로 미국의 군사적인 우위에 대한 신뢰가 흔들리게 되고 1960년 U-2기 사건으로 미국의 성실성도 믿기 어렵게 되었다. 미국은 10년 전에 보였던 것처럼 믿을 수 있는 절대세력도 아니고 확실히 안심할 수 있는 친구도 아니었던 것이다. 의혹이 쌓인 이러한 분위기에도 불구하고, 岸信介내각은 개정된 「美日安全保障條約」의 인준방침을 굳혔다. 토론을 통해 설득해야 할 필요성을 느끼지 않았던, 교묘한 책략가 岸은 반대를 억누르고 社會黨의 방해전술을 피해 「新安保條約」을 국회에서 통과시키려고 서둘렀다. 이에 대한 국민의 반대 시위가 일본 역사상 가장 대규모로 폭넓게 벌어졌다. 1960년 5월, 6월 두 달 동안 거의 매일 수천 수만의 노동자·학생·사무원·지식인 그리고 가정주부들까지도 모여 의사당 밖에서 시위를 벌였다. 6월 4일에는 5백 50만 노동자들이 총파업을 단행하기도 하였다. 어떻든 조약은 自由民主黨 다수의 힘으로 국회에서 인준을 받았으나, 비민주적인 自由民主黨의 처사에 분격하여 일어난 「안보투쟁」은 보수파 지배에 대한 국민들의 환멸이 얼마나 심했는가를 보여주었다.

「안보투쟁」의 결과로 岸信介정권은 무너졌다. 이후에도 自由民主黨은 집권세력으로 남았으나 당의 지도자들은 그 입장과 자세를 고쳐갔다. 새로 총리가 된 池田勇人은 전임자와 같은 오만한 태도를 버리고 타협적인 자세로 국회를 대하였다. 좌익에 대하여도 타협적이었던 그는 일반대중의 생활에 더욱 관심을 보였다. 1950년대의 정치를 흔들던 문제로부터 주의를 돌리기 위한 의식적인 노력에서 池田은 「所得倍加計劃」을 발표하여 앞으로 10년간 국민소득을 두 배로 늘일 것을 약속하였다. 중점은 생산증대, 국내외 시장개발, 고도경제성장의 지속에 두어졌다. 이는 분명히 여러 방면을 동시에 겨냥한 것이었다. 즉 물질적 번영을 약속한 것은 일반 소득자를 염두에 둔 것이며, 경제계를 향하여는 생산과 투자증대를 강조하였고, 고도성장의 주장은 일반대중과 경제관료들의 경제적 국가주의에 부응하는 것이었다. 경제문제로 방향을 맞춘 것은 이후 10년간 自由民主黨 정책의 중심을 이루었으며 이에 보다 차분하고 부드러운 정치분위기가 찾아오게 되었다.

3. 풍요로운 사회

1960 년대의 일본인들은 경제성장의 혜택을 맛보기 시작하였다. 전후의
경제 붐이 전례없이 일반백성들에게 여유를 가져다준 것이다. 1930 년대
초 그리고 패전 직후 극심하였던 실직의 두려움은 거의 사라지고 고도의
산업팽창률과 출생률 감소로 1960 년대초에는 노동 부족현상까지 나타났
다. 1950 년대 말에서 1960 년대초에 걸쳐 임금과 개인소득도 놀라울 정도
로 올라갔다. 1955 년에는 30 인 이상의 종업원을 가진 회사의 노동자 평
균임금이 월 1 만 8 천 3 백 엔이었으나 10 년이 지난 1965 년에는 두 배가
넘는 3 만 9 천 4 백 엔으로 늘었다. 또한 대부분의 富가 지주나 기업가,
주식 소유자의 손에 집중된 戰前과는 달리 일반 임금노동자와 봉급생활자
에게도 富는 폭넓게 분산되었다. 1934 년에서부터 1936 년까지의 경우 전
체 개인소득의 41. 2 퍼센트는 임금형태의 것이었고 23. 4 퍼센트가 소작료·
주식·이자에 의한 수입이었으나 1964 년에는 전체 개인소득의 61 퍼센트
가 임금에서 나온 반면 투자에 따른 수입은 10 퍼센트도 되지 못하였다.

도시에서의 여유 못지않게 농촌의 생활도 향상되어 소작인은 1960 년
대 중반에 이르면 거의 사라졌다(2% 수준). 패전 직후 도시에서의 심각한
식량난으로 농민들은 상대적으로 이익을 보았으나 장기적인 관점에서 더
욱 중요한 것은 농민 개개인의 생산력 향상이었다. 농업생산력의 향상은
점령당국에 의한 농지개혁의 부산물이라고도 할 수 있는 것으로서 자작농
이 된 옛날의 소작인들은 이에 생산증대의 자극을 크게 받았다. 이제 더
이상 노동의 결과를 지주와 나눌 필요가 없게 된 농민들은 작은 농경기계
들을 사기 시작하였다. 경운기는 물론 트랙터까지도 농촌에서 팔렸다. 이
러한 기계 덕분에 많은 농가에서는 한두 사람의 힘을 절약하여 이들이 다
른 일로써 농가수입에 보탬을 줄 수 있었다. 기계화와 함께 또한 새로운
농약과 비료의 사용으로 농업생산성을 높일 수 있었다.

自由民主黨 정부는 농촌의 번영을 위하여 최선을 다하였다. 농촌 유권자의 지지를 얻으려는 것이 큰 목적이었겠지만 어떻든 戰後의 보수정권은 농민생활을 안정시킬 수 있는 수준의 가격으로 쌀을 사들여 시장조건의 변화에 시달려왔던 농민들을 보호하였다. 1960년대에는 세계시장의 가격보다 세 배나 비쌀 정도로 정부는 매년 가격을 올려 쌀을 사들였으며 정부 창고에는 국내수요를 몇 년은 채울 만큼 많은 쌀이 비축되었다. 쌀값을 보조해 주는 정책은 실상 농민들로 하여금 다른 필수품종의 개발이라든가 전환의욕을 꺾는 것이기 때문에 경제적으로는 비효율적이라 하겠으나 농촌사회에 끼친 효과는 의문의 여지가 없는 것이었다.

전체적인 경제성장은 戰前의 보편적 현상——도시·농촌간의 격차를 줄이는 데 도움이 되었다. 경제발전에 따른 공업노동기회의 확대와 함께 많은 농촌 젊은이들이 장시간 힘들게 일해야 하는 토지를 떠나 밝은 등과 좋은 임금, 규정된 노동시간 그리고 자유가 있는 도시공장으로 빠져나갔다. 1930년대 전체 인구의 거의 반을 점했던 농촌인구는 1955년엔 34퍼센트, 그리고 1970년에는 19퍼센트로 줄어들었다. 농촌에 남은 사람들이라 해도 점점 농사에만 매달리지는 않는 경향이 나타났다. 많은 농가에서 남자들은 부근의 공장에 출퇴근하며 일하고 여자와 노인네들이 논밭에서 주로 일하게 되었다. 소위「힘이 약한 세 사람(어머니·할머니·할아버지)의 노동」방식이, 지방의 노동력을 쉽게 이용하기 위하여 많은 공장들이 일부러 농촌 부근으로 이전함에 따라, 더욱 넓게 퍼졌다. 어떻든 1960년대 후반에 이르면 농사에만 수입을 의존하는 농가 수는 오히려 소수가 되고 많은 농가에서는 농업수입과 함께 농업 이외의 수입원을 함께 갖고 있었다. 이에 따라 도시민들과 거의 같은 생활수준을 농민들도 즐기게 되었으며 텔레비전의 보급으로 도시 농촌간의 문화적 차이도 사라졌다.

일반생활이 윤택해짐에 따라 애국헌신의 정신을 높이기 위해 오랫동안 권장하였던 검약윤리는 시들어갔다. 戰時에는「사치는 적」이라고 외쳤으나 이제 많은 일본인들은 될 수 있으면 안락한 것을 손에 쥐고 싶어하였다. 흔히 소비혁명이라고 불리는 소비물자에 대한 놀라운 수요의 증가는 이미 1950년대 중엽부터 나타났다. 「三寶」(텔레비젼·세탁기·냉장고)를 갖기 위한 일본인들의 노력은 1966년의 통계에서 그 성과를 알 수 있다. 전체 가구의 94퍼센트가 텔레비젼, 76퍼센트가 세탁기, 61퍼센트가 냉장고를 갖게 되었던 것이다. 1960년대 말엽부터는 자가용 승용차의 판매도 늘기 시작하였다. 그러나 물질적인 즐거움은 아직도 대개는 개인용품에 국한되어 있었다. 즉 주택수요가 제일 많은 도시에서는 집이 부족하여 많은 임금노동자들은 좁은 「2 DK 아파트」(방 둘에 식당과 부엌이 딸린 집)에서 가족과 더불어 전기제품으로 방을 채워놓고 살아야 했다. 또한 대중교통수단을 제외한 공중시설의 개선은 다른 선진국들에 비해 뒤떨어졌다.

이러한 개인적 소비 붐과 불편한 공중시설과의 불균형은 임금노동자나 봉급생활자들에게 있어서 「公衆心」의 수준이 상대적으로 낮았다는 것을 말하는 것이라 하겠다. 1950년대 말엽부터 1960년대에 걸쳐 대부분의 사람들은 개인적 목표의 추구에만 몰두하여 그 관심이 가정과 직장을 크게 벗어나지 못하였다. 사회에 대한 봉사에 신경을 쓰는 경우는 별로 없었다. 전쟁기간 중 理想으로 삼았던 「滅私奉公」 대신에 가정 위주의 풍조와 개인적 관심에만 집착하고 물질적 즐거움을 추구하는 안락한 소시민적 분위기가 이 시기에 조성되었다. 도어 교수의 표현대로, 대부분의 일본인들은 「교외의 아늑하고 작은 집과 예쁜 아내, 아이는 둘 그리고 가끔 골프를 즐길 수」 있는 생활을 추구하였다.[1] 더우기 그들은 나름대로의 포부를 달성하였다고 느꼈던 것 같다. 1967년에 실시한 여론조사에서 응답자 1만 6천 명 중 88퍼센트가 자신을 중류층이라고 보았으며, 현재 생활에 만족하는 사람이 60퍼센트, 그리고 앞으로 생활수준이 더 나아질 것으로 믿은 사람이 44퍼센트였다. 어느 의미에서 가정 위주의 관념은 정부관료나 기업 경영가들에게 만연된 경제적 국가주의가 소시민의 생활에 투영된 것이라 하겠다.

그러나 넓게 퍼진 일반국민들의 여유 아래에는 전통적인 노동윤리가 변

---

1) R.P. Dore, "Mobility, Equality, and Individuation in Modern Japan, " *Aspects of Social Change in Modern Japan*, p. 141.

함없이 강하게 남아 있었다. 사실 그것이 번영을 가져오는 데 큰 역할을 한 것이었다. 일본인은 아직도 능력 이상의 일을 성취하도록 자신에게 강요하는 사람들이라고 지적한 외국인이 있었다. 즉 東京 중심가 사무실의 등은 밤까지 꺼지지 않았으며 관청 및 거의 모든 회사에서는 주 6일 근무제도를 지켰다. 열심히 일하여 무엇인가를 달성하려는 의욕이 제일 두드러지게 나타난 것은 끊임없는 교육열에서였다. 특히 중류층의식이 사회 전반적으로 확산되면서 그 포부 또한 누구나 품을 수 있게 되자 교육열은 더욱 뜨거워졌다. 거의 모든 부모들은 중류층이 출세할 수 있는 관건인 「일류대학」에 자식들이 들어갈 준비로 유치원에서부터 아이들을 다지기 시작하였다. 어린이들을 학교수업이 끝난 뒤 영어선생에게로, 그리고 피아노교실로 데리고 갔다가 밤늦게는 숙제와 공부를 시키는 극성스런 어머니들은 신문·잡지의 풍자거리였다. 「일류대학」을 노리는 고등학교 3학년생들은 「입시지옥」에 대비하여 온갖 지식을 머리속에 넣어야 했다. 이는 곧 끊임없는 성취욕·지위욕을 나타내는 것이었다. 대부분의 가정에서는 엄청난 돈을 들이며 온 가족이 긴장 속에 지내고 때로는 좌절을 맛보면서도 참고 견디었다.

4. 풍요 속의 정치

1950년대 말엽에서 1960년대에 걸친 경제적 번영으로 自由民主黨은 계속 집권할 수 있었다. 급격한 경제적 변화로부터 보수세력이 사회를 보호해 주는 동안은 현상이 유지되었다. 그러나 戰前의 「旣成政黨」들과 마찬가지로 自由民主黨은 유권자들의 마음을 사로잡지는 못하였던 것으로 보인다. 1970년 한 주간지에서 東京시민들에게 「정치인」이란 말에서 먼저 떠오르는 인상이 무엇인가를 물었을 때 그 답은 「세금을 축낸다」「이중적이다」「부패하고 탐욕스럽다」 등등 상당한 불만도를 나타내었다. 그러나 보수세력에 대한 열렬한 지지도 드물었지만 정치체제에 대한 적극적인 불만의 표현 또한 별로 구체화되지 않았다. 물론 과격과 학생들은 헬멧과 몽

둥이로 무장하고 길로 뛰쳐나와 「過密學級」문제에서 「越南戰 反對」에 이
르기까지 모든 불만을 터뜨리며 기동경찰과 충돌하였다. 학생들이 목표로
하는 것이나 그들의 성실성에 대하여는 많은 사람들이 동조하였으나 폭력
과 혼란을 이용하는 학생들의 수법에 찬성하는 사람은 드물었다.

　보수세력의 지배에 대한 유권자들의 무관심과 불신의 분명한 표시는
1950 년대 후반부터 1960 년대에 걸친 自由民主黨 지지자의 감소추세에서
찾아볼 수 있다. 1955 년 총선거에서 보수세력은 전체의 63.2 퍼센트 지지
를 얻었으나 1958 년에는 57.8 퍼센트, 1960 년 57.5 퍼센트, 1967 년 48.8 퍼
센트, 1969 년 47.6 퍼센트로 지지율이 떨어졌다. 이것은 어느 정도 인구변
화의 영향을 받은 것이 사실이다. 농촌지방에서는 自由民主黨이 계속 압
도하였지만 급속도로 팽창하는 대도시 곧 농촌과는 별 유대가 없고 유권
자의 연령층이 낮아 혁신정당의 주장이 파고들기 쉬운 지역에서는 점차
지지기반을 잃어갔다. 이러한 인구의 변화에도 불구하고 自由民主黨이 다
수당의 지위를 지킬 수 있었던 것은 선거구가 농촌표에 유리하게 정해져
있었고 더우기 교묘한 득표방법을 이용하였기 때문이었다.

　야당세력의 분열 또한 自由民主黨의 정권유지를 도와주었다. 1955 년 自
由民主黨이 창당되었을 때에는 유일한 야당 곧 새로 단합된 社會黨만이 상
대였으나 1960 년대에 이르러 상황은 변하였다. 1945 년 이후 분열과 단합
을 거듭하던 社會黨은 1960 년 다시 갈라졌다. 당 지도부의 교조적 좌익주
장에 불만을 품은 온건파들이 1960 년 1 월 별도로 民主社會黨을 조직함으
로써 社會黨은 선거에서 큰 타격을 받게 되었다. 또한 시대에 뒤진 정치
적 주장과 구호에 집착하여 社會黨 지도부가 스스로 융통성을 잃은 일종
의 「좌익 기성세력」으로 굳어진 것도 선거에서 표를 얻을 수 없었던 하나
의 원인이었다. 자본주의의 장래에 대한 社會黨의 지나친 비관론은 경제
적 번영을 구가한 1960 년대의 일본에는 맞지 않았으며 따라서 自由民主黨
정책에 대한 공격은 지리한 의례행위와 같은 인상을 주기도 하였다. 이에
江田三郎(에다 사부로오)이 이끄는 社會黨 일파에서는 유권자에게 보다 폭
넓고 덜 이념적인 접근을 하여 당의 조직과 이미지를 새롭게 하여 보려고

시도하였으나 별다른 성과를 거두지 못하였다.

社會黨이 곤경에서 헤어나지 못하는 동안 共產黨은 초기의 호전적 **투사**의 입장을 온건한 쪽으로 바꾸면서 힘을 회복하기 시작하였다. 共產黨은 기본적으로 건전하고 공평한 실용주의적 정당으로서 이념적인 정통성보다는 대중의 생활을 개선하는 데 관심을 기울인다는 이미지를 심어주었다. 1950년대초의 공산당 포스타에는 펄럭이는 붉은 깃발 아래 힘차게 팔을 휘두르는 분개한 노동자가 그려져 있었지만 1960년대 중반에는 미소를 띤 젊은이가 자신있게 앞날을 바라보는 그림이나 해맑은 젊은이를 노인네가 껴안으며 응원하는 그림이 나왔다. 또한 공식적으로 모스크바·北京과 관계를 끊고 외부의 영향으로부터 자립하게 되었다는 것도 共產黨 지지를 꺼리던 많은 사람들의 입장을 바꿔놓을 수 있었다.

한편 좌익세력의 분열은 公明黨의 출현으로 더욱 복잡해졌다. 1964년에 결성된 公明黨은 戰後에 급속도로 전파된 신흥종교──創價學會의 정치조직으로서 自由民主黨이 기반을 잃어가는 도시 확대지역에서 유행하였다. 농촌을 떠나 도시로 옮겨왔으나 안락한 중류층이 되지 못한 사람들이 포섭대상이었다. 사회적으로 열세에 있는 이들 외롭고 방황하는 사람들에게는 노동조합이나 다른 좌익조직에서도 별로 관심을 두지 않았다. 그러나 엄격한 계율과 집중적인 신앙훈련 그리고 생활 모든 면에 대한 포용력으로 맺어진 創價學會는 그들에게 소속감을 줄 수 있었다. 公明黨의 창당과 더불어 創價學會員은 모두 그 지지자들이 되었으며 또한 다른 정당 모두에 실망한 유권자들이 끌리기도 하였다. 1967년 선거에서 公明黨은 전체 유권자의 5퍼센트 지지와 25의석을 얻을 수 있었고 2년 후 선거에서는 전체의 지지율이 전보다 곱절, 의석은 47개를 차지함으로써 自由民主黨·社會黨에 이어 제3당이 되었다. 公明黨은 구체적인 이념정당이 아니었기 때문에 그 정책은 여론조사에 나타난 다수의견을 채택하는 식이었으며, 전술적으로는 自由民主黨과 손을 잡는 경우가 많아 언젠가는 연합정권을 세울 뜻이 있는 것처럼 보이기도 하였다.

인기하락에도 불구하고 自由民主黨은 佐藤榮作의 지도 아래 계속 집권당으로 남아 있었다. 佐藤은 1964 년에서 1972 년까지 총리직을 맡아 헌정사상 가장 오래 집권한 인물이었다. 개인적으로는 큰 인기를 얻지 못하였지만 그는 전직관료 출신의 수완있는 정치인으로 재계의 지지를 받은 위에 당내 여러 파벌을 단단히 묶어놓고 있었다. 그의 중요한 업적으로는 국제문제에 있어서 일본이 상당한 발언권을 회복한 것을 들 수 있다. 이는 일본인들의 국가주의적 성향이 짙어감에 따른 것인 동시에 미국이 응원한 방향이기도 하였다. 1960 년의 「안보투쟁」이후 케네디 대통령을 위시한 미국의 정책 담당자들은 일본과의 우호관계가 1950 년대처럼 당연시되는 것일 수는 없다고 인식하였다. 이에 케네디 행정부 아래에서는 일본과의 「단절된 대화」를 되살리기 위한 새로운 노력이 모든 부면에서 행하여졌다.

1960 년대 중반에 이르러 미국이 越南戰에 점점 깊숙이 빠져들면서 대신 일본이 경제적으로 더욱 번영하게 되자 미국 정부는 서태평양에 있어서의 자유진영의 경제발전과 군사적 안보태세를 높이는 데 일본이 보다 적극적인 역할을 맡도록 촉구하였다. 이러한 미국측의 요청에 발맞추어 佐藤榮作 정부는 한국과의 국교정상화를 이룩하고 대만에 경제원조와 투자를 늘렸으며 인도네시아의 수하르토 정권을 지원하였다. 아시아에서 공산세력을 막는 데 미국의 협조적인 상대자로서 일본이 더 많은 부담과 책임을 나눠 갖도록 하는 것이 미국의 목표였으나 일본의 목표는 미국과의 동맹이라는 틀 안에서 더욱 행동의 자유를 얻자는 것이었다. 이러한 연맹구조내의 미묘한 변화는 미국이 戰後問題로 남아 있던 영토문제를 해결할 의사를 밝힌 데에서 분명히 드러났다. 1968 년 미국은 小笠原(오가사와라)諸島를 일본에 넘겨주었고 1969 년에는 沖繩반환을 약속하였다. 1960 년대 말까지는 모든 것이 정리되었으며, 이에 佐藤은 「戰後시대는 끝났다」고 공언할 수 있었다.

5. 1970 년대의 日本

1960 년대 중반 이래 나라의 장래에 대한 낙관적 전망과 새로운 국가적

자신감은 자라났으며 이러한 분위기 속에서 일본은 1970년대를 맞았다. 이미 세계 제3위의 공업국이라는 긍지에 넘쳐, 일본인들은 1980년대의 일본은 초강대국으로 등장하리라는 외국인의 예언에 조용히 만족하고 있었다. 이러한 분위기를 가장 상징적으로 나타낸 것이 1970년 大阪에서 열린 만국박람회였다. 수많은 외국인들이 이를 구경하기 위해 일본을 찾아왔으나 이보다도 수백만 일본인들이 외국의 전시품 못지않게 자신들의 기술적 성과에 매혹되었다. 이제 일본은 明治 지도자들조차도 상상 못했을 정도로 부강해졌으므로 21세기는 일본의 세기가 되리라고 추측하였을 것은 당연하다. 그러나 국가적 긍지가 높아지는 것과 함께 새로운 회의가 나타났다. 즉 이 모든 富와 국력은 어디를 향하고 있는가, 일본의 장래목표와 국가목적은 무엇인가에 관한 의문이었다.

이러한 상반된 감정은 새로운 국제적 조류가 일본에 밀어닥침에 따라 더욱 깊어갔다. 시간이 흐르면서 일본의 경제적 성공은 미·일 관계에 긴장을 가져왔다. 미국과 일본의 동반자관계를 항상 얘기하면서도 많은 미국 관리들은 일본의 성장경제가 「미일안보조약」(1970년에는 별 사고 없이 다시 개정)에 따라 군사적으로 「무임승차」하고 있다는 느낌을 갖고 있었다. 또한 많은 미국 경제인들은 일본상품이 미국시장에 범람하는 데도 일본측은 미국상품과 자본에 대하여 보호벽을 쌓고 일본 국내에서의 경쟁을 막고 있다고 불평하였다. 전체적인 무역불균형 위기에 직면한 닉슨 행정부에서는 마침내 1971년 여름 모든 수입품에 10퍼센트의 부가관세를 부과할 것과 달러의 고정환율을 폐지할 것을 발표하였다. 이는 물론 전세계적인 문제에 대처하려는 것이었지만 그 주목적의 하나가 일본과의 무역불균형을 개선하려는 것이었음은 분명하였다. 미국이 미국 상품의 수출을 통해 경제문제를 해결하려는 것에 일본 경제계는 못마땅해 하였으나 佐藤내각에서는 「닉슨 쇼크」에 대하여 일본화폐의 재평가와 상품·자본의 수입자유화 조처로 답하였다.

몇 주일 뒤 미국 대통령이 1972년에 중공을 공식 방문한다는 발표가 나오자 일본은 두번째 「닉슨 쇼크」를 받았다. 自由民主黨내의 親臺灣派를 제

외하고는 대부분의 정치인·관리·시민 들까지도 이러한 미국정책의 현실
화를 환영하였다. 그러나 미국이 東아시아의 가장 가까운 우방인 일본과
의 사전협의 없이 對中共정책을 예상 밖으로 바꾼 것에 대하여 일본인들
은 미국이 北京정부와 화해함으로써 東京과 멀어지는 것이 아닐까 우려하
였다. 이에 미국은 곧 일본의 지원 없이는 중공과 어떠한 협상도 맺지 않
을 것임을 일본측에 확실히 하고 동시에 沖繩返還日字를 급히 결정하였다.
그러나 의심은 사라지지 않았다. 많은 정치인들과 언론인들은 미국의 「핵
우산」에 지나치게 의존하고 있는 일본 방위태세의 타당성에 의문을 제기하
였으며 재래식 무기로 자체방위를 강화해야 한다는 주장이 있는가 하면 일
본의 핵무기 개발을 얘기하는 사람까지도 나왔다.

　두 차례에 걸친 「닉슨 쇼크」의 희생물은 일본의 對美무역이나 미국과의
맹방관계가 아니었다. 對美무역량은 계속 늘었고 맹방관계도 상처는 받았
으나 변함없이 공고하게 유지되었다. 희생자는 1972년 여름에 물러나고
만 佐藤榮作이었다. 시대의 변화를 나타내듯, 그의 후임에는 공업고등학교
밖에 다니지 않은 투박한 前職 기업가 田中角榮(다나까 가꾸에이)이 등장하
였다. 「콤퓨터 달린 불도저」라는 별명을 가진 田中은 자수성가한 활력있
는 전후세대 정치인으로 처음 토건업으로 재산을 모아 정치에 투신한 다
음 自由民主黨내에서 힘을 길러 총재에까지 오른 인물이었다. 서민적 체
취가 밴 그는, 岸信介·池田勇人·佐藤榮作과 같은 상황에 민감하고 자제
와 형식을 중시하는 지도자들에게 싫증을 느낀 국민들의 인기를 끌었다.
田中은 닉슨 대통령과 만난 뒤, 1972년 9월 중공과의 공식 외교관계를
수립하기 위해 北京을 방문함으로써 그의 인기를 더욱 높였다. 신문에서
는, 이전의 미국 행동에 대한 불만을 메아리치듯, 미국에 대한 「다나까
쇼크」라고까지 떠들었다. 이는 물론 맞는 표현이 아니었지만 일본이 능동
적으로 중국정책을 취한 것은 「트란지스터를 파는 나라」이상으로 국제정
치무대에 나서려는 일본인들의 욕구를 나타낸 것이었다.

　田中角榮 정부는 외부세계와 상대할 수 있다는 일본의 자신감을 되찾았
으나 한편 국내에서는 낙관적인 전망과 만족감에 가려졌던 어둡고 긴급한

문제들이 생겨났다. 고도경제성장과 번영에 따른 부작용이 1970년대초 점차 두드러지게 나타난 것이었다. 1950년대와 1960년대에 세워진 거대한 공장들에서는 엄청난 양의 공해물질을 하늘과 바다로 토해 내었다. 태평양 연안에 뻗어 있는 공장지대의 하늘은 항상 매연으로 뿌옇게 가려졌으며, 바다에 흘러들어 온 공장폐수로 참혹한 신경질환 水俣(미나마따)病이 생기는 등 공해의 후유증은 심각하게 나타났다. 경제성장에 따른 급격한 도시화로 전체 인구의 절반 가량이 東京—橫濱 지역 및 大阪—神戶 지역에 집중되고 이에 따른 여러 문제가 야기되었다. 출퇴근 시간의 교통혼잡은 물론 도시의 땅값이 계속 치솟아 주택 마련은 더욱 비싸고 힘들어졌으며, 마련한다고 해도 비좁은 집 이상을 기대할 수는 없었다. 또한 전후의 경제성장에 발맞추어 인플레이션이 다른 선진 공업국보다 빠른 속도로 진행되었다. 일반가계에 미친 영향말고도 급속한 인플레이션으로 일본 수출품의 국제경쟁력이 약화될 가능성도 있었다.

일본인의 새로운 국가적 자신감은 1973년에서 1974년에 걸친 석유위기로 가장 냉엄한 현실적 타격을 받았다. 아랍측의 석유수출 금지조치는 일본의 번영과 그 국제적 지위가 얼마나 허약한 것인가를 노출시켰다. 하루아침에 일본 경제는 일본과 이해관계도 없고 또 견제할 수도 없는 국제분쟁에 발이 묶이게 되었다. 얼마 안 있어 석유가 다시 들어오긴 하였으나 이 석유위기는 중요한 의미를 내포하였다. 기적적인 성장을 가능하게 하였던 석유와 같은 자연자원이 언젠가는 일본이 원하는 양을 살 수 없을 만큼 비싸지고 귀해질 수도 있다는 것이었다. 실제로 일본 수출의 4분의 3을 차지하고 있는 에너지 의존 산업분야(주로 중공업)가 1960년대 후반에서 1970년대초와 같은 속도로 성장한다면 1980년대에는 세계 석유공급량의 3분의 1을 일본이 써야 할 것이라는 통계도 나왔다. 기적적 경제성장의 미래는 제약받을 수밖에 없다는 것이었다. 이러한 분위기를 반영하듯 1973년에 가장 많이 읽힌 책은 《日本沈沒》이라는 공상과학소설이었다.

물론 앞으로 공해문제와 도시로의 인구 집중현상, 인플레이션, 에너지

-부주 등이 어떠한 결과를 낳고 어떻게 해결될 것인가는 분명하지 않다. 그러나 1974년의 한 신년평에서는 「모든 것이 안개 속에 가려 있으나, 한 가지 확실한 것은 일본을 에워싸고 있는 불확실성과 두려움이 더욱 심화될 것」이라고 지적하였다.[2] 경제성장률은 분명히 떨어지겠지만 이것이 경기후퇴나 경제성장의 중지 또는 중대한 경제파탄으로까지 가게 될 것인지에 대하여는 누구도 명확한 예측을 할 수 없었다. 국민총생산에 대한 신앙은 점차 환멸로 변하여 널리 퍼지고, 오랜 좌·우익간의 이념적 구분 또한 흐려지게 되었다. 그럼 무엇이 경제적 번영을 대신하여 국가의 긍지와 자신감을 지탱할 것인가에 관하여도 분명한 답은 나오지 않았다. 한쪽에서는 전후의 물질주에 대한 반동과 일본의 전통적 가치로의 복귀를 내세웠다. 젊은 비주류 自由民主黨員 그룹의 지도자는 미국 기자에게 다음과 같이 말한 적이 있다.

> 우리가 너무 번영하고 물질만능주의에 빠질 경우 우리는 오히려 더 많은 불행을 만들어낼 것이다. 그러므로, 패전 이래 무시되어 오긴 하였으나, 역시 조상에 대한 존경과 자비심, 감사하는 마음, 용기, 협동, 의무와 같은 일본의 전통적 도덕기준으로 되돌아가지 않으면 안된다. 우리가 백성들의 신뢰를 회복하는 길은 이 길뿐이다.[3]

다른 한편에서는, 경제적 번영과 물질적 행복은 그 자체로서는 나쁜 것이 아니어도 국력을 오직 경제성장에만 기울이는 것은 잘못된 것이라고 생각하였다. 아래의 인용은 이러한 경향을 대변한 것이다.

> 생산성의 향상을 강조한 것이 지금까지의 경제정책이었으나 이러한 방침이 계속되어야 할 국내외적 이유란 이제 찾아볼 수 없다. 오늘날 일본이 당면한 가장 긴급한 과제는 사회복지를 위한 경제로 바꾸는 일이다. 그렇게 함으로써 오랫동안 도외시해 왔던 우리 사회에 있어서의 부적합한 것들을 해소할 수 있을 것이며 모든 사람들에게 동등한 사회적인 삶을 보증할 수 있을 것이다.[4]

---

2) *The Wheel Extended* 3 No. 4(Spring, 1974), p. 29.
3) "Letter from Tokyo," *The New Yorker*(May 20, 1974).
4) *The Wheel Extended* 3 No. 4(Spring, 1974), p. 33.

한마디로 문제는 옛 가치의 퇴락이 아니라 국가방침의 재정립의 필요성에 있다는 것이다.

또다시 일본은 근대사의 발전과정에서 자주 경험하였던 것과 같은 갈림길에 서게 되었다. 그러나 앞으로 닥칠 어려운 도전에 어떻게 대응할 것인가에 대하여는 누구도 답을 갖고 있지 못하다.

(1872년말까지는 음력)

1853. 6. 페리 浦賀에 來航, 다음 해에
       올 것을 약속하고 浦賀를 떠
       남. 美國國書를 고위관리들에
       게 보이고, 諸大名에게 意見
       을 묻다.
    7. 러시아使節 푸티아틴, 長崎에
       來航.
    9. 幕府, 大船建造禁令 해제.
1854. 1. 페리, 日本에 다시 옴.
    3. 「美日和親條約」을 맺음. 吉田
       松陰, 몰래 출국하려다 체포
       됨.
    8. 「英日和親條約」을 맺음.
    11. 改元(安政 1년).
    12. 「露日和親條約」을 맺어서, 擇
       捉・得撫 두 섬을 국경으로 정
       하고, 樺太를 兩國의 共有地
       로 함.
1855. 1. 幕府, 洋學所를 설립.
    2. 幕府, 아이누 거주지역을 直
       轄로 함.
    7. 幕府, 水戸藩의 德川齊昭를
       參與로 함.
    8. 幕府, 行政改革의 大綱을 布
       告함.

    10. 「佛日和親條約」을 맺음.
    12. 「蘭日和親條約」을 맺음.
1856. 2. 洋學所를 蕃書調所로 개칭.
    3. 幕府, 駒場에서 洋式調練을
       실시.
    4. 築地에 講武所를 개설.
    7. 美國총영사 해리스 着任.
    10. 幕府, 老中 堀田正睦으로 하
       여금 外務를 맡게 함.
1857. 4. 幕府, 軍艦敎授所를 설치.
    12. 幕府, 開港의 可否를 諸大名
       에 諮問.
1858. 1. 美日通商條約 조인의 勅許를
       얻기 위하여 堀田正睦, 京都
       에 감.
    3. 朝廷, 堀田正睦에게 條約調印
       의 不可를 지시.
    4. 井伊直弼, 大老에 취임.
    5. 伊東玄朴 등 江戸內 神田에
       種痘所開設.
    6. 神奈川에서 「美日條好通商條
       約」 調印. 和歌山藩의 德川
       慶福(家茂)을 將軍 후계자로
       함.
    7. 幕府, 德川齊昭・松平慶永 등

을 처벌. 外國奉行 설치. 蘭
日·露日通商條約 조인. 英日
通商條約 조인.

9. 佛日通商條約 조인.

1859. 5. 幕府, 外國金銀의 通用을 시
달. 神奈川·長崎·箱館의 세
항구에서 英·露·佛·蘭·美
5개국과의 貿易을 허가.

8. 幕府, 外國人에 대한 不法행
위를 嚴禁. 德川慶喜에게 隱
居謹愼을 命함.

10. 橋本左內·賴三樹三郎·吉田
松陰 사형(安政의 大獄).

1860. 3. 井伊直弼 피살됨(櫻田門外의
變).

3. 改元(萬廷 1년).

11. 家茂, 皇妹인 和宮을 아내로
맞아들일 것을 公布. 프러시
아와 通商條約 조인.

12. 美國人 휴스켄 三田에서 피
살.

1861. 2. 改元(文久 1년).

2. 러시아軍艦 對馬島에 來航(島
民 이에 抵抗).

4. 英國함대 對馬島에 來航.

5. 水戶藩의 사무라이, 高輪 東
禪寺에서 영국公使 등 습격.

6. 幕府, 庶民의 大船製造·外國
船購買를 許可. 長崎에서 최
초의 英字新聞 발행.

10. 種痘所를 西洋醫學所로 개
칭.

12. 幕府의 遣歐使節 竹內保德 등
品川을 출발.

1862. 2. 德川家茂, 和宮과 혼인.

5. 蕃書調所를 洋書調所로 개칭.
幕政改革을 포고.

8. 生麥事件.

閏 8. 幕府, 參勤交代制를 완화.

12. 高杉晋作 등 영국公使館을
습격. 朝廷에 國事御用掛 설
치.

1863. 5. 幕府, 東禪寺事件·生麥事件
의 배상금을 영국에 지불. 長
州藩, 下關을 通航하는 美船
을 砲擊. 다음 달에 美·佛艦
이 보복공격.

6. 長州藩의 高杉晋作, 奇兵隊를
編成.

7. 薩摩藩, 英國艦隊와 전투(薩
英戰爭).

8. 公武合體派, 攘攘派를 京都에
서 追放. 洋書調所를 開成所
로 개칭.

12. 스위스와 通商條約 조인.

1864. 1. 參預會議 개최.

2. 改元(元治 1년).

3. 프랑스公使 로슈 부임.

7. 禁門의 變.

8. 四國聯合艦隊 下關砲擊. 幕
府, 第一次 長州征伐을 명함.

9. 幕府, 參勤交代制를 부활.

11. 長州藩, 幕府에 항복.

12. 高杉晋作 擧兵(1865. 2, 長州
藩에서 討幕派政權 성립).

1865. 4. 改元(慶應 1년)

4. 幕府, 諸藩에 第2次 長州征
伐을 명함.

閏 5. 英國公使 파크스 부임.

9. 英·美·佛·蘭 四國公使, 幕

府에 兵庫開港과 條約勅許 등을 강요함.

10. 朝廷, 條約勅許.

이 해 貿易額이 급증.

1866. 2. 薩(摩)·長(州) 同盟 성립.

4. 幕府, 大阪商人에게 252万餘兩의 헌금을 강요.

6. 第2次 長州征伐 시작.

8. 朝廷, 將軍 德川家茂가 죽자 長州정벌을 중지시킴.

11. 幕府, 講武所를 陸軍所로 개칭함.

12. 德川慶喜, 將軍 취임. 孝明天皇 死.

民亂 頻發. 福澤諭吉의 《西洋事情》初編 간행.

1867. 1. 明治天皇 즉위.

5. 兵庫開港을 勅許.

10. 大政奉還.

11. 坂本龍馬·中岡愼太郞 암살당함.

12. 兵庫開港, 大阪開市. 王政復古의 大號令을 내려, 攝政·關白·將軍을 폐지하고 總裁·議定·參與의 三職을 설치.

「에에쟈나이까」 운동 확대.

1868. 1. 鳥羽·伏見의 싸움(戊辰戰爭 開始). 德川慶喜를 追討하도록 명함. 慶喜 등의 官位를 빼앗고, 舊幕領을 直轄로 하다. 王政復古를 각국 公使에게 알림.

3. 五個條의 誓文.

4. 新政府軍, 江戶에 入城.

閏4. 福澤諭吉, 學塾을 慶應義塾으로 개칭. 政體書 반포(七官

兩局制). 奧羽越列藩──東北部의 親幕府藩──同盟의 성립.

5. 太政官札을 발행. 德川家達을 德川家의 후계자로 정하여 駿府에 70万石을 封함.

7. 江戶를 東京으로 고침.

9. 改元(明治 1년). 一世一元制로 함.

10. 江戶城을 皇居로 함.

12. 對馬藩, 新政府의 成立을 통고하기 위하여 朝鮮에 使節을 보냄(朝鮮, 받아들이지 않음). 英·佛·美·蘭·伊·獨 六國公使, 局外中立解除를 포고.

1869. 1. 薩·長·土·肥의 네 藩主가 版籍奉還을 上奏. 關所폐지. 公議所 개회. 天皇, 東京 도착함.

5. 北海道에서의 마지막 전투(戊辰戰爭 종결).

7. 官制를 개혁하여, 神祇·太政의 2官과 大藏·民部 등 6省, 集議院·開拓使 등을 설치함.

8. 蝦夷地를 北海道로 개칭.

9. 藩政改革을 포고.

12. 祿制 개정(士族·卒의 명칭을 정함). 東京─橫濱간 電信 개통. 長州藩의 諸隊가 反亂을 일으킴(脫隊騷動이라 하며 1870. 2. 진압됨).

1870. 1. 大教宣布의 詔勅.

9. 平民이 姓을 갖는 것이 허용됨.

10. 兵制統一 布告(海軍은 영국式, 陸軍은 프랑스式).
12. 《東京橫浜每日新聞》 발간(최초의 日刊紙).

1871. 2. 薩摩·長州·土佐 세 藩에서 親兵 1万을 徵集.
4. 戶籍法公布(1872.2. 실시. 壬申戶籍).
5. 新貨條例를 공포(円·錢·厘를 화폐단위로).
7. 廢藩置縣. 太政官制를 고쳐, 正院·左院·右院을 둠. 「淸日修好條規」조인.
10. 岩倉具視 사절단 歐美로 떠남.
11. 府縣을 통·폐합하여 3府 72縣으로 함.

1872. 2. 土地賣買의 禁令을 해제. 兵部省을 폐지하고 陸·海軍의 兩省을 설치.
4. 庄屋·名主·年寄 등을 폐지하고 戶長·副戶長 등을 설치함.
7. 전국에 郵便실시함. 전국 一般에 地券交付를 명함(壬申地券).
8. 「學制」를 제정하고, 學區制를 선포.
9. 新橋—橫濱구간 鐵道 개통. 琉球藩을 둠.
11. 太陰曆을 太陽曆으로 바꾸고 12월 3일을 明治 6년 1월 1일로 함.

1873. 1. 徵兵令을 포고.
7. 「地租改正條例」를 布告.
8. 第一國立銀行 개업.

9. 岩倉具視 사절단 귀국.
10. 征韓論者들 敗하여, 西鄕隆盛·板垣退助·江藤新平 등 參議를 사직.
11. 內務省 설치.
各地에서 徵兵반대 등의 農民騷擾. 明六社 설립.

1874. 1. 板垣退助 등 愛國公黨 결성. 板垣 등 「民選議院設立建白」을 제출.
2. 江藤新平 등 擧兵(佐賀의 亂)함.
3. 《明六雜誌》 간행.
4. 板垣 등 土佐에서 立志社를 창립.
4~5. 臺灣遠征.

1875. 2. 大久保利通·木戶孝允·板垣退助 등 大阪會議에서 의견이 일치. 大阪에 愛國社가 설립됨.
4. 元老院·大審院·地方官會議를 설치하고, 점차 立憲政體를 수립한다는 詔勅을 내림.
5. 러시아와 樺太·千島교환條約 조인.
6. 讒謗律·新聞紙條例 공포.
9. 江華島 사건.
上海—橫浜航路 개설. 《文明論之槪略》(福澤諭吉) 간행.

1876. 2. 江華島條約 조인.
3. 廢刀令.
8. 「國立銀行條例」개정(이후 國立銀行설립 성행). 「金祿公債證書發行條例」 공포(華·士族의 家祿·賞典祿을 폐지하고, 金祿公債의 發行을 결정).

10. 熊本에서 神風連의 亂 발생.
福岡에서 秋月의 亂. 山口에
서 萩의 亂이 발생.

12. 茨城・三重・愛知・岐阜 등지
에서 地租改正反對 民亂.

1877. 1. 地租를 地價의 3%에서 2.5%
로 경감.

2. 薩摩반란 일어남.

4. 東京大學 설립.

6. 立志社의 片岡健吉 등 국회
개설을 건의.

8. 勸業博覽會 개최.

9. 西鄕隆盛 자살. 《日本開化小
史》(田口卯吉) 간행.

1878. 5. 大久保利通 암살. 貿易銀의
일반통용을 인정함(金銀複本
位制).

6. 東京株式去來所 개업.

7. 「郡區町村編成法」・「府縣會規
則」・「地方稅規則」(三新法)을
공포.

8. 近衛兵 反亂(竹橋騷動).

9. 愛國社 부활.

12. 參謀本部 설치.

1879. 3. 東京府會 開會(府縣會의 시
초)함.

9. 「敎育令」 제정.

1880. 3. 愛國社, 國會期成同盟으로 개
칭.

4. 「集會條例」를 공포. 河野廣中
등 有志 8萬7千餘 名의 서명
을 얻어 國會開設上願書를 제
출.

11. 官營工場拂下槪則을 제정.

1881. 2. 頭山滿 등 玄洋社를 창립.

3. 參議 大隈重信, 國會의 早期
開設과 政黨內閣制를 건의.

7. 北海道開拓使官有物의 拂下를
결정(여론의 비난이 높아지자
10월에 중지).

10. 明治 23년을 기하여 국회를
개설한다는 詔勅을 내림. 大
隈 등을 파면(明治 14년의
政變). 自由黨 결성. 松方正
義를 大藏卿에 임명(松方財政
시작).

12. 大日本農會 설립.

1882. 1. 「軍人勅諭」를 발포.

3. 伊藤博文, 憲法調査를 위해 유
럽으로 떠남(1883. 8. 귀국).
立憲改進黨 창립.

5. 大阪紡續 설립. 樽井藤吉 등
東洋社會黨을 결성(7월에 금
지).

8. 戒嚴令을 제정. 濟物浦條約
조인.

10. 日本銀行 개업.

11. 福島縣令 三島通庸, 自由黨 河
野廣中 등과 대립(福島事件)
함.

1883. 4. 「新聞紙條例」 개정, 단속 강
화됨.

6. 일기예보 개시.

9. 立憲帝政黨 解黨.

1884. 3. 「地租條例」 제정. 制度取調局
설치.

5. 戶長을 官選으로 함. 群馬事
件 일어남.

7. 「華族令」 공포.

9. 加波山 사건 일어남.

10. 自由黨 解黨. 秩父 사건.

12. 飯田 사건. 名古屋 사건.

紙幣整理로 인하여 농촌의 不況
이 심각해짐.
1885. 1~2. 借金黨·小作黨 등의 폭동이
山梨·靜岡으로 확대.
4. 淸과 天津條約 조인.
5. 日本銀行, 兌換銀行券을 발
행(다음해부터 銀本位制 수
립).
11. 大井憲太郎 등의 大阪사건 반
각됨.
12. 太政官制를 폐지하고 內閣制
度를 설치. 伊藤博文內閣 성
립됨.
1886. 3. 帝國大學令 공포함.
4. 小學校令·中學校令 등을 공
포함.
6. 靜岡 사건. 甲府 雨宮製絲場
쟁의(최초의 파업).
1887. 4. 條約改正會議(外國人裁判官의
임용 등을 결정).
7. 條約改正회의 무기한 연기.
12. 「保安條例」 공포함.
1888. 4. 樞密院 설치함.
5. 육군의 鎭·台를 폐지하고 師
團을 둠.
1889. 1. 「徵兵令」 개정(徵兵猶豫制의
폐지).
2. 「大日本帝國憲法」 공포. 「皇
室典範」 제정. 「衆議員選擧
法」 공포함.
10. 條約改正交涉이 교착 상태에
빠짐.
年末부터 공황 시작됨.
1890. 7. 第1回 衆議院총선거.
9. 立憲自由黨결성(1891. 3. 自由
黨으로 개칭).

10. 「敎育勅語」 발포.
11. 第1回 帝國議會 소집.
12. 東京—橫浜子간 電話 개통.
1891. 9. 日本鐵道, 東京의 上野에서 本
州北端의 靑森까지 완전 개통.
1892. 1. 選擧大干涉(이때 死傷者 약
400人).
11. 大井憲太郎 등 東洋自由黨을
결성함.
1893. 4. 集會 및 政社法·出版法 등
공포.
10. 「文官任用令」 공포.
1894. 5. 朝鮮에서 東學亂 발생.
6. 日本, 朝鮮에 출병할 것을 결
정함.
7. 豊島에서 淸의 군함을 포격
함.
8. 淸에 선전포고(淸日戰爭).
11. 旅順 점령.
1895. 4. 下關에서 「淸日講和條約」 조
인. 露·獨·佛 三國干涉.
5. 遼東반도 반환의 詔勅.
10. 閔妃 弑害사건.
1896. 2. 朝鮮에서 親日政權 무너짐.
3. 進步黨 결성. 製鐵所官制 공
포함.
6. 山縣—로바노프협정.
1897. 3. 足尾銅山의 鑛毒 피해민들이
上京하여 청원.
4. 職工義友會 결성.
10. 金本位制 실시.
1898. 2. 日本鐵道機關 파업.
6. 自由黨·進步黨이 합동하여
憲政黨을 결성. (大)隈·板
(垣) 內閣 성립(10월 분열 와
해)됨.

7. 民法의 全編을 시행.

1899. 2. 東京—大阪子간 電話 개통.

3. 「文官任用令」 개정.

5. 清, 義和團 사건.

7. 條約改正을 실현함(治外法權 철폐).

1900. 3. 「産業組合法」 공포. 「治安警 察法」 공포.

5. 「軍部大臣現役武官制」 확립.

6. 清의 義和團을 진압하기 위해 派兵을 결정.

9. 立憲政友會 결성. 금융공황 일어남.

1901. 2. 八幡製鐵所 조업개시.

5. 社會民主黨 결사, 즉일로 금 지됨.

1902. 1. 英日同盟 조인.

12. 10년 주기의 國勢調査施行을 공포.

1903. 3. 專門學校令 공포.

11. 平民社 설립, 《平民新聞》 발 간, 非戰論을 주장.

1904. 2. 日本, 러시아에 선전포고(露 日戰爭), 「韓日議定書」를 조 인함.

1905. 1. 旅順 함락.

5. 東海에서의 海戰.

8. 第2次 英日同盟 조인.

9. 「露日講和條約」(포츠머스 조 약) 조인. 講和條約反對의 國 民大會, 난동으로 발전(日比 谷燒打 사건).

11. 第2次 韓日協約 조인.

12. 韓國統監府 설치.

1906. 1. 堺利彦 등 日本社會黨 결성.

3. 鐵道國有法 공포(10월 시행).

6. 사할린 북위 50度 이남 접수.

11. 南滿洲鐵道株式會社 설립 (1907. 4. 개업).

1907. 2. 足尾銅山에서 파업. 日本社會 黨에 결사금지를 명하다.

7. 第3次 韓日協約 조인.

1908. 10. 東洋拓式會社 설립. 經濟공황 일어남.

1909. 9. 間島문제로 清日協約 조인.

10. 伊藤博文, 하얼빈에서 피살.

1910. 3. 立憲國民黨 결성.

5. 大逆사건(소위 사회주의자들 의 明治天皇 암살음모사건) 검 거 개시.

8. 韓日合倂條約 조인. 朝鮮總督 府 설립.

11. 帝國在鄉軍人會 설립. 帝國 農會 설립.

1911. 1. 大逆事件의 관련자 幸德秋水 등 12명 死刑.

2. 「美日通商航海條約」 改定 조 인(關稅自主權 회복).

3. 「工場法」 공포.

7. 第3次 英日同盟 조인.

1912. 7. 明治天皇 사망함. 改元(大正 1년).

8. 友愛會 발족.

12. 憲政擁護운동이 일어나 閥族 政治 공격.

1913. 1. 全國新聞記者 東京에서 護憲 大會를 개최.

2. 桂內閣 총사직(大正政變).

6. 「軍部大臣現役武官制」 폐지.

10. 滿蒙 5 鐵道부설권 획득. 中華 民國 승인.

12. 立憲同志會 結黨.

1914. 1. 衆議院에서 지이멘스 사건을
　　　　추궁함.
　　2. 憲政擁護大會 열림.
　　8. 對獨선전 포고.
　　11. 靑島 점령.
1915. 1. 「二十一個條要求」 제출. 株式
　　　　가격 폭등.
　　5. 中國에 最後通牒. 中國, 受
　　　　諾 조인.
1916. 1. 吉野作造 「憲政의 本義와 그
　　　　有終의 美를 거두는 방도를
　　　　論하다」(民本主義)를 발표.
　　6. 原敬·加藤高明·犬養毅, 세 黨
　　　　首가 회담. 政黨政治確立을
　　　　약속.
　　7. 「露日新協約」 조인.
　　9. 「工場法」 시행 (1911. 3. 공포).
　　10. 憲政會 결성.
1917. 1. 西原借款供與.
　　9. 金輸出 금지.
　　10. 株式시장 대폭락.
　　11. 「石井·랜싱협정」 성립.
1918. 8. 시베리아 出兵 선언. 富山縣
　　　　에서 米騷動이 발생하여 각지
　　　　로 파급.
　　9. 原敬內閣 성립.
　　11. 第一次 世界大戰 종결.
1919. 3. 朝鮮 각지에서 獨立運動 일어
　　　　남.
　　5. 衆議院選擧法 개정 (直接國稅
　　　　3円 이상으로 낮춤).
　　8. 友愛會를 大日本勞動總同盟友
　　　　愛會로 개칭.
　　　　각지에서 普選 운동·勞動爭議
　　　　일어남.
1920. 1. 全國普選期成聯合會 결성.

3. 戰後 공황으로 株價 크게 폭
　　락함.
4. 市川房枝 등 新婦人協會 설립
　　함.
5. 東京의 上野에서 日本 최초의
　　메이 데이 (노동절) 거행.
7. 海軍擴張可決 (八·八艦隊건조
　　안).
10. 第 1 回 國勢調査 실시 (총 인
　　구 7689 万 8379 人, 日本本土
　　人口 5596 万 3053 人).
1921. 10. 大日本勞動總同盟友愛會를 日
　　　　本勞動總同盟으로 개칭.
　　11. 原敬首相 암살되다.
　　12. 워싱턴회의, 英日同盟 폐기.
　　　　海軍軍備制限에 관한 美·英·
　　　　日·佛·伊 5개국조약 성립.
1922. 4. 日本農民組合 결성.
　　　　婦人의 政談집회 허용 (治安警
　　　　察法一部 개정).
　　7. 日本共産黨 창립 (非合法).
　　11. 革新俱樂部 결성.
1923. 1. 婦人參政權獲得同盟 결성.
　　3. 中國, 「二十一個條」 폐기를
　　　　요구.
　　4. 「石井·랜싱 協定」 폐기.
　　6. 第 1 次 共産黨검거 사건.
　　9. 關東大地震으로 사망 9 萬人,
　　　　행방불명 4 萬人. 東京에 계
　　　　엄령선포. 朝鮮人학살. 龜戶
　　　　사건 (大杉榮 등 살해).
1924. 1. 政友會, 憲政會, 革新俱樂部
　　　　의 3派, 第 2 次 護憲 운동개
　　　　시.
　　6. 護憲 3派에 의한 加藤高明內
　　　　閣 성립.

7. 미터법 사용 개시. 「小作調停
法」공포(12월 시행).

1925. 1. 「日蘇基本條約」 조인(日蘇 국
교회복).

3. 東京放送局, 試驗放送 개시.

4. 「治安維持法」 공포.

5. 「普通選擧法」 공포.

11. 農民勞動黨 결당(即日금지).

1926. 3. 勞動農民黨 결성.

4. 「勞動爭議調停法」 공포.

12. 日本勞動組合同盟 결성. 日本
共産黨 재건. 社會民衆黨 결
성. 大正 天皇 사망. 改元(昭
和 1년).

1927. 3. 금융공황 시작되다. 全日本農
民組合 결성.

5. 山東에 出兵.

6. 立憲民政黨 결성. 東方會議
개최.

1928. 2. 第1回 普通選擧 실시.

3. 日本共産黨員 多數검거(3·15
사건).

4. 勞農黨에 해산 명령.

5. 濟南사건(中日 兩軍의 충돌)
일어남.

6. 張作霖爆殺. 緊急勅令에 의해
治安維持法 개정(死刑·無期
를 추가).

7. 特(別) 高(等) 警察 설치(사
상탄압담당).

12. 全日本無産者藝術團體協議會
결성.

1929. 6. 中國國民政府 승인.

11. 「金輸出解禁令」 공포(1930.
1. 실시).

1930. 4. 「런던海軍軍縮條約」 조인.

5. 間島에서 朝鮮人의 抗日운동
발생.

11. 浜口雄幸首相 피격.

1931. 1. 日本農民組合 결성.

4. 「重要産業統制法」 공포(8월
시행)함.

9. 滿洲사변.

12. 「金輸出再禁止令」 공포 시행.

1932. 1. 上海사변 발발.

2. 井上準之助 피살.

3. 滿洲國 建國선언.

4. 리튼조사단, 滿洲사변의 現地
조사.

5. 陸海軍 將校 일단, 首相관저
등을 습격, 犬養首相 사살(5·
15 사건)됨.

7. 社會大衆黨 결성.

9. 滿洲國을 승인(日滿議定書 조
인).

10. 리튼보고서 발표.

1933. 1. 국제연맹총회, 對日勸告案 가
결함.

3. 국제연맹에서 탈퇴.

5. 中日停戰協定 조인.

1934. 12. 「워싱턴海軍軍縮條約」 파기를
美國에 통고.

1935. 2. 貴族院에서 美濃部達吉의 天
皇機關說을 문제화.

3. 日本共産黨中央委員會 붕괴.
衆議院, 國體明徵決議案을 可
決.

1936. 1. 「런던軍縮會議」 정식탈퇴를
통고.

2. 陸軍 靑年將校들이 重臣들을
습격, 內相 齋藤實과 蔵相 高
橋是淸 등 살해(2·26사건)됨.

5. 「軍部大臣現役武官制」 부활.
11. 「日獨防共協定」 체결.
1937. 7. 蘆溝橋사건(中日전쟁 개시).
8. 上海에 戰火 확대.
9. 「戰時統制法」 공포. 「國民精神總動員計劃實施要綱」 발표.
11. 日・獨・伊 「三國防共協定」 성립.
12. 日本軍, 南京 점령(南京대학살사건).
1938. 4. 「國家總動員法」 공포.
5. 日本軍, 徐州점령.
7. 「產業報國聯盟」 결성.
11. 近衛首相, 「東亞新秩序」 건설을 성명.
1939. 4. 「米穀配給統制法」 공포.
5. 「노몬한 사건」 발생(9월 停戰協定 성립).
7. 「國民徵用令」 공포. 美國, 美日通商條約 폐기 통고.
1940. 6. 大都市에서 설탕・성냥의 배급표제도를 개시.
9. 部落會, 町內會, 隣組 등의 설치. 日本軍, 北部 인도차이나에 進駐. 日・獨・伊 三國同盟 체결.
10. 大政翼贊會 발족.
11. 大日本產業報國會 창립. 紀元 2600年祭 式典.
1941. 4. 「生活必需物資統制令」 공포. 「日蘇中立條約」 체결.
7. 美・英, 日本資産凍結을 통고. 日本軍, 南部인도차이나에 進駐.
8. 美日회담개시.
10. 東條英機內閣 성립.

12. 眞珠灣 공격, 對美・英・蘭 선전포고(太平洋전쟁개시).
1942. 1. 마닐라 점령. 學徒出動令을 내림. 日・獨・伊 「新軍事協定」 조인.
2. 싱가포르 점령.
6. 미드웨이 海戰.
8. 美軍, 구아들카낼島 상륙.
11. 大東亞省 설치.
1943. 2. 구아들카낼에서 철수 개시.
11. 大東亞회의 개최.
1944. 2. 「決戰非常措置要綱」 결정.
7. 사이판섬의 日本軍 전멸. 東條內閣 총사직. 小磯國昭內閣 성립.
8. 學徒勤勞令・女子挺身隊勤勞令 공포.
10. 神風特攻隊 첫 출격.
11. 사이판基地 美空軍 B 29 本土폭격 개시.
1945. 4. 美國軍, 오끼나와本島 상륙. 蘇, 「日蘇中立條約」을 延長 않겠다고 통고. 鈴木貫太郎內閣 성립.
6. 大政翼贊會 해산.
7. 포츠담선언 발표.
8. 廣島・長崎에 원자폭탄 투하. 蘇, 對日 선전포고. 포츠담선언 수락. 天皇, 「終戰의 詔勅」을 방송. 東久邇宮內閣 성립.
9. 降伏文書에 조인함. SCAP, 陸・海軍 해체를 명함. 戰犯체포령과 포츠담선언 실시 및 緊急勅令 공포.
10. 政治犯 석방과 特高警察 폐지.

幣原喜重郎內閣 성립. 「治安維持法」 폐지. 共産黨의 《赤旗》 간행.

11. 財閥해체 지령. 日本社會黨 결성. 日本自由黨 결성. 日本進步黨 결성.

12. 日本共産黨 재건. 近衛文麿 자살. 國家와 神道의 분리를 지시. 새로운 選擧法 성립(婦人參政權) 「勞動組合法」 공포. 對日 理事會 설치. 「農地調整法」改正 공포(第1次 農地改革). 修身・地理・日本歷史科의 수업정지.

1946. 1. 天皇人間선언. SCAP, 軍國主義者의 公職추방 지령. 日本勞動組合總同盟 결성.

2. 金融緊急措置令 등 시행. 극동위원회 성립. 日本農民組合 결성.

4. 최초의 남녀평등에 의한 총선거.

5. 극동군사재판 開廷. 食糧 메이 데이. 吉田內閣 성립.

7. 全日本 産業別勞動組合會議 결성.

9. 三井・三菱・安田의 3財閥 해체.

10. 第2次 農地改革諸法令 공포.

11. 日本國 憲法 공포.

1947. 1. SCAP의 명령에 의해 2.1 총파업 中止.

3. 日本民主黨 결성. 敎育基本法・學校敎育法 공포.

4. 「勞動基準法」 공포. 「獨占禁止法」 공포.

5. 新憲法 시행.

6. 日本敎職員組合 결성.

7. 全國農民組合 결성.

10. 「國家公務員法」 공포. 「改正刑法」 공포(不敬罪 폐지).

12. 「過度經濟集中排除法」 공포.

1948. 1. 「財閥同族支配力排除法」 공포 시행.

11. 극동군사재판 판결.

12. SCAP, 美國政府의 日本經濟安定 9原則 발표.

1949. 1. 法隆寺金堂壁畵 燒失.

4. 닷지公使, 均衡豫算 강조(덧지라인). 단일환율실시.

11. 湯川秀樹, 노벨物理學賞을 수상함.

國立新制大學 발족.

1950. 6. SCAP, 共産黨全中央委員會 추방 지시. 한국동란.

7. 赤色分子追放 개시.

8. 警察豫備隊 설치.

10. 公職追放 해제 시작.

1951. 4. 맥아더元帥가 聯合國最高司令官에서 해임되고, 後任에 리지웨이大將.

6. 第1次追放解除 발표.

9. 民間放送 개시. 「講和條約」「美日安全保障條約」 조인.

10. 社會黨 분열.

1952. 2. 「美日行政協定」 조인.

4. 「對日講和條約」 발효.

5. 「메이 데이」 流血사건.

10. 警察豫備隊를 保安隊로 개칭함.

1953. 4. 「美日通商航海條約」 조인.

11. 日本自由黨 결성.

1954. 2. 造船疑獄확대로 吉田內閣 동
　　　　요됨.
　　　7. 防衛廳과 自衛隊 정식으로 발
　　　　족함.
　　　11. 日本民主黨 결성.
　　　12. 吉田內閣이 무너지고, 鳩山
　　　　一郎 內閣 성립.
1955. 9. 日本「무역관세일반협정」
　　　　(GATT) 가입 정식발효.
　　　10. 社會黨 統一大會.
　　　11. 「美日原子力協定」 조인. 自
　　　　由民主黨 결성(保守합동).
1956. 7. 國防會議 발족.
　　　12. 日蘇國交 회복. 日本의 국제
　　　　연합가입 결정.
1957. 8. 美日安全保障委員會 발족.
1958. 1. 日本·인도네시아 平和條約,
　　　　賠償協定 조인.
　　　7. 文部省, 小·中學敎의 道德敎
　　　　育을 의무화.
1959. 5. 「防衛法案」 강행성립.
　　　8. 在日韓國人 歸還協定 조인.
1960. 1. 「美日 新安保·新行政協定」조
　　　　인.
　　　5. 自由民主黨, 新安保條約 단독
　　　　可決. 安保條約 反對의 大衆
　　　　運動 고조.
　　　10. 社會黨委員長 淺沼稻次郎 피
　　　　살됨.
1961. 6. 池田·케네디 회담.
　　　10. 東京 株式 폭락.
1962. 8. 第8回 原水爆禁止大會에서
　　　　蘇聯의 原爆실험을 둘러싸고
　　　　對立.
　　　10. 貿易自由化 확대.
1963. 1. 美國政府, 原子力潛水艦의 日

　　　　本寄港을 要請(國內반대 심
　　　　각).
　　　7. 日本製 미사일 發射 실험.
1964. 6. 政府, 베트남戰爭 協力을 美
　　　　國政府에 약속.
　　　10. 東京올림픽 개최.
　　　11. 公明黨 결성.
1965. 6. 「韓日基本條約과 關係協定」
　　　　조인.
　　　10. 朝永振一郎, 노벨물리학상 수
　　　　상.
　　　12. 韓日條約 案件 可決.
1966. 4. 外務省, 美國의 核保障 없이
　　　　는 日本은 안전하지 않다고
　　　　주장.
　　　5. 自由民主黨, 核搬入 인정.
1967. 2. 川端康成·三島由起夫 등 中
　　　　國의 文化大革命에 항의.
　　　6. 佐藤首相, 日本首相으로 처음
　　　　訪韓.
　　　11. 小笠原返還에 관한 美日 共同
　　　　聲明.
1968. 6. 東京大生 大學民主化를 요구
　　　　하며 강당 점거.
　　　9. 厚生省 水俣病은 工場廢水가
　　　　원인이라고 단정.
　　　10. 川端康成 노벨문학상 受賞.
　　　　정부주최 「明治百年」 기념식
　　　　거행.
1969. 1. 경찰 東京大 강당점거 중인
　　　　학생 공격.
　　　4. 전국적으로 沖繩 「데이」 집
　　　　회.
　　　6. 經濟企劃廳, 작년의 국민총생
　　　　산이 西獨을 넘어 자유세계
　　　　2위라고 발표.

11. 닉슨·佐藤 회담, 공동성명
　　발표(安保條約 견지, 1972년
　　冲繩返還).

1970. 1. 제 3 차 佐藤內閣 성립.

2. 東京大 宇宙航空硏究所 첫 人
　　工衛星 발사에 성공.

3. 萬國博覽會 개회. 赤軍派학생
　　日本航空機 淀號 北韓으로 납
　　치.

5. 閣議 新經濟社會發展計劃 결
　　정(高福祉·高負擔).

6. 「美日安全保障條約」 기한 만
　　료로 자동연장.

6. 美日섬유교섭 결렬.

10. 첫 《防衛白書》 발표.

11. 三島由起夫, 自衛隊員에게 쿠
　　데타를 호소하다 실패, 자살
　　함.

1971. 5. 名古屋高等裁判所, 津市 주최
　　의 神道式 地鎭祭를 違憲으로
　　판결.

6. 冲繩返還協定 조인.

7. 公害行政一元化를 위한 環境
　　廳 발족.

8. 「엔」의 變動換率制 실시.

1972. 1. 패잔병 橫井庄一, 구암島 밀
　　림에서 발견.

2. 제11회 冬季올림픽 札幌에서
　　개최.

3. 奈良縣 飛島의 高松塚에서 채
　　색벽화 발견.

5. 冲繩縣 설치.

7. 田中角榮내각 성립.

9. 日中공동성명 발표(國交正常
　　化, 戰爭에 종지부).

1973. 4. 「春季鬪爭」史上 처음으로 總

　　罷業 단행.

5. 東獨과 國交수립.

8. 金大中납치 사건 발생.

12. 石油危機 타개를 위해 中東
　　8 個國에 특사파견.

1974. 2. 패잔병 小野田寬郎, 필리핀
　　루방島에서 발견.

10. 田中수상의 「金脈事件」 문제
　　화됨.

11. 最高裁判所, 공무원의 정치활
　　동금지·제한은 合憲으로 판
　　결.

11. 포드 美大統領 訪日.

12. 三木武夫내각 성립.

1975. 3. 新幹線, 博多까지 개통(全長
　　1176.5 km).

4. 越南臨時革命政府를 승인.

9. 天皇 訪美.

1976. 6. 自由民主黨系 일부 의원들 新
　　自由클럽 결성.

7. 美日安保協議會, 공동작전에
　　합의할 것을 합의. 록히드사
　　건으로 田中 前首相 구속됨.

12. 福田赳夫내각 성립.

1977. 6. 韓日大陸棚協定 승인(中共,
　　주권침해라고 항의).

7. 最高裁判所, 津市 地鎭祭재판
　　에서 비종교적 활동으로 판결
　　됨.

8. 原水爆禁止 統一世界大會 개
　　최됨.

9. 赤軍派, 방글라데시의 다카에
　　서 日本航空機 납치.

1978. 7. 自衛隊는 有事時 超法規的 행
　　동을 취할 수 있다는 統合幕
　　僚會議長 발언 문제화.

8. 「日中平和友好條約」 조인.

10. 鄧小平 訪日.

12. 大平正芳내각 성립.

1979. 3. 山口地方裁判所, 殉職自衛隊員의 護國神社 合祀를 違憲으로 판결.

6. 東京에서 西方先進國 수뇌회담 개최(석유위기에의 공동전략 등을 나타낸 東京宣言 채택).

10. 總選擧에서 自由民主黨 대타격, 내부의 파벌항쟁 격화.

1980. 5. 華國鋒 訪日.

6. 衆·參議員 선거에서 自由民主黨 安定多數 확보.

7. 鈴木善幸내각 성립.

1981. 2. 로마교황 요한 바오로 2세 訪日.

3. 神戶의 「포토피아 '81」 개막.

4. 화·물선 「日昇丸」 東지나海上에서 美國 원자력잠수함에 충돌, 침몰.

10. 京都大 福井謙一교수 노벨화학상 受賞.

1982. 1. 美日安保協議會에서 「韓小島의 有事時」를 예상한 공동연구 착수에 합의.

1. 韓日경제협력을 위한 실무자회의 개최. 自由民主黨大會에서 「蘇聯의 위협」을 강조, 자주적 방위력증강을 가장 중요한 과제로 하는 운동방침을 결정함.

2. 對蘇·폴란드 制裁措置 발표.

4. 對韓經濟協力의 총규모 40억 달러 최종안 마련.

4. 春季鬪爭 罷業中止.

6. 美國 IBM社 제품에 대한 일본의 산업스파이 사건 발생.

6. 日本敎員勞組大會, 우익의 방해로 인하여 다섯 곳에 나누어 개최(島原市).

7. 高校敎科書 歪曲에 韓·中 兩國으로부터 항의.

索　引